全生命周期养能力发展与医养结合

——理论和实践

张建军　主编

华龄出版社
HUALING PRESS

图书在版编目(CIP)数据

全生命周期养能力发展与医养结合：理论和实践 / 张建军主编. -- 北京：华龄出版社, 2023.3

ISBN 978-7-5169-2483-9

Ⅰ.①全… Ⅱ.①张… Ⅲ.①养老－社会服务－研究－中国 Ⅳ.①D669.6

中国国家版本馆 CIP 数据核字（2023）第 037538 号

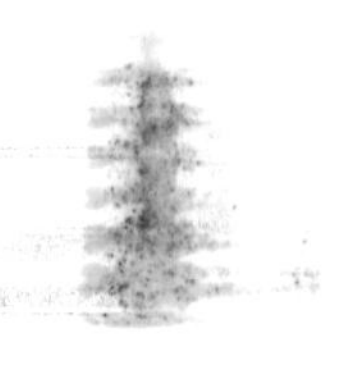

责任编辑 程　扬　　**责任印制** 李未圻
责任校对 张春燕

书　名	全生命周期养能力发展与医养结合：理论和实践	**作　者**	张建军
出　版 发　行	华龄出版社 HUALING PRESS		
社　址	北京市东城区安定门外大街甲 57 号	**邮　编**	100011
电　话	010-58122255	**传　真**	010-84049572
印　刷	北京天工印刷有限公司		
版　次	2023 年 4 月第 1 版	**印　次**	2023 年 4 月第 1 次印刷
规　格	787mm × 1092mm	**开　本**	1/16
印　张	22.00	**字　数**	414 千字
书　号	ISBN 978-7-5169-2483-9		
定　价	139.00 元		

版权所有　翻印必究

本书如有破损、缺页、装订错误，请与本社联系调换。

《全生命周期养能力发展与医养结合——理论和实践》编委会

主　编：张建军

副主编：胡浩然　闫娜娜　王元玲

编　委：丁　洁　卢金玲　王桂君　姜梦楠　魏　涛
孔　彬　张晨彤　刘　萌　梁成华　刘丰伟

序　一

医养结合是积极应对人口老龄化、增强老年人获得感和满意度的重要工作。《中共中央 国务院关于加强新时代老龄工作的意见》强调，构建居家社区机构相协调、医养、康养相结合的养老服务体系和健康支撑体系，并对深入推进医养结合作出明确部署。近年来，医养结合试点工作取得了一定成绩，但相关理论研究滞后，基本上处于空白状态，在一定程度上制约了医养结合工作的开展。

张建军院长从事医疗临床工作八年，医药企业经营管理工作十余年，近八年来在从事养老服务企业管理的同时，一直在关注和研究医养结合理论，热爱养老工作和社会工作，经历丰富，知识面广，思维活跃，不循旧规，锐意创新。他构建养能力发展与医养结合理论的两个视角给我留下深刻印象，一是跳出从老龄看老龄问题的限制，从人的全生命周期角度分析研究医养结合与医养独立，视野开阔，思路清晰。二是跳出之前医养结合概念定义的束缚，从医和养的本质、本源、行为、措施等角度分析研究医养结合，总结提炼出医养结合中的六个要素，作为医养结合实践的指导和抓手。这套医养结合与医养独立理论是从历史资料、过去和现在的实践中总结提炼升华出来的，理论联系实际又反过来指导实践，系统性地提出了解决老年人医养结合难点、堵点问题的方向、思路和路径，虽为一家之说，但确实让人耳目一新，且能自圆其说，自成体系。

创新难，理论创新更难。医养结合是颇具中国特色的概念，世界上很少有人系统性研究医养结合问题。张建军院长及其团队构建的养能力发展与医养结合理论体系充满了中国智慧，体现了勤于总结、勇于探索的精神。

该书的出版，填补了医养结合理论研究的空白，将会引起决策层、理论界、养老界、医务界、人力资源与社会保障界的关注和讨论，这是创作团队对老龄工作和健康中国建设的贡献。

是为序。

于建伟①

2022 年 9 月

① 于建伟，中国老龄事业发展基金会理事长。

序　二

全国人口统计结果显示：1999年，我国60岁及以上老年人口比例超过10%，开始进入老龄化社会。截至2021年，60岁及以上老年人口达2.67亿，占全国总人口的18.9%，处于轻度老龄化阶段。“十四五”时期占比将超过20%，进入中度老龄化社会。2033年将会突破4亿，2035年前后我国会进入重度老龄化阶段。

人口老龄化是我国社会发展的趋势，我国人口老龄化具有规模庞大、增速快、未富先老、区域发展不平衡等特点，深刻影响着经济社会的发展。习近平总书记强调，有效应对我国人口老龄化，事关国家发展全局，事关亿万百姓福祉。因此，做好养老生活服务、养老医疗服务以及两者的有机结合即医养结合工作，是关系到千万户家庭切身利益和国家稳定的大课题。医养结合是重大民生问题，同时也是新的经济增长点。

2013年是中国养老事业和产业开始的元年，也是医养结合工作开始的元年。经过近十年的探索发展，传统的养老生活服务和新倡导的医养结合养老服务在取得巨大成绩的同时也进入了深水区。医养结合工作的一些深层次问题也已暴露出来，医和养的范围怎么界定？医养结合服务的精确对象是谁？服务人员又是谁？医养结合的地点在哪里？医养结合的医疗费用怎样支出？如何解决关于医疗服务的传统认识和老年人医养结合之间的观念冲突？怎样解决老人在不同地点，接受相同医疗服务的公平性和合理性？医和养如何进行协同监管？解答这些问题需要一个理论上的创新和突破。需要一套各方各界都能认可和接受的医养结合与医养独立理论，才能加快这些问题的解决。

本书主编是一位跨界人才，从事过临床医学工作，医药企业管理，养老企业管理，同时还是一名心理咨询师和社会工作者，涉猎知识面广，多学科融会贯通，形成了独到的学术见解和想法，因而能够构建出全生命周期的养（生活）能力发展理论和全生命周期医养结合与医养独立理论。

本书当前的实用价值在于新构建的医养结合理论用于实践指导。未来，本书最大的贡献点可能还在于提出了全人全生命周期养的元理论和医养结合理论，影响面比较广，意义比较重大。但是，作为新理论能否被认可和接受，一定要经过读者的质疑、商榷和实践的验证过程，希望作者在这个过程中积极回应读者的问题，勤于总结，不断完善。

我相信作者的理论创新将在中国社会学、人口学、医学伦理学和老龄学理论界及实践层面引起较大的共鸣和讨论，将具有里程碑的意义，将对包括但不限于具有中国特色的老年人医养结合工作产生积极的影响。

我积极向各位读者推荐此书。也对这本著作的出版表示祝贺。

李士雪①

2022年10月25日

① 李士雪，山东大学公共卫生学院二级教授、博士生导师。

前　言

医养结合养老服务是我国近年来不断探索的具有中国特色的养老模式，是我国养老产业和事业发展中的热点之一，党的十九大报告中明确提出“实施健康中国战略”，特别强调要“积极应对人口老龄化，构建养老、孝老、敬老政策体系和社会环境，推进医养结合，加快老龄事业和产业发展”。医养结合也已纳入《“健康中国2030”规划纲要》。2018年年初山东省成为全国首个医养结合示范省。

但是，中国特色医养结合工作推行多年来仍存在着许多困难和困扰，甚至对医养结合的定义也尚未达成共识。在医养结合的教材、培训和实践中，缺乏系统性和科学性的理论指导。当前医养结合的政策、措施和实践推进到深水区，医和养两方面的内容如何厘清和平衡？医和养以及医养结合服务如何实施？在什么地方、用什么方式实施最经济，最方便，最符合人文和人伦需求？这些问题到了必须解决和达成一致的时候。造成这些困难和问题的原因很多，其中一个重要的原因是缺乏医养结合与医养独立的基础理论研究。理论创新不足，带来医养结合实践中的思想认识不统一，行动措施不协调，资源浪费和不足共存，老年健康服务体系建设特别是医养结合养老服务体系建设滞后。

作者采用管理学和系统论的思维，综合运用社会学、医学、营养学、护理学、心理学等专业知识和丰富的工作经验对医和养的本质、本源进行剖析。从全人全生命周期入手，采用生活（养）能力为尺度，创新性地将人的全生命周期分成三期九阶段，分阶段阐述了医和养的作用、相互依存、转化和结合的关系，分别构建了全生命周期生活（养）能力发展理论和全生命周期医养结合与医养独立理论。通过对医养结合概念赋予一个明确清晰的定义，梳理和明确了医养结合的时间、地点、人物、目的、内容、人文伦理六要素以及它们之间的关系。对人、医、养之间的关系以及医养结合、医养独立等相关的抽象概念和模糊认识，进行了浅显易懂的解释和厘清，构建了一套系统的医养结合与医养独立理论体系。

理论来自于实践又反过来指导实践。作者在第三篇中运用全生命周期养能力发展理论和医养结合与医养独立理论来规划老年人独立的养、独立的医及医养结合养老服务体系，对当前存在的急、难、愁、盼问题提出了一系列优化解决方案思路，实现了从历史和实践中归纳出理论，理论反过来指导实践的循环。

这是一本关于人、医、养之间相互关系论述，也是全人全生命周期养的问题、医的问题、医养结合与医养独立的理论研究与创新、实践探索与经验总结于一体的专著。特别对当前养老服务体系建设，为老年人医养结合的政策制定、监管提供了理论依据。对养老事业和产业从业者来说，其理论指导性、实践可操作性都比较强，是一本很好的参考工具书。本书还可以作为社会工作者、养老服务与管理专业师生和广大医务人员的参考用书。

当然，本书作为国内外第一本系统性构建出全人全生命周期养能力发展理论、全人全生命周期医养结合理论，并且理论又来指导实践的著作，内容涉及面广，交叉学科多，原创内容多，难免存在许多瑕疵与错误，恳请同行专家及广大读者在使用中批评指正，以便再版时修正。

张建军

2022年9月17日

目录

第一篇　全生命周期养能力发展与医养结合理论构建

第一篇

全生命周期养能力发展与医养结合理论构建

第一章　养

第一节　人与养的关系

人离不开养。

作为名词，养是人类存活所需要的各种各样物质、元素和条件的总和。

作为动词，养是个体满足自身和他人各种各样需求的行动总和。

养是一个系统，内涵丰富。

人类的养可以分为三个层次。

第一层次的养是滋养生命机体，满足人类生存和繁殖的生理需求，衣、食、住、行、玩、性，吃、喝、拉、撒、睡等皆属养的第一层次。人类对第一层次的养，生来就具有一定的本能驱动力。第一层次的养需要通过他养和/或自养的方式来实现。

第二层次的养是滋养心灵或心理，满足人类性格、人格、道德、社会规范等养成需求，统称为修身养性、养心，等等。这是人类所独有的、复杂的高级精神需求。通过家庭熏陶，榜样带动，各种主动或被动地学习、内修、感悟、点化、指导、心理支持和重建、人际交往、社团活动等方式来实现。

第三层次的养是社会层面的滋养。

社会是一个代词，从社会学的角度来看，可以把社会理解成环境，由学习环境、人文环境、自然环境、经济环境、政治环境等多种环境组成，环境的灵魂和主宰是人类个体。微观环境如个体及身边的亲人、朋友、闺蜜……中观环境如家庭、家族、班级、班组、社区、单位……宏观环境如行业组织、政府组织、国家……但是，无论社会层面代表的内涵再大再小，本质上都是由你、我、他组成和运作的。

社会层面的滋养是满足生命个体与社会（环境）的双向交流、接纳、认可，并取得一定社会地位的需求，可以通过个体和社会的双向奉献来实现社会层面的滋养。

一是个体对社会层面的奉献输出，如成年期的个体农田劳作、工厂上班、学校教学，做研究、做实验、做手术，站岗、放哨，执勤、做志愿者、护理小孩或老人等；如老年期的长者退而不休，老有所为，老有所教，继续发光发热。虽然分工不同，社会地位不同，但本质相同，体现的是劳动创造价值、我为人人的价值。

二是社会层面对个体的奉献输入，如在生长期的婴幼儿阶段、学龄前阶段、学龄阶段期间，社会提供的免费医疗保健、义务教育等资源；个体通过免费或部分免费的学习和实践，所掌握的劳动知识和技能等；个体处于弱势或无助的时候被社会层面力量帮助、救助、服务、接济、救济等；老年期长者享受的社会关爱、关心和优待等。体现的是社会、组织和家庭对个体的关怀和奉献，体现的是人人为我的价值。

奉献的表现形式是劳动、工作、学习等活动。

只有通过劳动才能实现他养、自养、养他人，实现养的循环和圆满，实现人生的循环和圆满，实现社会的循环和进步。

第二节　说文解字：养

养为形声字，中国一级汉字，编号1641。从食、羊声，其含义同“食”的意思或范围，读音近似“羊”声。食（shí）的本意有进食、吃，饮食、食物，后引申为享受。由使动义引申为对人的供养和对动物的饲养，这要读sì，后来也写作“饲”。

养的繁体字“養”，《说文解字》中：“養，供養也。”“養，美食也。”以下为养的解释：

本义：抚育，供给生活品。如：养育、赡养、抚养、养家。

衍义：引申指“饲养动物，培植花草”。如：养花、养殖。

衍义：引申指“生育，生小孩儿”。

衍义：引申指“抚养的（非亲生的）”。如：养子、养父、养母。

衍义：引申指“教育、训练”。如：培养、教养。

衍义：引申指“使身心得到滋补和休息”。如：养病、养心、养性、休养、营养、养精蓄锐。

第三节　中华养文化

中华文化博大精深，有传统文学、传统建筑、传统节日、琴棋书画、戏曲、衣冠服饰、饮食厨艺、医药医学等。文化是一个民族文明、风俗和精神的总称。每一种文化都离不开生生息息的人类，都来源于满足人类各种各样需求的活动中，包括生理需求、心灵需求以及社会需求。

反过来，养的文化又影响着每一个人的日常生活。

一、养的词汇

（一）生长期常用的养词汇

生养、育养、养育、教养、涵养、养小孩。

家家养男当门户。（唐·张籍《筑城词》）

（二）成年期常用的养词汇

养家糊口：晨起开门七件事，柴米油盐酱醋茶！

修身、齐家、治国、平天下。

种树者必培其根，种德者必养其心。

（三）老年期常用的养词汇

晚辈对老年人用词：赡养、奉养、扶养。

老年人自用词：养生、养老、养命、颐养天年。

（四）全生命周期中常用的养词汇

养病、养心、养性、疗养、休养、营养、康养、医养、调养、保养、养精蓄锐。

二、养的内容

（一）养身

开门七件事，柴、米、油、盐、酱、醋、茶。人生六件事，衣、食、住、行、玩和性。这就是常说的人间烟火。

衣，穿衣、服饰。生理层面功能是遮体避寒，婴幼儿时父母协助穿衣，衰老或卧病在床时儿孙为之；心理、社会层面是精神满足和社交礼仪之需，“华夏”乃“服章之美谓之华，礼仪之大谓之夏”，儒家所倡导的周礼更是反映了“服饰”与“礼仪”之间的密切关系。可以说，服饰就是礼仪的直接体现。

食，食饭、食物。柴米油盐酱醋茶中的“米”。俗话说“民以食为天”，食物用来充饥，补充能量，维持生命存在所必需。食是最基础、最重要的养，繁体字的养即为美食，美食为养。婴幼儿的食以母乳为主，而且早期需要父母喂养，逐步开始自养和养他人。衰老或卧病在床时儿孙为之。

当人类学会了使用火，薪火相传，又逐步掌握耕种以后，食物的量和种类都越发丰富。人类开始了新追求，食以味，“油盐酱醋”是食物的调味剂，亦是生活的必需品，它们作为中华美食的精髓所在也已经历数千年。盐在我国古代调味品当中，高居首位，因为在更早的炎黄时期就已经有了盐的使用与制作方法的记录。《世本》中记载炎帝时“宿沙作煮盐”，也就是通过煮沙子取得盐的方法。盐的发现使我国的烹调方式变得更加多样，并以之增加食物的美味及腌藏食物。说到醋，我们不得不先说一下梅，一种水果，在新石器早期人们已经在用梅的果酸做调料了，在食用醋出现之前一直作为醋的替代品被古代人使用了很久，直到醋的出现。汉代以前，酱醋是不分家的，都称为“酱”，是“醢（hǎi）”和“醯（xī）”的总称。醢指用鱼、肉等制成的酱，味道偏咸，色泽偏黑，用于烹饪不但能增加食材的肉香，更能使食材透出黑红的色泽让人食欲大增。古代的“醢刑”便是将犯人剁成肉酱。醯指带酸味的酱或酱汁，用以调味，因“醯”带酸味，借指醋。因此酱油和食醋汉代前皆称“醢酱”和“醯酱”。汉代以后，酱油和食醋逐渐分开。后来药学家还将药物加入醋中，用于治病。古代，又称女子善妒为“吃醋”“醋娘子食杨梅”，为调侃之意。油的来源就很简单了，源于“动物”或“植物”的油脂提炼而成。然而在秦汉前，油是何等的珍贵，只能在帝王将相家里才能享用，后来人们发现了白苏子榨油、大豆榨油，油才亲民了不少。

茶，说起茶的发现，人们会自然地想到“神农尝百草，日遇十二毒，得茶而解之”。然而把茶作为饮料、作为一种精神享受，真正有历史记载的还应该从西汉算起，王褒《僮约》中“烹茶尽具”。以茶自省，以茶明志，以茶会友，以茶待客，以茶礼佛，以茶敬祖。茶于无意之中，悄悄融入我们的精神领域。“品茶”也成了人们培养高雅情趣、寄托感情的一种手段，一种生活化的艺术，一种人生的享受。可见，无论是古代文人的“琴棋书画酒诗茶”，还是平民百姓生活中的“柴米油盐酱醋茶”，茶都是不可缺少的。

总之，调味品像是中国菜的灵魂一样，印在食材的每一丝每一毫之间。中国烹饪种类繁多，可能仅仅因为调料使用的不同而延伸出了多种菜系！

住，住房、住处之意。古人住洞穴，寻一安全场所，能够避风挡雨，减少野兽的攻击等。住房，家的标志。因此，“住”不仅是生理的需求，也是人们寻求爱与归属的心灵庇护之所。

行，行走、行动。行走能力代表着活动范围大小，婴儿没有行走能力，活动范围是父母的怀抱。人从蹒跚学步开始，到可以游遍大江南北，行走范围逐步扩大，如徐霞客周游列国才有了《徐霞客游记》。衰老或因为疾病丧失行动能力后卧病在床，人们的活动范围缩小。行动能力也是个体实现社会人、追求自我价值体现的前提。有人总结说，人的一生需要三辆车，小时候的婴儿车，长大后的汽车，老了以后的轮椅车，是有一定道理的。

玩和乐，人们爱玩、贪玩，不仅从小这样，长大了乃至到老年还是这样，只是玩具不同，玩的内容变化了。人类爱玩，天性如此，比如相互追逐、嬉戏、打闹。小宝宝要各种玩具，长大了玩游戏，成年人打扑克、麻将、掼蛋等，老年人收藏诗词、书法，大妈们跳广场舞。再看看因为人类的“玩”而玩出来的产业：玩具制造业、游戏产业，又捧红了电竞女郎，托起了旅游业。广义上还有博彩业、娱乐业、电影电视等精神文化产品。

性，繁衍后代的本能。性的需求是所有动物的生理需要，人类正是因为不断地繁衍后代，才有了人类社会的延续和进步。古人关于“性”的记载及养生之道比比皆是，如《易经》中“男女媾精，万物化生”。老子在《道德经》中指出“赤子骨弱筋柔而握固，未知牝牡之合而朘作，精之至也”，强调生殖之精的重要作用。玄中子曾言：“养生之本，以养性为首，节房事而养性，养之在精”。由此可见，古人善养性。

（二）养心

心智建设内靠悟性和感悟，外依引导和教化。

精神、毅力、内修、个人体验、内心强大、心理建设、性格养成、修心、养性。

社会交往及心理层面的需求是人们吃饱穿暖后而产生的，同时也因人的年龄不同而有所变化。如前所述，人们有了行动能力后活动范围扩大，人们的需求会随之增加。孩童离开父母的怀抱后，便开始接受知识教育，如《三字经》《百家姓》《颜氏家训》、王阳明的心学、现代知识等，通过学习和实践提高自己的道德修养，如孔子《论语》中：“吾尝终日不食，终夜不寝，以思，无益，不如学也。”

三、中华养生文化

养生一词最早见于《吕氏春秋·孟冬纪》“知生也者，不以害生，养生之谓也。”“生”即生命、生存、生长之意。养生就是根据生命的发展规律，用积极的措施和方法保养身体，护卫健康。养生是修身养性、中庸和谐、禅定顿悟、道法自然、形与神俱，等等。中国的养生文化源远流长，流派和技法丰富多样。

本书作者对养生的解释：养生，滋养生命也。

不同的养生方式、方法、观点、流派构成璀璨的养生文化。

（一）儒家养生

孔子作为我国古代伟大的思想家、儒家学派的创始人，在总结运动、饮食等与养生关系的基础上，建立了人的品质、德行等精神层面与养生的联系，提出“知者乐，仁者寿”的观点。针对不同年龄阶段的养生方法提出“君子有三戒：少之时，血气未定，戒之在色；及其壮也，血气方刚，戒之在斗；及其老也，血气既衰，戒之在得。”（《论语·季氏》）孔子在《论语·乡党篇》中指出“肉虽多，不使胜食气”。儒家主张修身养性、中庸和谐之道，孟子提出“存其心，养其性，所以事天也。夭寿不二，修身以俟之，所以立命也。”认为人颐养天年的方法是要保持人的本心，培养人的本性。这既是每个人安身立命的方法，也是养生的重要方式。

（二）佛家养生思想

佛家思想中蕴含着涵养生命的大智慧，佛家秉持养心调性的养生思想，为化度众生提出“佛以养心——禅定顿悟、慈心普济”的养生理念。自达摩开创“凝心入定”壁观禅法后，佛家将“一禅二诵”作为僧尼正业，于禅修时调饮食、调睡眠、调身体、调呼吸、调心境，“结跏趺坐，齐整衣服……闭目以舌拄腭，定心令住，不使分散”（《禅秘要法经》），同时将参禅与品茗、拳法相结合，禅茶一味、禅拳合一仍是流传至今的养生方法之一。

（三）道家养生思想

道家崇尚自然，“道法自然”是老子、庄子的主要主张。老子言：“人法地，地法天，天法道，道法自然。”此“道”是规律、原则的意思，指的是物质世界运动变化的普遍规律和人类社会必须遵循的基本法则。道家主张顺应自然、无为而治，效法天地，以自然为原则，不做违背自身规律的事情，从而达到“清静无为”和“少思寡欲”的状态，强调人自身、人与自然、人与社会的和谐统一。

（四）中医养生思想

中医养生是指通过保养精气、调节饮食、活动形体、谨行房事、调适寒暑等多种方法或手段，达到保养身体、减少疾病、增进健康、延年益寿的目的。

中医主张遵循自然四时的运行规律，顺应自然，调适养生。《黄帝内经·素问·宝命全形论》记载“人生于地，悬命于天，天地合气，命之曰人”；宋代陈直针对老年人血气已衰、精神减耗的特点，在《养老奉亲书》中提出“慎疾”胜于“治疾”；“食治”胜于“药治”；“养性”胜于“置药”；“自养”胜于“他养”的养生思想，强调预防调养的重要性。《本草纲目》记载：“五菜为充，所以辅佐谷气，疏通壅滞也”；孙思邈对食物的养生描述道：“食谷者，则有智而劳神。食草者，则愚痴而多力。食肉者，则勇猛而多嗔。”医家提倡“养精益气、积正御邪”“精生于先天，养于后天而藏于五脏，而五脏之中肾为根本，主藏精，故养精重在保养肾精”。《医林改错》所谓“高年无记忆者，脑髓渐空”，由此可见养精应贯穿于人体生命的始终，对于成年人，尤其是老年人的养生具有更加重要的意义。

医家认为，形神摄养在于动形而静神。如太极拳、太极剑，均是以宣畅气血、舒展筋骸，达到形、神、精、气、血协调统一的目的；弹琴瑟、绘画、书法、雕刻、垂钓等方式陶冶情感，怡情养性，达到调神养生的目的。

古人的养生之道不胜枚举，不再一一列举。

四、饮食文化

燧人氏钻木取火，烧制熟食，进入石烹时代。炎黄帝不断改进烹饪工具和农业种植，食物的数量和种类都越发丰富。到了周秦时期，中国饮食文化基本成形，主要以谷物蔬菜为主食，发展到现在，饮食文化作为中华文明的一部分，源远流长五千年，在世界范围内极具特点。

其一，风味多样。我国一直就有“南米北面”的说法，南方种水稻，去壳吃米；北方种小麦，去皮磨粉吃面。凡粒状的都叫米，如薏米、高粱米、花生米。面，也写作麵，就是麦子磨成的粉，因而粉状的东西都叫作面，如豆面、胡椒面、玉米面。口味上有“南甜北咸东酸西辣”之分，主要有巴蜀、齐鲁、淮扬、粤闽四大风味。

其二，四季有别。中国人善于根据四季变化搭配食物，夏天多吃清淡爽口食物，冬天多吃味醇浓厚食物。

其三，讲究美感。中国人吃食物不仅讲求味，还讲究欣赏之美，无论是根红萝卜，还是一个白菜心，都可以雕出各种造型。还讲究食材、食具以及环境的搭配与和谐。

其四，注重情趣。中国人喜欢给食物取一些富有诗意的名字，例如“炝凤尾”“蚂蚁上树”“狮子头”“叫花鸡”等。

其五，中和为最。《古文尚书·说命》中就有“若作和羹，惟尔盐梅”的名句，意思是要做好羹汤，关键是调和好咸（盐）酸（梅）二味。中和之美是中国传统文化中最高的审美理想。

饮食不仅仅是一日三餐，解渴充饥，人们常说“仓廪足而知礼仪”“衣食足则知荣辱”，它往往蕴含着中国人认识事物、理解事物的哲理。一个小孩子生下来，亲友要吃红蛋表示喜庆。“蛋”表示着生命的延续，“吃蛋”寄寓着中国人传宗接代的厚望。孩子周岁时要“吃”，十八岁时要“吃”，结婚时要“吃”，到了六十大寿，更要觥筹交错地庆贺一番。这种“吃”，表面上看是一种生理满足，实际上“醉翁之意不在酒”，借吃这种形式表达了一种丰富的心理内涵。中华饮食文化的深层内涵可以概括成四个字：精、美、情、礼。这四个字反映了饮食活动过程中的饮食品质、审美体验、情感活动、社会功能等所包含的独特文化意蕴，也反映了饮食文化与中华优秀传统文化的密切联系。

其一，“精”是对中华饮食文化内在品质的概括。孔子说过：“食不厌精，脍不厌细”，这反映了先民对于饮食的精品意识。这种精品意识作为一种文化精神，越来越广泛、越来越深入地渗透、贯穿到整个饮食活动过程中。选料、烹调、配伍乃至饮食环境，都体现着一个“精”字。

其二，“美”体现了饮食文化的审美特征。嗅觉、味觉和视觉刺激给人们带来一种审美愉悦和精神享受。《晏氏春秋》中说：“和如羹焉。水火醯醢盐梅以烹鱼肉，焯之以薪，宰夫和之，齐之以味”讲的也是这个意思。美贯穿在饮食活动过程的每一个环节中。

其三，“情”是饮食活动对于社会心理的调节功能。吃吃喝喝，不能简单视之，它实际上是人与人之间情感交流的媒介，是一种别开生面的社交活动。一边吃饭，一边聊天，可以做生意、交流信息等。朋友离合，送往迎来，人们都习惯于在饭桌上表达惜别或欢迎之情，感情上的风波，人们也往往借酒菜来平息。过去的茶馆，大家坐下来喝茶、听书、摆龙门阵或者发泄对朝廷的不满，实在是一种极好的心理“按摩”。中华饮食之所以具有“抒情”功能，是因为“饮德食和、万邦同乐”的哲学思想和由此而出现的具有民族特点的饮食方式。对于饮食活动中的情感文化，有个引导和提升品位的问题。我们要提倡健康优美、奋发向上的文化情调，追求一种高尚的情操。

其四，“礼”是指饮食活动的礼仪性。中国饮食讲究礼，与中华传统文化有很大关系。生老病死、送往迎来、祭神敬祖都是礼。《礼记·礼运》中说：“夫礼之初，始诸饮食。”“三礼”中几乎没有一页不提到祭祀中的酒和食物。礼是指秩序和规范。座席的方向、箸匙的排列、上菜的次序……都体现着“礼”。谈“礼”，不要简单地将它理解为一种礼仪，而应该将它理解成一种精神，一种内在的人文伦理精神。“礼”的精神，贯穿在饮食活动过程中，从而构成中国饮食文明的逻辑起点。

五、服饰文化

人类的祖先在与猿猴相揖别以后，披着兽皮与树叶，在风雨中徘徊了难以计数的岁月，终于艰难地跨进了文明时代的门槛，懂得了遮身暖体，创造出了物质文明。在满足食的同时，开始追求暖，追求美，“衣冠于人，如金装在佛”，其作用不仅是遮身暖体，更具有美化的功能。

几乎是从服饰起源的那天起，人类已将其生活习俗、审美情趣、色彩爱好以及种种文化心态、宗教观念，都沉淀于服饰之中，构筑成了服饰文化和精神文明内涵。“华夏”乃“服章之美谓之华，礼仪之大谓之夏”。

儒家的代表人物孔子说过：修身、治国、平天下。所谓“修身”，是指衣着得体、举止文雅、思想性格良好。孔子认为“修身”少不了人的外在装饰。人们常以文质彬彬来形容君子，其中文质彬彬不外乎是指君子的内在修养和外在修养都非常良好，人们通过读书学习来提高自己的内在修养，通过规范自己的言行举止，美化自己的服饰来提高自己的外在修养。由此可见，服饰不单纯是裹体保暖御寒之物，在中华传统文化里，更是礼仪、得体、自尊、修养等精神文明的象征。

第四节　西方养文化

人类的起源是一样的，人类最基本的需求也是一样的，都有生理需求、社会需求以及精神和心灵的需求。这一点可以从马斯洛提出的“需求层次理论”和后来的克雷顿·奥尔德弗提出的“ERG 需要理论”中得到证实。

一、需求层次理论

马斯洛把人的基本需求归纳为五个层次：生理需求、安全需求、归属与爱的需求、尊重的需求、自我实现的需求。后来马斯洛又在尊重的需求和自我实现的需求之间加了认知需求和审美需求。目前对这两个需求是否属于人类基本需求有不同观点，但同属于人类“养”需求的范畴，一并阐述如下。

1. 生理需求是人类最基本的需求，是维持生命存在必须满足的需求，包括食物、空气、睡眠、恋爱、生殖等。生理需求是有限产生的，并有一定限度。当生理需求满足后，个体会产生更高层次的需求。反之，一个人被生理需求控制时，其他需求会被推到次要地位。

2. 安全需求指安全感、避免危险、生活稳定、有保障。安全需求普遍存在于各个年龄期，尤以婴儿期更易被察觉。

3. 归属与爱的需求是指个体对家庭、友伴的需求，对组织、团体互相认同的需求，希望得到他人的爱和给予他人爱的需求。表明人渴望与人的亲密感情和关系，得不到满足时则会感到孤独、空虚。

4. 尊重的需求是个体对自己的尊严和价值的追求，包括自尊和被尊重两方面。自尊是个人对自己的尊重，如自信、自强。被尊重是指希望得到别人的尊重。尊重得不到满足时，则会产生自卑、无助、无能等情绪体验。

5. 认知需求是指个体寻求知识，认识、理解未知事物的需要，它从个体的婴幼儿阶段就表现出来，成为人的终生需要。

6. 审美需求是指个体对美的物质、现象的追求，对行为完美的需要。

7. 自我实现的需求是指一个人需要充分发挥自己的才能与潜力的要求，是力求实现自己可能完成的一切事情的要求。

马斯洛的需求层次论的基本观点有：人的需求从低到高有一定层次性，但不是绝对固定的；需求的满足过程是逐级上升的；人的行为是由优势需求决定的，同一时期内，个体可能存在多种层次的需求，但只有一种需求占支配地位，支配个体产生相应满足需求的行为，这种需求成为优势需求。各层次需求相互依赖、彼此重叠。不同层次需求的发展与个体年龄增长相适应，也与社会的经济与文化教育程度有关。高级需求满足比低级需求满足的愿望更强烈，同时，高级需求的满足比低级需要的满足要求更多的前提条件和外部条件。人的需求满足程度与健康成正比。在不同的文化中，满足每一种需求的方式是不同的。

二、ERG 需要理论

1. 生存（Existence）的需要是指人类生存的需要，它包括马斯洛提出的生理需求和安全需求。

2. 相互关系（Relatedness）的需要是指个体对于保持重要的人际关系的要求。这种社会和地位的需要是在与其他需要相互作用中达成的，它们与马斯洛的社会需求和尊重的需求是相对应的。

3. 成长发展（Growth）的需要是指个人谋求发展的内在愿望，包括马斯洛的自尊的需求和自我实现的需求层次中所包含的内容。

第五节 现代营养学

营养学是一门研究机体与食物之间关系的学科。通过对营养学的历史、起源、发展、特征、层次等方面的描述，可以知道营养学的发展脉络。中国的饮食文化、中医文化和养生学是现代营养学的鼻祖。营养学对社会、行业、健康、政策等具有深远影响。

从字义上讲，“营”是谋求、经营，“养”是养生。“营养”是谋求养生，是机体摄取食物，经过消化、吸收、代谢和排泄，利用食物中的营养素和其他对身体有益的成分建构组织器官、调节各种生理功能，维持生长、发育、生育和防病保健的过程。

民以食为天，那么哪些食物可以吃，哪些食物不可以吃？什么情况该吃什么食物？食物中含有什么成分？食物与生命机体之间的关系是怎样的？在古代，尤其在中国，它催生了中国传统的饮食文化、中医草药和中医养生学，达到了经验性的食物利用和食物养生的高峰。在近代，利用科学技术研究食物的成分和它们的功能作用，催生了现代营养学。

一、营养学的历史

人类对食物中的营养以及饮食对人体健康影响的认识历史悠久，源远流长。食事是人类赖以生存的物质根底，早期食事活动已经显露出人们对于营养的初步探索。通过择食，人们逐渐把天然物产区别为食物、药物、毒物。火的应用，使熟食成为可能，提高了食物的利用率，扩大了食物的来源。然而对于营养的深入探索，国内外呈现的是不同的前进道路。

从现有资料估计，我们中华民族祖先应用饮食养生距今至少已有三千年历史。随着生产力的发展，膳食营养逐渐被重视。

公元前 5 世纪的周代，开始把保护健康和调制适宜饮食的“食医”作为医政四大分科之首。成书于两千多年前战国时期的《黄帝内经》对饮食养生和饮食治疗做了较系统的论述，其中就记载过：“五谷为养、五果为助、五畜为益、五菜为充、气味合而服之，以补精益气”的道理，这是最早提出的膳食平衡理念。其中许多观点与现代营养学相吻合，为后世饮食疗养的发展奠定了理论基础。《神农本草经》收载了大量食疗食物，并对其功效、主治、用法、服食法等都有一定的论述，对促进食疗本草学的发展起到了重要的作用。晋唐时期食养食疗经验积累更为广泛丰富，特别是对营养缺乏性疾病颇有研究，如甲状腺肿、脚气病、夜盲症等都用食物来治疗。东晋葛洪撰写的《肘后备急方》记载了用豆豉、大豆、小豆、胡麻、牛乳、鲫鱼六种方法治疗和预防脚气病，传统“食疗”模式初具雏形。唐代医学家孙思邈在饮食养生方面，强调应顺应自然，过犹不及，他认为就食物功能而言，“用之充饥则谓之食，以其疗病则谓之药”，从而正式提出了药食同源的观点。孙思邈在《千金翼方》中就强调“若能用食平疴，释情遣疾者，可谓良工，长年饵生之奇法，极养生之术也。夫为医者，当需先洞晓病源，知其所犯，以食治之，食疗不愈，然后命药。”从此期开始，食疗开始逐渐从各门学科中分化出来，出现了专门论述食疗的专卷。公元 659 年，孙思邈的弟子孟诜撰写了我国第一部食疗专著《食疗本草》。

宋、金、元时期，食疗学及其应用有了较全面的发展，如宋朝的王怀隐等编写的《太平圣惠方》，记载了28种疾病的食疗方法。我国第一部从食、养、医多面结合阐述食物特性的营养学专著《饮膳正要》在元代由忽思慧等撰写而成，针对各种保健食物、补益药膳以及烹调方法进行了较为深入的研究。明清时期从不同角度对食物的性能、功用、主治、膳食结构等阐述的《食物本草》《随息居饮食谱》《饮食须知》等大量著作涌现。

我国的古人先贤不仅积累了丰富的感性认识和实践经验，还逐渐形成了我国传统医学中关于营养保健的独特理论体系，即“药食同源学说”“药膳学说”“食物功能的性味学说”“食物的升、降、浮、沉学说”“食物的补泻学说”“食物的归经学说”“辨证施食学说”等。这些学说依据传统医学的理论，站在哲学的高度，用辩证、综合、联系和发展的观点研究饮食与健康的关系。

国外最早的关于营养方面的记载始见于公元前400年的《圣经》中，曾描述将肝汁挤到眼睛中治疗眼病。同期古希腊名医希波克拉底认识到膳食营养对于健康的重要性，并提出“食物即药”的观点，这与我国古代关于“药食同源”的学说有惊人的相似之处。不仅如此，他还尝试用海藻治疗甲状腺肿，用动物肝脏治疗夜盲症，用含铁的水治疗贫血等，这些饮食疗法有些现在仍在被沿用。

二、现代营养学的发展

18世纪中叶以前，关于膳食、营养与健康的关系虽然已形成了大量的观点、学说甚至理论，有些还在实践中得到验证，但这些认识多是表面的感性经验的积累，缺乏对事物全面和本质的认识（比如当时对食物和人体的构成一无所知）。直到1785年法国发生“化学革命”，鉴定了一些主要化学元素并建立了一些化学分析方法，才开始了现代意义的营养学研究（标志着现代营养学的开端），即利用定量、科学的方法系统地对那些古老的或新的营养观点进行更深层次的研究与验证。当然这一时期营养学的快速发展不仅得益于化学、物理学突飞猛进的发展，还依赖于生物化学、微生物学、生理学、医学等学科所取得的突破性成果。

现代营养学的发展也是一个循序渐进的过程，例如在1747年，一位名叫James Lind的苏格兰医生，想探究为什么会有那么多船员得坏血病的原因。这种病会让患者牙龈出血，牙齿脱落，感觉乏力。于是，他选择12名患有坏血病的船员进行了第一个现代临床试验。船员被分成6组，每组给予不同的治疗方案。其中吃橙子和柠檬的那组患者康复了，于是得出结论，缺乏维生素C是坏血病的罪魁祸首。

图 1-1　苏格兰医生 James Lind

在国外，现代营养学奠基于 18 世纪中叶。1783 年，拉瓦锡发现氧，并证明了呼吸和燃烧都是氧的作用。1842 年，李比希建立了碳、氢、氧、氮定量测定法，并由此确立了食物组成与物质代谢的概念。1912 年，芬克发现硫胺素。营养学在 1934 年美国营养学会成立后正式被承认为一门科学。所以营养学科在美国正式成立的时间算起来仅百年不到。

新中国成立后，基于国内外营养理论的融会贯通，我国的营养学和人民营养事业有了新的发展。

在国内，我国现代营养学的发展分为四个阶段。

第一阶段：萌芽时期（20 世纪初—1923 年），开始于医学院及医院。

第二阶段：成长时期（1924—1937 年），吴宪等对营养研究起到了带头作用。

第三阶段：动荡时期（1938—1949 年）。1939 年，中华医学会提出了我国第一个营养素供给量——中国人民最低营养需要量的建议。

第四阶段：发展时期（新中国成立后），定期开展全国性营养调查，掌握国民营养状况，进行了“粮食适宜碾磨度”“军粮标准化”“5410 豆制代乳粉”“提高粗粮消化率”等研究工作，优化国民营养摄入；1962 年提出了新中国成立后第一个营养素供给量建议；1989 年又提出我国居民膳食指南；中国营养学会在 1997 年修订了膳食指南，并发布了《中国居民平衡膳食宝塔》，在 2000 年公布了我国第一部《膳食营养素参考摄入量》，并分别在 2007 年、2016 年和 2022 年三次修订了膳食指南及《中国居民平衡膳食宝塔》。

现代营养学作为一门专业，其主要课程有：营养化学基础、营养生理学、营养学基础、生物化学、食品卫生与安全、管理学原理、卫生统计学、毒理学、烹饪工艺学、食品检验、中医饮食营养学，等等。其研究分为六个层次：物质层次、营养元素层次、化学结构层次、分子原子研究层次、基因结构层次以及信息研究层次。

目前人类对营养学理论研究的发展，对营养素生理功能的认识逐步趋于完善和系统化，对营养素缺乏造成的身体和智力损害有了更深入地了解，对膳食成分和营养素摄入在预防慢性疾病、提高机体适应能力以及延缓衰老方面的意义有诸多发现。未来我国将进一步加强营养学的基础研究，致力于植物化学物、分子营养及营养相关疾病的理论和实践研究，将现代营养学与祖国传统医学融合，将“医”和“养”有机结合，进而融合成一门新的研究。

三、基础营养学

食物是人类赖以生存的物质基础。食物中含有各种类别的营养素，以维持机体生理功能、促进生长发育，维持体力活动和促进健康为主要作用。

来自食物中的营养素种类繁多，人体所需有 50 多种，按照化学性质将营养素分为七大类，分别是蛋白质、碳水化合物、脂类、矿物质、维生素、膳食纤维和水。其中前三者能为机体提供能量，供给生长发育；后四者虽不是供能营养素，但在人类不同生命周期中都起着至关重要的作用。各营养素对机体有着独特的功能，彼此间有着密切联系，起着相辅相成的作用，缺一不可。

在这些营养素中，重要性排在首位的当属水。水是生命之源，人体中占比最多、最离不开的物质便是水。一个人在不吃任何食物而只有水的情况下可以维持一个月之余的生命；但反过来，如果只供给食物而没有水，人的生命将会在 5 日左右彻底凋亡，由此可见水对维持生命是多么重要。但由于水在自然界中相对容易获取，人们往往会忽视它的重要性。水的需要量受年龄、体力活动、环境温度以及膳食等多方面的影响。一般情况下人体每天最低的需水量是 1500mL，以达到 1700mL 为宜，也就是日常我们经常听到的“每日 8 杯水”的量。

蛋白质是机体细胞、组织和器官的重要组成结构，是一切生命的基础。人体中大约五分之一的成分是蛋白质，其在体内的含量仅次于水。构成蛋白质的最基本单位是氨基酸，构成人体的氨基酸有 20 种，其中成人有 8 种（婴幼儿有 9 种）氨基酸是人体自身不能合成，必须通过摄取食物才能获得，这种氨基酸被称为“必需氨基酸”。含有必需氨基酸种类齐全的蛋白质类食物就是优质蛋白质，它主要存在于大部分的动物类食物中，如蛋、奶、肉、鱼虾等，以及植物类食物大豆及豆制品中。素食主义者往往因为较少食用肉类食物而多发蛋白质缺乏，这种情况下可以多食一些蛋奶类或者豆类食物加以弥补。按照 2022 年《中国居民平衡膳食宝塔》中的推荐，建议每个中国居民每天摄入的动物性食物在 120~200g 之间，包括每日食用一个鸡蛋，每周至少食用两次鱼虾等水产品。每日饮奶量可在300~500g。

碳水化合物，俗称“糖类”，是机体的主要供能物质。这里说的“糖”不仅仅是指我们平时吃的口感甜蜜、能够带给人喜悦的糖块儿，而是对包括所有单糖、双糖、糖醇以及淀粉、纤维素等在内的一大类成分的统称。碳水化合物是自然界中最廉价也最容易获取的营养素，是机体获得能量的最主要的来源，因此在食物中，我们将富含碳水化合物的一类称为“主食”，馒头、米饭、面条，以及富含淀粉的杂豆、薯类等，都归属这一类。主食量不需要摄入太多，每日差不多半斤的量就可以，平均每顿饭二两，更提倡全谷杂粮的摄入，例如藜麦、高粱、燕麦、绿豆、红小豆等。

脂类是存在于体内不溶于水的一大类化合物，占体重的10%~20%。生活中一提到“脂肪”，很多人都将其视为洪水猛兽，认为它就是肥润、油腻、不健康的代名词。殊不知脂肪在我们人体中发挥着巨大的生理作用，例如为机体储存和提供能量、保温和润滑、运输脂溶性维生素、调控内分泌作用以及在饥饿状态下可以保护体内蛋白质不被过度消耗，等等。也正是由于脂肪的存在，我们才能感受到食物的色、香、味，并切实体会到在大快朵颐地享受美食后所获得的饱腹感和内心的满足感。当然，对脂肪的摄入和储存都必须有一个度，脂肪摄入过量将导致肥胖，并促使一些慢性病的发生，加大心脑血管疾病和中风的风险，同时还会增大某些癌症的发生概率。中国营养学会建议人体每天从脂肪中摄取的热量最好在20%~30%之间，摄入过多则不利于健康。膳食中的脂肪主要来自于动物脂肪组织、肉类及植物种子等，我们在日常饮食中应该做到少吃含有反式脂肪酸的食物，如咖啡伴侣、人造奶油点心等，多食用瘦肉蛋白、低脂奶制品、全麦谷物、豆制品、水果与蔬菜等，尽量使用健康油料，如橄榄油、菜籽油、葵花籽油等植物油炒菜。

维生素（Vitamin）是一个庞大的家族，目前所知的有几十种，曾音译称作“维他命”，即维持生命活动的物质，也是参与人体代谢调节、保持人体健康的重要活性物质。人体对维生素的需要量很小，日需要量常以毫克或微克计算，但不可或缺，且几乎必须由食物供给，一旦缺乏就会引发相应的维生素缺乏症，对人体健康造成损害。维生素是19世纪的伟大发现之一。1897年，艾克曼在爪哇发现只吃精磨的白米会患脚气病，而未经碾磨的糙米能治疗这种病，将这种在粗粮中提取出的可治脚气病的物质命名为维生素B_1，这是第一个被发现的维生素。后来，人们在食物中又陆续有了新的发现：鱼肝脏中的维生素A可以治疗夜盲症，新鲜橘子或柠檬中的维生素C可以缓解水手的坏血病，晒太阳以及补充鱼肝油（维生素D）可以纠正佝偻病儿童的骨骼畸形，瘦肉和动物肝脏中的维生素B_3可以治疗癞皮病，等等。随着当代医学的发展和科学知识的普及，越来越多的人了解到维生素的重要性，赞叹它神奇功效的同时，更加注意在日常膳食中进行补充。

矿物质是地壳中自然存在的天然元素，又称无机盐，是构成人体组织和维持正常生理功能必需的各种元素的总称。矿物质和维生素一样，虽然在人体内的总量非常少，且不能为人体提供能量，但也是人体所必需的营养素，在人体组织的各种生理功能中发挥着重要的作用。钙是人体骨骼、牙齿发育的重要组成原料，缺钙可能会导致骨质软化和抽搐，处于生长发育期的儿童缺钙会造成盗汗、入睡困难，以及“鸡胸”、“X”型腿、“O”型腿等。而老年人常见的骨质疏松、腰颈疼痛等症状，往往也是由于生理原因所导致钙流失而造成的。另外，镁是维持骨细胞结构和功能的必要元素，缺镁可导致神经紧张，情绪不稳；铁缺乏易造成缺铁性贫血；碘缺乏会造成甲状腺素合成障碍，引起“大脖子病”，等等。矿物质虽不可或缺，但每天的最佳摄取量也是基本确定的。由于某些微量元素在体内的生理作用剂量与中毒剂量较为接近，过量摄入不但无益反而有害。

拆解了各种营养素，那么吃什么、如何吃，才是最有益健康的呢？很简单，就是四个字：合理营养。合理营养是人体健康之本。一个人的健康状况取决于多种因素，如先天的遗传因子，后天的生活条件、卫生状况、饮食营养、嗜好习惯、体育锻炼和精神状态等。婴儿从出生开始，除阳光和空气外，完全要靠食物和饮水供给养料，以保证他们的正常生长发育，维护健康和进行各种活动。长期的实践使人们认识到，没有一种天然食物能包含人体所需要的全部营养素，也没有任何单一的营养素能具有全面的营养功能。如牛乳中缺乏铁，蛋中缺乏维生素 C，但它们蛋白质的质和量都很好；又如谷类食品，虽富含碳水化合物，但其蛋白质中氨基酸的组成是不平衡的。因此单靠吃一种食物不管数量多大，也不可能维护人体健康。所以应做到平衡膳食，不挑食、不偏食，通过摄入种类和数量皆适宜的食物，使人体获得所需的各种营养素，避免出现某种营养素因缺乏或过多而引起机体对营养素需要和利用的不平衡。通过各种营养素的协同配合，才能更好地发挥各自独特的营养功能，保障身体的全面健康。

综上，现代营养学是一门涉及生物、化学、临床、统计、人群等多门学科的综合性、世界性学科，没有受过专业培训的人也很难理解得透彻且全面，但是营养学又同老百姓的生活息息相关。受社会经济发展水平不平衡、人口老龄化和不健康饮食生活方式等因素的影响，我国仍存在一些亟待解决的营养健康问题，例如膳食不平衡导致超重肥胖、慢性病增加等公共卫生问题。那么如何在老百姓理解不透彻、不全面的情况下又能按照营养学的理论实行定量的科学养生呢？大道至简！于是世界上大部分国家就会根据营养学的一些知识和观点，简化理论，增加实用性，制定了各国的《膳食指南》，包括膳食平衡宝塔、膳食餐盘等，越来越关注膳食模式的平衡、合理及健康。不同地区和国家根据各自的膳食特点，为了预防和控制疾病，提出不同的健康膳食模式，如地中海饮食模式、DASH 饮食模式、美式健康膳食、东方膳食模式等。

为适应居民营养健康的需要，提高居民健康意识，帮助居民合理选择食物，减少或预防慢性病的发生，我国于 1989 年首次发布了《我国居民膳食指南》，并于 1997 年和 2007 年、2016 年对《中国居民膳食指南》进行了三次修订。为保证《中国居民膳食指南》的时效性和科学性，使其真正切合居民营养健康需求，2020 年起，中国营养学会组织专家紧跟研究进展，依据最新科学证据，历经近两年时间修订了最新版《中国居民膳食指南（2022）》，并于 2022 年 4 月 26 日于中国第八届全民营养周来临前夕向全社会发布。

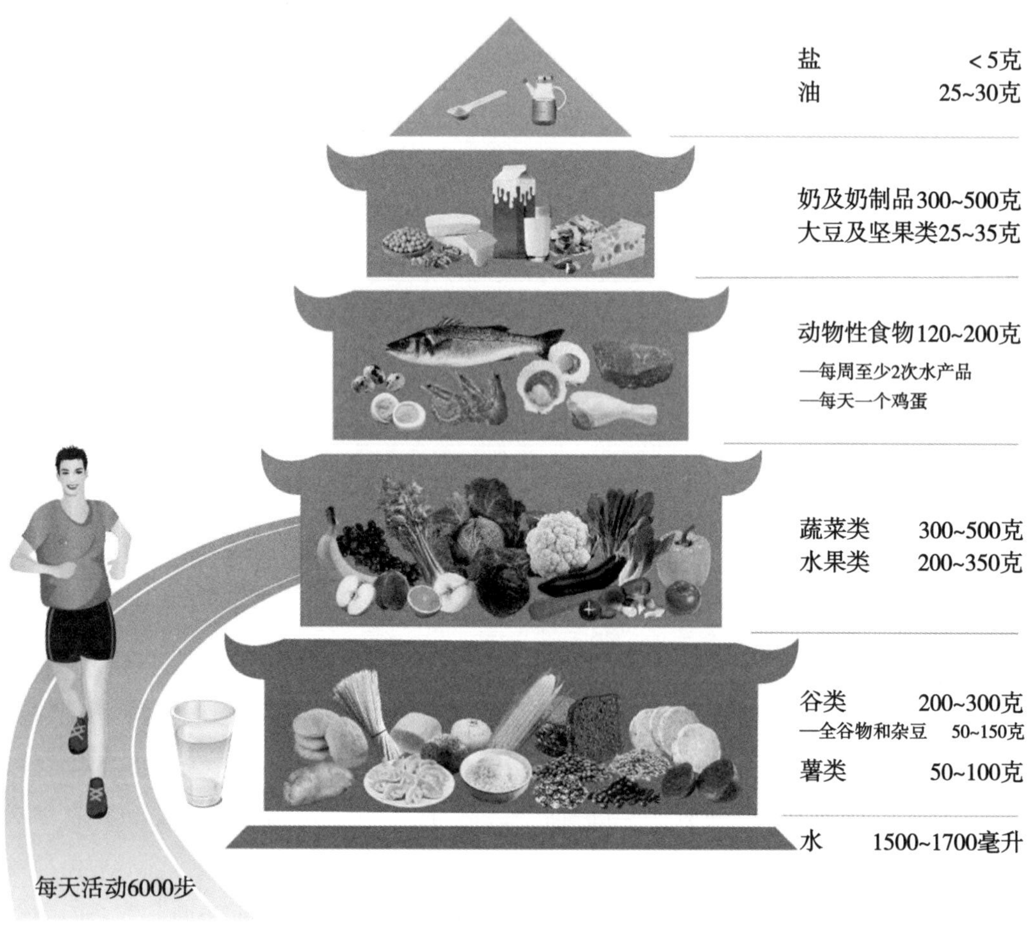

图 1-2　中国居民平衡膳食宝塔（2022）

四、临床营养学

临床营养又称病人营养，是研究营养与疾病关系，根据患者心理、生理特征及疾病病理特点让营养学知识用于治疗疾病，增强抵抗力，促进康复的科学。患者营养状况的好坏直接影响着创伤的愈合与疾病的恢复，营养状况良好可延缓某些疾病的发生和发展，因此营养治疗在我国临床综合治疗中也越来越受到重视。

临床营养通过对病人进行膳食管理来实现，根据人体的基本营养需要和各种疾病的治疗需要而制定的特殊医院膳食，按照类别可分为基本膳食、治疗膳食、诊断膳食和代谢膳食等。

（一）病人的膳食管理

1. 基本膳食分为普通膳食、软食、半流质膳食、流质膳食。

成人的普通膳食约含热能 1800~2400kcal，含有足量的各种营养素，接近于正常人的膳食，适用于不发热、消化器官正常、无特殊膳食限制和恢复到一定程度的病人，每日 3 餐。

软食为切碎煮软、少渣易消化的膳食。成人的软食应膳食构成合理、基本满足机体能量和营养素需要。长期采用软食的病人因蔬菜切碎、煮软等容易流失较多的维生素，应注意适当进行额外补充。软食适用于低热、咀嚼困难或消化吸收功能欠佳以及恢复初期的病人，每日 3~5 餐。

半流质膳食主要用于发热、消化道疾病、咀嚼困难及术后恢复期病人。食物应细、软、碎，易咀嚼吞咽，避免辛辣刺激、粗、硬、纤维质食物。成人的半流质膳食每日热能一般为 1500~1800kcal，蛋白质 50~60g，符合平衡膳食原则，每日 5~6 餐。

流质膳食特点是全流质，极易消化，含渣少，易下咽，是一种不平衡的饮食，营养素不能满足人体长期营养需求，因此只能短期使用。适用于高热、食欲差、病情重、咀嚼吞咽极度困难或大手术后第一次进食的病人。成人流质膳食每日能量供给量为 800~1600kcal，蛋白质为 20~40g，少食多餐，每餐液体量为 200~250mL，每日 6~7 餐为宜。

2. 治疗膳食是根据患者自身的病理生理状况，在考虑患者消化、吸收能力以及饮食习惯的前提下，对其膳食中的营养成分和性状进行调整，以达到治疗或辅助治疗疾病、促进患者康复的目的。临床上应用较广的治疗膳食有低蛋白、低盐、低脂以及低嘌呤几种类别的膳食。

低蛋白膳食是在普通膳食基础上，将蛋白质含量控制在每日 20~40g 范围的膳食，以优质蛋白为主，以减少含氮代谢产物，提高蛋白质生物利用率。这种膳食类型适用于急性肾炎、肾衰竭、尿毒症和透析患者以及肝性脑病等肝肾功能较差的患者。

低盐膳食是通过减少膳食中钠盐的摄入量来纠正水钠潴留，维持机体水、电解质的平衡。正常成年人建议每日食盐量不超过 4g，低盐膳食的食盐量应控制在 1～4g，适用于高血压、心衰、急性肾炎等患者。

低脂膳食是通过降低膳食中脂肪和饱和脂肪酸的摄入量，来改善因脂肪代谢异常和吸收不良而引起的各种疾病，如脂肪肝、冠心病、高血脂、肥胖症以及急性胰腺炎和胆囊炎等。食物配制以清淡为原则，限制脂肪的摄入量，适量增加豆制品、新鲜果蔬等摄入量。在烹饪方法上，以蒸、煮、炖为主，忌油炸、油煎及爆炒。避免摄入过量烹饪油、肥肉、蛋黄、油酥点心等高脂类食物。

低嘌呤膳食指限制食物中嘌呤等含量，降低血清尿酸水平，增加尿酸排出的膳食。配膳原则包括选用低嘌呤食物、控制总能量和脂肪、保证碳水化合物和蔬菜水果的摄入量，以及培养良好饮食习惯，多饮水，避免暴饮暴食。忌用的高嘌呤食物有动物内脏及动物脑、沙丁鱼、凤尾鱼、肉汤、啤酒等，少吃火锅。适用于高尿酸血症、尿酸结石及痛风患者。

3. 诊断膳食是通过调整膳食成分的方法协助临床诊断，即在短期的试验期间，在病人膳食中限制或增添某种营养素，并结合临床检验和检查的结果，以达到明确诊断的目的，需要严格称重。它包括糖耐量试验膳食、胆囊造影检查膳食和氮平衡膳食。

（二）临床营养支持

为适应现代营养治疗等需求，肠内营养和肠外营养这两种临床营养支持方式应运而生。对胃肠道有一定消化吸收功能紊乱等患者，优先选择肠内营养的方式。若肠内营养不足时，可选用肠外营养补足。相较于肠外营养，肠内营养不仅喂养便捷、费用低廉，同时还具有更符合生理、更有助于维持肠粘膜结构和屏障功能完整性的优点。

肠内营养通过肠道途径为营养不良患者提供营养治疗，包括口服和管饲两种。对于意识清醒、吞咽和消化功能正常的患者，可直接口服肠内营养制剂进行营养补充。对于昏迷或咀嚼吞咽困难而不能经口进食者，可采用管饲的方式。最常见的管饲途径是经鼻-胃、鼻-十二指肠或鼻-空肠置管。若食物不能通过咽喉食管，而由胃肠造瘘插管直接送入胃肠，则称为胃肠造口管饲。

肠外营养又称静脉营养，即通过静脉注射补给病人营养素。对于胃肠功能障碍或衰竭的病人而言，肠外营养是最佳的选择。肠外营养关键是要确切掌握病人的营养素需要量，建立营养液配制方法和掌握静脉插管技术。静脉营养作为主要治疗的适应症有肠瘘、肠道炎症性疾病、急性肾功能衰竭、心力衰竭、肝功能衰竭等；作为辅助治疗的适应证有术前恢复营养状态、术后辅助治疗、不能经口进食、昏迷、神经性厌食或拒食等。

（三）营养与疾病

随着社会经济的发展，营养失衡的发生率也逐渐增加。与此同时，营养相关疾病也成为威胁人类健康的重要公共卫生问题。营养涉及人体生理和病理的各个方面，在这些疾病的发生、发展和转归中起着非常重要的作用，所以与营养相关疾病的营养防治就显得非常重要。

1. 营养与肥胖。肥胖是指体内脂肪堆积过多或者分布异常而导致体重高于正常值的一种代谢性疾病。目前全球肥胖人群的比例呈逐年增长态势。我国改革开放近半个世纪以来，随着居民的饮食结构和生活方式的不断改变，肥胖的患病率同样出现快速增长的趋势。走在街头，我们很容易就能发现人群中那些大腹便便的人，其中不乏很多是儿童或者青少年。

肥胖给儿童及成人的健康都带来了巨大的威胁。对各器官组织都处于发育完善阶段的儿童来说，肥胖儿童的激素和免疫功能都或多或少会受到不良影响。研究表明，相较于体重正常的儿童，肥胖儿童更容易罹患糖尿病、心血管疾病，智力、心理行为方面也更容易出现问题。同样，对成年人来说，肥胖更是增加了高血脂、糖尿病、高血压以及心脑血管疾病乃至某些癌症的发生风险，极度肥胖往往会带来肺功能异常，甚至会威胁生命。

关于肥胖的预防和治疗措施，首要任务就是要让公众理解其危害，在科学的指导下合理膳食，吃动平衡。总结成一句话就是“管住嘴，迈开腿”。饮食方面，肥胖患者每天应控制总能量的摄入，包括适量减少碳水和脂肪类食物的供能比例。可适量用部分粗粮替代白米、白面等精致碳水，例如可选用糙米、胚芽米、玉米面、杂豆面等制作的主粮。应广泛摄取各种食物，变化越多越好，养成不挑食、不偏食的习惯。尽量多吃一些新鲜的低糖水果和蔬菜，补充维生素和矿物质，并且因其富含膳食纤维，可以增加饱腹感，也可有效防止便秘。另外在烹调方法的选择上，以蒸、煮、炖等少油法为宜，炒菜用的油必须按计划中规定的量，因此不宜吃油炸食物及喝肉汤。用餐采用分餐方法比较好，以便可以正确地控制分量。另外，从能量代谢角度来说，在控制饮食基础上还应配合运动，才能获得更好的减脂效果。养成良好的运动习惯，有助于维持良好的减肥状态，并且不易反弹。

2. 营养与高血压。高血压是一种由遗传因素与环境因素共同作用而产生的慢性全身性疾病，以血压升高为特征，其中遗传因素和环境因素分别占40%和60%，而环境因素中的膳食因素起主要作用。

膳食中很多危险因素会导致高血压，比如过量摄食导致超重与肥胖，摄入过量食盐，膳食中缺乏钾、钙、镁等电解质，以及过度饮酒等，都是导致高血压发生的重要原因。高血压目前并没有特别有效的根治方法，必须通过长期服药、规范的治疗以及良好的生活饮食方式等，把血压控制在稳定的目标范围内，这样才能减少心、脑、肾等靶器官的损害，防止各种并发症。

营养与高血压两者的关系是相辅相成的。首先高血压患者应该进行适当的体育锻炼，控制体重，避免肥胖。酒精是高血压的独立危险因素，建议高血压患者不宜过量饮酒，每日饮酒量不超过25g，必要时应完全戒酒。饮食方面应改善饮食结构，坚持低脂、低盐、低胆固醇的饮食方式，每日盐的摄入量不超过5g。多吃新鲜的蔬菜水果，特别是富含钾、镁的食物，如新鲜叶菜类、菌菇类、香蕉、豆芽等。每日补充足量优质蛋白，以及富含不饱和脂肪酸的食物，例如鱼、虾、奶制品等。另外，推荐日常生活中食用芹菜、洋葱、大蒜、胡萝卜、菠菜等蔬菜，还可选用山楂、西瓜、桑葚、香蕉、柿子、苹果、桃、梨等水果，以及菊花、海带、木耳、蘑菇、玉米等，这些食物富含植物化学物质、微量元素和维生素，可以有效预防高血压的发生及发展。

3. 营养与糖尿病。糖尿病是一组以血糖水平增高为特征的代谢性疾病，是由于机体胰岛素分泌缺陷和（或）胰岛素作用缺陷所引起。根据病因不同，糖尿病共分为3种类型，分别是1型糖尿病、2型糖尿病以及妊娠期糖尿病。据国际糖尿病联盟（IDF）统计，2021年全球约有5.37亿成年糖尿病患者，意味着每10个成年人中就有一个糖尿病患者，到2030年这一数据预计会增至6.43亿。

糖尿病的诱发因素较为复杂，总结有以下6个方面：①遗传因素。即家族易感性。糖尿病患者的亲属发病率比非糖尿病亲属高约17倍。②肥胖。超过理想体重50%者比正常体重者糖尿病发病率高约12倍。③体力活动缺乏。体力活动能减轻胰岛素抵抗，与缺乏体力活动的人相比，那些坚持中等程度体力活动的人发生糖尿病的危险性明显降低。④生理因素。糖尿病随年龄的增长发病率上升，大多数糖尿病病人的发病年龄在50~70岁。⑤不良生活方式。如吸烟、过量饮酒，以及生活节奏加快、竞争激烈所带来的心理压力等也会增加糖尿病发病率。⑥营养因素。不合理的“西方化”膳食，以高能量、高脂肪膳食为主要特征，可造成身体脂肪的过度堆积，出现血糖异常升高或发展为糖尿病。

糖尿病是一种病因尚不明确的慢性代谢性疾病，其治疗应遵循国际糖尿病联盟提出的现代综合治疗原则，即“五驾马车”：健康教育、药物治疗、饮食治疗、运动疗法及自我检测，其中饮食治疗是控制血糖最基本、最有效的治疗措施之一。

糖尿病的饮食治疗绝不仅是限制饮食，需要遵循以下原则：控制总热量、合理配餐、少量多餐、高纤维饮食、口味清淡、不沾烟酒。控制总热量是糖尿病患者饮食治疗的首要原则，糖尿病患者每天摄入的热量，应能够维持或略低于机体每天的消耗。不同体力劳动者每天消耗的能量有所不同，轻体力劳动者每千克体重每日消耗 30~35kcal 热量，中体力劳动者每千克体重每日消耗 35~40kcal 热量，重体力劳动者每千克体重每日消耗 40kcal 以上热量。还应合理控制碳水化合物、蛋白质和脂肪的摄入比例。高糖饮食对糖尿病患者病情不利，所以糖尿病患者平时尽量不吃含糖量较高的食品，如糖果、蜜饯、甜点等。另外，淀粉作为碳水化合物，最后会分解成单糖，同样会对糖尿病患者的血糖造成一定影响，因此平时要避免大量进食富含淀粉的食品。同时还需要少吃多餐，限制食盐和油脂摄入量。平时可以多吃富含膳食纤维的食物，比如蔬菜、水果、豆类、粗粮等，这些食物在一定程度上可以降低糖尿病患者的血糖，同时也可以改善患者的糖耐量。控制蛋白质供给，以优质蛋白为主，比如奶、瘦肉、鱼、豆制品等富含优质蛋白的食物，糖尿病患者可以适量食用，但不宜过量以免增加身体负担。清淡饮食，选择低油脂的烹饪方式，如水煮、烘、烤、焖、蒸或由微波炉烹煮，尽量避免吃煎、炸的油腻食物，每日胆固醇摄入量要小于 300mg。同时要戒烟酒，忌食动物脂肪和内脏，以免引起动脉硬化和高血压。

4. 营养与癌症。癌症是目前全世界最常见的死因之一。研究统计，全球平均每 8 个死亡病例中就有一个人是死于癌症。无论是发达国家还是发展中国家，癌症都已成为人类的主要杀手之一。

至今已有大量实验和流行病学研究结果显示，癌症的发生和发展是行为生活方式、自然和社会环境、生物遗传以及医疗卫生服务等因素综合作用的结果。在各影响因素中，环境因素最为重要，而且是可以改变的。这些因素包括吸烟、传染因子、辐射、工业化学污染、医疗和用药，以及食物、营养、身体活动和体成分等。其中居民的膳食模式和营养状况对癌症的发生和发展起着重要作用。世界卫生组织指出，有三分之一甚至一半的癌症都是可以预防的，通过合理膳食、平衡营养、积极体力活动和保持健康体重可预防或推迟癌症的发生和发展。

养成良好的生活习惯和改善膳食是防治癌症的重要手段。已知食管癌、结直肠癌、乳腺癌、肾癌等与膳食关系密切。膳食中富含新鲜水果和蔬菜具有防癌、抗癌等作用，而过多摄入红肉及加工肉类食物会增加罹患结直肠癌等风险。此外，坚持体育锻炼，配合健康的饮食习惯有助于预防膳食相关癌症和降低心血管病的风险。

世界癌症研究基金会专家组针对如何有效降低癌症风险，提出了10条科学的建议，内容如下：①在正常体重范围内尽可能瘦。腰围每增加1英寸，患癌症的风险将增加8倍。②保持身体活动，每天进行至少30分钟的中度身体活动，例如快走，避免久坐。③以植物来源的食物为主。红色果蔬富含胡萝卜素、番茄红素，浆果类水果（如草莓、蓝莓等）富含抗氧化剂，对各部位的癌症都能起到一定预防效果。④限制摄入高能量密度的食物，避免含糖饮料，尽量少吃快餐。⑤减少红肉的摄入，避免加工肉制品。⑥限制酒精和含酒精类饮料摄入。如喜爱喝酒，可饮用少量红葡萄酒，有助于预防冠心病。⑦限制盐的摄入量，每人每天不超过5g。⑧尽可能通过平衡膳食达到营养需要，非必要不推荐使用膳食补充剂来预防癌症。⑨婴儿最好在出生后6个月内完全母乳喂养，6个月后适量添加辅食，这样可增强婴儿的抵抗力，有效预防感染和儿童肥胖。⑩癌症患者在接受治疗的同时，同样应该遵循以上饮食生活建议。

总之，临床营养学注重“三结合”，即与临床实际相结合、与病人的日常生活相结合、与居民的营养保健相结合。通过基础营养、临床营养、临床医学三者之间的融会贯通，提高疾病治愈率，让病人尽早结束临床营养，回归基础营养状态，回归到家庭和社会的日常生活中。

第六节　中医营养学

中医营养学，是以中医整体观念和辨证论治的理论为基本原则、以中医经典方剂或食物性味为配伍基础、以药食同源的中药材（食物）为材料，应用食物来保健强身，预防和治疗疾病，或促进机体康复以及延缓衰老的一门学科。它和药物疗法、针灸、推拿、气功、导引等学科一样，都是中医学的重要组成部分。中医营养学研究内容主要包含饮食养生、饮食治疗、饮食节制和饮食宜忌。

中医营养在历史上对我国营养学的发展做出了重大的贡献。中医营养方面的论著层出不穷，代表性著作主要有《黄帝内经》《神农本草经》《千金要方》《饮膳正要》等。中医营养也有很多不同的表达方式，如“食养”“药膳”“食疗”“食补”“药食同源”等。中医营养与西医营养对食物的利用有所不同，西医营养讲究食物所提供热能的计算，根据人体代谢的需要，来设计每人每天的食谱；而中医营养则是研究食物性能与人体各部位、各功能之间的关系，既需要采取中医辨证施治的思维方式，也要不断考证各种食物的性味归经。

一、辨证——中医营养实践的主要依据

辨证论治是中医学的基础原则，在中医营养学中体现为辨证施膳。中医辨证的方

法很多，如八纲辨证、脏腑辨证、气血津液辨证等。而临床实践中主要是从中医体质和疾病发病特点的角度进行辨证并营养施膳的。

2009 年中华医药学会公布了《中医体质分类与判定》标准，将人体体质分为平和质、气虚质、阳虚质、阴虚质、痰湿质、湿热质、血瘀质、气郁质、特禀质 9 个类型。九种体质的提出也为中医营养提供了治疗依据。通过食物的不同性味归经，辨证施膳，有的放矢。如刘连静通过先了解患者体质，再针对患者体质制定饮食方案，有针对性地选择蔬菜、水果、饮料，有效控制了高血压患者的血压。彭霞等人通过辨析老年失眠患者体质，并根据体质类型进行饮食调护，有助于帮助老年人改善脾胃功能，调和气血，滋养心神，从而改善老年患者失眠症状，促进睡眠，提高睡眠质量。一种疾病通常具有几种辨证分型，中医营养可根据疾病的证型特点针对性地进行营养干预。如白萍将 2 型糖尿病分为肺热伤津型、胃阴受损性、肾阴虚型，并针对这几类分型推荐食物和药膳，提高了 2 型糖尿病患者的生存质量。

二、药膳食疗——中医营养实践的重要手段之一

药膳并不是食物与中药的简单相加。在中医学中，食物同药物一样，有各自不同的形、色、气、味、性。中医营养认为食物有“四气”和“五味”，“四气”指食物具有寒、热、温、凉四种基本属性。寒凉性食物具有滋阴、清热、泻火、凉血、解毒等作用。温热性食物具有温里、助阳、活血、通络、散寒等作用。“五味”是指食物有酸、苦、甘、辛、咸五种滋味和作用，这并不是根据它的味道来分类，而是根据治疗及保健作用来分的。将性味归经一致的食物或药物配伍在一起，食借药力，药助食威，调配成一种既有药物功效，又有食品美味，用以防病治病、强身益寿的特殊食品。近年来，药膳食疗在临床中的应用逐渐广泛，并取得显著疗效。常见有药膳汤、药膳粥、中药代茶饮、传统食疗等。

中医营养认为食物归经，意思是摄入食物对人体各脏腑具有不同的选择性，有的在肝经部位分布高，有的在肺经部位分布高。正如《黄帝内经》所说“五味入胃，各归所喜”。五味入脏的规律是：酸入肝、苦入心、甘入脾、辛入肺、咸入肾，按照这个规律来选择，利用食物以达到强身目的。所以“药食同源”，是我国几千年来和疾病作斗争的经验结晶，药补不如食补现已深入人心。

中医的膳食搭配在中医营养中，食物之间的配合是遵守中医辨证理论进行的。中医营养十分重视食物加工前后性味功能的变化，食物的生与熟其功能有很大区别，例如：新鲜的生藕，性味属于甘而凉，具有清热、凉血、散瘀、消肿等作用。当胃出血时，喝一杯冰冻生藕汁，能起到止血的效果；而熟藕性味甘、温，具有健脾、益血、

生肌作用。常吃糯米藕粥，可使皮肤细腻、红润、健美。生胡萝卜性味属甘、辛、凉，具有补肺气作用。

现代基础营养学对营养要素的分析，证明了许多食物具有明显的营养疗补作用，作者以下简单介绍几种常见的食物：

蘑菇：其含有蛋白 2.9%（干品为 35.6%）、脂肪 0.2%（干品为 1.4%）、碳水化合物 3%（干品为 14%）、粗纤维 0.6%（干品为 6.9%），另外还含有钙、磷、铁、无机盐、核黄素、水溶性维生素 B_1、维生素 B_2、维生素 B_6以及十几种氨基酸；孢子中含有抗病毒物质，还含有植物甾醇，可抑制血管中的胆固醇沉积，降低甘油三酯，预防动脉硬化。

银耳：含有多种氨基酸和酸性异多糖等化合物，每 100g 银耳中含有蛋白质 5g、脂肪 0.6g、碳水化合物 7.9g、含钙较高为 380mg、磷 250g、铁 30.4mg，并含有多种维生素、麦角甾醇及食物纤维。多糖中含有甘露聚糖、葡萄糖、木糖醇等。其具有强精补肾、润肺、生津、止咳、降火、润肠、养胃、补气、和血、强心、壮身、补脑提神之功，对高血压、动脉硬化、眼底出血等有治疗作用。

芹菜：人们在吃芹菜时，往往只吃芹菜茎不吃叶，却不知叶中的营养比茎更丰富。一个人每日吃 100g 芹菜叶就可满足维生素 C 和胡萝卜素的需要。因为 100g 芹菜中所含的胡萝卜素和维生素 C，茎中分别为 0.37mg 和 11mg；叶中分别为 5.3mg 和 91mg。叶中的钙和镁都比茎含量高。芹菜还含有多种维生素，且具有健胃、明目、利尿、调经、降压、镇静的作用，对高血压、血管硬化、神经衰弱、牙龈出血等有辅助治疗效果，对人体而言可补充维生素和无机盐。

三、饮食养生——中医营养实践的重要手段之二

饮食养生，与“食养”“食补”相近，其内容按历代相关文献记载有聪耳、明目、乌发、生发、增力、益智、安神、健肤、美容、轻身、固齿、肥人、强筋、壮阳、助孕、益寿等二十余种。这些作用在提高人体健康素质和预防保健方面有着重要意义。

相较于药物治疗，饮食养生因应用丰富多彩的方法和方剂被更多的人所接受，如应用芹菜防治高血压病，应用生山楂、红茶、燕麦降血脂预防动脉硬化，应用薏苡粥预防癌症，应用木耳防治眼底动脉出血症等。而其中的科学机理在飞速的科研发展中陆续得到验证。

饮食节制，习称“食节”“食用”，倡导因时、因地、因人而异的正确选用饮食，且提倡全面膳食和节制饮食。《素问·藏器法时论》有言“五谷为养，五果为助，五

畜为益，五菜为充，气味合而服之，以补精益气”。因此需要全面膳食，长期或经常在饮食内容上尽可能做到多样化，讲究荤素食、主副食、正餐和间餐，以及食与饮等之间的合理搭配。既不要偏食，也不要过食与废食。

饮食宜忌，汉代《金匮要略·禽兽鱼虫禁忌并治第二十四》中说：“所食之味，有与病相宜，有与身为害，若得宜则补体，害则成疾。”主张常人与病人的饮食内容不应该也不可能是一个固定的模式，应因人、因地、因时、因病而有所不同。强调饮食的针对性，得当则为宜，失当则为忌，在生活和临床中要做到“审因用膳”。

在具体到食物的选用上，中医食疗与西方营养学的主要依据有所差异。后者注重个体需要及营养成分，而前者需依据食物的四性五味及个人体质进行食物配伍。这些中医基础理论蕴含的四气五味及归经、补泻、配伍等形成了祖国传统医学中关于营养保健的独特理论体系。

食物“四气”与药性“四气”或“四性”说相一致。古人按寒、凉、（平）温、热基本上把食物分为三大类气质或性质。历代中医食疗书籍所载的食性分类诸多，可见大热、热、大温、温、微温、平、凉、微寒、大寒等。常见食物种类以平性食物居多，温热性次之，寒凉性更次之。寒凉性质食物多属于阴性，具有滋阴、清热、泻火、凉血、解毒作用。温热性质食物属于阳性，具有温经、助阳、活血、通络、散寒等作用。

食物的“五味”，即酸（涩）、苦、甘（淡）、辛、咸。酸收、苦降、甘补、辛散、咸软。常见食物统以甘味居多，有补益和缓解疼痛、痉挛等作用。咸味与酸味次之，咸味具有泻下、软坚散结和补益阴血等作用，酸（涩）味食物具有敛汗、涩精、止泻、缩小便的作用。辛味更次，具有发散、行气、活血等作用。苦味最少，具有清热、泻火、燥湿、解毒、降气等作用。《素问·宣明五气篇》所载的“五味所入”和《素问·阴阳应象大论》所指出的“五味所生”等皆说明作为自然界产物的“味”对机体脏腑的特定联系和选择作用，因其五味不同而各归其经，充养不同的脏腑。因此食物的“归经”也是食物性能的一个主要方面，一般情况下辛味食物归肺经，用辛味发散性食物（如葱、姜、芫荽等）治疗表证、肺气不宣咳嗽症状；甘味食物归脾经，用甘味补虚性食物（如红枣、蜂王浆、山药等）治疗贫血、体弱症状；酸味食物归肝经，用酸味食物（如乌梅、山楂等）治疗肝胆脏腑等方面疾患；苦味食物归心经，用苦味食物（如苦瓜、绿茶等）治疗心火上炎或移热小肠证；咸味食物归肾经，用咸味食物（如甲鱼、昆布、海藻等）治疗肝肾不足，消耗性疾患（如甲亢、糖尿病等疾患）。

此外，中医理论认为，机体衰弱失健或疾病的发生发展过程意味着阴阳两方面的互相消长，所以治疗以调理阴阳为基本原则。《素问·骨空论》可见："调其阴阳，不足则补，有余则泻。"食物与药物同出一源，两者皆属于天然产品，谓之"药食同源"。食物与药物的应用由同一理论指导，谓之"食药同理"。因此在食物搭配和饮食调剂制备方面中医亦注重调和阴阳，使食物无寒热升降之偏颇。正如《寿亲养老新书》所说："水陆之物为饮食者不管千百品，其五气五味冷热补泻之性，亦皆禀于阴阳五行，与药无殊……人若知其食性，调而用之，则倍胜于药也……善治药者不如善治食。"食物的防治疾病作用，也是通过祛除病邪，消除病因，或补虚扶弱，调整重建脏腑气机功能，来达到消除阴阳失调的目的。补性食物一般分别具有补气、助阳、滋阴、养血、生津、填精等功效；泻性食物一般分别具有解表、散热、开窍、辟秽（防疫）、清热、泻火、燥湿、利尿、祛痰、祛风湿、泻下、解毒、行气、散风、活血化瘀、凉血等功效。常用食物中泻性食物多于补性食物，可知中医营养手段不仅为补虚扶正，更大程度是为了泻实祛邪。

然而在生活和临床中单独应用一种食物来保持营养、进补或治疗的情况是很少的。人们为了增强食物的效用和可食性，常常把不同的食物搭配起来应用。这种搭配关系，称为食物的配伍。根据食药同理、同用的原理，食物的配伍，基本依照药物配伍的"七情"理论。其中，"单行"是指用单味食物烹制，另外几方面都是谈配伍关系的，它是我们组方配膳的基础。配伍关系基本上分为协同和拮抗两方面。食物的协同配伍方面包括"相须"和"相使"，拮抗方面包括"相畏""相杀""相恶"和"相反"。相须配伍即同类食物相互配伍使用，起到相互加强的功效。相使配伍即一类食物为主，另一类食物为辅，使主要食物功效得以加强。相畏和相杀是同一配伍关系从不同角度的两种说法，用以保证一种食物的不良作用能被另一种食物减轻或消除。相恶配伍是提示一种食物能减弱另一种食物的功效。相反配伍则是两种食物合用，可能产生不良作用，形成了食物的配伍禁忌。据前人的经验，食物的配伍禁忌比药物十八反、十九畏的配伍禁忌还多。经过上述多方面地考量取舍选取搭配，才能制定出针对个体的中医营养指导意见。

第七节　现代护理学

一、护理的起源

"护理"一词源于拉丁文"nutrire"，它的意思是"滋养、使健壮、养育、保护、照料"等。经过许多年的演化，护理的内涵发生了深刻变化：先是指"妇女照顾小孩”，继而在16世纪发展为“服侍病人（这项工作一般由妇女承担）”，以至于19世纪将护理定义为“在医生的指导下照顾生病的人”，南丁格尔进一步提出“护理既是艺术，又是科学，应从最小限度地消耗病人的生命力出发，使周围的环境保持舒适、安静、美观、整洁、空气清新、阳光充足、温度适宜，此外还要合理地调配饮食”。

1970年美国护理学家罗杰斯提出“护理是帮助人们达到最佳的健康潜能状态，护理所关心的是人——无论健康或生病、贫穷或富有、年轻或年老，只要有人的地方，就有护理服务。”1973年韩德森对护理的定义为“护理是帮助健康的人或患病的人保持或恢复健康（或平静地死去）”。1980年，美国护理学会又定义为“护理是诊断和处理人类对现存的和潜在的健康问题的反应”。

由于天然的母性情怀，妇女在维护周围人群健康、照顾病残方面始终扮演着无与伦比的主要角色，从这个意义上讲，一部护理的历史就是一部女性史。

在二三百万年前人类群居于高山洞穴，靠采集身边所有可食的东西以及猎取动物维持生活。在恶劣的自然环境中，人类不懈地与大自然搏斗，不折不挠地一代一代繁衍生息。在这个过程中，人类逐步积累了一些简单的护理经验，为更好地生存提供了一点保障。在早些时候，原始人观察到动物总是用自己的舌头舔伤口，于是在劳动过程中不幸受伤出现伤口时，便让动物帮他们重复同样的动作。后来原始人又发现用水清洗伤口对伤口的愈合更为有利，便以后一种方法逐渐取代了前一种方法。原始人不慎摔伤，发生骨折时，他们已经懂得用树枝固定伤患处以帮助复位。同时，对受伤的部位去压迫、抚摸。在掌握了火的使用之后，人类发现火除了可以用来取暖、照明、驱走野兽外，还可以将生的食物煮熟，这样食之更有味也更易于消化，由此他们认识到饮食与肠胃疾病之间的关系，对疾病的认识上升到了一个新的高度。北京猿人在火的应用中，逐步认识到烧热的石块、砂土不仅可以给局部供热，还可以消除疼痛。原始人创造了“砭石”和“石针”，以之作为解除病痛的工具。另外，缓解疼痛还可以用石块拍捶、刺压疼痛部位等。

当原始人受伤无法行动时，会有同伴陪伴照顾他，给他食物和水。当人类社会发展至母系氏族公社时代，由于女性在家族生活中的支配地位，加上其固有的母爱本性，使得照顾伤病的任务自然而然地落在了妇女的肩上。氏族内部分工男子狩猎，妇女负责管理氏族内部事务，采集野生植物，照顾老、幼、病、残者，家庭的雏形由此产生。初始的家庭或自我护理意识成为抚育生命成长的摇篮，它伴随着人类的存在和人类对自然的认识而发展。

此外，由于远古时代人类认识自然的能力极低，生产力极端落后，故而对宇宙间的自然现象如风、云、闪电、雷雨等十分恐惧，认为必定有一种超人的神灵或上帝主宰着万物的命运。对人的生老病死以及天灾人祸等现象无法理解，认为是恶魔、鬼神在作祟，以为这些鬼神能随意附着或离开人体，人类的各种疾病便是由于得罪了这些鬼神，引起了鬼神愤怒并附着于人体或控制了人体所致。于是产生了迷信和宗教，巫师也应运而生，他们用念咒语、画符的方法来降服恶魔，或指导人们用祈祷、许愿、磕头等办法祈求鬼神的谅解或宽恕，更或者采用击打病人、给病人放血、泼冷热水、喝难闻的汁液或在头上开洞等方式来驱赶所谓的恶魔。这个时期可谓之“巫术时期”，它为古老的人类护理抹上了浓重的迷信色彩。从这里我们可以看出，在生产力极不发达的远古时代，护理是先于医疗出现的，或者说它就是医疗的雏形和先驱，而且最初它是人类在面临生存挑战时的一种自觉行为。

如果以今天的护理概念为标准，可以这样说：自从有了人类，便有了护理。护理产生于人类生存的需要，是人类在与自然斗争中进行自我保护的产物，是人们谋求生存的本能，是人类养的需求的一部分。护理与人类的生存繁衍、文明进步息息相关，并随着社会的演变、科学技术的进步而不断地发展。

二、护理学的发展

被古希腊誉为“医学之父”的希波克拉底（Hippocrates）就很重视护理，他教患者漱洗口腔，指导精神疾病患者欣赏音乐，调节心脏病、肾脏病患者的饮食——从现代观点看，这些都是有益于病人康复的护理。我国传统医学专著中并无“护理”二字，但中医治病的一个重要原则是“三分治，七分养”，这里的七分养就是指护理。它包括改善病人的休养环境和心态，加强营养调理，注重动、静结合的体质锻炼等，这些都是中医辨证施护的精华。古代护理的另一个特点是受宗教影响至深。在东方佛教、西方基督教支配下，救护病残者成为宗教的慈善事业。僧人、修女治疗、护理病人，主要以怜悯、施恩的人道主义精神照顾患者，应用科学技术是有限的。正由于历史的局限性，15 世纪以前的护理只能是以一种劳务的方式存在，处于家庭护理、经验护理阶段。

医护为一体是古代护理的特点之一，19 世纪之前，世界各国都没有护理专业。

护理学起源于原始自我护理、家庭护理、经验护理。直到 1836 年，牧师西奥多·弗里德尔在德国的凯塞威尔斯城建立了附属于教会的女执事训练所，招收年满 18 岁、身体健康、品德优良的妇女给予护理训练。

1854 年克里米亚战争爆发，大批英国士兵负伤或患病后因得不到合理的照护而死亡，死亡率高达 42%。南丁格尔率领 38 名护士，奔赴战地医院，通过改善医院环境卫生，调整病员膳食，加强伤员营养，为伤员清洗伤口、消毒物品，对伤员进行精神慰藉等工作，在短短的半年时间内，使得前线伤员死亡率下降到2.2%。经过克里米亚战场的护理实践，南丁格尔越发深信护理是科学事业，护士必须接受严格的科学训练，而且应是品德优良，有献身精神的高尚的人。1860年，她创办了世界上第一所正式的护士学校——南丁格尔护士训练学校，为护理教育奠定了基础。自南丁格尔之后，欧美各国类似的学校如雨后春笋般纷纷成立，受过训练的护士大批增加，护理事业得到迅速发展。

图1-3　护理学鼻祖—弗洛伦斯·南丁格尔

20世纪前半叶，护理学伴随着医学的发展，经历了以疾病为中心的阶段，即护理工作的性质是从属于医疗，围绕疾病展开的。到20世纪中叶，社会科学的发展以及系统科学的发展，促使人们重新认识人类健康与生理、心理、环境的关系，护理学进入了以患者为中心的阶段。1977年生物—心理—社会医学模式的提出，形成了人是一个生物、心理、社会的统一整体的现代医学观。随着人们对现代医学观的认识，护理工作发生了根本性的变革。护理被认为是一个独立的专业，在整体护理观的指导下，采用护理程序的方法开展工作；护理工作者是科学的工作者，医护双方是合作的伙伴。护理学开始建立自己的学科理论体系。进入20世纪70年代后，随着社会的发展，科学技术的进步，人们物质生活水平的提高，人类疾病谱发生了明显变化，各种慢性疾病、肿瘤成为威胁人类健康的主要问题，护理学进入以人的健康为中心的阶段。护理工作走出医院，走向家庭、社区、社会，面对所有有健康保健需求的个体。护理工作的范围超越了疾病的护理，扩展到从健康到疾病的全过程。护士成为向社会提供健康保健的主要力量，护理学成为一门独立的学科。

三、护理学的理论范畴

护理学的理论体系是在一定历史条件下建立和发展起来的，当在实践中发现旧理论无法解释新问题、新现象时，就会建立新理论或发展原有的理论。随着现代科学的高度分化和广泛综合的发展趋势，护理学与哲学、伦理学、心理学、美学、教育学、管理学等多学科相互渗透，在理论上互相促进，在方法上相互启迪，在技术上相互借用。同时护理学自身也在不断丰富、深化，从而形成了护理伦理学、护理心理学、护理美学、护理教育学、护理管理学等一批交叉学科，以及急救护理学、骨科护理学、儿科护理学、妇产科护理学、内科护理学、外科护理学、社区护理学、老年护理学等一批分支学科。

随着老龄化和全球经济一体化趋势，影响了护理学的课程设置，开辟了新的护理研究领域，也使得老年护理、多元文化护理得到发展和重视，老年护理院成为社区健康保健的重要机构。

四、护理学的实践范畴

护理学的实践范畴很广，根据护理工作的内容又分为临床护理、社区保健、护理教育、护理管理和护理科研。

（一）临床护理

1. 基础护理是运用护理学的基本理论、基础知识和基本技术去满足患者的生理、心理和社会层面的需求。包括患者的“三短六洁”（即指甲短、胡须短、头发短，脸、头发、手足、皮肤、会阴、肛门清洁），床铺整洁，体位安全舒适，心理慰藉，同时做好膳食护理、排泄护理、病情观察，实施基本护理技术操作，健康教育，临终关怀等基础护理。

2. 专科护理是以护理学和各医学专科理论、知识、技能为基础，结合各专科患者的特点及诊疗要求，对患者进行身心整体护理，主要包括专科常规护理或技术，如手术及特殊检查的术前、术中及术后护理，各种引流管、石膏和夹板的护理，各类疾病的护理与抢救，心、肾、肺、脑功能的监护及脏器移植等的护理。

（二）社区保健护理

社区保健对象是一定范围的居民和社会团体。以公共卫生学、护理学知识和技能为基础，结合社区的特点，深入到家庭、学校、工厂、机关等，开展疾病预防、妇幼保健、家庭护理、健康教育、健康咨询、预防接种等工作。

（三）护理教育

护理教育一般划分为基础护理学教育、毕业后教育和继续教育三类，是以护理学和教育学理论为基础，培养德、智、体、美全面发展的护理人才。

（四）护理管理

护理管理是运用管理学的理论和方法，对护理工作人员、技术、设备、信息、资金等要素进行科学的计划、组织、指挥、协调和控制等的系统管理，以保障护理机构提供成本效益合理的护理服务。

（五）护理科研

护理科研是推动护理学学科发展，促进护理理论、知识、技能更新的护理实践活动。包括促进正常人健康、减轻患者痛苦、保护危重患者生命的护理理论、方法、技术与设备研究。

五、护理学中护士的专业角色

护理工作是护士与患者为了达到医疗护理的共同目标而发生的互动过程。简单地说，护士（nurse）是指可以抚育、照顾及保护他人，且可以照顾生病、受伤、残疾及年老的人。国际护士协会（ICN）给护士所下的定义是：护士是指一个人完成了基本的护理教育课程，经过评定合格，在其护理工作领域中具有权威性。

传统的护士形象也曾被大家误认为是不需要医学知识、地位低、收入低的仆人或妇女形象，护士的地位也比较低。

社会的发展是一个连续的过程，随着护理学由简单的医学辅助学科发展为现代独立的一门学科，护士的角色也发生了根本性的变化，由早期传统的形象逐渐发展到受过专业培训、具备专业知识的独立的实践者。当代护士被赋予了多元化的角色，因而将履行多重功能，比如计划者、照顾者、教育者、管理者、协调者、咨询者、研究者、保护者和代言人等。护士的地位随着护理学科的发展也得到了快速提升。

今天护士的专业角色是以往护士角色发展的结果，也将影响今后护士角色的发展。

第八节　养的人力资源

人力资源，又称劳动力资源或劳动力，是指一定时期内组织中的人所拥有的能够被企业所用，且对价值创造起贡献作用的教育、能力、技能、经验、体力等的总称。从养的供给侧而言，社会人力资源是为人类的需求所服务的。养是满足人类各种各样需求的行动总和，人类的需求因年龄的变化、知识水平的不同、身心状态的改变、地域环境的变化和社会时代的发展而又有所不同，社会分工是人类需求不断变化的结果，职业的分类是社会人力资源或劳动力分工的体现。不同的职业和工种为满足人类各种各样的需求应运而生。比如与饮食和营养相关的职业有炊事员、厨师、营养师等，与疾病医疗照护相关的职业有医生、护士、康复师、呼吸治疗师等，与生活照护和健康有关的职业有育婴师、保育员、孤残儿童护理员、养老护理员、健康管理师、医疗护理员、医养照护师、心理咨询师、健康照护师等。一一讲述这些职业不是本书的重点，作者将结合我国特殊的国情和当下老龄化社会老年人对养的需求，重点讲述以下与养护工作相关的职业。

一、护士

（一）护士的由来

“护士”一词源于拉丁文“nutrix”，意思是“奶妈”。在法语中，有关“护士”一词，溯其源，为“nourrice”，也有类似的提法，即一个哺育小孩的妇女。而英国首次使用“护士”一词是在13世纪，原意与拉丁语相同。“护士”一词的英文拼写经过几个阶段的变化 norrice→nurice→nourice，终于形成今天这样一个天使般的“nurse”。

中文“护士”是由中华护士会副理事长钟茂芳据《康熙字典》将“nurse”一词翻译过来，于1914年6月在上海召开的第一次中华护士会全国护士会议时通过，一直沿用至今。

（二）我国护士职业的发展

我国的护士这一职业是在鸦片战争前后，各国的军队、宗教和西方医学进入中国开展护理工作而带入的。随着护士学校的成立以及护士培训的陆续开展，护士已经开始向专业化的方向发展。当时，中国培养护士的途径多为院办护校，除中专护士外，还有些护校招收高中毕业生并培养三年，毕业后为高级护士（相当于大专学历），另外协和护校还培养大学本科护士。护士的队伍在我国不断地壮大，尤其到了革命战争时期，成千上万的优秀护理工作者奔赴前线，出生入死地救治伤病员，起到了非常重要的作用。1941 年和 1942 年，毛泽东同志曾两次亲笔题词：“护士工作有很大的政治重要性”和“尊重护士，爱护护士”。直到 1949 年全国已经发展到开设护士学校 183 所，护士 32800 人。

中华人民共和国成立后，护理教育被限制在中专水平。很多人认为“护理人员水平低、素质差，护士不需要特殊培养，随便收些护理员顶替护士使用就够了”。尤其是“文化大革命”时期，培养护士的基地遭到破坏，全国各地都招收初、高中毕业生搞护理工作，当护士数量不足时，又招收大批没有经过护理专业培训的护理员作为补充。护士的智能结构单一，知识面狭窄，远远满足不了医疗保健卫生事业和医学科学发展的需要。

党的十一届三中全会以后，在改革开放的浪潮中，我国护理学科迅速发展，进而促使护士的理论知识和业务水平有了极大提高。从单纯执行医嘱发展到运用科学的护理理论、精湛的护理技术和人文科学知识对病人实行身心健康的整体护理；从使用体温表、血压计等一般医疗设备观察病情，发展到运用高精尖现代化设备观察、治疗和抢救病人，如 ICU、CCU 等。

1993 年 3 月卫生部颁布《中华人民共和国护士管理办法》规定：凡申请护士执业者必须通过卫生部统一执业考试，取得《中华人民共和国护士执业证书》。护士有承担预防保健工作、宣传防病治病知识、进行康复指导、开展健康教育、提供卫生咨询的义务。

国务院自 2008 年 1 月颁布《中华人民共和国护士条例》以来，护士的专业技术水平不断提高，通过大力开展重症监护、急诊急救、血液净化、肿瘤等领域的专科护士规范化培训，专科护理骨干培养，护士队伍专业技术水平快速提升。

从 20 世纪 70 年代开始，我国护士就开始了职称晋升，护士的薪酬待遇也有所提高，护士的执业地点已经不仅仅是医院，也随之发生着变化。

随着国家政策的大力扶持，现代医学和护理学科的不断发展，护士不再只是“绕着医生转”，给病人进行打针、发药、擦身等传统护理。护士的职业呈现多元化发展，我国针对高学历专业性护士的培养、护理副院长的设立、医院护理门诊的建立、护理专家会诊中心的建立等改革都已起步。全国各家医院落实上级指示，未来三甲医院的护士，基本上都是大专以上学历，高学历护士、专科护士将成为趋势。护士的地位、护理质量和技术水平得到了很大的提升，人才队伍建设取得了令人瞩目的发展。

二、护理员

在西方国家，护理员是护士的辅助人员，是一种职业。在我国传统医学专著里没有“护理员”一词。我国的特点是传统孝文化，比如“父母在，不远游”。病人、老人的“护理”是由父母、子女、家属、亲属、朋友、帮佣来进行的，没有作为一种职业来对待。养儿防老、侍奉双亲、丁忧制度、以孝治国等文化深深影响着国人的思想，形成独特的“护理”人员安排和中华赡养文化。回看护理的起源以及结合我国有关护理员的文献记载，我们可以这样理解：护理员这一职业是西方国家在我国开展护理工作后，随同护士一起发展起来的职业，主要从事在医院内辅助护士对伤病员进行生活照料为主以及辅助性护理服务的工作。绝大多数的护理员未经过护士学校训练，少医学理论基础和临床实践经验，多为社会青年或退休人员。护理员可能更多的是护士民间形象和仆人形象的延续，由于专业知识的缺乏，决定了护理员在临床护理工作中的作用和地位。

1959 年在沈阳军区总医院，护理员被分为清洁护理员和临床护理员。清洁护理员主要从事病室卫生清洁的工作；临床护理员主要从事给伤病员喂饭、喂水，协助护士给伤病员擦澡、换床单等工作。

“文化大革命”时期，护士教育培训不被重视，很多人认为护士不需要特殊的培养，当时很多没有经过护理专业培训的护理员被纳入进护士工作的行列，从事临床医疗护理工作。

随着“文化大革命”的结束，党的十一届三中全会后护理学科再度崛起，并进入快速发展的阶段，由于护士的工作内容随着医疗技术的发展不断扩大，加之缺编，很多生活护理的工作就由护理员承担。大家也意识到护理服务质量和满意度同生活护理、基础护理的好坏有很大的关系，护理员的工作内容和范围被全国很多医院重视，各大医院学者对此也有不同的看法。

北京红十字朝阳医院李洁（1987）认为，护理员必须经过短期培训，了解部分医学常识，学习时间可定 1~2 个月，这对她们从事生活护理工作是有一定实际意义的。护理员的职责范围应该是以做生活护理为主，如为病人洗脸、洗脚、冲洗会阴、清理大小便、协助护士给病情平稳者喂饭，给重病患者喂饭则一定由护士本人做，这样易发现病情变化。除以上工作外，其余工作如观察病情，护理技术操作等均不允许由护理员承担，因为她们不具备观察病情和执行医嘱的能力，只能做些生活护理。

北京中医学院东直门医院郑平、赵宏（1987）认为，护理员在临床上应辅助护士从事护理中简单的体力劳动，以协助病人生活起居，做生活护理为主要任务。例如帮助病人洗脸、刷牙、洗头、擦澡、剪指甲、喂饭、取送大小便器、消毒便盆，在护士指导下扫床、铺床、更换及保管被服、处理污物、搀扶病人下地活动、陪同病人去做各种检查等。在没有卫生员的时候，顶替卫生员的工作，保持病房的清洁、整齐、安静。由于护理员没有经过正规的医学知识学习和技术训练，故凡是与医疗有关的工作均不应参与。例如，测体温、脉搏、呼吸、血压，各种注射、发口服药及换药等，不应在各种护理记录单上书写，不能随意解答病人及家属提出的一切与治疗有关的问题，更不能任意翻阅病历并将病情记录泄露给病人。

1993 年 3 月卫生部颁布《中华人民共和国护士管理办法》规定：护理员只能在护士的指导下从事临床生活护理工作。

护理员，有时也被称之为护工、陪护、钟点工，曾经有一段时间也被称为工友。护理员与护工二者的联系是：

护理员是随着我国护士这一职业而产生，在“文化大革命”时期的一段时间，还被要求从事过护士的工作。而护工这一称谓是从 20 世纪八九十年代开始，由于家庭结构的变化，家属陪护有困难；病人需要陪护，但家中可能只有独生子女，其工作及家庭脱不开身，家属则会雇用陪护人员代之在病床前陪护，这些人被称为护工。护工从一开始就属于社会自由职业者。当前，护理员、护工、保姆、陪护等生活服务人员的称呼往往放在一起使用，虽然有一些差别，但在生活护理人员短缺的当前，也无法严格一一对应。

1997 年 6 月 20 日卫生部发布的《卫生部关于进一步加强护理管理工作的通知》中明确指出：护工不属于护士，从事相关工作前必须经省级卫生行政部门指定的医疗卫生机构培训，完成规定课程并取得合格证书。

2015 年 3 月，国家卫生部在《关于进一步深化优质护理、改善护理服务的通知》中提出，医院可以聘用并合理配备一定数量、经过规范培训并取得相应资质的护理员，在责任护士的指导和监督下，为患者提供日常生活护理和简单的基础护理工作，并将护理员队伍建设这一重要任务列入全国护理事业发展规划（2016—2020）中，要求增加护理员数量，规范护理员服务行为，扩大社会就业。

2018 年国家《关于促进护理服务业改革与发展的指导意见》称该类人员为“辅助型护理人员”，简称护理员。大力加强辅助型护理人员的培养和培训，提高人员从业服务能力。鼓励有条件的院校、行业学会、职业技能培训机构等，积极开展护理员培训，提高其病患、老年人、残疾人、母婴生活照护从业技能，扩大护理服务业人员队伍，拓宽社会就业渠道。逐步建立护理员管理制度，进一步规范护理员服务行为。医疗机构要加强护理员的规范管理，护理员必须在医务人员的指导下，对服务对象提供生活照护服务。严禁护理员从事医疗护理专业技术性工作，切实保障医疗质量和安全。有资质的劳务派遣机构、家政服务机构等要建立健全护理员管理和派遣制度，对护理员进行定期培训，保证服务质量；应当依法缴纳社会保险费，保障护理员工资福利待遇等合法权益。

随着国家一系列政策的出台，各地方护理专家学者也在探讨护理员培训体系及管理体系建设。

护理工作服务于人的生老病死全过程，在患者疾病急性期、慢性期、恢复期、稳定期以及临终关怀期的各个阶段发挥重要作用。护理员的工作场所往往是人们就医或居住休养的场所。在人的全生命周期中，最常见、最集中的护理地点是医院、家庭和养老机构。在医院中，护理员被称为医疗护理员。在家庭和养老机构中，护理员被称为养老护理员或家庭护理员。这些都是护理员这一职业的分化或升级。

三、医疗护理员

在 2022 年版的《中华人民共和国职业分类大典》中，医疗护理员属于第 4 大类“社会生产服务和生活服务人员”；属于 4-14 中类“健康、体育和休闲服务人员”；属于 4-14-01 小类“医疗辅助服务人员”；属于 4-14-01-02 细类“医疗护理员”职业。明确将医疗护理员定义为：对需要照顾的人群从事生活护理，并在护士的指导下进行部分基础护理工作的人员。主要工作任务是：①实施清洁、饮食、睡眠和排泄等生活照护；②进行患者病情观察、压疮预防和移动护理等临床照护；③进行冷热应用、标本采集和消毒隔离等基础护理；④实施心理安抚和功能锻炼。本职业包含但不限于下列工种：护工。

医疗护理员主要是在医院内从事生活照护服务的护理员，是护理员的分化和规范化培训的升级，是医院内护理员或护工迈向“正规军”和接受规范化培训的体现。其培训资料和规范性文件也主要由国家卫健委系统牵头制定和发布。

医疗护理员的护理服务质量、水平直接影响着病人疾病的预后、病人和家属的满意度、医院的声誉。为了解决医院内的分层级护理、无陪护化病房建设、优质护理服务以及应对老龄化等方面的需求，医疗护理员的培训受到了前所未有的重视。

2019 年 8 月，国家卫健委会同人力资源社会保障部等 5 个部门联合发布了《关于加强医疗护理员培训和规范管理工作的通知》（国卫医发〔2019〕49 号）。通知要求，要高度重视医疗护理员培训工作，加强医疗护理员的规范管理，医疗机构应当使用培训合格的医疗护理员从事相应工作。通知中还明确了《医疗护理员培训大纲（试行）》。根据服务对象不同，分为以患者为主要服务对象的医疗护理员、以老年患者为主要服务对象的医疗护理员和以孕产妇和新生儿患者为主要服务对象的医疗护理员。并根据服务对象和服务内容不同，分别制定了以患者为主要服务对象的医疗护理员培训大纲、以老年患者为主要服务对象的医疗护理员培训大纲和以孕产妇和新生儿患者为主要服务对象的医疗护理员培训大纲。充分保障了全生命周期的医疗护理服务需求。

2016 年 7 月，山西省人民政府办公厅印发了《关于实施“山西护工”培训就业计划，促进健康服务业快速发展的指导意见》，预计在“十三五”期间，完成 10 万名护工的培训就业计划，其中包括医疗护理员 5 万人、养老护理员 3 万人、母婴护理员 2 万人。其社会影响力极大，关注度极高。在该项目的实施中，医疗护理员（病患陪护）的培训占很大比例。薛平、石美霞等（2018）在对医疗护理员标准课程体系的构建与实施的研究中认为，项目对于促进山西健康服务业和护理事业发展具有重要的现实意义。

2020 年，国家卫生健康委发布了《国家卫生健康委办公厅关于进一步加强医疗机构护理工作的通知》（国卫办医发〔2020〕11 号），该通知中指出：规范管理辅助服务人员。医疗机构可以根据实际需要聘用配备一定数量、培训合格的医疗护理员，并按照要求加强规范管理。

2022 年 9 月 28 日，国家卫健委又发布《居家、社区老年医疗护理员服务标准》（WS/T803—2022）。该标准一是给出了“老年医疗护理员（medical nursing assistants for older adults）”的解释：以老年人为主要服务对象的医疗护理员。二是将服务地点扩展到居家和社区。老年医疗护理员和养老护理员共同对老年人的服务形成双覆盖，增强了老年服务供给侧的力量。

老年医疗护理员的出现符合我国的国情。首先，随着人口老龄化的加剧，医院内老年人住院时间周期长、占比多，所需要的生活照护量增多，对护理人员的需求量增多，同时，对护理人员照护质量和医疗护理知识储备都提出了新的挑战。其次，随着社会经济的发展，大众对于全方位、多层次的护理需求日趋增长，给本来就严重短缺的护理人力资源再增压力。截至 2017 年年底，我国注册护士总人数为 380 万人，按照《全国护理事业发展纲要（2016—2020 年）》提出的 1∶1.25 的目标计算，我国护士短缺人数为 17 万人。加大对辅助型护理人才的培养能够有效缓解护理人力资源数量和结构不平衡及多元化医疗护理服务需求不断增长的现状。再次，为了解决患者照护与家属陪护不能到位的矛盾，尤其是近几年新冠病毒感染期间，充足的人力配置是相关工作开展的重要前提。作为补充性护理人员，老年医疗护理员的出现适应了当前医疗卫生行业的需求。

四、家庭护理员和养老护理员

随着我国老龄化社会的到来，对生活照护的需求大量增加，对护理员的需求也日渐显现出来。诸如养老院、福利院、敬老院、托老所等一些养老场所对护理员的需求较大，家庭护理员和养老护理员应运而生。

（一）家庭护理员

针对农村老年人口不断增加的情况，贾生军（1995）提出委托亲友照管的方式。贾生军认为，在家庭中无人照管的老年人应由子女或政府以签定委托书的办法委托给亲属、亲戚或朋友代为瞻养和照料。亲友协议照管为家庭护理员的雏形。

薛朝霞、苏德环（1997）提出家庭护理员家庭养老方式，首次提出家庭护理员的概念。家庭护理员是由专门医疗机构负责招聘的具有初中以上文化水平的青年或身体健康且对此项工作有兴趣的离退休人员。经过一个月的临床诊疗、老年学、心理学、营养学、预防医学、行为医学、基础护理、养生学等知识培训，并在社区及家庭医生或私人医生指导下，为需要护理服务的老年人家庭提供服务。服务对象范围包括：不需要长期住院的患者、脑血管疾病的恢复期、老年退行性病、恶性肿瘤晚期及其他一些慢性疾病高龄老人。服务方式可分为 24 小时，12 小时或定时服务。家庭护理员是当前适合中国国情的，适应即将到来的老龄社会的家庭护理需要，是投资少、见效快、效果好的老年生活护理解决办法之一。

1999 年我国整体进入老龄化社会，居家养老作为传统家庭赡养的变通和延续，有着强大的生命力。家庭护理员是保证老年人居家社区养老的主力。随着 2000 年国家对“养老护理员”这一职业名词的提出，它涵盖和取代了家庭护理员的概念，也变得更加的具体和适用，迅速被政府和各养老机构所用。

（二）养老护理员

老龄化社会的到来加大了对护理员的需求，护理员的缺口日益剧增，供不应求。从事养老工作的护理员开始被社会重视，其职业概念、工作范围、培训体系、职业发展方向等随着国家标准的出台而越发清晰。

2000 年国家劳动和社会保障部《招用技术工种从业人员规定》中首次提出养老护理员这一职业，将养老护理员纳入需持职业资格证书就业的工种。

2002 年国家劳动和社会保障部《养老护理员国家职业标准》（以下简称《标准》）对养老护理员的职业定义为“对老年人生活进行照料、护理的服务人员”。该标准将养老护理员分为初级、中级、高级、技师四个等级，并对养老护理员的培训时间及内容、职称考试申报条件、鉴定方式等作出具体规定。《标准》中对养老护理员的工作从生活照料、技术护理、康复护理、心理护理等方面的工作内容以及相关知识和技能要求均提出了具体标准。同时国家鼓励全国各地院校开设老年护理相关专业，自此，养老护理员教育培训走向专业化、体系化。该标准于 2011 年进行了第一次修订。

在2015年版、2022年版的《中华人民共和国职业分类大典》中，养老护理员属于第4大类“社会生产服务和生活服务人员”；属于4-10中类“居民服务人员”；属于4-10-01小类“生活照料服务人员”；属于4-10-01-05细类“养老护理员”职业。明确将养老护理员定义为：从事老年人生活照料、护理服务工作的人员。主要工作任务是：①照料老年人的饮食、清洁、睡眠和排泄等日常生活；②采取安全保护措施，预防意外伤害；③进行用药、观察、消毒、冷热应用等护理，做好相关记录；④协助开展急救，进行常见病、危重病和临终护理；⑤进行健康教育和康复护理。本职业包含但不限于下列工种：失智老年人照护员。

2019年为贯彻落实党中央国务院关于完善养老护理体系、开展养老服务人员培训、多渠道加快培养养老护理人员等决策部署，进一步发展和规范老年人生活照料和护理服务、指导养老护理员培养培训、提升养老护理员职业技能，建设一支高素质、专业化、数量充足的养老护理员队伍，人力资源和社会保障部、民政部围绕增加职业技能要求、降低入职条件、拓宽职业空间、缩短晋级时间等方面，对《养老护理员国家职业技能标准（2011年版）》做出重大修改，制定发布《养老护理员国家职业技能标准（2019年版）》。比如将养老护理员的职业技能等级由四个增至五个，新增“一级/高级技师”等级，畅通养老护理员职业发展通道；降低对五级/初级工工作内容、技能要求、相关知识的要求；同时将“普通受教育程度”，由“初中毕业”调整为“无学历要求”，养老护理员的工作内容也有所调整，等等，这些调整都是为了规范养老护理员职业行为，提升养老护理员职业技能，提高养老服务职业化、专业化、规范化水平，从而更好地满足养老服务需求。

如今，养老护理员已经是养老服务的主力军，养老服务体系的重要支撑保障，是解决家庭难题、缓解社会问题、促进社会和谐的重要力量。社会的老龄化势不可挡，社会的主要矛盾也已经改变，让天下老年人“老有所乐，老有所为，老有所学，老有所养，老有所靠，老有所依，老有所终”不单纯是口号，养老护理员在其中发挥着重要的作用。他们不仅仅局限于老年人的生活照护，被大家认为是护工、保姆、服务员等形象，还需要学会如何组织老年人学和玩，如何对老年人进行健康知识宣教，如何更专业地照料失智老年人，如何更专业地指导老年人和家属，如何跟临终老年人和家属沟通，等等，养老护理员这一职业必将承担起更多的社会责任。

因此，养老护理员需要学习更多交叉学科，如基础护理学、老年护理学、护理心理学、护理沟通、营养学、预防医学、社会学等。与此同时，养老护理员职业更需要薪酬待遇的提高和社会地位的提升，这样才会有更多的社会青年愿意加入到养老护理员的队伍当中，老年护理服务的质量和业务水平才会有较大的提升。

五、医养照护师

医养照护师是在我国大力推进医养结合养老模式背景下衍生的职业。

2016 年 11 月，中国老龄产业协会医疗健康委员会在北京举办首期“医养结合照护师培训班”，100 人参加培训。培训使用的教材以民政部养老护理员教学大纲为基础，增加了医学、康复护理学、心理护理学、营养学等相关内容，注重学员动手能力的培养。

蒋伏心、陈燕儿（2018）提出，如果从完全符合医养结合内涵的角度出发，筛选同时具备医疗与养老专业知识，且能同时服务于三种养老模式的医养结合职业人才，目前的人力资源供给几乎为零。与此要求相近的职业有“护工”和“养老护理员”，但医养结合的内涵却远非现有护工、养老护理员可以实现的。他们认为，这一职业人才可以称之为“照护师”，以区别于养老护理员，一是这类人才服务的领域不限于养老，还可以满足对一般家庭的病人（失能半失能）、产妇的照护，以使其有更大的生存和发展空间，有利于职业发展；二是以新名称强调医养结合的新背景和新要求；三是以照护师的“师”代替护理员的“员”，意在强调其专业性和服务层次的提升。

2018 年《中国老龄产业发展报告》指出我国需要专业化养老照护师，医养照护师应当是医养结合模式下的老年照护群体中具有一般医疗护理、照护知识和技能的“多面手”，如老年人的营养、安全与跌倒管理，运动与康复护理，沟通与慰藉等，都是医养照护师需要完成的工作。

2020 年 11 月 24 日至 12 月 11 日，山东省医养健康产业协会举办了第一期“医养照护师资能力提升培训班”，免费培训了 40 余名学员，为部分医养结合机构和养老护理服务企业培养了具备医学基本知识和专业照护技能的医养结合人才。

我国的医养照护师多就职于社会养老机构、社区老年照护中心、居家养老照护服务体系，作者认为这一职业是介于执业护士和养老护理员两种职业的中间状态，是以生活照料为主、辅以基础医疗护理的职业。就目前来说，这一职业仍处于职业发展的初级摸索阶段，其职业定位、执业范围、监管部门、培训体系等仍需要养老服务与医疗护理界的专家学者进一步探索。

大力发展医养照护师这一职业可以缓解医养结合养老服务的人才短缺问题，医养照护师是医养结合机构极缺的人才。医养照护师、医疗护理员和养老护理员皆为为老年人服务的主力军，同属于养老护理人力资源体系，涉及的学科主要有医学常识、基础护理和生活护理基础知识等，学科的类别和内容会比养老护理员多，证照考取的难度应该也会较养老护理员难度大些。当前，养老护理员、（老年）医疗护理员、医养照护师三者之间多有重复和交叉，未来应该加以整合理顺。

六、老年人能力评估师

随着人口老龄化加剧和养老服务工作的发展，养老机构需要根据老人不同的行动能力确定照护等级，制定照护方案；政府需要根据不同的照护等级确定补助标准，根据失能老人数量及时制定应对政策。因此老年人能力评估工作越来越受到大家的重视，老年人能力评估师应运而生。

2020 年 7 月，老年人能力评估师正式成为一门国家获批的新职业。

在 2022 年版的《中华人民共和国职业分类大典》中，老年人能力评估师属于第 4 大类“社会生产服务和生活服务人员”；属于 4-14 中类“健康、体育和休闲服务人员”；属于 4-14-02 小类“健康咨询服务人员”；属于 4-14-02-05 细类“老年人能力评估师”。明确将老年人能力评估师定义为：为有需求的老年人提供自理能力、基础运动能力、精神状态、感知觉与社会参与能力测量与评估的人员。主要工作任务是：①采集、记录老年人的基本信息和健康状况；②评估老年人自理能力；③测量与评估老年人基础运动能力、精神状态、感知觉与社会参与能力；④依据测量与评估结果，确定老年人能力等级；⑤出具老年人能力综合评估报告；⑥为老年人能力恢复确定照料护理等级等提出建议。

目前全国各地的老年人能力评估师大致分为专职和兼职两种。专职指第三方老年评估机构，兼职则指由养老机构从业人员担任评估师。常见的评估方式分为三类：第三方评估、养老机构评估后再由相关部门抽查或普查、养老机构独立评估。

老年人能力评估师主要是负责对入住养老机构的老年人或者进社区入户为老年人进行能力评估，评估得出的老年人能力等级结果是机构提供养老服务的重要依据。机构需要根据老人的身体能力等级来为老人制订护理计划，老人家属则可以依据评估结果来为老人选择合适的护理服务项目。

尽管“老年人能力评估师”已被确定为职业，但所谓“持证上岗”的“证”并未统一，一些行业协会、养老机构、培训学校等主体都有自己的培训和考核方式，认可度和权威性都不如国家统一规划和管理的职业资格认定。老年人能力评估师是我国老龄化社会的新生职业，缺口较大，人才队伍建设亟需提速。

老年人能力评估工作的专业性强，对综合能力要求高，评估师除了具备一定的医学、社会保障、社会工作、心理学、社会学等多学科的基础知识外，还需要较强的表达、沟通和观察能力，且拥有养老行业的实践经验。未来评估从业人员经正规培训、持证上岗后，也要被相关部门监管，以真正掌握老年人的照护需求。

七、康复辅助技术咨询师

辅助技术是健康技术的分支，涵盖辅助器具（以下简称“辅具”）以及相关的系统和服务，又称康复辅助技术，是康复的三大手段之一。随着经济、社会、科技的发展，人们对健康的需求和认识不断提高，辅助技术对健康的促进作用也进一步凸显。

从 1991 年的“八五”计划开始，经过 30 年的发展，我国辅助技术服务专业人才队伍的建设不断与辅助技术服务模式的变化相适应，并助推服务模式的发展和创新。

现如今我国有超过 8500 万残疾人，4400 万失能和半失能老人，以及数量庞大的伤友、病友，他们能够借助康复辅助技术的帮助，改善身体功能，减少对常规卫生服务、支持性服务以及长期照护的需求，尽可能拥有健康、独立的生活。随着健康服务业的蓬勃发展和人民群众对健康生活的需求增长，康复辅助技术咨询师应运而生。

2020 年 2 月，康复辅助技术咨询师正式成为一门国家获批的新职业，被纳入国家职业分类目录。多年来为功能障碍者提供康复辅助技术服务的专业人员，终于有了属于自己的“闪亮名字”。

在 2022 年版的《中华人民共和国职业分类大典》中，康复辅助技术咨询师属于第 4 大类“社会生产服务和生活服务人员”；属于 4-14 中类“健康、体育和休闲服务人员”；属于 4-14-03 小类“康复矫正服务人员”；属于 4-14-03-06 细类“康复辅助技术咨询师”。明确将康复辅助技术咨询师定义为：使用康复辅助器具，为身体功能障碍者提供辅助技术咨询、转介、评估方案设计、应用指导等服务的人员。主要工作任务是：①进行功能障碍者康复辅助器具咨询与服务转介；②评估功能障碍者的身体结构和功能、活动和参与、环境因素以及个人因素，提出康复辅助器具配置方案、个人和公共环境改造方案；③指导实施康复辅助器具配置方案、个人和公共环境改造方案；④指导功能障碍者使用康复辅助器具，并进行效果评价；⑤进行功能障碍者康复辅助器具保养和简单维修知识及简易康复指导服务，随访用户；⑥开展社区居民的康复辅助器具技术服务科普和宣教。

康复辅助技术咨询工作，一是可以减轻家庭、机构日常照护压力，增强对功能障碍者这类特殊群体的个性化人文关怀；二是有助于提高功能障碍者生活质量，有利于康复辅助技术资源优化和合理利用，在社区、机构、家庭医生健康监测建档、风险评估干预、长期照护保障制度建立等康复服务工作中起到“锦上添花”的作用；三是积极应对人口老龄化，实现残疾人“人人享有康复服务”目标的重要内容。

这一新职业的出现，反映了人口结构变化、快速老龄化与大健康发展对社会提出新的服务需求，以及功能障碍者及其家庭对美好生活的渴望。康复辅助技术咨询师是在辅助技术岗位工程师培训基础上发展而来，将与康复技师、医师、健康管理师、假肢师、矫形器师等职业一起，形成跨学科辅助技术服务的专业队伍。

第九节　养的地点

养的地点因年龄、学习工作地点、社会分工不同而有所变化。但总体上来讲，养的地点可分为以生活为主的地点、以医疗为主的地点、以游玩为主的地点、以学习为主的地点和以工作为主的地点等。

以生活为主的地点常见的有家庭、宾馆饭店、托儿所、敬老院、养护院等。

以医疗为主的地点常见的有综合医院或专科医院、社区卫生服务中心、护理院等。

以游玩为主的地点常见的有度假村、旅游胜地、游乐场等。

以学习为主的地点有学校、培训基地或具有培训功能的场所等。

以工作为主的地点有工作单位或其他能满足工作需求的场所。

养的供给地点不计其数，为契合本书主题，作者选择与老年人的生活最密切的三个地点：家庭、医疗机构和养老机构进行详细的阐述。

一、家庭

家庭是以具有血缘、姻缘和收养关系成员为基础而形成的亲属团体。李景汉 20 世纪 30 年代初在所著的《定县社会概况调查》一书中指出：家庭系包括一切共同生活之人口而言。凡与本家有密切之经济关系者虽未在家居住，亦算本家之人。凡已脱离经济关系者，虽在同院居住之弟兄，亦不算为一家。

天下之本在国，国之本在家。习近平总书记在 2015 年春节团拜会上的讲话中说道："家庭是社会的基本细胞，是人生的第一所学校。不论时代发生多大变化，不论生活格局发生多大变化，我们都要重视家庭建设，注重家庭、注重家教、注重家风，紧密结合培育和弘扬社会主义核心价值观，发扬光大中华民族传统家庭美德，促进家庭和睦，促进亲人相亲相爱，促进下一代健康成长，促进老年人老有所养，使千千万万个家庭成为国家发展、民族进步、社会和谐的重要基点。"

就家庭的职能而言，主要体现在生产职能、生育职能、性生活职能、感情交往职能、赡养职能、教育职能、娱乐职能、宗教职能、政治职能等方面。家庭职能受到社会生产力、社会制度、生育观念、法律、宗教伦理道德和习俗的影响而有所不同。家庭中所涉及到的有关养的词语有抚养、教育、保护、赡养等。抚养是指父母抚育子女的成长，为他们的生活、学习提供一定的物质条件；教育是指父母要按照法律和道德要求，采取正确的方法，对其未成年子女进行教导，并对其行为进行必要的约束，其目的是保障未成年子女的身心健康；保护是指父母应当保护其未成年子女的人身安全和合法权益，预防和排除来自外界的危害，使其未成年子女的身心处于安全状态；赡养是指子女在物质上和经济上为父母提供必要的生活条件。

家庭是婴幼儿来到这个世界上的第一个住所，是人生的起点，是孩子的第一课堂，是让人感受到温暖、放松和爱的地方。家庭是让人的身心最放松的住处，在工作中的压力，与他人相处得不愉快，回到家中都会烟消云散。人们从家庭中获得亲情，获得成长，长大后又因为爱情而组建新的家庭，产生新的亲情。家庭始终是个体亲密感的重要来源。个体知识的获得，能力的习得，首先来源于家庭。个体的知识结构首先形成于家庭，人的生活习性与思维方式同样也首先形成于家庭。虽然学校和社会会改变人的知识结构，但很难改变人的生活习性与思维方式。许多幼年形成的生活习性和思维方式会跟随人一辈子。

二、医疗机构

医疗机构是指依法定程序设立的从事疾病诊断、治疗活动的卫生机构的总称。这一概念的含义：第一，医疗机构是依法成立的卫生机构；第二，医疗机构是从事疾病诊断、治疗活动的卫生机构的总称。

我国的医疗机构是由一系列开展疾病诊断、治疗活动的卫生机构构成的。医院、卫生院是我国医疗机构的主要形式，此外，还有疗养院、门诊部、诊所、卫生所（室）以及急救站等，它们共同构成了我国的医疗机构系统。

卫生部颁布的《全国医院工作条例》指出，医院的任务是：以医疗为中心，在提高医疗质量的基础上，保证教学和科研任务的完成，并不断提高教学、科研水平。同时做好预防宣传工作，指导基层医院和计划生育的技术工作。

三、养老机构

养老机构是指为老年人提供生活照料、膳食、康复、护理、医疗保健等综合性服务的各类组织。包括敬老院、福利院、养老院、老年公寓、护老院、护养院等。其中，能够为老年人提供医疗卫生服务的养老机构也称为医养结合机构。

养老机构的分类和说明（详见第七章第一节）。

机构养老相对于居家养老而言，其服务是一种全人、全员、全程服务。所谓全人服务是指养老机构不仅要满足老人的衣、食、住、行等基本生活照料需求，还要满足老人医疗保健、疾病预防、护理与康复以及精神文化、心理与社会等需求。要满足入住老人上述需求，需要养老机构全体工作人员共同努力，即所谓的全员服务。绝大多数入住老人是把养老机构作为其人生的最后归宿，从老人入住那天开始，养老机构工作人员要做好陪伴老人走完人生最后里程的准备，即所谓的全程服务。

第十节　养的产业

产业是社会分工的产物，产业是一个系统，有上下游之分，构成产业链。养的产业链是为满足人类不同养需求而产生，目的是为人类提供物质、精神和社会服务。也可以这样说，人类社会所有的产业都与养有关，都是围绕着人类的生存和美好的生活而展开，所以这里提及的养产业，挂一漏万。

一、基于生命周期的养的产业

与婴幼儿有关的养产业如辅食行业等，与儿童、青少年人有关的养产业如教育、书店、线上、线下培训或者教育管理系统等，与老年人有关的产业，可以细分为以下几项：

一是老龄健康业：老年医疗，健康管理，养生保健，医疗护理、安宁疗护等。

二是老龄制造业：老年用品，包括代步车、老年手机、助听器、康乐器材等。

三是老龄服务业：居家、社区、机构生活料理、心理辅导等。

四是老龄宜居业：包括养老机构和养老社区建设和经营，居家、社区、机构的适老化改造等。

五是老龄文化、旅游业：老年教育、老年大学、老年俱乐部、才艺展示、旅居，候鸟式、度假式等各种方式的旅游，精神文化生活、影视出版等。

六是老龄金融业：养老保险、信托、理财等。

二、基于人生理需求的产业

一是服饰，种棉、养蚕、棉纺、印染、辅料、设计、纺织企业、线上、线下销售等。

二是饮食，食料种植、养殖、捕获，加工、制作、餐饮服务等。

三是住房，建筑业、房地产、规划设计，衍生出来的景观规划设计、室内设计，家具业、生活用品产业等。

四是出行，古代有马车、牛车等，近代有黄包车，现在有公交车、出租车、铁路等，背后则是造船业、机车制造业、汽车工业等装备制造。

三、基于人心理和社会需求的产业

内容浩瀚，不再赘述。

第十一节　养的内容、效率与实施地点之间的关系

人的一生当中，养的地点不计其数，如家庭、医院、学校、工作单位、社区、旅馆饭店、老年大学、养老机构等。择其三个地点进行简单阐述。

一、家庭中的养

家庭是每一个人的根。

从法律意义上说，家庭是指在婚姻关系、血缘关系或收养关系基础上产生的亲属之间所构成的社会生活单位。从社会意义来说，家庭是人类最早期、最重要、最基本、最核心的社会组织、经济组织和精神家园。从系统意义来说，家庭是家庭系统内各个成员之间的相互交流，如夫妻、亲子、家庭、邻里关系，也包括由这些交流所引发的生理心理的过程，如思维、情感、激素分泌或疾病。从功能意义来说，家庭是感情陪伴、供养老人、性满足、经济合作、儿童社会化、普遍意义上是亲密关系的人们长期居住的共同群体。这些都是家庭的自发功能，家庭也是爱的“充电器”，爱的“港湾”，一个人不管在外面多累，受了多大的委屈，消耗了多少能量，都可以在家庭关系里得到放松、支持和滋养，然后重新开始，重新出发，重新起航。

婴儿在医院出生几天后就和母亲一同被接回家，婴儿开始了在家庭中完全“他养”的状态。由父母等长辈负责喂食、更换纸尿裤、处理大小便、洗澡、陪同玩耍、哄着开心、哄着睡觉，直至 3 岁以后逐渐有了“自养”的能力；产妇也开始为期一个月的“坐月子”。坐月子是中国产后妇女特有的传统习俗，是女性产后 1 个月或 42 天的身体休养期，也是协助产妇顺利渡过人生生理和心理转折的关键时期。产妇产后身体比较虚弱，在这段时间内可以说是一个“自养+他养”的状态。过去要求产妇一个月内穿着长袖、长裤、袜子，避免着凉、感冒，或者避免关节受到风、寒、湿的入侵、避免冷水洗漱、避免干重体力活等。现今社会，由于观念和家庭成员结构的变化，产妇、新生儿养的场所都在发生着变化，月子会所、月子中心、产后康复中心等正是很好地为婴儿和产妇提供“他养”的场所，正如老年人的养老机构一样。

孩子在医院出生后，在家庭中长大，亲人们能够给予更多的关爱、亲情呵护和成长的空间，养的质量和效率自然是最高的；医院是患儿生病求医问药的地方，孩子患病来得快去得快，在医院的时间短，同时医院的环境也不适合“养”的展开，养的质量和效率都不及家庭。

个体从学龄期开始去学校接受教育，德、智、体、美、劳得到全面发展，接受更多的新鲜事物和知识。毕业后踏入社会参加工作，离开原生家庭，组建新家庭，开始“自养+养他人”阶段，养的最常见地点依旧是家庭。

个体退休后，更是回归家庭。

家庭是老年人最熟悉的地方，甚至是一生都不曾离开的地方，有儿孙、亲戚、朋友常伴，养的内容、效率和满意度自然是最高的。

二、医院中的养

原国家卫生部于 1982 年 1 月 12 日颁布的《全国医院工作条例》指出：“医院”以医疗工作为中心，在提高医疗质量的基础上，保证教学和科研任务的完成，并不断提高教学质量和科研水平。同时做好预防宣传工作、指导基层医院和计划生产的技术工作。医院的主要任务是医疗，是以疾病为中心，这是长期形成的基因传承，符合社会化大分工的原则。如果有人为了寻求高质量的养而选择住院，一定是认识上出现了问题，这和社会分工和人文伦理共识是相悖的，同时也会造成医疗资源的浪费。在医院内，患者统一着病号服，没有了名字，统一的称呼叫作病人，被冠称“××床”病号。吃速食、快餐、盒饭等外卖或病号餐，想吃可口饭食，必须由家人在家做好饭送来医院。住 1 米宽左右的病床和多人的房间，家属探视有时间限制，晚上病人住病房病床上，单个家属在病房陪护，其他家属在走廊上打地铺，条件好的住到周围小宾馆，等等。这些“养”的行为都是为了更好地配合医疗，尽快恢复身体健康从而结束医疗而做出的让步。因此，再好的医疗机构，养的质量和效率都不如家庭，也不如养老机构。

三、养老院中的养

养老院也叫安老院、护理院、安养院、老年公寓，是养老服务机构的统称，是为老人提供住宿、日常生活起居照顾和娱乐、精神、心理安慰的地方，工作人员分为社工、护士、医生、义工及护理员等，提供的是为老服务。养老院是老人可以选择的另一个家，养老院生活是老人家庭生活的延续，是满足老年人养需求的另一个重要场所。

养老院会根据老年人的生活能力水平将老年人分成自理、半自理和失能老年人。每一种类型的老年人都有相应的服务标准以及个性化的服务内容，照护人员需要经过专业化培训持证上岗，养老院在老年人照护的专业标准和规范上会比家庭成员更专业，比医院更能满足老人对养的基本内容和个性化需求，养的质量综合起来是比较高的。

养老院是居家社区或家庭养老的延续。养的内容、质量和专业度高于家庭和医院，但是老人养老地点还是首选家庭，因为人文伦理共识是子女的亲情陪伴和爱的呵护对于老年人来说永远都高于第三方服务人员，家庭对老年人情绪上的安抚、心灵上的满足也永远都高于养老机构。

第二章　医

第一节　人与医的关系

人是万物之主。

医是人类建立起来的理论、技能和手段，并为人类服务。

古今中外不少的哲学家、医学家及其他科学家都给医学总结过不同的定义，其中较早的是数百年前中世纪伟大的阿拉伯医学家阿维森纳，他在《医典》这部名著中给医学所下的著名定义是："医学是科学，是一种维护健康以及在健康丧失时使之恢复的技艺。"狭义的医学只是疾病的治疗和机体有效功能的极限恢复，广义的医学还包括中国养生学和由此衍生的西方营养学。目前世界上医学主要有西方微观西医学和东方宏观中医学两大系统。

第二节　说文解字：医

医（拼音 yī）是现代汉语常用字，中国一级汉字，编号 700。繁体为"醫"；异体为"毉"。繁体"醫"字在《说文》中的解释："治病工也。殹，恶姿也；醫之性然。得酒而使，从酉。"殹（yì），被兵器击中受伤的人所发出的呻吟声；"酉"指酒，古代许多种酒可药用，也可消毒。据此，我们可以理解为，醫是使用药酒治疗被兵器击中后受伤的人，是一种治病的工具和方法，引申为治病的人，即医生。

"医"还有一个从"巫"的异体——"毉"。古语云"巫医同源"，巫就是医。远古时代，人类的认识水平有限，人们认为一切灾祸和疾病都是由鬼神操纵的。巫师的工作是使用歌舞娱神，用魔法符咒来降神驱邪除灾，也就是借鬼神以治病。上古先有巫，然后巫医相混。巫也用药草等为人治病。开明是神话中昆仑山上的神兽，在他的东边有巫彭、巫抵、巫阳、巫履、巫凡、巫相几个巫师，他们都是传说中的神医。医和巫后来才逐渐分开，到了周代，可能才出现专门的医生，人们渐渐摒弃巫医，

“毉”字越来越少用，但是“巫”和“医”并没有完全真正地脱离。

“医”究竟起源于何时，无法可考。一直以来，对“医”字的探讨见仁见智。有人分三部分来拆解“医”字，也有人分上下两部分来拆解、解释。医和它的繁体本是两个不同的字，“医”字在古时本读作 yì，是会意字，从矢在匚（xì，一种容器）中，本义是盛弓弩矢的器具，指一种装箭的容器。它的诞生与战争有关，古代人打仗经常会用到弓箭，受箭伤的士兵就不少见了。取出所中的箭，然后放到一个容器里，这个容器便是“医（yì）”。为士兵取出箭的人，就是“医生”。“医（yī）”就据此而来。因此，在现今社会，我们也可以理解为，医是采用多种治疗手段如外科手术、保守治疗、中医治疗、姑息治疗、心理治疗等减轻人们病痛和治疗疾病的方法。

第三节　医学的起源与发展

医学起源是一个漫长的历史过程，受到众多因素的影响，过去的医史学家们对此提出了各自不同的见解，诸如医源于神、医源于圣、医源于巫、医源于动物本能、医源于人类之爱、医源于劳动分工等，都各有所据，又各有所偏。医学的起源，不可能是单一因素作用所能解释圆满的，只能是诸种因素综合参与并不断发展的结果。

一、人类早期原始医学

根据目前考古发现，地球上人类的起源至今有 400 多万年，而原始医学起源于人类的起源，几乎从有了人类就有了医疗活动。人类从诞生以后一直都是在十分艰苦的环境下生存，主要靠野生植物充饥，同时也茹毛饮血，吃其他动物。在这种生存状态下人类凭借生活经验，逐渐知道了动植物中所具有的营养、毒性以及某些如止痛、止泻、催吐等治疗作用，形成被动感知的“经验性医学活动”。

到了大约公元前 170 万年，人类大脑和躯体进一步进化，开始直立行走，并开始对自然界中的一些事物产生了思考。当时的人们不可能真正地认识自然，因此对于那些还无法解释的自然现象，如日月星辰、风雨雷电、生老病死，产生了一些神秘虚幻的理解，原始宗教由此诞生。当时的人们认为像日升日落、自然灾难、生老病死这些不可控的因素背后，是由一个超脱于凡人的“神灵”在主宰着一切。因此，原始人类在史前文明之前就开始了崇拜神灵、祈求神灵保佑、治疗疾病的活动，也就产生了以经验医学混合神鬼的巫医、灵魂治疗、魔法治疗等。

当然，无论是生物被动感知的经验医学活动还是神鬼医学，只是在人类早期原始背景下产生的某些活动现象，都还算不上是真正意义上的医学。

二、古代医学的诞生

人类防治疾病、保障健康的社会实践，在文明古国中已有几千年的历史。人们在长期的医疗实践中积累了丰富的经验，这些经验的系统总结便形成医学。世界范围内真正称得上是医学的早期医疗活动，最早起源于古埃及（尼罗河流域）。考古发现约公元前3300年至1550年书写并编纂成册的《艾德温·史密斯纸草文稿》，记载着200多种疾病和数百种药物，是最早的有关医学的记载。古埃及医学利用的理论就是依据“天象、气象、河流决定论”，骨肉、体液、体温、呼吸如同土、水、火、气；脉管如渠；脉搏如潮水涨落，疾病是灵气与血液失去平衡。在当时，这就是相当完善和高深的医学理论体系。略晚于或几乎同时代的还有古幼发拉底河和底格里斯河两河流域的美索布达米亚平原的古巴比伦，产生了基于自然界是宇宙万物与人体相关论的古巴比伦医学，其中心思想“整体论”类似中医的“天人合一”。由于以上的医学模式始终未能彻底摆脱宗教和唯心主义的桎梏，就科学意义上衡量，还与现代医学相距甚远。但其早期对古希腊医学产生影响很大，其相对科学的部分被古希腊医学吸收融合，后逐步演化和发展成西方医学的雏形。

三、古中国医学起源

在文明出现的初期，许多医疗活动是由神职人员兼任的，对疾病的解释和治疗往往带有宗教迷信的色彩。后来，逐渐分化出以医疗为专业的医务人员。随着文明的进展，哲学思想逐渐替代神学的解释，疾病不再被视为鬼怪的加害或神明的惩罚。

中国传统医学起源于中国的哲学。中国古代哲学源于夏、殷商，历经西周，形成于春秋战国。中国古代哲学早期，主要为围绕着天人关系讨论。人们通过观察自然界的各种事物和现象，如世间有天、地；一天当中，有中午阳光四射的时候，又有晨曦微露和黄昏日落的时分；人的一生有朝气十足的青年，有迟钝的暮年等，因此创立了阴阳、五行、气血等学说。八卦符号就是中华民族文化的源头，八卦用于占卜，占卜是人与自然对话的方式之一。八卦起源于阴阳五行。“阴阳五行学说”是中国古代朴素的唯物论和自发的辩证法思想，它认为世界是物质的，物质世界是在阴阳二气作用的推动下滋生、发展和变化，并认为木、火、土、金、水五种最基本的物质是构成世界不可缺少的元素。根据五行学说，将人体内脏按照它们各自的特性分别归属，肝属木，脾属土，肺属金，心属火，肾属水，并应用五行相生相克的关系解释人体五脏间的生理、病理现象及其相互关系，这些都为后来中医的发展奠定了一定的理论基础。

图 2-1　中医五行相生相克图

古代社会人们都是通过观察周围生活环境，为了生存通过长期和疾病做斗争，在生与死中不断积累经验，逐步形成了最初的经验型医学知识。我国古代文献《帝王世纪》记载了伏羲氏“造书契以代结绳之政，画八卦以通神明之德，以类万物之情，所以六气六腑六脏，五行阴阳，四时水火升降得以有象，百病之理，得以有类……乃尝味百药而制九针，以拯夭枉焉。”司马迁的《史记》和朱熹的《纲鉴》记载了神农氏“尝百草，始有医药”。《通鉴外纪》记载了黄帝所创之医“乃上穷下际，察五色，立五运，洞性命，纪阴阳，咨于岐伯而作《内经》”。战国至秦汉时期，历代许多医家广泛收集、整理当时积累的医疗经验和思想，不断丰富增补汇集而成《黄帝内经》，是我国古代经验型医学理论的代表文献。

中国传统医学，即“中医”，是中国的国粹，它记录了中国人民几千年来同疾病作斗争的丰富经验和理论知识，有着悠久的历史，经过世世代代的沉淀，取得了令世人瞩目的成就。

四、古西方医学起源

同中国传统医学的理论基础起源于中国哲学一样，古西方医学的理论基础起源于西方哲学，西方早期的哲学思想是科学思想的萌芽。不仅中国哲学讲“五行”，西方哲学也有同样或相似的认识。古希腊时期，相当于中国的西周末期到春秋时期，思想家、科学家、哲学家泰利斯在《本源论》中提出自己的观点：“水是万物的本原。”另一位古希腊哲学家恩培多克勒曾提出火、土、气、水是组成万物的元素，被后人归结为“四元素说”。认为万物的生成和消灭，就是四元素的运动。后经“希腊三贤”

苏格拉底、柏拉图及亚里士多德提出了西方哲学一系列基本思想理论，综合完善了世界本源的学说，最终由亚里士多德将其发扬光大，“四元素说”才得以系统确立。“四元素说”认为世界是物质的，主要观点是朴素唯物论，认为这些元素在一定作用力下运行转化构成世界，这和中国“阴阳五行学说”不谋而合。

公元前450年—前100年，是古希腊医学发展的高峰。公认的西方医学鼻祖希波克拉底（公元前460年—前337年）就是这个时代的代表。他依据“四元素学说”提出了较为系统的“四体液学说”医学理论，应用哲学的原理，把医学发展成为专业学科。当时的医疗活动围绕这个学说而建立了一系列治疗措施，认为通过放血、催泻及调节饮食等方法可以使这四种体液重归平衡，也就使疾病痊愈。希波克拉底的弟子和后人整理汇集他的医学著述并融入同时代其他古希腊医界论著而成的《希波克拉底文集》，集中代表了古希腊时期的经验型医学理论，为西方医学的发展奠定了基础。其倡导的医师道德修养“希波克拉底宣言”至今仍是医学生毕业从医的誓言。

希波克拉底的“四体液学说”，统治欧洲医学界1500多年，对西方医学的发展有巨大影响。但由于其核心仍是围绕唯心论的理论，与现实完全分离，慢慢地就成为阻遏医学的发展、误导医学科学的探索桎梏，因此最终还是走向了消亡。到了文艺复兴时期，神学统治彻底被打破，古老的西医学在科学大发展的背景下开始朝着科学的方向快速发展起来。人们实际解剖尸体，而不是根据动物去想象人体，使解剖学有了很大的进步。与此同时，人们接受了机械唯物主义的观点，单独分块地研究疾病原理，头痛医头脚痛医脚，因此认识越来越精细，专业化程度不断提升，使医学开始摆脱蒙昧主义，开辟了人类认识人体构造和机能的新纪元。

五、近代医学与现代医学的发展

文艺复兴以后的西医逐渐背离了自己的传统，《剑桥医学史》中这样写道：医学进步不是取决于更好地理解古代的权威，而是取决于观察、实验、新事实的收集以及对病人生前和死后的密切检查。16世纪主要成就是人体解剖学的建立。1628年，英国医生哈维发表《动物心脏与血液运动的解剖研究》，论述了血液大循环理论。哈维的血液循环理论奠定了现代医学的基础理论，与哥白尼的“日心说”一起，标志着近代自然科学体系的开始。这既表明一门古老的学科在新的水平上复活，又标志着医学新征途的开始。

随着显微镜的问世，人们发现了细菌生物。随后抗生素的发明又推动了现代医学的快速分化和发展。近代医学经过16—17世纪的奠基（生理学），18世纪的系统分类（病理解剖学、预防医学），19世纪各分支学科的大发展（如细胞病理学、细菌学、药理学、实验生理学、诊断学、外科学、卫生学、护理学等），到20世纪与现代科学技术紧密结合，西方的医学学科和科室都已经接近现代化水平，发展到了高度分化的阶段。

20世纪医学的特点：一方面是向微观发展，如分子生物学，在发病机理的研究方面取得了巨大成就；另一方面是向宏观发展，人们不仅认识到人体本身是一个整体，同时还会把人作为一个与自然环境和社会环境密切相互作用的整体来研究。20世纪以来，基础医学方面成就最突出的是基本理论的发展，它有力地推进了临床医学和预防医学。治疗和预防疾病的有效手段在20世纪才开始出现，这主要得益于自然科学的进步，各学科专业间交叉融合，现代医学得以蓬勃发展。

综上，医学的发展史是人类对自身疾病与健康及其关系的认识史，也是一部伴随着社会生产的发展，由经验到科学，由低级到高级逐渐发展的历史。作为医养产业相关从业者应了解医学的发展规律，明确医学发展的方向，在汲取前人经验和教训的基础上，不断拓宽知识，加强实践，提升自身素质，为民众幸福、健康中国做贡献。

第四节　中西医结合医学的优势

如今我国的中医由经验医学发展到循证医学，中医已经发展到了非常高的水平，这和它自古以来在数以亿计的人体上直接进行观察、实践和不断地总结发展是分不开的。中医的治病角度有其特殊的优势，同时也会存在一定的局限性。治疗疾病上，中医以辨证施治为基本原则，讲究以人为本，将人体看作一个整体，认为局部的病症是整体失调导致的。从整体上看，内外妇儿各科是相通的，比如中医涉及人体生命活动相关的阴阳、精、气、血、神、营卫、经络之气等物质基础；中医又涉及人的思维、精神意识、宗教信仰、人际关系等内容；此外还涉及生活习惯、社会行为、生活环境、职场环境等内容。这种动态、整体的辨证治法，显然具有先进的意义。同时，中医又有其局限性，因为中医的治疗体系有中药、针灸和按摩三大类，显然针对内症如伤寒、发热、气血虚、头痛等情况通过内服外治效果甚好。但对于某些疾病如癌症或须行外科手术治疗的急症如外伤、骨折、血管再通等疾病，因历史发展的影响有其一定的局限性。

局部、定点、循因的观点决定着西医对疾病的认知和治疗方式。如今，西医在治疗疾病上的观点和中医截然不同。西医学是伴随着解剖而产生的，是循证、循因医学。以临床研究证据为主，结合个人经验的医学。西医重视临床化验指标，重视将人体分解成若干部件，其基础理论是人体的八大系统功能及其生理生化指标。根据人的疾病部位，哪疼治哪，在急症治疗上有一定的优势。顺此思路，西医在科室分工上也是越来越多，越来越精细，越来越微观。

20世纪，在西医飞速发展的同时，越来越暴露出西医无法克服的自身观念、理论的局限性。西药化学合成药物的毒副作用以及2/3以上的内科疾病缺少特异性治疗的现实，迫使西医不得不“回归自然”，希望从传统医学中求得互补与自救。然而中医虽然有丰富的实践经验，但不注重实体器官组织的规律治疗，因而疗效长、见效慢。这就要求两者需要有机地结合，相互渗透，融会贯通，相辅相成，在新的时代背景下发展出一个新的医学学科——中西医结合医学。

1950年我国召开了第一届全国卫生会议，毛泽东在工作会议的题词中写道：“团结新老中西医各部分医药卫生人员，组成巩固的统一战线，为开展伟大的人民卫生工作而奋斗！”1954年，毛泽东在全国高等医学教育会议上，鼓励有志于研究中医的西医人员自学中医，参加西医学习中医班，用中西医两法治病。1955年，我国开办全国第一届“西医离职学习中医研究班”。1956年，毛泽东在同音乐工作者谈话时指出：“要把中医中药知识和西医西药的知识结合起来，创造祖国新医药学。”这是最早提出中西结合并赋予明确的内涵与目的的表述。自此，全国掀起了西医学习中医的热潮。时至今日，中西医结合经过了60多年的探索与努力，取得了令人瞩目的成就。在中西医结合医疗实践中，不断探索新理论、新观点，如病证结合与中西医双重诊疗诊断理论、辨病辨证结合、微观辨证与宏观辨证相结合的方法等。

在临床实践中，中西医结合采用先进的诊断技术，作出明确诊断；中西医结合治疗后，取得了优于单用西医模式或者中医模式的更佳治疗效果；通过临床及实验室指标的动态观察或实验研究，能说明其疗效机理；医、理、药的三位一体，系统结合，形成了系统的中西医结合科研成果的定位；中西医结合使临床疗效更为显著，中西医结合的长处是使彼此相得益彰。

第五节　老年医学概述

人类对衰老的认识及其过程的探究，以及与死亡的抗争循环往复，在这个漫长的历史过程中，医学随之应运而生。老年医学既是老年学的一个分支，也是医学科学的一个组成部分，它是研究人类衰老机制、人体老年性变化、老年病的防治以及老年人卫生与保健的科学，是全科医学有关老年人疾病的临床、预防、治疗及社会方面的分支。

老年医学打破了以器官为中心的传统医学专业划分模式，成为一门用年龄来界定的新兴医学专业，其对象是60岁及以上（特别是75岁以上）的老年人。作为比较古老而简单的老年医学，两千年前已有记载。人类社会的进步以及医学技术水平的不断提升，促进了老年医学的孕育、诞生与发展。老年医学研究的目的是防止人类过早衰老、预防和治疗老年疾病、维持老年人身心健康，并为老年人提供充分的社会照顾，使他们健康长寿，为社会做出更多的贡献。

一、老年医学的发展

古往今来，作为探讨人类健康、长寿的现代老年医学，是在我国古代、近代老年医学发展的基础上兴起和发展起来的。我国历代学者都很重视老年学和老年医学的研究。在中国殷墟出土的甲骨文中，亦有老的象形文字，“老”像一个人头发散乱、手拄拐杖的样子，头发散乱说明头发长而不拘于束发，这是老年人所有的特权，手拄拐杖正是老年人体衰需要外力扶持行走的样子，如下图：

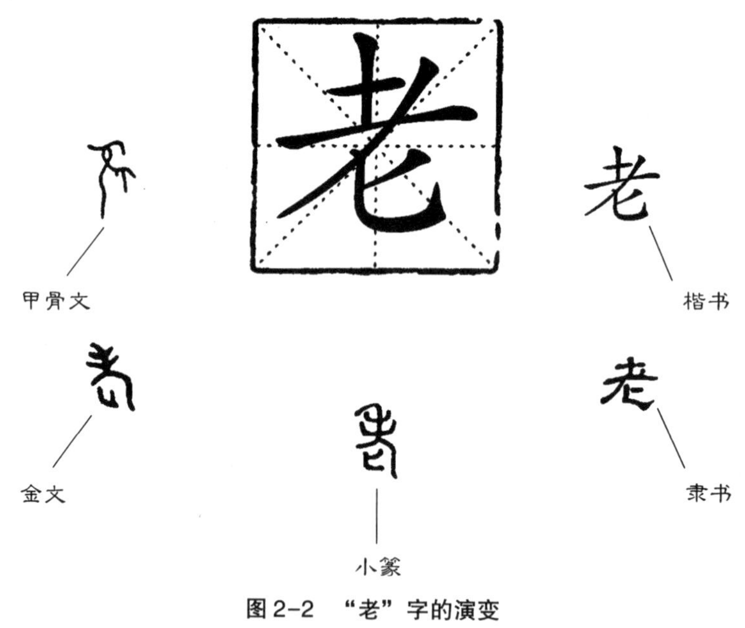

图2-2 “老”字的演变

早在两千多年前，我国传统医学就建立了初步的老年学学科体系。古代称其为“摄生”“道生”“养生”“养性”“健身”等，并且十分明确地提出“治未病”，即预防为主的指导思想。我国历史上第一部医学巨著《黄帝内经》，将论述养生之道的“上古天真论”“四气调神大论”“生气通天论”三篇列为卷首，较为系统地阐述和记载了有关衰老、长寿的理论和实践，后来历代医学家、养生家又有不断的创新和发展。在我国特定的历史条件下，儒、释、道等教派也对老年养生有所贡献。

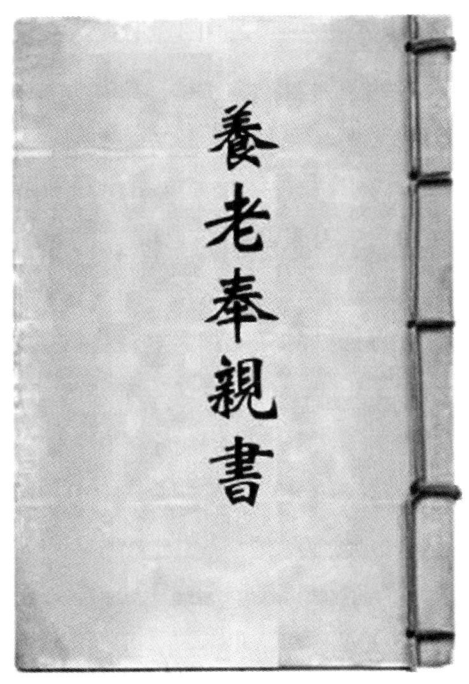

图 2-3　养老奉亲书

《养老奉亲书》亦名《奉亲养老书》《寿亲养老书》《养老全书》。由北宋的陈直撰写，共一卷。成书不晚于 1085 年。书分上、下两籍。上籍载录十六种老年常见病的饮食疗法，方药虽采自《太平圣惠方》《食医心镜》等书，但颇多心得与发明；下籍论述老年的形证脉候、性气嗜好、宴处起居、忌戒保护、四时摄养之法与用药诸方，多发前人所未发。全书理法一线贯穿，方药大体完备，有很高的学术价值和实用价值，对后世影响很大。宋元养生家如周守忠《养生类纂》、张果《医说》、邱处机《摄生消息论》等，皆争相引用，奉为圭臬。元代泰宁总管邹铉的高祖、叔祖、二母夫人均用此书之法备极荣养，“皆年过九十”，邹铉本人依之调理，亦寿逾七旬。邹铉不仅对陈直尊崇备至，自号“敬直老人”，而且于 1307 年将本书加以整理，续增三卷，更名为《寿亲养老新书》。明代高濂《遵生八笺·四时调摄笺》所载方药，亦大抵源于此书。传本有明万历二十一年癸巳（1593 年）虎林氏文会堂本、万历三十一年癸卯（1603 年）胡文焕《格致丛书》本、《格致丛书选钞三种》本、经锄堂抄本、民国·唐成之家藏抄本等。陈直，宋神宗元丰（1078—1085 年）时人，曾为承奉郎、泰州兴化（今属江苏）县令。

国内外近代老年医学的发展，大体上可分为三个阶段：第一阶段为 1830—1919 年，开始进行老年学的一般研究，主要是明确老化的概念，研究衰老的一般生物学方面的问题；第二阶段为 1920—1939 年，重点加强老年病学方面的临床分析研究；第三阶段为1940年以后，逐步发展为更广泛的研究，从生物学、医学、心理学、社会学、传统医学各个方面，围绕与衰老有关的问题开展比较深入的探讨。

中国现代老年学和老年医学的发展，起步于20世纪50年代中期，北京医院和中国科学院动物研究所提出振兴中国老年学与老年医学事业。1980年，原卫生部成立了老年医学专题委员会。1981年，中华医学会老年医学分会正式成立。1982年，《中华老年医学》杂志创刊。1995年，老年卫生工作领导小组成立。2015年3月4日，原国家卫生和计划生育委员会正式批复在北京医院设立国家老年医学中心，开展相关老年疾病疑难危重症的诊断与治疗，示范推广适宜有效的高水平诊疗技术等，进一步推动国家老年医学领域的交流与合作。2019年国家卫生健康委发布《老年医学科建设与管理指南（试行)》，明确有条件的二级及以上综合性医院开设老年医学科，多家医疗机构老年科陆续开设，以延长人群“健康期望寿命”，减少带病生存时间为主要目标。未来还需要继续普及学科发展共识，加快建设人才队伍，进一步完善老年医疗服务，创建老年医学更广阔的发展空间。

二、老年医学的研究范畴

根据现代生物—心理—社会医学模式，老年医学的范畴不断深入和扩展，主要包括老年基础医学、老年临床医学、老年预防医学、老年康复医学、老年心理医学和老年社会医学几个方面的内容。

（一）老年基础医学

老年基础医学主要针对人类衰老展开研究，衰老机体疾病的发生、发展、机制及如何延缓衰老成为研究前沿。纵观世界老年医学基础研究的历史，20世纪20年代即开始了老年医学的临床研究和观察，40年代开展了病理形态的研究，50年代则以生理功能及生物化学为主要内容，60年代以后发展到细胞生物学的研究，以及今天克隆技术的研发，老年医学的基础研究一直是医学基础研究的重要组成部分。

（二）老年临床医学

老年临床医学主要研究老年人常见病和多发病的病因、病理和临床特点，寻找有效的诊疗和防治方法。老年人在疾病临床表现、诊断、治疗和预防上与非老年人差别较大。据国内资料统计，85%的院内老年患者同时患有两种疾病，约50%患有三种及以上疾病。老年临床医学所关注的是对老年患者进行综合评估与治疗而非单病单治。此外，老年临床医学要以多学科合作的团队模式开展，治疗与老年相关的疾病，最大限度地维持或恢复患者的功能。

（三）老年预防医学

老年预防医学研究如何预防老年病，通过各种努力尽量保持老年人身体各器官的正常功能，维护老年人身心健康。其目标是不仅要维持老年人的生命，还要保障其生活质量。老年医学工作者应了解老年人常见病病因、危险因素和保护因素，采取有效预防措施，同时应加强卫生宣传，提高老年人群的自我保健意识，进行合理生活方式宣教，社区卫生服务工作对此至关重要。许多老年病是中年患病延续下来的，而多病的中年也难得有健康的老年，所以老年预防医学和老年保健研究都要涉及到中年的防病和中年的保健。

（四）老年康复医学

老年康复医学是康复学中的一个重要组成部分。康复医学在现代医学体系中与预防医学、临床医学相互结合渗透、相辅相成，共同为保障人民健康而服务。随着工业化、社会化的不断发展，人口谱、疾病谱的明显变化，对特殊人群尤其是老年人的康复日益为社会所重视。目前，康复医学正朝着专业化、社会化及工程化的方向发展。开展社区康复、结合社会福利事业将康复工程落实到基层，特别是对老年病的康复医疗尤为重要。

（五）老年心理医学

老年心理医学主要研究机体衰老过程中的心理变化规律。老年心理的一个重要特征是个体差异大，各种心理发展变化不一致。老年心理学研究应包括老年人感觉、知觉、记忆、思维、情感、性格、能力等心理过程与特征，患病不仅与物质因素相关，也与心理因素相关。

（六）老年社会医学

老年社会医学是从社会学的角度，应用统计学、流行病学、社会学和管理学等方法，研究社会环境（如政治、经济、文化、保健、社会福利和行为习惯等）对人体生命状态的影响，以及如何改善社会条件，进而促进老年人健康长寿。其内容包括老年人的保健服务，老年人疾病发生发展的社会因素，如居住条件、生活必需品的供应、老年人的社会行为与疾病的关系等，也涉及病残老人的医疗、康复等社会保障问题。

展望未来，我国现代老年医学任重道远，首先必须面对前所未有的人口老龄化的挑战。随着我国人口出生率、死亡率不断下降，平均预期寿命逐步延长，加速了人口老龄化的进程。根据全国第七次人口普查数据初步估测，中国总人口可能在 2025 年之前达到峰值并开始转向减少，预计到 2035 年和 2050 年，中国 65 岁及以上老年人口规模将分别达到 3. 46 亿和 4. 49 亿，老龄化率将达到 20. 5%和 37. 3%。这些均是对我国老年医学工作者的巨大挑战，对此我们必须有清醒的认识和足够的应对措施和策略。为了逐步提高越来越多的老年人口的医疗保健服务质量，我国现代老年医学势必向着更高、更新、更深、更广的水平发展，积极地研究对策，建立、健全具有中国特色的社会养老制度和老年医疗保险制度，加强老年学和老年医学研究，加强老年医疗保健康复工作与老年健康教育，做到老有所养，老有所医，老有所为，老有所学，老有所乐，使老年人健康长寿。

三、老年医学科建设及特点

老年医学科是医院内专门为老年人提供医疗服务的科室，是伴随着老年医学的发展以及社会人口老龄化而发展起来的老年病专科。还可以根据老年医学科的特点，进一步分化设置老年心血管、老年消化、老年内分泌、老年肿瘤等专业专科。

近年来，党中央、国务院高度重视老年健康服务工作，从国家层面发布了一系列政策措施。

2019 年，国家卫生健康委会同多部门联合印发《关于建立完善老年健康服务体系的指导意见》，要求完善老年医疗资源布局，建立、健全以基层医疗卫生机构为基础，老年医院和综合性医院老年医学科为核心，相关教学科研机构为支撑的老年医疗服务网络。明确提出，有条件的二级及以上综合性医院要开设老年医学科。

为指导规范老年医学科的建设与管理，推进老年医疗卫生服务体系建设，促进老年医学发展，保证医疗质量和医疗安全，2019 年 11 月，国家卫生健康委印发《老年医学科建设与管理指南（试行）》，对老年医学科的诊疗科目资质、收治范围、设置运行、设备设施、人员配备、科室管理、质量监管等方面提出了明确的要求。其中第四条、第九条、第十条规定内容如下：

第四条 老年医学科主要收治患老年综合征、共病以及其他急、慢性疾病的老年患者。

第九条 老年医学科应当以老年患者为中心，采用老年综合评估常规模式、共病处理模式和多学科团队工作模式，对老年患者进行医疗救治，最大程度维持和恢复老年患者的功能状态。

第十条 老年医学科应当通过医院与社区卫生中心、医养结合机构、护理院等中长期照护机构建立固定联系，可进行定期远程会诊、联网培训，并与基层双向转诊，实现老年患者的连续治疗及全程化连续照护。

可以说，老年医学科的建设、管理指标以及框架已基本健全。目前，最核心的问题是要更加明确科室的发展内涵及外延。

连漪（2022）认为，从医疗管理的角度讲，对于老年医学科的设想是将其打造为一个大的诊疗平台，类似麻醉科和手术室，抑或是综合医院的中医科，使其如上述几个科室一样，充分利用业务特长，参与到其他科室的诊疗中。在这个过程中，老年医学科要专注于解决高血压、糖尿病等老年人常见疾病，在提供适老化医疗服务方面大有作为。同时，也要拓展服务范围，对老年人相关的其他疾病进行诊疗，甚至可以考虑为老年人提供居家健康服务。

北京协和医院老年医学科主任刘晓红在答记者问题时提到："老年医学科不是以疾病治愈为目的，因为老年人患的多数慢病是不可治愈的。慢性病控制稳定就可以了。我们的目的是维护老年人的功能状态，提高老年人及其家人的生活质量。老年医学的内容应该是从健康管理、慢病管理，到急性病诊疗、急性病后康复，长期照护到安宁疗护'五全服务'，即服务于全人、全程、全家，采用全队和全社区合作的工作模式。""老年人的治疗一定是悠着的，检查和治疗可能无效，也可能带来伤害，对于衰弱的老年患者进行恰当的医疗，而不是'越贵越好'。""老年患者疾病稳定后就应尽快出院，因为做检查不能及时进餐，睡眠受到干扰，下地活动少，高龄老人住院期间约 1/3 功能反而是下降的。"

对于末期患者多家医院就医未果的问题，刘晓红主任这样说："当医疗并没有改变疾病预后，只是延长了死亡过程，安宁疗护是帮助末期患者和家人减轻痛苦，安详走完人生最后一程。死亡不仅仅是个体的离世，也是一段关系的结束，离世者的家人也同样需要帮助和关爱。我们必须学会理解和尊重老年人的意愿。"

2021 年 11 月 18 日《中共中央 国务院关于加强新时代老龄工作的意见》中明确要求，加强国家老年医学中心建设，布局若干区域老年医疗中心。加强综合医院老年医学科建设，2025 年二级及以上综合性医院设立老年医学科的比例达到 60%以上。

连漪（2022）认为，在明确了设置比例之后，下一步，我们将着力推进老年医学科能力水平建设标准的出台，进一步修订和完善老年医学科的建设发展指南，引导科室明确发展路径。在老龄化进程不断加速的社会背景下，老年医学科的优势定会得到充分发挥。

第六节　医院概述

医院是以诊治病人、照护病人为主要目的的医疗机构，具备一定数量的病床与设施，通过医务人员的集体协作，对特定人群或群众进行治病、防病的场所。医院的形成和发展经历了一个漫长的历史过程。它的发展变化是与社会经济、政治、文化发展变化紧密地联合着，特别是医学科学技术的发展对它具有决定性的意义。

从人类历史的发展看，医院的发展基本上经历了三个时期，即古代医院经验医学时期、近代医院实验医学时期和现代医院科技医学时期。

一、古代医院时期

医院的历史演进，早期应追溯到公元前 7 世纪奴隶社会，晚期到 18 世纪末叶，相应的医学发展时期为古代医院经验医学时期。医院首先起源于社会抚恤组织的建立。我国周代已开始起步，在《管子・入国篇》中，就有关于是“慈幼、恤孤、养疾和问疾”的记载。管仲辅助齐桓公执政，在京都建立了残废院，收容残废人，供给食宿，给予治疗，这是我国古代医院的雏形。宋朝时期医院得到了迅速发展，北宋时，在汴梁四郊出现了官办的慈善医院，该院以佛家“三佛田”之说取名“福田院”，沿袭了唐代时期的“矜孤恤贫，敬老养病”的办院宗旨，每年有经费五千贯，用来收养老人、病人和乞丐，有着浓重的社会救济色彩。除在民间或军队中设立一些医院外，历代封建王朝都为自身设立医事组织为其服务，其中如东汉时期皇后宫中设“暴室”作为宫女养病场所。随着社会的发展，医院的规模越来越大，数量也越来越多，设备也逐步完善，开始出现类似于门诊部的机构——卖药局，后来改名为和剂局。局里有医生和药品，可以为老百姓提供诊疗服务。

古代西医中的医院（Hospital）一词来自拉丁文，原意为“客人”，中世纪的欧洲曾有大规模的传染病流行，经过严格隔离才停止蔓延，这促进了“医院”的设立。最初设立时，是供人避难之地，还备有娱乐节目，使来者舒适，有招待意图。后来，才逐渐成为收容和治疗病人的专门机构。12 世纪后，收容病人的机构进一步独立，正式医院开始兴起。第一个正式医院是 1204 年建于罗马的圣灵医院。

二、近代医院时期

19 世纪中叶至 20 世纪中叶为近代医院——实验医学时期，经历了近百年时间，它是社会经济发展的必然结果，也是医学科学技术高速发展的产物。由于欧洲文艺复兴，促使近代科学的快速形成与发展，而与之相应的医学科学由经验医学转变为实验医学。医学从宗教与神学中分离出来，人体解剖作为一种科学问世，随后生理学、病理学、细菌学等相继建立，由此步入由古代医院向近代医院的转型时期。如 1889 年，临床实验室在医院首先应用；1896 年，第一次在医院使用 X 光片来诊断疾病；1901 年，血型的发现为病人的输血提供了安全保障；1903 年，心电图第一次在医院临床诊断心血管疾病；1929 年，脑电图用于脑学神经疾病的诊断，同时对外科麻醉剂不断改进等；在生物医学的病因学、病理学上有了大量的发现；在基本完善了消毒法之后，青霉素的发现与应用，磺胺药的发现与应用，以及随后发展的抗生素药物等，为病人临床治疗提供了有效的手段。19 世纪中叶，英国的南丁格尔创建了护理学，使医院的医疗服务与生活服务相结合而发展成为医院护理体系。

鸦片战争之后，我国的近代医院是随着帝国主义对我国的文化侵略而出现与发展的，比如西方宗教在中国建立教会医院。所有在华教会医疗机构都有专职神甫和牧师，利用医疗事业从事宗教活动。随着不平等条约的签订，列强在我国各通商口岸等设立的教会诊所和医院逐渐增多。进入 20 世纪以后，传教士更加注重发展医疗事业。除扩大原有医院规模外，又在各地新设不少医院和诊所。当时，由中国自办并较有规模的西医医院为在南京设立的中央医院，在抗战时内迁重庆，并在贵阳设分院。1932 年，当时国民政府内政会议决定筹设县立医院。在开设地方医院的同时，军队医院的建设也逐步成熟起来。新中国成立后，医院建设有了巨大的发展，全国医院面貌的改观不仅表现在上述医院和病床数量的迅速增加，还表现在医院的组织管理、医疗技术、医疗作风等方面显著的进步和发展。

三、现代医院时期

20 世纪中叶以来为现代医院——科技医学时期。20 世纪 70 年代，社会生产力得到空前的发展，科学技术带来了医学科学和医疗诊断技术的日新月异。社会的快速发展对医疗及预防的要求更高，近代医院向现代医院转变，医疗机构进入了科技医学发展的时期。主要表现为：医院功能多样化，正在成为医疗、预防、康复、教学、科研及指导基层保健的地区医疗、保健、教育和研究中心；大型医院高度专业分工与多科协作化，新兴学科及边缘学科纷纷建立；医院设备走向自动化，电子化程度日益增强，医院建筑不断改进；现代管理理论向医院管理广泛渗透，使医院管理学应运而生并得到迅速发展。医院的建设管理围绕着电子病历为核心，从规模扩张转向提质增效，运行模式从粗放管理转向精细化管理，资源配置从注重物质要素转向更加注重人才技术要素，为更好提供优质高效医疗卫生服务、防范化解重大疫情和突发公共卫生风险、建设健康中国提供有力支撑。

第七节　医政管理

医政管理是政府卫生行政部门依照法律、法规及有关规定对医疗机构、医疗技术人员、医疗服务及其相关领域实施行政管理活动的总和，是卫生事业管理的重要组成部分。主要监管对象是各级各类医疗机构及其工作。基本任务是贯彻执行国家有关医疗卫生工作的方针、政策、法令和规定；负责组织城乡各级各类医疗机构的建设和发展；保证医疗单位业务工作的正常开展，并妥善处理医疗单位业务工作中出现的各类问题，达到提高医疗质量、改善服务态度、保障人民健康的目的。

第八节　医的地点与内容、效率之间的关系

医的实施地点有很多。固定地点有医院、诊所、卫生服务中心等医疗机构以及医养结合机构。非固定地点包括家庭、事故救灾现场、患者发病现场等。

一般来说，医院是医疗人才最集中、医疗设备最集中、患者最集中、医疗措施最多、最容易开展和相互配合的地方，医疗的质量和效率也是最高的地方。

其次是诊所、卫生服务中心、医养结合机构等场所。在这些地方同样有专业的医生、护士等，但是医疗设备、医疗人员的分工不如医院多，医疗的质量、效率和水平较医院来说是低的，但较家庭来说是高的。

最后是家庭。在家庭中，医护人员需要带着便携式的医疗设备上门服务才能实现医的措施，其医疗设备，医护人员、诊疗内容均受限制，因此，家庭中医的项目、内容和效率是最低的。

第三章　全生命周期养能力发展理论

第一节　养能力与生活能力的关系

一、术语和定义

1. 能力：个体顺利完成某一活动所必需的自身条件。

2. 日常生活活动能力（activities of daily living，ADL），又称生活自理能力。它是指个体为独立生活而每天必须反复进行的、最基本的、具有共同性的身体动作群，即完成进食、洗澡、修饰、穿衣、大小便控制、如厕、床椅转移、行走、上下楼梯等日常活动的能力。

3. 养能力：个体打理自己、养活自己的能力及打理他人、养活他人的能力之和，即个体的养能力包括自养能力和养他人能力。首先能够自养才能养他人。

4. 精神状态：个体在认知功能、行为、情绪等方面的表现。

5. 感知觉与沟通：个体在意识水平、视力、听力、沟通交流等方面的能力。

6. 社会参与：个体与周围人群和环境的联系与交流的能力，包括生活能力、工作能力、时间/空间定向、人物定向、社会交往能力。

7. 综合生活能力＝日常生活活动能力+精神状态+感知觉与沟通能力+社会参与能力。综合生活能力简称生活能力。

二、养能力与生活能力的关系

个体的养能力和个体的生活能力是同一种能力的不同表述，两者基本上可以画等号，可以互相代替。生活能力高低代表着养（自养+养他）能力的高低。

2022 年，一条新闻冲上热搜，吸引了全中国父母的注意——教育部要求，9 月起中小学生要学煮饭炖汤、修理家电、种菜养禽……

热搜的背后是这样一条新闻：教育部正式印发《义务教育课程方案》，将劳动从原来的综合实践活动课程中完全独立出来，并发布《义务教育劳动课程标准（2022版）》，也就是说，劳动课将正式成为中小学的一门独立课程。

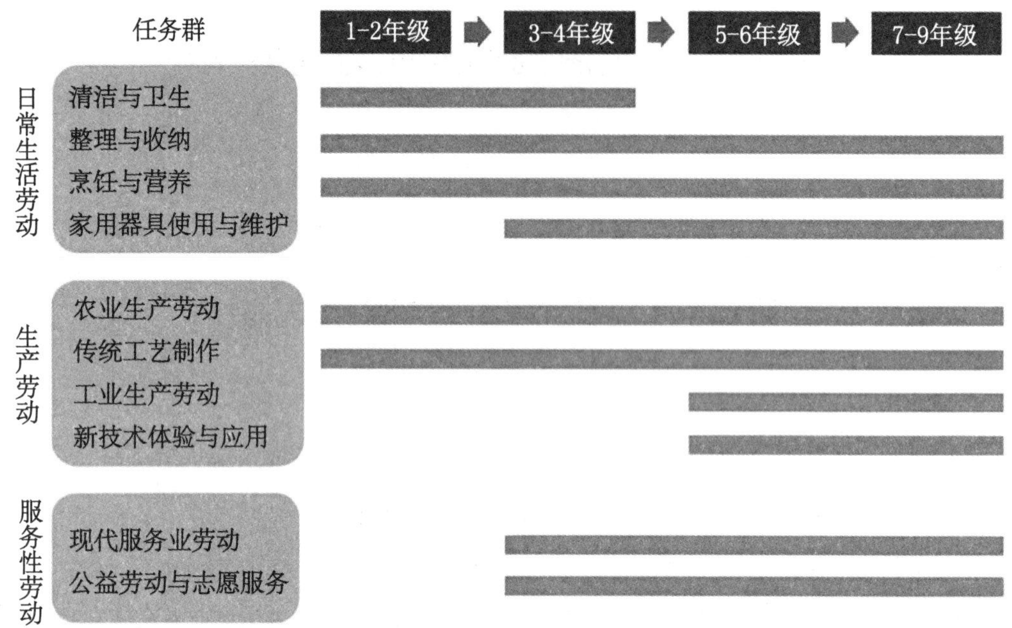

图 3-1 劳动课程内容结构示意图

教育部要求中小学生会做饭，表明生活能力将成为一项核心竞争力。一粥一饭，是知足随和；一茶一盐，是温良恭俭。教会一个孩子做饭，便是教会他一项最基本的生活能力。在往后漫长的时光里，他可以自养自身，也能养活他人。

每个人的生活（养）能力，在生长期逐步获得，在成年期奉献（这种能力），在老年期逐步失去。天地轮回，生生不息，乐在其中。

在养老以及临床医学工作中，对个体生活能力的评估，实际上就是对个体养能力的评估。评估有单项评估、综合性评估，也有专业性评估，比如心理健康评估、营养状况评估、跌倒风险评估、阿尔茨海默氏病的早期评估等。

第二节　生活（养）能力与年龄的关系

人类的养能力即生活能力与年龄关联密切。可以根据一个人的生活能力水平来确定个体的年龄即生活能力年龄。

人们常说的，穷人的孩子早当家，少年老成，即是生活能力年龄大于相应的日历年龄。

人们常说的，孩子单纯，成熟晚，不会洗衣做饭照料自己，即是生活能力年龄小于相应的日历年龄。

个体所需要的养和医与个体的生活（养）能力年龄直接相关联。

第三节　年龄与生命周期的关系

生命周期是指人体正常生长的状态下，从开始到结束的整个过程。从胚胎健康发育到出生，经过发育、成长、成熟、衰老至死亡，机体正常生存过程的时间。

人类全生命周期常被划分为不同的期间和阶段。出于不同的目的，有不同的划分方法。

最常用的生命周期划分方法是使用年龄。年龄又因为关联不同的内涵而分为多种类型，如日历年龄、心理年龄、生理年龄、社会年龄等，还有笔者新提出的生活（养）能力年龄。

在我国的小学课本当中，为了提升小学生对成长和人际关系的认识，把人的一生分为儿童期、青年期、中年期、老年期。

图 3-2　年龄与生命周期划分

在大众体育活动当中，出于公平、安全的原则，一般按年龄划分为四个年龄组，即青年组（29 岁以下）、中青年组（30 ~ 39 岁）、中年组（40 ~ 49 岁）和中老年组（50 岁以上）。

在老年社会工作当中，老年期常被划分为不同的阶段。我国一般将老年群体中 60 ~ 69 岁的人划分为低龄老人，70 ~ 79 岁的人为中龄老人，80 岁以上的老人为高龄老人。不同年龄段的老年人，在身体健康状况、生活自理能力、参与社会活动、婚姻状况、家庭关系、心理需求等方面都有不一样的特点。划分不同阶段有助于定位老年人的共性需求和差异性需要，有利于提供针对性服务。

国际上通常按0~14岁、15~64岁、65岁以上对人口总体做不等距分组，分别称为少年人口、壮年人口、老年人口。以人口总数为基数计算少年人口系数、壮年人口系数和老年人口系数，还以壮年人口数为基础计算抚养系数，即抚养系数=（少年人口+老年人口）/壮年人口。

人类的养与年龄关系密切。

一、日历年龄

单以出生日期为标准界定的年龄被称为日历年龄。每个公民身份证上的年龄即为日历年龄。

《中华人民共和国民法典》（以下简称《民法典》）及其他相关法律、法规中均采用日历年龄中的年龄节点和年龄段来规定公民承担的相应责任、权利、义务。所以，日历年龄又称法律年龄。

（一）0岁以下

胎儿不能称作法律上的“人”，法律只认可其为“胎儿”。

《民法典》第十六条：“涉及遗产继承、接受赠与等胎儿利益保护的，胎儿视为具有民事权利能力。但是，胎儿出生时为死体的，其民事权利能力自始不存在。”

《民法典》第一千一百五十五条：“遗产分割时，应当保留胎儿的继承份额。胎儿娩出时是死体的，保留的份额按照法定继承办理。”

这是保护胎儿出生后的被养权利。

（二）0~1岁之间

《民法典》第一千零八十二条规定：一周岁以内，婴儿的父亲不得向母亲提出离婚，但母亲提出离婚或者法院认为确有必要受理父亲离婚请求的，不在此限。

这条规定体现出对婴儿母亲被养权力的保护，母亲被养才能传递对婴儿的养，也是对婴儿被养权力的保护。

（三）1~6岁

《民法典》结合我国其他法律规定，1周岁以内的小孩为婴儿，1周岁以上不满6周岁的为幼儿，6周岁以上不满14周岁的为儿童。

为了婴儿被养的利益，哺乳自己不满一周岁婴儿的妇女，违反《中华人民共和国治安管理处罚法》的，不适用治安拘留。保护母亲对婴儿的养护不中断。

（四）6~7 岁

《中华人民共和国义务教育法》第五条规定，“凡年满六周岁的儿童，不分性别、民族、种族，应当入学接受规定年限的义务教育。条件不具备的地区，可以推迟到七周岁入学。”由此看来，六岁是一个人开始行使接受义务教育权利的法定起点时间。

学习是第 3 层次上的养。6 岁以后开始享受学校里面的养育。

（五）8 岁

八周岁是一个很重要的年龄分界线，《民法典》把未成年人分成两个阶段：八周岁以下为无民事行为能力人，八周岁以上为限制民事行为能力人。

开始承认孩子的自养能力以及自我管理能力。

（六）12 岁

《中华人民共和国道路交通安全法实施条例》规定，满十二周岁的人可以合法地骑自行车、三轮车上路。

年龄逐步增大，自养的能力也在逐步提升。

（七）14~16 岁

十四周岁是一个十分重要的转折年龄点。因为从这一岁开始，人们将可能为自己的行为承担行政法、刑法上的责任。

十四周岁也是法律对部分人严格保护的一个年龄界限。刑法规定，十四周岁以下的女性儿童为幼女，与幼女发生性行为，无论幼女是否同意，均成立奸淫幼女犯罪，应当以强奸论从重处罚；同时无论男女，只要是未满十四周岁均可成为拐骗儿童罪的对象和拐卖儿童罪的对象。

《中华人民共和国治安管理处罚法》规定，14~16 岁的未成年人违反治安管理处罚法的，不执行治安拘留处罚。询问不满十六周岁的违反治安管理行为人，应当通知其父母或者其他监护人到场。

（八）16~18 岁

在 16~18 岁年龄段，具有与 14~16 周岁几乎同等重要的法律意义。因为从这一年开始，人开始有了劳动的权利，法律禁止用人单位招用未满十六周岁的未成年人，文艺、体育和特种工艺单位招用未满十六周岁的未成年人，必须依照国家有关规定，履行审批手续。

《中华人民共和国道路交通安全法实施条例》规定，年满十六周岁，可以驾驶电动车、自行车或残疾人机动轮椅车上道行驶。

《中华人民共和国治安管理处罚法》规定，已满十六周岁不满十八周岁的未成年人，初次违反治安管理的，不执行行政拘留处罚。

《民法典》第十八条规定，成年人为完全民事行为能力人，可以独立实施民事法律行为。十六周岁以上的未成年人，以自己的劳动收入为主要生活来源的，视为完全民事行为能力人。换句话说，在十六周岁后，如果可以以自己的劳动收入作为主要来源，那么也认定其具有完全的民事行为能力，可以说是“提前”到十六岁，认定作为成年人。

生活（养）能力发展理论也把十六周岁定位到成年期探索阶段的开始年龄。

（九）18 岁

《中华人民共和国未成年人保护法》和《民法典》规定，十八周岁以上的自然人为成年人，不满十八周岁的自然人为未成年人。与联合国《儿童权利公约》对儿童的界定一致。因此在我国社会工作实务中，“儿童”与“未成年人”同义，可以互换使用。

法律层面上的他养完成，开始了法律意义上的自养和养他人的历程。

（十）0~18 岁

按照《民法典》的规定，未成年人阶段可以划分为零岁以下，零到八岁，八到十八岁三个阶段，《民法典》在社会层面对未成年人的法律权利、义务做了相应的规定，这些规定对家庭成员血缘、亲情之外的养在社会规范和法律层面上做了保护，其中包括监护权。

《民法典》第二十七条规定，父母是未成年子女的监护人。

《民法典》第三十四条规定，监护人的职责是代理被监护人实施民事法律行为，保护被监护人的人身权利、财产权利以及其他合法权益等。

绕开法律的晦涩语言，通俗的解释，这些规定是成年人养育他人的权利、义务和未成年人被养的权利、义务。

（十一）20~22 岁

《民法典》一千零四十七条规定，从二十周岁开始，女性获得了结婚的权利。在婚姻领域，男性比女性要迟两年即二十二周岁才获得结婚的权利。未达法定婚龄，无论男女，以夫妻名义同居者，无论是已经举办婚礼，或者通过弄虚作假骗取了结婚登记，均不能获得合法婚姻的效力。

（十二）30 岁

《民法典》当中，在婚姻家庭当中有一个特殊的年龄规定，即三十周岁。《民法典》第一千零九十八条规定，收养人年满三十周岁时，可以收养子女。

特殊情况下，养他人也有年龄限制。

（十三）55~60岁

《公务员法》规定，女性公务员满五十五周岁，男性公务员满六十周岁，可以退休。

退休前、后的养生活大不同。

（十四）60岁以上

《中华人民共和国老年人权益保障法》规定，老年人是指六十周岁以上的公民。

我国将老年人的年龄起点标准规定为60周岁有以下几点原因：

第一，人的生理状况的原因。人的一生分为婴儿、幼年、少年、青年、中年、老年几个阶段，代表了人从出生、成长到衰老的过程。划分老年人的标准主要是以人的生理机能开始衰老为依据。60岁后，体质已发生明显的变化，一般不再承担繁重的工作和重体力劳动。所以，60岁作为老年人的起点年龄，符合我国大多数人的身体状况。

第二，参考了国际通用标准。国际上发达国家老年人年龄起点标准为65岁，发展中国家的标准为60岁，我国属于发展中国家，因此采用60岁作为标准较为适宜。

第三，同退休年龄相衔接。我国一般规定男性60岁、女性55岁为退休年龄，特殊工种的退休年龄虽然较早，但还不能称为老年人。为了与多数人的退休年龄相衔接，将60岁作为老年人年龄起点与我国目前情况是相适应的。

二、生理年龄

生理年龄指的是按个体细胞、组织、器官、系统的生理状态、生理功能，以及反映这些状态和功能的生理指标确定的个体年龄。与世间万物一样，人体也有一个诞生、成长、成熟、衰老、消亡的历程。日历年龄相同的人，其生理年龄不一定相同，有些人未老先衰，百病缠身；有些人宝刀不老，青春常驻，这指的都是生理年龄的差异。生理年龄的测定主要由血压、呼吸量、视觉、听觉、血液、握力、皮肤弹性等多项生理指标来决定。生理年龄常被用于司法领域、体育竞技领域、儿童青少年发育、中老年身体健康、保险领域。

1. 司法鉴定。现代法医鉴定尸体年龄的方法往往有牙科学和人类学两种方法。

2. 青少年生长发育与体育文艺选材。骨龄广泛应用于预防医学、儿科学、体育文艺选材和用于核查运动员的真正年龄来决定其是否具备参赛资格。对骨龄的判断是利用拍摄足、踝、膝、骨盆、肩、肘、腕、手等部位骨骼的X线光片来进行测读的，其中以手、腕部骨骼的X线光片最为常用。

3. 中老年身体健康。成年之后人体的生理学特征往往趋于稳定，并呈现出缓慢变化的情形。故有学者认为人的日历年龄在其成年后的预测能力大大下降。生理年龄在老年人身体健康领域便有了切实的实践应用意义。袁床成（1985）对日本山田博教授的成果进行了阐述，给出了生理年龄的波动范围（见表 3-1）。

表 3-1 历法年龄与生理年龄的偏差归纳

历法年龄（岁）	25	35	45	55	65	75
生理年龄（岁）	23~27	31~39	39~51	48~62	57~73	66~84
生理年龄幅度（岁）	4	8	12	14	16	18

王洪勋等（1991）提出一套适用于 50 岁以上老年人的生理年龄测试方案，采用脉搏、吸气、协调、记忆、老视、听力、活动能力、消化功能、大脑及体重共 10 项指标，得出各指标生理年龄。整体生理年龄（PhA）= 心率年龄×0. 2+吸气年龄×0. 1+协调年龄×0. 1+记忆年龄×0. 1+老视年龄×0. 05+听力年龄×0. 05+活动能力年龄×0. 1+消化功能年龄×0. 1+大脑年龄×0. 2+｜1−实际体重/本人标准体重｜×20。

三、心理年龄

心理年龄是根据个体心理活动的程度来确定的个体年龄。

现代发展心理学基本沿用了美国著名精神分析医生诶里克森提出的八个阶段发展理论。

第一阶段为婴儿期（0~2 岁），婴儿在本阶段的主要任务是满足生理上的需要，发展信任感，克服不信任感，体验着希望的实现。

第二阶段为儿童早期（2~4 岁），这个阶段的儿童主要发展任务是获得自主感而克服羞怯和疑虑，体验着意志的实现。

第三阶段为学前期或游戏期（4~7 岁），本阶段儿童的主要发展任务是获得主动感和克服内疚感，体验目的的实现。

第四阶段为学龄阶段（7~12 岁），本阶段发展任务是获得勤奋感而克服自卑感，体验着能力的实现。

第五阶段为青年期（12~18 岁），这一阶段的发展任务是建立同一感和防止同一感混乱，体验着忠实的实现。

第六阶段是探索阶段（18~25 岁），发展任务是获得亲密感以避免孤独感，体验着爱情的实现。

第七阶段是稳定发展阶段（25~50 岁），发展任务是获得繁殖感而避免停滞感，体验着关怀的实现。

第八阶段为老年期，也叫收尾阶段（50岁~死亡），发展任务是获得完善感和避免失望、厌倦感，体验着智慧的实现。

四、社会年龄

社会年龄指的是根据一个人在与其他人交往中的角色作用来确定的个体年龄。人们的社会年龄是与人们的经验、知识和才能的积累成正比例的。有些人年纪一大把，办起事来却幼稚可笑，代表这个人的社会年龄比较小。有些人则人小鬼大、少年老成、思想深刻，代表这个人的社会年龄比较成熟。

常用的表示社会年龄的方法有三类：

第一，为社会工作做贡献的年限，如工龄、教龄、军龄、艺龄等。这种社会年龄表示一个人在某个部门和某个职位从事工作的时间长短。

第二，参与各类社会活动的起始年龄，如上学、参军、招工、入团、入党等的最低年龄。

第三，从事各类社会工作的终止年龄，如退出共青团的年龄、离退休年龄等。

五、中华文化对年龄节点和年龄段的描述

（一）中国传统年龄段的划分

童年：1~7岁；

少年：8~16岁；

青年：17~29岁；

而立：30岁；

不惑：40岁；

知天命：50岁；

耳顺：60岁；

古稀：70岁；

耄耋：80~99岁；

高寿：100岁以上。

孔子用简短的六句话将生命进行了概述："吾十有五而志于学，三十而立，四十而不惑，五十而知天命，六十而耳顺，七十而从心所欲不逾矩。"

（二）戏曲文学中的年龄划分

不满周岁的儿童——襁褓

2~3 岁——孩提

童年——总角，垂髫

8 岁（男）——龄年

10 岁以下——黄口

10 岁（女）——髫年

12 岁（女）——金钗之年

13~14 岁（女）——豆蔻年华

13~15 岁——舞勺之年

15 岁（女）——及笄之年

15 岁（男）——志学之年

15~20 岁——舞家之年

16 岁（女）——碧玉年华

20 岁（女）——桃李年华

24 岁（女）——花蓓（信）年华

出嫁——标梅之年

30 岁（女）——半老徐娘

20 岁（男）——弱冠

30 岁（男）——而立之年

40 岁（男）——不惑之年

50 岁——知命之年、半百

60 岁——花甲，平头之年、耳顺之年，杖乡之年

70 岁——古稀、杖国之年

80 岁——杖朝之年

88 岁——米寿

80~90 岁——耄耋之年

90 岁——鲐（台，骀）背之年

99 岁——白寿

100 岁——期颐，人瑞

108 岁——茶寿

（三）古代年龄的代称

孩提：指初知发笑，尚在襁褓中的幼儿。《孟子·尽心上》：“孩提之童，无不知爱其亲者。”

黄口：本意是雏鸟的嘴；指代婴儿。

垂髫（tiao）：幼童，古时儿童不束发；头发下垂。髫：儿童垂下的头发，因此称儿童或童年为垂髫。陶渊明《桃花源记》：“黄发垂髫，并怡然自乐”。

束发：古代男孩成童，将头发束成一髻，因此用束发代指成童，当指八岁以上的儿童。

总角：古代男女未成年前束发为两髻，形状如角，故称总角。《诗经·氓》：“总角之宴，言笑晏晏”。

豆蔻年华：豆蔻，一种多年生植物。豆蔻年华喻指十三四岁的姑娘。

笄（jī）年：古代女子十五岁就把头发梳拢来，挽一个髻，插上叫作笄的首饰，叫笄礼。加笄后就表示她已成年，所以女子到了成年，叫“笄年”，又称“及笄”。《礼·内则》：“女子……十有五年而笄”。

弱冠：《仪礼·曲礼》中将男子二十岁称“弱”，到这个年龄就可举行冠礼。其时身体尚弱，故称弱冠。

结发：初成年。《汉书·施仇传》：“结发事师数十年，贺不能及”。后称原配为结发。曹植诗《种葛篇》：“与君初婚时，结发恩义深”。

而立：《论语·为政篇》：“子曰：君十有五而志于学，三十而立”。后来因此称三十岁为“而立之年”。

不惑：人到四十称“不惑之年”。意思是人到此时已掌握知识，能明辨事理，而不致迷惑。《论语·为政》：“四十而不惑”。

知命：本意指认识天命。《论语·为政》：“五十而知天命”。后因以知命为五十岁之代称。

花甲：古人用天干和地支相配来纪年，天干地支顺次组合为六十个纪序年号，故称六十甲子，也称花甲子或花甲。每六十年一个循环，所以称六十岁为“花甲之年”。

古稀：七十岁的代称。唐代杜甫《曲江二首》之二：“朝回日日典春衣，每日江头尽醉归。酒债寻常行处有，人生七十古来稀”。

耄耋（mào dié）：指八十、九十岁。《礼·曲礼》上：“八十九十曰耄”。六十以上曰耋。后来用“耄耋”泛指年寿高。

下寿、中寿、上寿：古人以六十为下寿，七十为中寿，九十为上寿。

期颐：称百岁之人。百岁为人生年数之极，故曰期。此时起居生活待人养护，故曰颐。《礼·曲礼》上：“百年曰期颐”。

（四）古代生命周期划分法

以十年为单元，将人生大致分为九个阶段之分。分别是“幼”“弱”“壮”“强”

“艾”“耆”“老”“耄”“期”，说来相当有趣。

始于战国，成书于秦汉的《礼记·礼上第一》记载：“人生十年曰幼，学。二十曰弱，冠。三十曰壮，有室。四十曰强，而仕。五十曰艾，服官政。六十曰耆，指使。七十曰老，而传。八十、九十曰耄……百年曰期，颐。”大意是说：男子十岁称幼，开始入学读书。二十岁称弱，举冠礼后，就是成年了。三十岁称壮，可以娶妻生子，成家立业了。四十岁称强，即可踏入社会工作了。五十岁称艾，能入仕做官。六十岁称耆，可发号施令，指挥别人。七十岁称老，此时年岁已高，应把经验传给世人，将家业交付子孙管理了。八九十岁称耄……百岁称期，到了这个年龄，就该有人侍奉，颐养天年了。古人之所以如此划分，是长期经验积累的结果。尽管这些观点，某些地方有点主观、片面，但总的来说，是符合人生规律的。

如今，人的寿命已经延至七八十岁以上。民间流传的“二十三十青少年，四十五十正当年（即壮年），六十七十满街转，八十九十不稀罕”民谣，和“四十称强、五十称艾、六十称耆、七十称老”的提法，如出一辙。从这个意义上来说，我们的祖先对人生年龄的分段，分明是极为科学和合理实用的。

六、生活能力年龄

生活能力年龄是本书笔者提出的一个新概念。生活能力年龄也是养能力年龄。

生活年龄是生活能力年龄的简称。是根据一个人的生活能力（养）水平来确定的个体年龄。

个体所需要的养和医与个体的生活能力年龄直接相关联。

本书采用人的生活能力年龄作为节点将人的一生划分为三期，每期又分为三个阶段，共三期九阶段，构建成三期九阶段的生活能力发展理论，即三期九阶段的养能力发展理论。

第四节　全生命周期生活（养）能力发展理论构建的过程和方法

对生命个体来说，生活能力就是养能力。生活能力高低代表着养能力的高低，代表着自养和养他人的能力高低。生活能力评估，实际上就是养能力评估，只不过约定俗成，大家习惯上都称作生活能力评估。但是养能力的内涵远远大于生活能力的内涵。

生活能力作为全人全生命周期划分工具的由来：

一、生活能力评估量表

笔者于 2014 年开始在山东省鲁商集团从事养老服务业务，当时看到的第一份生活能力评估标准是《老年人能力评估》（民政部 MZ/T 039-2013）。在以后的日子里又逐步学习了许多美国、日本、中国台湾的一些老年人生活能力评估表，还学习了临床医学上使用的一些专项功能评估表，如中风风险评估表、跌倒风险评估表、压疮风险评估表等。

由于工作关系，笔者使用民政部 2013 版《老年人能力评估》表的机会最多。

二、民政部 MZ/T 039-2013《老年人能力评估》

标准制定的目的是为老年人能力评估提供统一、规范和可操作的评估工具，科学划分老年人能力等级，作为政府制定养老政策，以及为老年人提供适宜养老服务的依据。

（一）评估指标（表 3-2）

一级指标共 4 个，包括日常生活活动、精神状态、感知觉与沟通、社会参与。

二级指标共 22 个，其中日常生活活动包括 10 个二级指标，精神状态包括 3 个二级指标，感知觉与沟通包括 4 个二级指标，社会参与包括 5 个二级指标。

表 3-2　老年人能力评估指标（MZ/T 039-2013）

一级指标	二级指标
日常生活活动	进食、洗澡、修饰、穿衣、大便控制、小便控制、如厕、床椅转移、平地行走、上下楼梯
精神状态	认知功能、攻击行为、抑郁症状
感知觉与沟通	意识水平、视力、听力、沟通交流
社会参与	生活能力、工作能力、时间/空间定向、人物定向、社会交往能力

（二）适用范围

本标准适用于需要接受养老服务的老年人。

（三）评估时机

老年人能力评估应为动态评估，在接受养老服务前进行初始评估；接受养老服务后，若无特殊变化，每 6 个月定期评估一次；出现特殊情况导致能力发生变化时，应进行即时评估。

（四）等级划分（表 3-3）

综合日常生活活动、精神状态、感知觉与沟通、社会参与这 4 个一级指标的分级，将老年人能力划分为 4 个等级。

表 3-3　老年人能力等级划分（MZ/T 039-2013）

能力等级	等级名称	等级标准
0	能力完好	日常生活活动、精神状态、感知觉与沟通的分级均为 0，社会参与的分级为 0 或 1
1	轻度失能	日常生活活动的分级为 0，但精神状态、感知觉与沟通中至少一项的分级为 1 及以上，或社会参与的分级为 2；或日常生活活动的分级为 1，精神状态、感知觉与沟通、社会参与中至少有一项的分级为 0 或 1
2	中度失能	日常生活活动的分级为 1，但精神状态、感知觉与沟通、社会参与的分级均为 2，或有一项的分级为 3；或日常生活活动的分级为 2，且精神状态、感知觉与沟通、社会参与中有 1~2 项的分级为 1 或 2
3	重度失能	日常生活活动的分级为 3；或日常生活活动、精神状态、感知觉与沟通、社会参与的分级均为 2；或日常生活活动的分级为 2，且精神状态、感知觉与沟通、社会参与中至少有一项的分级为 3

注 1：处于昏迷状态者，直接评定为重度失能。若意识转为清醒，需重新进行评估。

注 2：有以下情况之一者，在原有能力级别上提高一个级别：①确诊为认知障碍/痴呆；②确诊为精神疾病；③近 30 天内发生过 2 次及以上意外事件（如跌倒、噎食、自杀、走失）

注：老年人能力评估是基础性评估，只提供能力分级。当“精神状态”中的认知功能评定为受损时，应请相关专业人员对精神状态进行进一步的专科评估。

三、笔者提出的《生活能力评估》表

通过 2015 年、2016 年对《老年人能力评估》（民政部 MZ/T 039-2013）的学习和实践，笔者发现这套评估标准有以下特点：

第一，掌握起来比较困难，不是因为评估难度大，而是因为评估内容比较散，一级指标有 4 个，二级指标 22 个，而且指标评分标准不一，有的指标分值越高能力越低，有的指标分值越低能力越低，最后等级判定需要借助《老年人能力评估结果判定卡》才能确定，不直观且逻辑性不强。非医务人员不经过长时间训练很难熟练掌握，尤其是对前台接待人员来说难度更大，而前台接待又是养老院对外接触和宣传的窗口。

第二，能力指标与服务项目和服务难度关联性不强，不够直观。对于来电话咨询或者只是家属前来咨询时，双方沟通困难，容易引起异议。

第三，该标准只有 4 个分级。对应的护理等级数量太少，护理收费跨度比较大，不利于收费合理化和调整。

发现了问题，开始着手解决这个问题。思路有两个，一是提高评估人员的素质和能力，二是改良评估量表。

笔者和当时的管理团队于 2017 年制定了一套老年人生活能力评估量表，作为企业标准，用于老年人入住养老机构前的评估分级标准和收费依据，前台日常接待沟通也使用同一标准。

这套评估量表是基于笔者的多年学习、工作经验积累，综合接触到和学习过的多种评估工具，总结出来的一套直观、易学、好掌握的老年人生活能力评估量表（见表3-4）。

1. 评估指标（6+X）。

吃饭、穿衣、上下床、如厕、洗澡、行走、X共七项。

（1）吃饭，包括进食的动作和咀嚼能力。

（2）穿衣，包括选择合适的衣服、穿脱衣裤、系扣等行为能力。

（3）上下床，包括上床、下床和在床上变化位置的能力。

（4）如厕，包括穿脱衣裤、清洁臀部和会阴、二便控制能力。

（5）洗澡，包括擦浴、淋浴及修饰能力。

（6）行走，包括平地行走45米或上楼梯、下楼梯的能力。

（7）X项：包括精神状态与情绪控制、感知觉与沟通、社会参与能力。

前六项为直观、容易判断的日常生活活动指标，所有员工必须了解，一线员工和前台接待人员必须熟练掌握。第七项（X项）比较复杂和专业，主要用于失智症的判断，主观性也比较强，短时间一次检查也难以准确判断，前期接待时只做一般性了解，确有必要时请资深人员询问检查。一般情况下，X项需要经过一段时间的护理观察后才能准确确定。

表3-4　生活能力评估表

姓名_____　性别____　年龄____　联系电话___________　日期_____年___月___日

项目	自主独立完成	部分自主，需要部分协助	不能自主完成，需护理人员代办	说明
吃饭				进食动作和咀嚼能力
穿衣				选择合适的衣服、穿脱衣裤、系扣等行为能力
上下床				上床、下床和在床上变化位置的能力
如厕				含穿脱衣裤、清洁屁股、清洁会阴部、二便控制能力
洗澡				擦浴、淋浴及修饰能力
行走				平地行走45米或上楼梯、下楼梯的能力
感知觉和社会参与能力（X项）				含视/听觉、时间感觉、空间感觉、情绪控制、记忆力、精神状态、智力水平

注：动作完成程度：自主独立完成；需要协助完成；完全需要外力完成，即离不开服务人员。

2. 老年人生活能力分级（表3-5）。

（1）七项行为或能力均为独立完成，则初步定为自理（活力型）老年人。

（2）只需有一项动作需要协助才能完成，则为部分自理或半失能。其中，按照需要协助才能完成的项目数量又分为轻度（1~2项）、中度（3~4项）和重度（5项及以上）。

（3）只需有一项动作或能力完全需要外力才能完成，即离不开服务人员，完全由服务人员代办，则定为失能老人。其中，按照需要代办的项目数量又分为轻度（1~2项）、中度（3~4项）和重度（5项及以上）。

（4）失智症老年人为特殊情况，判断依据主要是依靠情绪控制、活动交往、记忆力、空间感觉、时间感觉、智力水平、社会参与等综合判断。这些项目列在了X项内。

表3-5　生活能力分级表

分型	分级	生活能力项目数
自理	活力	自主独立完成项目7项
部分自理或半失能	轻度	部分自主，需要部分协助项目1~2项
	中度	部分自主，需要部分协助项目3~4项
	重度	部分自主，需要部分协助项目5项以上
失能	轻度	不能自主完成，需要协助代办项目1~2项
	中度	不能自主完成，需要协助代办项目3~4项
	重度	不能自主完成，需要协助代办项目5项以上

3. 优点。特别适用于老人家属、朋友的前台咨询以及电话咨询，市场推广人员等员工初步、间接评估老人的状态，解答相对应的能力评级、服务级别，收费标准等问题。

评估表前6项内容已经覆盖绝大多数老人的状态，操作简单，分型、分级直观，易于理解和掌握，缺乏工作经验的接待人员也能快速抓取有效信息，提高与家属就老年人状况、评估等级取得一致性。有弹性、有难度且需要时间观察的项目，放在X项内，供后期调整。

根据此量表，老年人生活能力共分为7级，相对应的护理等级也分为7级，护理收费也分为7个等级。

四、生活（养）能力成为划分生命周期的尺度

笔者在研究医养结合理论过程中，发现非常有必要阐述清楚生命周期不同阶段中

的养、医以及医养结合的群体性特征，找出规律性的需求才能制定出应对的策略。

必须找出与养和医关系密切的指标作为工具来划分人的一生，构建出一个与养和医关系密切的生命周期理论，分阶段阐述清楚养和医以及医养结合的共性和变化趋势。

因为个体的生活能力代表着个体的养能力。这两个词是同义词。

于是，笔者采用了 2017 年在鲁商集团任职并担任福瑞达护理院院长时制定的“生活能力评估表”里的七项生活能力评估指标作为标尺，一把尺子量到底，将人的一生分成三个时期，即生长期、成年期、老年期，每期又分为三个阶段，共 9 个阶段。九最大，后归一，九九归一，构建完成一个新的全人全生命周期理论。笔者称之为“全生命周期生活能力三期九阶段发展理论”，又称为“全生命周期养能力发展理论”。

在后面的章节里，为了上下文衔接，也为了和政策文件的叙述一致，有时使用“全生命周期生活能力发展理论”提法，有时使用“全生命周期养能力发展理论”提法，有时使用“全生命周期生活（养）能力发展理论”。实际上，全生命周期生活能力发展理论和全生命周期养能力发展理论，两者是同一套理论。全生命周期生活能力发展理论的提法更正式、更学术一些，和许多量表的提法相一致。全生命周期养能力发展理论的提法更具创新性、更口语化、生活化但是在未来的学术研究中更具扩展性。

第五节　全生命周期生活（养）能力发展理论

笔者将全生命周期三期九阶段生活能力发展理论简称为生活能力发展理论。

一、生长期及生长期特点

生长期长度：从出生到日历年龄 20 岁左右，左右范围在 16 岁到 25 岁之间。生活年龄开始节点为出生，结束节点为 20 岁。

生长期最大的特点是获得。

在“养”的滋养下，在“医”的保护、干预下，个体获得生命、获得身高、获得体重、获得力量，获得亲情、友情和爱，获得知识、获得生活能力……生活能力逐步达到和超过自食其力的程度。

整体上来说，个体在整个生长期过程中，从家庭、社会和自然界中的获得大于其自身的贡献。

（一）婴幼儿阶段

婴幼儿阶段是从出生到日历年龄 3 岁左右，左右范围在 2.5 岁到 3.5 岁之间。生活年龄结束节点为 3 岁。

1. 婴幼儿阶段人体九大系统变化趋势（见表 3-6）。

表 3-6　婴幼儿阶段人体九大系统成长特点

系统	成长变化
皮肤	婴幼儿皮肤细嫩，水含量在整个生命周期中最高，角质层薄，皮肤新陈代谢旺盛
神经系统	出生后婴儿具有觅食、吸吮、吞咽、拥抱等一些非条件反射即本能表现 也有一定情绪表现，如啼哭、安静、四肢蹬动，这时的情绪基本都是生理性的条件反射 婴幼儿阶段神经系统发育迅速，10~12 个月的婴儿已经能进行基本的数概念和对现实世界事物的分类，理解能力在慢慢地提高 1 岁以后婴幼儿慢慢具备解决复杂问题的能力，表达能力也在逐步提高
心血管系统	婴幼儿的心脏为球形，心脏小，心肌薄弱。年龄越小，心跳越快。婴幼儿活动耐力差 婴幼儿血管壁薄，弹性好，心腔的容积随着年龄的增长不断变大
肌肉、骨骼系统	婴幼儿阶段运动系统的发育遵循自上而下、由近至远、从不协调到协调、先正向动作后反向动作的规律 肌肉、骨骼的发育主要表现在身体的力量、协调、平衡、稳定等能力逐渐增强，如婴儿 10 个月时能扶走，能用手指抓取物品；2 岁左右时能并足跳，能主动握水杯喝水；3 岁左右时、能双足交替上、下楼梯，还能在别人的帮助下穿衣服等
呼吸系统	婴幼儿新陈代谢旺盛，机体需氧量相对比成人多，但呼吸表浅，每次呼吸量少，所以年龄越小，呼吸频率越快。1~3 岁婴幼儿平均呼吸频率为 24 次/分 婴幼儿呼吸肌发育不全，胸廓活动范围小，呈腹隔式呼吸。幼儿鼻孔窄小，鼻黏膜柔弱且富于血管，鼻腔还没长鼻毛，不能阻挡、吸附灰尘和细菌，所以幼儿易患上呼吸道感染
泌尿系统	婴幼儿的排尿表现为排尿次数多且不受控制 婴幼儿代谢旺盛，而膀胱容量小，排尿次数比较多，新生儿每天达 20~25 次。随着年龄的增长，排尿次数逐年下降，1 岁时排尿 15~16 次/天，到 3 岁时每天排尿 10 次左右。直到 3 岁左右脑干—大脑皮质控制建立后，可控制排尿，表现为有便意能主动如厕 3 岁以后几乎很少尿裤子。
消化系统	1~3 岁婴幼儿消化系统比较娇气，饮食不注意，易患腹泻 婴幼儿从出生 6 个月左右开始萌出第一颗乳牙，到 2 岁半左右 20 颗乳牙萌出完毕 3 岁以后消化系统逐渐接近成人
内分泌系统与生殖系统	婴幼儿阶段内分泌系统活跃，内分泌器官参与身体的新陈代谢、生长发育、智力发展和其他内分泌腺活动 内分泌系统的疾病常引起小儿骨骼生长和神经系统发育迟缓 生殖器官在青春期才开始发育
感觉系统	婴幼儿从 2 个月开始逐渐形成与视觉、听觉、味觉、嗅觉、触觉等相关的条件反射。生长到 4~5 个月龄时，就已经建立了跟成人水平相近的视觉、听觉、味觉、嗅觉和触觉 小儿是以“视、触、嗅、听”来感知世界，探索未知的

2. 婴幼儿阶段生活能力与养能力变化趋势（见表 3-7）。

婴幼儿的生活能力从零水平起步，逐步获得，达到部分项目部分自我打理的水平。

表 3-7　婴幼儿阶段生活能力与养能力

指标	生活能力与养能力
吃饭	1 岁以内婴儿以母乳、奶粉、辅食为主，完全需要他人喂食，2~3 岁逐渐学会使用勺子将饭送进嘴里，发展到 3 岁时基本上能独立进食
穿衣	2 岁以内基本不具备自主穿脱衣服的能力，2 岁以后开始配合大人的穿脱衣服动作。3 岁左右时，还没有完全学会穿衣服的方法，仍然需要养育者协助，比如系鞋带、拉拉链、系扣子等
上下床	婴儿 3 个月能完成床上翻身的动作，上床和下床动作的完成需要身体的协调性和力量，婴儿在 1 岁以前完全需要养育者代办，发展到 3 岁左右时基本能够独立完成上床和下床的动作
如厕	婴儿在 1 岁以前大、小便不受控制，没有自主如厕的能力，会经常性尿湿裤子，需要穿戴纸尿裤。发展到 3 岁时，基本具备独立如厕的能力，偶尔还会尿湿裤子，需要养育者提醒如厕，进行自理能力锻炼
洗澡	婴儿在 2 岁以前洗澡完全需要协助。2~3 岁时，能听懂大人的指令，配合着做一些简单的动作，比如拿着毛巾擦脸、穿脱衣服、刷牙等。发展到 3 岁时仍不具备独立洗澡的能力，类似准备洗澡用物、搓背、洗头发、根据环境温度调试水温等都需要养育者完全代办或协助完成
行走	婴儿 8 个月以后可进行短距离爬行，但没有独立行走的能力，多数情况需要他人抱着。1 岁后学着站立、独立行走。在 2~3 岁时，幼儿不但学会了行走，也逐渐学会了跑、跳、攀登阶梯、越过障碍物等复杂的动作。发展到 3 岁时，基本能够独立上、下楼梯
感知觉和社会参与	婴儿在 1 岁以前感知觉和社会参与能力几乎为零，1 岁以后随着语言的掌握和学习、记忆的迅速发展、模仿能力的增强，逐渐有了一定的控制不良情绪的能力和短时间的记忆力 发展到 3 岁时，幼儿有一定的时间空间定向能力，能辨别白天、黑夜、上、下、左、右 婴幼儿阶段交往对象还是以父母和其他养育者为主，但随着认知能力的增长和活动范围的扩大，与同伴的交往时间和数量也在慢慢增加

3. 生活年龄节点 3 岁时的生活能力平均水平［7 项（6+X）生活能力］。

（1）吃饭、穿衣、上下床、如厕、洗澡、行走等 6 项日常生活能力基本能够自我打理，有时需要部分协助。

（2）感知觉和社会参与能力：在视/听觉、触觉、时间感觉、空间感觉方面进步巨大；社会参与能力到了拓展点，由家庭为主开始拓展到幼儿园，但交往能力等方面不具备自主打理的能力。

4. 被养、自养、养他人的状态。

显然，婴幼儿阶段以被养或者称为她/他养为主。

（1）生理层面，由家庭提供衣、食、住、行、玩、安全等内容。

衣服的变化。婴儿刚出生时裹抱被、穿宝宝服，逐渐变成穿便于肢体活动的衣服，再到穿便于幼儿自行穿脱、安全的衣服，比如不含拉链、不带系绳的衣服。

食物的变化。婴儿出生后喝母乳或奶粉，逐渐添加辅食，过渡到以正常饭食为主，奶粉成为辅食的一个过程。

住的变化。从妈妈的身边到婴儿床，再到较大的小床，直至分房间睡。

行的变化。婴儿从被人抱着走，到爬着走，再到蹒跚走，最后发展到跑跳自如。有了人生的第一辆车——婴儿车。

玩的变化。从拥有属于自己的第一件玩具到家里每个角落都是玩具，玩具越来越多，越来越复杂，爱玩是人的天性。

安全的变化。裹小抱被是为了让刚出生的宝宝获得安全感，从幼儿能伸手抓物品开始，墙上插孔要进行安全保护，桌椅棱角进行安全保护，刀子、剪刀放在不易够到的地方等。

（2）心理、性格、亲情、社交层面："三岁看大"。

0~3 岁是孩子性格养成的关键期，需要经历心理空白、心理刻印、心理形成阶段，需要家长细心呵护。

亲情变化。婴儿刚出生没多久对人的声音、面孔开始有特别的反应，从本能的情绪反应——无论亲人还是陌生人的玩逗都会开心地笑，到对陌生人有一种警惕的注意或害怕。

社交的变化。社会交往的需求在婴儿出生半个月到两个月已经有所表现出。从与养的提供者被动性交往，到会走路后主动寻找玩伴，喜欢去孩子多的地方玩。他们虽然喜欢与别的孩子在一起，但又不与他人一道玩耍，独来独往，自得其乐，还缺乏与他人平等交往的技巧，总是抢先占取他们想要的东西。

（3）社会层面：家是最特别的小社会，是人生第一个微观养环境。

从家里开始获得社会活动能力。从咿呀学语听不懂人说话，到观察、模仿、学习养的提供者的社会化语言、表情、肢体动作，再到能根据大人的指令做一些动作，婴幼儿语言能力、学习能力、表达能力不断增强。各方面的学习能力已经有了一定的基础，有比较强烈的探索欲望和好奇心，父母教的一些东西能够很好地掌握。

3 岁以后就要开始上幼儿园，开始拓展家庭以外的中观养环境。

（二）学龄前阶段

学龄前阶段是指日历年龄 4 岁到 6 岁，左右范围在 3~7 岁之间，生活年龄开始节点是 4 岁，结束节点是 6 岁。

1. 学龄前阶段人体九大系统成长变化（见表 3-8）。

表 3-8　学龄前阶段人体九大系统成长变化

系统	成长变化
皮肤	学龄前阶段儿童皮肤的抵抗力较婴幼儿阶段增强，皮肤毛发排汗的能力增强。儿童皮肤娇嫩，活动范围变大，经常会发生皮肤的磕伤、碰伤或擦伤的情况，但儿童皮肤伤口愈合快
神经系统	幼儿生长到 5 岁左右神经系统发育完全成熟，心智发育是这一阶段的特点，通过模仿、学习、观察，在手眼协调能力、智力、注意力、理解能力、语言思维能力、记忆力等方面都有很大的变化。在做一些事情时动作变得更加的协调，比如拿筷子、系扣子、搭积木等 幼儿的记忆力从无意识记忆向有意识记忆发展，逻辑思维、抽象思维、学习能力等都在迅速地提升 幼儿的感知觉在四五岁时已经发育成熟，发展到 6 岁左右时，有了较为具体的时间空间概念，比如能根据太阳的位置猜测时间，能分辨自己所在的位置
心血管系统	在婴幼儿阶段走几步就喊着让大人抱，活动耐力差，随着幼儿心血管系统功能的发育，学龄前幼儿的活动度增强，活动耐力变大
肌肉、骨骼系统	幼儿身体长高，体重增加，肌肉增粗增长，脂肪增多等。肌肉和骨骼系统的发育使得幼儿的力量变大，跑、跳也更加的协调、稳、快
呼吸系统	随着年龄的增长，呼吸肌逐渐发育，膈肌下降，肋骨逐渐变为斜位，开始出现胸式呼吸。幼儿肺活量增加，心肺耐力增加，抵抗呼吸道疾病的能力增强
泌尿系统	3~5 岁完全有意识地控制排尿，具备成人的排尿控制方式，白天夜晚均无遗尿现象
消化系统	幼儿肠胃功能发育日臻成熟，牙齿咀嚼力量增强，乳牙逐渐开始脱落，由恒牙替代
内分泌系统与生殖系统	内分泌系统在中枢神经系统的调节下，各种内分泌腺分泌的激素发挥着重要的作用，维持着儿童的生长发育、各种生理功能及免疫机制调节等。在青春期发育开始以前，性腺的生长发育非常缓慢
感觉系统	2~5 岁时幼儿双眼视觉发育最为旺盛。4~5 岁时，视力大约为 1.0，各种眼部生理反射已形成并趋于稳固，6~7 岁时达到成人的视觉能力 随着幼儿听力不断地发展，他的语言能力也在不断提高，词汇量不断增加。幼儿灵敏的味觉和嗅觉，同成人一样会选择性地吃喜欢的饭菜、零食

2. 学龄前阶段生活能力与养能力的变化（见表 3-9）。

表 3-9 学龄前阶段生活能力与养能力

指标	生活能力与养能力的变化
吃饭	这一阶段幼儿从 3 岁左右能够拿着勺子吃饭，随着肌肉量的增长和手部精细动作的发育，发展到 6 岁左右时能自行拿着筷子进食
穿衣	幼儿学会穿衣服也是从简单的动作到复杂的动作的过程。3 岁左右会穿套头的衣服，逐渐到会拉拉链、系扣子，6 岁左右基本具备穿衣服的能力
上下床、行走	幼儿在 3 岁左右时已经完全具备上、下床、平地行走和上下楼梯的能力，在这一阶段幼儿上、下床和行走的速度变快、稳定性增强
如厕	幼儿在 5 岁以后基本上不再会有控制不住小便、尿湿裤子的情况，发展到 6 岁左右则完全具备了如厕的能力
洗澡	刚开始养育者会协助幼儿擦洗身体、洗头发、穿脱衣服等，随着幼儿肌肉力量的增长，精细动作的发育，理解能力的提升，到 6 岁左右时，已经完全具备独立洗澡的能力
感知觉和社会参与	随着幼儿视听觉的发育，记忆能力增强，词汇量增加，逐渐能明确表达自己所需、所想 从无缘无故乱发脾气到有意识地控制自我情绪，从凡事用哭表达不良情绪到用合适的语言表达出来。发展到 6 岁左右时，表达自我情绪的词语和动作会更多样 这一阶段儿童会以自我为中心，会有选择性地结交自己喜欢的朋友，开始发展同伴关系，会有意识地学习如何与他人建立良好关系、保持友谊和解决冲突，学习怎样对待敌意和专横，怎样对待竞争和合作，怎样处理个人和团体关系等 随着年龄的不断增长，生活中大部分的日常事务可以独立完成，但是由于还没有建立完整的时间、空间概念，乘坐交通工具外出时还是需要有成人的陪同

3. 生活年龄节点 6 岁时的生活能力平均水平（7 项（6+X）生活能力）。

（1）吃饭、穿衣、上下床、如厕、洗澡、行走（含平地行走、上下楼梯）等 6 项日常生活活动能力基本自主完成，基本不需要协助。

（2）感知觉和社会参与：视/听觉、时间感觉、空间感觉、情绪控制、记忆力、社会交往能力基本具备自主的能力。

4. 被养、自养、养他人的状态。

显然，该阶段是由被养向自养转变的关键和发展最快的阶段。

（1）生理层面，由家庭提供衣、食、住、行、玩、安全等内容。

衣服的变化：尺码越来越大，衣服的样式花样多，开始自主挑选；食物的变化：食物的种类、烧制的方式成人化；住的变化：完成分床、分房；行的变化：跑跳得更稳、更快，能独自骑自行车；玩的变化：以培养动手能力、益智类游戏、玩具为主，如积木、拍球、套圈等；安全的变化：虽然安全的意识越来越强，但还不足以能够自我保护自己。

（2）心理性格、亲情、社交层面。

心理认知的变化：幼儿的创造思维、抽象思维、想象力丰富，能画一幅丰富的画面、编一个生动的故事。从听成人指令做事，到自我意识增强，知识面增广，希望独立做一些事情，若成人横加干涉，会遭到拒绝或反抗。

社交的变化：开始结交朋友，开始获得社交能力。他们喜欢讨大人高兴，对成年人在社交行为方面的适当指教往往能做出正面反应。

社交、亲情陪伴的变化：玩伴、游戏和熟悉的幼儿园环境逐渐替代与养育者的分离焦虑。

（3）社会层面的养，学龄前阶段有两个主要的养环境，一个是家，另一个是幼儿园。

家是最特别的小社会，人生第一个养的环境，孩子每一次小小的独立自主活动都会给父母带来喜悦。如果家庭里有二胎或三胎的话，4~7 岁的长子/长女已经可以开始照看小弟弟或小妹妹们玩耍，从某种意义上来说，也是开始了贡献活动。

3 岁以后开始上幼儿园，这是家庭以外的第二个养环境。个体在幼儿园期间接受社会化的教育。

人的多项能力在这个年龄阶段形成，如口头语言、基本动作以及某些生活习惯等。许多习惯将保留终生，这就是“7 岁看老”说法的来由。

（三）学龄阶段

学龄阶段是日历年龄在 7~20 岁，左右范围在 6~25 岁之间。生活年龄开始节点是 7 岁，结束节点是 20 岁。

1. 学龄阶段人体九大系统成长变化（见表 3-10）。

表 3-10　学龄阶段人体九大系统成长变化

系统	成长变化
皮肤	皮肤表面积增大，紧致，润泽，含水量较高，充满光泽，毛发旺盛。进入青春期后在激素的作用下，人体皮脂腺发育产生大量皮脂，容易堵塞毛孔，学龄阶段青少年面部、上胸背部容易起粉刺
神经系统	神经系统趋于完善。脑细胞分化在 8 岁时与成人基本相同，脑重量和体积在青春期前已接近成人。由于社会事件越来越多，增进了脑的内部结构和机能的不断分化和迅速发展，这些变化都使青少年的记忆力、理解力和思维能力有很大的提高。感知觉和反应灵敏度达到一生中的最高峰
心血管系统	随着青春期的到来，心脏容积再次迅速增大、心肌变厚、心功能显著提高，这对适应各种活动十分重要。到了 18~20 岁时心脏的形状稳定，功能基本发育完善

续表

系统	成长变化
肌肉、骨骼系统	在青春期体格生长突增中，身高的增长非常快。主要表现为肌纤维增长、增粗，骨骼长长，脂肪增厚等，一般十七八岁，青春期结束后，骨骼就停止发育了
呼吸系统	青少年心肺功能逐渐增强，肺活量增加，呼吸系统抵抗力增强
泌尿系统	12~15 岁肾脏快速发育，接近成人水平
消化系统	消化功能发育成熟，13 岁左右乳牙全部被恒牙替换，20 岁左右长出最后一颗磨牙，第三磨牙
内分泌系统与生殖系统	这一阶段青少年主要表现在生殖器官的发育。生殖系统的发育主要表现在生殖器官的形态、功能发育和第二性征的发育。随着生殖器官的发育和逐渐成熟，意味着生命个体开始具备繁殖下一代的能力
感觉系统	感觉系统发育成熟，视觉、听力、味觉与嗅觉均比较灵敏。视力保护不好，个体易患近视

2. 学龄阶段生活能力与养能力（见表 3-11）。

学龄阶段生活能力从部分自我打理发展到完全自我打理，再到开始有能力打理他人的转变。

表 3-11　学龄阶段生活能力与养能力的变化

指标	生活能力与养能力
吃饭、穿衣、上下床、如厕、洗澡、行走（含平地行走、上下楼梯）	个体在该阶段成长到完全具备基本的日常生活能力，能够完全独立进食、穿衣、上下床、如厕、洗澡和行走，逐渐习得更为复杂生活技能，比如做饭、独自购物、做家务等 生活能力超出自养的水平，开始具备了养他人的能力
感知觉和社会参与	个体变得情绪复杂多变，尤其是进入青春期后，身体已经发育成熟，觉得自己已经很“强大”了，而心理发育尚未成熟，常常遭遇到各种挫折感。个体缺乏不良情绪的调节和自我疏导的能力，情绪表现充分体现出半成熟、半幼稚的矛盾性特点 社会参与逐步增加，主要的活动阵地是在学校。到了大学阶段，也已经开始逐步走向社会实习，和朋友远足等

3. 生活年龄 20 岁时的生活能力平均水平（7 项（6+X）生活能力）。

（1）吃饭、穿衣、上下床、如厕、洗澡、行走 6 方面日常生活活动能力达到完全自我打理水平。

（2）感知觉和社会参与方面，视/听觉、时间感觉、空间感觉、记忆力等方面达到高峰阶段。情绪控制、社会交往能力开始快速增长。

4. 被养、自养、养他人的状态。

（1）生理层面的养。

结束被养或她/他养的状态。到20岁左右时达到完全自养，自食其力的能力，并开始具备养他人的能力。

（2）心理性格、亲情、社交层面的养。

独立自主意识增强，以家庭为出发点，社交范围越来越大，不断发展自己的朋友圈，和朋友待的时间超过和父母。开始对异性感兴趣，谈恋爱。

（3）社会层面的养。

学龄阶段有两个主要的养环境，一个是家，一个是学校。而且学校占的比重越来越大。部分学生甚至初中毕业后即离开家庭开始高中阶段的住校学习。

二、成年期及成年期特点

成年期：日历年龄在21~60岁，左右范围在16~65岁之间，生活年龄节点是60岁。

成年期最大的特点是奉献大于获得。

在养的滋养下，在医的保护、干预下，在个体保持健康的前提下，开始奉献精力和活力、奉献青春、奉献时间、奉献体力、奉献生活技能、奉献知识、奉献爱心和责任。

个体在整个成年期过程中，对家庭、社会和自然界的奉献大于他/她的获得。

（一）成年期探索阶段

成年期探索阶段指日历年龄在21~30岁，左右范围在16~35岁之间，生活年龄节点是30岁。

1. 成年期探索阶段人体九大系统生理变化。

探索阶段生命个体的生理机能水平发展到全生命周期中的的鼎盛时期。

个体身体各器官发育成熟，趋于稳定，精力充沛，充满力量。心智趋于成熟，情感丰富、复杂多样，容易受周围环境的影响，心理变化明显。肌肉力量达到最大值，精力旺盛，朝气蓬勃，开始探索未来40年的职业发展之路，开始承担家庭和社会的责任。

2. 探索阶段的生活能力与养能力。

个体生活能力逐步接近生命周期的顶峰，所拥有的生活能力已经远远超越自我打理的水平，开始输出生活能力，用超出自养的生活能力服务于家庭、社会。

正式开始了“自养+养他人”的状态。微观、中观、宏观的养环境全面打开。

开始走出学校，走向社会，开始工作，开始贡献，开始长达约40年的职业生涯。

开始恋爱、结婚，组建新家庭，成为人父人母，开始适应各种角色的转变。开始承担养家糊口的责任。

由原生态家庭提供衣、食、住、行、玩的资金向经济独立发展，开始有自己的房子，开始有房贷的压力；有了属于自己的车，或有车贷压力。

职业生涯刚开始，喜欢尝试新鲜的事物，体验不同的社会实践。具备年龄的优势，可以任性一点，该阶段试错成本也比较低，可以多积累各方面经验。

3. 生活年龄 30 岁时生活能力与养能力的平均水平。

“三十而立”，意味着从刚刚走向社会时的踌躇满志、蓄势待发，到经过 10 年的磨砺多方面开始稳定，心智、情绪控制越发的成熟，工作开始稳定，基本找准了未来事业前进的方向。生活能力与养能力基本达到了人生高峰，之后进入稳定平台阶段。

（二）成年期稳定阶段

成年期稳定阶段是指日历年龄在 31~50 岁，左右范围在 26~55 岁之间，生活年龄节点是 50 岁。

1. 人体九大系统变化特点（见表 3-12）。

人体生理机能在 30 岁左右达到高峰后，开始一个大约 10 年的平台期，实际上平台期间也有非常缓慢的衰退。40 岁以后身体机能衰退开始加速。

表 3-12 稳定阶段人体九大系统生理变化

系统	生理功能变化
皮肤	生活的磨砺，手部的皮肤会变得粗糙。40 岁以后，面部皱纹逐渐显露
神经系统	生活的压力，家庭的负担，工作的影响，该阶段是失眠的高发人群
心血管系统	中年人生活、工作压力大，熬夜、酗酒、吸烟、活动不足、饮食不规律、睡眠不足等是这一阶段中年人普遍的生活状态，这些都是心脑血管疾病的元凶
肌肉、骨骼系统	随着年龄的增加，人体的肌肉量会逐渐减少，特别是平时少运动的人，肌肉量更会急速下滑，再加上骨质开始流失，特别是绝经期的女性，骨质流失很快，从而非常容易出现骨折、骨质疏松、关节炎等疾病。骨骼的造血功能降低，45 岁后更为明显，造血组织逐渐被脂肪和结缔组织替代，红细胞和血红蛋白减少
呼吸系统	肺活量随增龄而减少，30 岁以后，平均每增加一岁，肺活量减少 0.6%
泌尿系统	三四十岁以后，肾脏开始逐渐衰退，肾脏代谢功能逐年下降，膀胱括约肌及储尿功能下降
消化系统	年轻人工作、生活压力大，暴饮暴食，酗酒等不良生活习惯伤害肠胃。在四五十岁以后消化器官会发生衰退性变化，50 岁以后，消化液的分泌减少，胃肠道黏膜变薄，腺体和小肠绒毛逐渐萎缩，功能渐渐减退，消化道疾病显现
内分泌系统与生殖系统	随着 45 岁左右更年期的到来，女性雌激素分泌减少，卵巢功能逐渐衰退，身体也会表现出不同的临床表现，影响身心健康
感觉系统	感知觉功能下降不明显。熬夜、视物时间长等不良因素更容易产生视觉疲劳感

2. 成年期稳定阶段的生活能力与养能力。

个体经历“三十而立、四十不惑、五十而知天命”的过程。多数人到三十岁时多数已成家，生儿育女，生活方式初步定型，思想也安定下来，不再像探索阶段那样充满憧憬，而是满怀信心、脚踏实地地创立事业。人到四十岁，知识增多，见多识广，认识问题有了相当的广度、深度，不再为表面所迷惑，遇事冷静，即使复杂事情也不至摇摆不定。至五十岁时，经验更丰富，学识愈深广，上知天文、下通地理，处事更加稳重妥善，其心理成熟达到全生命周期高峰，进入人生知识、经验最丰富阶段。

三十岁至五十岁是人生事业的爬坡期，基本上决定了一生的成就高度。

稳定阶段、成年人情绪和人格趋于成熟和稳定，不再具有不可控性；社会参与方面上，有自己的家庭和事业，多种社会体验和社会实践目标都在这个时期得以实现。

稳定阶段个体的生理机能虽然逐渐衰退，但是心理越来越强大，社会参与能力越来越强，其综合生活能力一直维持在高位平台期，是家庭和社会生活中的中流砥柱。

3. 生活年龄 50 岁时生活能力与养能力的平均状态。

该阶段的生活能力主要表现为自养和养他人的能力。五十岁是人生的一个重要转折点。古人云，五十知天命。

（1）生理层面的养。

个体生活能力远超自养水平，能够自养和养他人。

人到了中年之后，许多人并没有觉得如释重负，反而身上的担子会更重，责任会更多。上有父母要赡养，下有孩子要照顾，夫妻之间的感情也会渐渐在平淡中出现疲倦，对生活容易失去激情和热情。而这时候身体的一些机能已经在逐渐下降，在不良情绪的影响下，更容易导致一些疾病。个体对自己的身体状况有了更深的了解，开始注重健康养生。

（2）心理层面的养。

“宠辱不惊，闲看庭前花开花落。去留无意，漫随天外云卷云舒。”该有的都有了，不该有的也不作非分之想，一切都习惯。心理状态趋向沉稳和保守，不愿意改弦更张，不愿意来回折腾，身体机能明显走下坡路，开始寻求养生之道，注重身体健康、生活情趣。

（3）社会层面的养。

走过山水，见过江湖，人生就是一场长达百年的马拉松，五十只走到一半，另一半行程才是真正的人生。这个年龄段成年人的身心状态成熟、情绪稳定及社会活动最多，上有老、下有小，有能力自养和养他人，是人生阶段的主奉献期。既要把爱和责任奉献给家庭，又要把精力和知识奉献给社会。通过多种社会体验和社会实践，在劳动和奉献中实现自己的人生价值。

（三）成年收尾阶段

成年收尾阶段指日历年龄在 51～60 岁，左右范围在 46～65 岁之间，生活年龄节点是 60 岁。

1. 收尾阶段人体九大系统生理变化（见表 3-13）。

个体全身各脏器的生理功能在不知不觉中下降，心理的成熟和体力的逐渐衰减是收尾阶段的身心特点。

表 3-13　成年期收尾阶段人体九大系统生理变化

系统	生理功能变化
皮肤	随着年龄的增长，皮肤没那么紧致、有弹性，皱纹增多，白头发逐渐显露出来
神经系统	上了年纪爱忘事，记忆力变差，思维反应变慢，这一阶段是失眠的高发人群
心血管系统	随着年龄的增长，心脏耐力下降，高血压、心脏病、动脉粥样硬化疾病的暴露，个体活动强度变得缓和，不再适合剧烈的活动
肌肉、骨骼系统	随着年龄的增加，人体的肌肉量、活动强度、肌肉的力量、活动耐力逐年下降
呼吸系统	肺活量随增龄而减少，心肺耐力逐年下降，当活动量稍微增加时，会出现明显气喘
泌尿系统	泌尿系统功能持续衰退，女性可能会出现咳嗽、大笑或提重物时漏尿问题
消化系统	50 岁以后，消化液的分泌减少，胃肠道黏膜变薄，腺体和小肠绒毛逐渐萎缩，功能渐渐减退，消化道疾病显现。消化食物的能力下降 2/3，加之肠蠕动差，影响消化酶与食物混合，更影响消化酶效力的发挥
内分泌系统与生殖系统	随着身体机能的衰退，内分泌系统的功能也明显下降，并出现调节上的紊乱，最明显的表现是生殖器官的退化，生殖功能减退，表现为激素水平的明显下降，在身体上就会感到精力不济，容易疲劳且不易恢复，甚至会出现性格、情绪上的明显的变化
感觉系统	感知觉功能下降但不明显。一些人会出现感知觉功能衰退的早期表现，比如视近物模糊、耳鸣

2. 成年期收尾阶段的生活能力与养能力。

个体心理沉稳、思想越发成熟，创造性思维发展在这个时期达到高峰。但随着身体机能衰退，身体外貌已经显示不再年轻，常有身体不适感或明显感觉体力和精力不如从前，生活能力与养能力下降趋势明显。为了延缓这个下降趋势，个体越发地倾向于修身、养心、养性、保健、健身。

绝大多数人的职业生涯到了收尾期，传、帮、带的意识越来越强，开始培养年轻人、接班人。开始憧憬和规划退休后的生活。

3. 生活年龄节点 60 岁时养能力的水平状态。

（1）生理层面的养。

7 项（6+X）生活能力指标均在成人较高水平，能够自养和养他人，退休后更有闲暇时间来提高第一层次养的水平。注重健康、锻炼、养生之道。

（2）心理层面的养。

女性 55 岁，男性 60 岁，都面临着人生中一次大的心理冲击——退休。面临着退休后由工作为主到家庭生活为主的改变，角色的改变、经济地位的改变、中年人向老年人的改变，如果心理适应能力不足，容易出现退休综合征的表现，如情绪低落，不愿意出门，甚至抑郁。个体需要由丰富的业余生活和良好的心理调适才能走出低沉和退休后的困境。

（2）社会层面的养。

社会层面的养变化最大。

60 岁年满时，离开工作岗位回归家庭。与 20 岁时相比太相似，只不过方向反了，那时是离开家庭走上工作单位。

60 岁之后，社会层面上的养变化巨大，原来个体向社会输出的养和社会向个体回馈的养，会发生巨大的震荡和变化。社会层面的养，会面临着再重组、再选择，连名称都变成了老有所为，老有所乐，老有所学，老有所养。

三、老年期及老年期特点

老年期长度：日历年龄从 61 岁开始到往生结束。生活年龄开始节点为 61 岁，结束节点为往生之年。

老年期最大的特点是失去。虽然在“养”的滋养下，在“医”的保护、干预下，但是在“时间”以及其他力量的作用下，个体还是逐渐地失去力量，失去劳动能力，失去工作，失去记忆力和知识、失去生活能力，失去养他人和自养的能力，重新回到被养状态，最终失去生命。这是大自然的规律和法则。

这个失去的过程，短则几年，长则三十余年，甚至更长，可以分成三个阶段。

（一）老年期活力阶段

活力阶段是指日历年龄从 61 岁开始到老年期过渡阶段开始结束。日历年龄范围集中在 61~80 岁左右，高峰平台在 61~75 岁之间。

活力阶段生活年龄范围从 61 岁开始到过渡阶段结束。根据笔者观点，活力阶段生活年龄开始节点为 61 岁，结束节点为 80 岁。

1. 活力阶段人体九大系统变化趋势。

表 3-14　老年期活力阶段人体九大系统变化

系统	人体变化特征
皮肤	皮肤皱纹明显，头发稀疏依稀可见白发，手脚的指甲变厚
神经系统	神经细胞和脑血流量减少，记忆力下降，脑卒中高发
心血管系统	血管壁弹性纤维减少，动脉血管内膜逐渐发生粥样硬化，血管壁中层常钙化，使血管增厚、变硬，弹性减弱，外周阻力增加，导致血压上升，以收缩压增高为主
肌肉骨骼系统	人体的肌肉量、活动强度、肌肉的力量、活动耐力逐年下降
呼吸系统	肺功能逐年减弱，心肺耐力下降，老年人基本上不再进行剧烈活动，以有氧运动、缓和运动为宜
泌尿系统	肾脏逐年缩小，膀胱储尿功能下降，夜尿增多
消化系统	牙齿松动和脱落，咀嚼肌萎缩，咀嚼乏力，唾液分泌减少，味觉钝化等
内分泌系统与生殖系统	老年人的垂体功能降低，促性腺激素分泌减少，性腺激素分泌不足。因此，无论男性老人还是女性老人，都可发生以内环境失衡为主的生理变化： 一是出现更年期症状。开始时表现为头痛、头晕、失眠、出汗、脸红等症状；继而发展为郁闷、爱生气、着急、猜疑等现象，且女性更为多见。二是性机能降低，性器官萎缩。男性前列腺结缔组织增多，导致增生肥大；女性卵巢功能下降，雌激素分泌减少，阴道黏膜容易感染，引起老年性阴道炎
感觉系统	痛觉减退，老年人可能会有较高的痛觉阈限 视力下降，通常会有老花眼，眼睛需要较多的光才能聚焦，并且对强光反应敏感，老年人分辨颜色的能力可能会下降；有些老人会出现白内障、青光眼或黄斑变性——一种渐进性地丧失中央视觉的疾病 听力下降，听觉的灵敏度可能会减少 50%之多，难以分辨不同的声音 味觉和嗅觉逐渐变得不灵敏

2. 活力阶段生活能力与养能力变化趋势。

活力阶段老年人的生活（养）能力由成年期收尾阶段的成年人生活能力延续而来，但是随着年龄增加其能力逐步退化。

表 3-15　老年期活力阶段生活能力退化趋势

生活能力指标	生活能力退化特征
吃饭、穿衣、上下床、如厕、洗澡、行走（含平地行走、上下楼梯）	6 项生活能力指标逐渐下降，下降速度呈加速状 但日常生活能自理且具备相当水平的养他人能力
感知觉和社会参与能力（X 项）	记忆力有所下降，但时间、空间、人物定向等认知基本清晰，能独自外出购物、乘坐交通工具，做家务，帮助子女带儿孙等。适应能力和功能退行逐步进行中，情绪基本稳定且能自控

3. 活力阶段生活能力评估标准。

表 3-16　生活能力评估表

项目	自主独立完成	部分自主，需要部分协助	不能自主完成，需护理人员代办	说明
吃饭	七项行为均为独立完成，则初步定为自理（活力型）老年人，老年人所处阶段为活力阶段	无符合项	无符合项	进食动作和咀嚼能力
穿衣				根据季节选择合适的衣服、穿脱衣裤、系扣等行为能力
上下床				上床、下床或在床上变化位置的能力
如厕				含穿脱衣裤、擦屁股、二便控制能力、清洁会阴部
洗澡				擦浴、淋浴及修饰能力
行走				平地行走 45 米或上楼梯、下楼梯的能力
感知觉和社会参与				含视/听觉、时间感觉、空间感觉、情绪控制、记忆力、社会交往能力

4. 活力阶段老年人的养状态。

养状态的发展方向是从“自养+养他人”下降到“自养”再到“部分自养+部分被养”。

（1）养状态的转折，从日历年龄满 60 周岁或老年期生活年龄开始节点 61 岁那天起，首先是称呼的改变，昨天还是中年人，今天就变成老年人。昨天还工作，今天退休了。昨天的生活叫生活，今天的生活叫养老，生活是延续的，好像变化不大，但叫法变了，对许多人的冲击特别大。

（2）养状态的综合画像。

老年期活力阶段是全人全生命周期中的“黄金时代”“乐享时代”，笔者把活力阶段的老年人称呼为“四有”“三选择”“两必须”之人。

“四有”

一有身体，指有体力，有运动能力，有健康。老年期活力阶段是成年期收尾阶段的延续。在生理、心理和社会参与方面同成年人相似，在某些方面甚至比年轻人、成年人都有优势。还可以满世界跑，属于社会人。

二有选择权，这个权力非常重要。喜欢的留下，不喜欢的终于可以正当舍去。

三有时间，没有了必须每天打卡的紧迫感和强迫感，有更多的时间按照兴趣来工作、学习、读书、看报、喝茶、聊天、养花养草、旅游、健身、跳舞、交友、绘画、唱歌、音乐、书法……

四有经济实力，打拼几十年，多数人有些积蓄。

“三选择”

一可选择继续原来的工作或开始其他有兴趣的工作，选择继续为社会做贡献。不少人在 60 岁以后才达到事业顶峰，建功立业，摘得各种大奖，说明 60 岁以后仍然可以辉煌。更有许多榜样在世。

二可选择主要为家庭做贡献，为第 2 代看护第 3 代，含饴弄孙。

三可选择做自己喜欢的事情，做自己年轻时没有时间、没有金钱而又喜欢的事情，重拾爱好，实现童年、青年时的梦想。

“两必须”

一是必须转变观念，采用积极老龄观、健康老龄化的理念，采取积极乐观的态度迎接老年期生活。

何为积极老龄观，举一而知众：我们常说“老有所为”和“老有所养”。“老有所为”是积极老龄观。但对于“老有所养”的不同理解则代表着不同的观点。对活力阶段的老人来说，认为“老有所养”是“自养+养他人”为主，是积极的态度；如果认为“被养”为主，则有消极的倾向。对于公共服务也是如此，比如活力老人可以去医院接受“独立的医”，而社会却提供“居家医养结合”。这就有点“未老被老”的味道，不符合积极老龄观的理念。

一个人自 61 岁开始养老生活，需要经历活力阶段、过渡阶段和失能阶段，从“自养+养他人”开始，逐步增加并且通过努力尽量放缓、拖后“被养”的时间和内容，这才是客观的、积极的老龄观和健康老龄化。

二是必须是转变工作和生活方式，积极践行健康老龄化行动，用更健康的生活方式来保持身体健康状态，尽最大可能延长老年期活力阶段，这是养老（康养、养生）的真谛和最终目的。科学证明，人的健康是可变的，通过改善环境、营养、行为等，人的健康水平可以持续提高。

需要通过参与社会活动、老有所学、老有所为来丰富退休后的老年生活，提升生活的质量、自我价值。古往今来，年长都是智慧的象征。经过了一生知识和技能的积累，60 岁之后的活力阶段，老年人的智商、情商更高，社会交往能力、领导力更强，更有心帮助他人，这些能量要发挥出来。

5. 医的变化。

由于活力阶段老年人生理机能的衰退，患病后恢复变慢，接受同样的疾病医疗服务而康复时间比成年期延长，接受医疗的次数也比成年人多。活力阶段初期，患病后或慢病管理时多数情况下自行去医院就诊，较少需要陪同就医；到了活力阶段后期，去医院就医就多需要陪伴和少许协助了。

6. 从老年活力阶段到老年过渡阶段转变的两种形式。

第一种方式是自然老化，人就是老了，7 项生活能力（6+X）缓慢下降，自然而然地进入到过渡阶段。

第二种方式可能是由于一场大病或者一次意外事故，比如脑卒中致偏瘫或全瘫，跌倒、骨折或一次手术后需要限制活动数天，导致生活能力直线式、坠崖式下降，经过康复治疗以后再也恢复不到老年期活力阶段的状态，直接快速进入到老年期过渡阶段甚至失能阶段。

（二）老年期过渡阶段

1. 诊断标准。

（1）决定性指标：当老年人的生活能力评估结果符合过渡阶段标准时，不用考虑年龄因素，则可以诊断进入了老年期过渡阶段。养老行业里又称半失能阶段。

（2）参考性指标：当老年人的生活能力评估不符合过渡阶段标准时，但是日历年龄已经达到 80 岁，已经是高龄老人，是否作为过渡阶段老人来对待，需要因时、因人、因地而定，需要多方进一步商榷后决定。在我国已经出台的一些政策中，高龄老人是作为一类与失能、失智、半失能老人放在一起论述的，当然，也存在一些争议。所以，年龄因素暂时作为参考性指标来考虑，供进一步论证。

笔者将过渡阶段生活年龄的开始节点也定在日历年龄 80 岁。一名老人如果不到 80 岁就进入过渡阶段，则说明过早进入了过渡期；如果晚于 80 岁进入过渡期，则说明健康水平高，越晚越好，对各方都好。

表 3-17 生活能力评估表

<table>
<tr><th>项目</th><th>自主独立完成</th><th>部分自主，需要部分协助</th><th>不能自主完成，需护理人员代办</th><th>说明</th></tr>
<tr><td>吃饭</td><td></td><td rowspan="5">至少有一项动作需要部分协助才能完成，则为部分自理或半失能，老年人所处阶段为老年过渡阶段。其中，按照需要协助才</td><td rowspan="5">无符合项</td><td>进食动作和咀嚼能力</td></tr>
<tr><td>穿衣</td><td></td><td>根据季节选择合适的衣服、穿脱衣裤、系扣等行为能力</td></tr>
<tr><td>上下床</td><td></td><td>上床、下床或在床上变化位置的能力</td></tr>
<tr><td>如厕</td><td></td><td>含穿脱裤衣、擦屁股、二便控制能力、清洁会阴部</td></tr>
<tr><td>洗澡</td><td></td><td>擦浴、淋浴及修饰能力</td></tr>
</table>

续表

<table>
<tr><th>项目</th><th>自主独立完成</th><th>部分自主，需要部分协助</th><th>不能自主完成，需护理人员代办</th><th>说明</th></tr>
<tr><td>行走</td><td></td><td rowspan="2">能完成的项目数量又分为轻度（1~2 项）、中度（3~4 项）和重度（5 项及以上）</td><td rowspan="2">无符合项</td><td>平地行走 45 米或上楼梯、下楼梯的能力</td></tr>
<tr><td>（X 项）感知觉和社会参与能力</td><td></td><td>含视/听觉、时间感觉、空间感觉、情绪控制、记忆力、社会交往能力</td></tr>
</table>

2. 老年期过渡阶段人体九大系统变化趋势。

各大脏器随着年龄的增长继续衰老退化。个体开始有衰老的强烈体验，一些感知觉明显退化甚至丧失，生理功能和认知活动快速减退，抵抗力、受伤修复能力也大幅降低，所有衰老的信号开始集中涌现。

表 3-18　老年期过渡阶段人体九大系统变化

系统	人体变化特征
皮肤	皮肤皱纹明显增多、白发增多、手脚的指甲变厚。受伤后皮肤愈合时间延长
神经系统	脑组织萎缩，重量持续减轻，脑容积缩小，神经细胞和脑血流量持续减少，需要做好阿尔茨海默病预防
心血管系统	活动量减少后，老年人心脏耐受性下降
肌肉、骨骼系统	活动量减少，肌纤维萎缩，肌肉力量下降明显，关节老化；老年人跌倒发生率增高，骨质疏松、骨折发生率增高
呼吸系统	肺功能减弱，既往患有慢性气管炎、支气管炎的老年人，一到秋冬季节更容易反复 抵抗力下降，呼吸道感染后容易发生肺炎
泌尿系统	肾脏不能有效地过滤毒素并恢复血液中离子的平衡 膀胱丧失了紧张性，更容易出现没有任何症状的感染，有些老人会出现小便失禁
消化系统	牙齿松动、脱落，牙龈萎缩，咀嚼能力逐渐下降 活动量减少后，基础代谢率下降，胃排空延缓，老年人易发生上腹胀闷、早饱感、餐后饱胀等功能性消化不良
内分泌系统与生殖系统	基础代谢率下降，老年人更容易患糖尿病；绝经后雌性激素的丧失可能会加重骨质疏松症
感觉系统	活动范围缩小，外界环境对感官的刺激减少。老年人的视力、听力、味觉、嗅觉持续下降。比如眼睛内部结构的变化，使青光眼、白内障等老年性疾病较为多见

3. 生活能力退化特征

表 3-19　老年期过渡阶段生活能力退化特征

生活能力指标	生活能力退化特征
吃饭	老年人味觉退化，饭菜味道逐渐变重，普通饭菜需要做得软烂些才能嚼动
穿衣	穿衣动作开始变得缓慢、困难，可能需要协助，普遍开始怕冷
上下床	行动能力下降，上下床的动作需要借助辅具或他人适当的协助才能完成
如厕	如厕前中后可能都会需要他人的协助，比如帮着提裤子、擦屁股或冲厕所等，协助完成老年人无法完成的部分动作
洗澡	洗澡前物品准备、洗澡过程中安全看护、洗澡后修饰等需要他人部分协助
行走（含平地行走、上下楼梯）	老年人行动能力下降，力量、稳定性下降，行走需要借助助行器或他人扶持行走
感知觉和社会参与能力	身体的衰老、行动能力的变化、慢性疾病的不适感等不断地影响着老年人的心理、情绪和社会交际。老年人较容易出现近期记忆明显衰退，时间、空间、人物定向等认知能力衰退的表现

4. 过渡阶段养能力状态的变化。

老年期过渡阶段，基本处于“部分自养+部分被养”的状态，养他人的能力基本丧失。

（1）生理层面的养。

主要表现在最基本的衣、食、住、行、环境安全的需要。

衣的变化：需要他人帮忙准备好，宽松、舒适、方便穿脱的衣服。

食物的变化：从给他人准备好饭食到他人给准备好饭食的改变。为方便咀嚼，饭食会更软烂或碎一些，有些较硬、辛辣的食物已经不被列入过渡阶段老年人饮食行列。

住的变化：过渡阶段老年人几乎离不开他人协助了，生活地点选择家庭或养老机构。

行的变化：活动能力下降，活动范围缩小，助步辅具成了过渡阶段老年人的标配。

过渡阶段的安全防护弥足重要。老年慢性疾病复发、跌倒、骨折是这个阶段侵害老年人身体的“常客”，也是很容易导致老年人身体失能、失去自养能力的“杀手”。适老化改造，防滑地垫、扶手、床档、围栏等的使用，都是必要的安全防护措施。

（2）心理层面的养。

过渡阶段的自尊心强，从养儿孙变为被儿孙养，从主动变被动，角色地位的变化，生活能力的衰减，身体的不适感等，这些事情都会使老年人的心态发生明显变化，需要他人的尊重、体谅。同时，老年人也应不以物喜，不以己悲，心态乐观，身心通达。

（3）社会层面的养。

老年期过渡阶段的老人基本上脱离了社会上的主动活动，活动范围大大缩小，从一个社会老人变成了一个社区老人、家庭老人。老有所为也在过渡阶段逐渐停止。开始进入了老有所依，老有所靠，老有所养（部分自养+部分被养）阶段。他们需要来自社会层面的关爱与支持，如社会保障系统支持、社会团体或社区组织的关怀和帮助等。

5. 医的变化。

刚刚进入过渡阶段的老年人及其家属都还是比较希望通过医疗措施和康复理疗恢复老人的生活能力和自养能力，重新回到活力阶段，所以还是比较积极地寻求各种各样的治疗方式。从疾病的发展和恢复规律来讲，也应如此。

随着疾病度过了急性期、亚急性期以及恢复期后，机能恢复越来越慢，最后来到了后遗症期。老人和家属也在尝试了多种治疗办法后，逐步接受现实，明白了机体有些功能失去了是回不来的，再也回不到单纯自养的状态。下一步需要医和养的持续存在、医养结合来维持现状，尽量让生活能力的下降慢一些，生活品质高一些，老人的获得感强一些。

随着生活能力的下降，尤其运动能力的下降，带过渡阶段老人到内容和效率都高的医院治疗，其成本越来越高，需要的人力也越来越多。

当发展到送老人去医院的社会成本超过医护人员到家庭的成本时；当发展到住院时的陪护成本越来越高，护理质量还不高的时候；当发展到老人长期住在医院，形成长期压床现象，医院床位越来越多，越来越不够用，也越来越不现实的时候，需要居家社区和养老机构医养结合模式来解决。

6. 从过渡阶段到失能阶段变化的两种形式。

过渡阶段发展到失能阶段的变化同活力阶段发展到过渡阶段一样，主要有两种形式：

一是机体老化即自然老化，比如上述所讲到的生理功能退化的自然过程，这是最理想的一种方式。自然老化、缓慢老去是老人之福、儿孙之福、也是积极老龄观，健康老龄化的最佳体现。

二是疾病或意外，比如心脑血管疾病导致肢体活动严重受限，跌倒、骨折或手术后限制活动，卧床数天，导致肌肉萎缩、身体衰弱、活动能力丧失。即便进行康复锻炼也难以恢复如初，许多身体机能损失后是不可逆的，老年人从过渡阶段快速进入到失能阶段。

（三）老年期失能阶段

1. 诊断标准。

（1）决定性指标：当老年人的生活能力评估结果符合失能阶段标准时（见表 3-20），不用考虑年龄因素，则可以诊断为老年期失能阶段。

（2）参考性指标：当老年人进入到失能阶段时，其日历年龄和生活能力年龄已经不再具备积极的作用，所谓的参考指标已无必要。

表 3-20　生活能力评估表

<table>
<tr><th>项目</th><th>自主独立完成</th><th>部分自主，需要部分协助</th><th>不能自主完成，需护理人员代办</th><th>说明</th></tr>
<tr><td>吃饭</td><td></td><td></td><td rowspan="7">只要有一项完全需要外力才能完成，即离不开服务人员，完全由服务人员代办，则定为失能老人。自此老年人进入老年期失能阶段。其中，按照需要代办的项目数量又分为轻度（1～2 项）、中度（3～4 项）和重度（5 项及以上）</td><td>进食动作和咀嚼能力</td></tr>
<tr><td>穿衣</td><td></td><td></td><td>根据季节选择合适的衣服、穿脱衣裤、系扣等行为能力</td></tr>
<tr><td>上下床</td><td></td><td></td><td>上床、下床或在床上变化位置的能力</td></tr>
<tr><td>如厕</td><td></td><td></td><td>含穿脱衣裤、擦屁股、二便控制能力、清洁会阴部</td></tr>
<tr><td>洗澡</td><td></td><td></td><td>擦浴、淋浴及修饰能力</td></tr>
<tr><td>行走</td><td></td><td></td><td>平地行走 45 米或上楼梯、下楼梯的能力</td></tr>
<tr><td>感知觉和社会参与</td><td></td><td></td><td>含视/听觉、时间感觉、空间感觉、情绪控制、记忆力、社会交往能力</td></tr>
</table>

2. 老年期失能阶段人体九大系统变化。

表 3-21　老年期失能阶段人体九大系统变化

系统	人体变化特征
皮肤	老年卧床或躯体移动障碍可导致皮肤抵抗力下降，容易发生压疮
神经系统	部分功能的丧失，对刺激作出的反应减弱或没有
心血管系统	外周静脉血回流能力下降，循环血量减少，容易出现直立性低血压；失能导致卧床后心脏负荷增加，有心脏病的患者可出现心率过快或心律不齐
肌肉、骨骼系统	失能后，肢体活动范围缩小，活动度下降，老年人会逐渐出现四肢肌肉、关节挛缩，骨骼钙质流失，尤其是女性较易出现骨折

续表

系统	人体变化特征
呼吸系统	长时间坐或卧会使胸廓的扩张受阻，呼吸运动受到限制，呼吸运动减弱，呼吸道分泌物清除功能下降，导致呼吸道分泌物蓄积，并发坠积性肺炎等
泌尿系统	卧床时重力引流作用消失，膀胱逼尿肌张力下降，会阴部肌肉无法放松，使膀胱排空受阻，可出现排尿困难、尿储留。留置导尿后，较易发生尿路感染
消化系统	老年人肠胃蠕动功能明显下降，较易发生便秘、食欲下降。出现吞咽障碍后需要长期留置胃管，误吸发生率增高
内分泌系统与生殖系统	老年人对葡萄糖的新陈代谢能力持续下降，尤其是进食量少或留置胃管的老年人更容易发生低血糖或高血糖反应。绝经后雌性激素的丧失可能会加重骨质疏松症
感觉系统	失能后老年人主动接触外界的刺激减少，身体感觉器官功能下降明显，往往听觉最后消失

3. 生活能力退化特征。

表 3-22　老年期失能阶段生活能力退化特征

生活能力指标	生活能力退化特征
吃饭	不能自主进食，主要表现为不能手持筷子或勺子将饭食送到嘴里或完成咀嚼、吞咽的动作，需要他人协助喂食或留置胃管鼻饲
穿衣	无法独立完成穿衣服的动作，主要表现为选择衣服、穿衣服、系扣子等需要他人协助
上下床	个体没有能力完成上下床的动作，需要借助辅具或他人的协助才能完成
如厕	很多失能老年人会出现大小便不受控制，需要穿戴纸尿裤
洗澡	主要表现在他人协助擦身、整理衣物、修饰等
行走（含平地行走、上下楼梯）	失能老年人已经失去独立行走的能力，完全靠助行器和他人搬抬来移动位置
感知觉和社会参与能力	个体大脑功能发生改变，以及记忆力和思维的减退，使认知能力大幅减弱甚至丧失。会容易产生愤怒、抑郁、焦虑、孤独的情绪，对外界淡漠、郁郁寡欢 感知觉的适应性变化最明显，听觉、视觉、味觉、嗅觉大幅下降。由于行动能力的改变和能力的丧失，社会交往面几乎只面向家人或身边的照顾者

4. 养能力的变化。

失能阶段老年人生活不能自理，完全需要他养或被养，养的需求主要以生理需要、心理社交需要和亲情陪伴的需要为主。

（1）生理层面的养。

由他人提供衣、食、住、行以及安全需要。

衣的变化，失能阶段老年人的衣服更注重他人护理的便捷，比如老年人睡袍、全开式易穿脱护理服、全开式拉链服等，市面上有关失能老年人的服装花样层出不穷，目的都是方便穿脱、安全、舒适。

饮食的变化，从坐着吃饭到躺着进食的变化；从主动进食到被他人喂食的变化；从普通饭食到变成碎餐或匀浆膳的变化。

住的变化，失能阶段老年人最常居住的三个地点有家庭、医院、养老机构。失能阶段老年人的家庭成员照顾能力不足时，则会将老年人送至养老机构，医院则是有医疗需求时的选择。

行的变化，失能阶段老年人丧失了独立行走的能力，老年人的拐杖变成了轮椅或需要更多的人力才能变换位置。

安全的变化，这一阶段老年人需要更加注意人身安全，比如卧床老年人进食的安全，防止喂食不当发生误吸、噎食、呛咳；皮肤的安全，防止卧床或坐轮椅时间过长发生皮肤压力性损伤；护理动作安全，包括给老年人翻身、扣背、穿衣、洗漱、上下床移动时动作轻柔、用力均匀。

（2）心理层面的养。

失能阶段老年人会有无用感，感觉不再被需要，失去希望，产生绝望、恐惧等情绪。对自己身体和记忆的衰退感到悲伤和对以前发生的一些事情感到遗憾，老年人渴望被理解，需要倾诉不良情绪，需要社交和心理慰藉，排忧解愁。

（3）社会层面的养。

养儿防老，失能阶段希望得到子女的关心和照顾，且比任何时候都强烈。亲人的陪伴，社会的支持，让老年人老有所靠、老有所依。疗愈内心的恐惧、伤痛，让老年人老有所终。

5. 医的变化。

失能阶段老年人需要长期的医疗护理、医疗干预，预防失能后并发症，减轻身心痛苦。老年人已经没有主动就医的能力，由养的提供者选择居家社区或养老机构的医养结合服务。也有少数失能老人长期在医院接受医院提供的医养结合服务。

病情稳定时，失能老年人接受居家社区或医养结合机构中的医疗服务为主，医疗服务地点多为家庭和医养结合机构。病情发生变化时，通常由子女决定是否去医院就医。

第六节　全生命周期养能力发展理论的意义

一、全生命周期养问题的元理论研究突破

养是自然界永恒的主题。植物需要养，动物需要养，人类更需要养。因此，人类的养问题也是一个永恒的话题。针对养的多元化需求，从小到大，生养、育养、抚养、养生、养老、赡养、健康、照护、居住、教育、就业、收入、精神慰藉、社会参与、代际关系、权益保障，婚姻家庭等，是养理论研究永恒的关切领域。针对这些领域，国内外专家在宏观、中观和微观层面都形成了一些解释性理论，但趋于多元化和碎片化，从中难以找到养的主脉络和主线索，研究问题多采用“现状—问题—对策”三段论，现象描述和经验研究居多，系统性理论研究缺乏。

全生命周期养能力发展理论发现了人类全生命周期的生育、养育、康养、医养、赡养等问题的主脉络和主线索，对全生命周期养的发展动力机制和规律给出了答案，构建了从婴幼儿到老年人养问题的研究框架和话语体系。

这个理论框架、话语体系的主脉络、主线索就是随着时间轴而有规律变化的生活能力。生活能力就是人的养能力。采用统一的“生活能力”评估标准，建立了全生命周期生活能力发展理论。从生活能力的状态及发展变化引导出什么阶段“被养”，什么阶段“部分被养+部分自养”，什么阶段“自养+养他人”，什么阶段又回归到“被养状态”，为分析解决人类养的问题提供了理论框架和话语体系。从生活（养）能力因为发育、疾病或者衰老而丧失后如何恢复，分析出医和养服务的目的及持续时间，自然也为分析解决医疗服务的问题提供了理论框架和话语体系。

老年人的问题实际上是养的问题，老年人问题的元理论也是全生命周期生活能力发展理论即全生命周期养的元理论的组成部分。

运用全生命周期养能力发展理论作为元理论框架和话语体系，把养和医这两个元素结合起来进行分析、研究、总结、归纳，构建起全生命周期的医养结合与医养独立理论体系（详见本书第四章）。

二、提出了根植于中国国情及中华传统文化的老龄理论学说之一——养能力发展理论体系

在人口老龄化现象出现较早的发达国家，老龄理论体系及学科比较完备，但是大多还是根植于西方文化，不具备中国特色也不太适用于中国的老龄问题，笔者在学习

和借鉴的基础上，通过大量原创，提出了中国自主的带有中国文化特色的老龄理论学说，其内容更丰富、更系统化、视角更宽，而且延展性、包容性更好，为积极老龄观、健康老龄化、医养、康养、养生的精确落位提供了框架。为老龄科学中国学派的构建提供了理论根基、研究框架和话语体系。

三、生活（养）能力发展理论解答了老龄社会结构变迁和形态演变的内在动力和原因，对老龄社会发展的动力机制和变化规律给出了答案

生活能力变化带来养的形式（自养、养他人、被养）变化，养的三层次内容也随之变化。众所周知“人口老龄化”不仅是个单一的社会现象，它最终会影响到与政治、经济、文化等相关的社会生态系统，相伴随的医疗目的、内容、地点也随之变化。杜鹏、刘维林、李志宏等提出：“老龄社会形态下的政治、经济、文化、社会生态本身，就是一个个既相对独立又密切相关的复杂系统。而且，人口老龄化与城镇化、工业化、信息化、全球化相交织，必然产生叠加效应。效应叠加之后，人口老龄化对政治、经济、文化、社会及其他方面会产生怎样的影响与冲击？其中潜在的风险会怎样传导？怎样从社会形态构建的角度去应对与防范？这些都是今后学术理论界需要回答的基本课题。只有建立在老龄社会成熟理论分析框架上的顶层设计，才能破解‘头疼医头，脚疼医脚’的被动应对怪圈，才能肩负起科学综合应对人口老龄化、构建理想老龄社会的时代使命。”①

掌握了老年人生活（养）能力的变化规律，才能掌握老龄社会发展的动力和规律，采用生活（养）能力发展理论及其话语体系作为积极应对老龄社会问题的框架，在这个框架基础上进行顶层设计，可以破解“头疼医头，脚疼医脚”的被动应对怪圈。

① 杜鹏，刘维林. 中国老龄化社会20年成就·挑战与展望［M］. 北京：人民出版社，2021.

第四章　全生命周期医养结合与医养独立理论

第一节　人类生存与医养结合、医养独立的关系

地球上的生命起源存在多种假说。

按照唯物论和进化论的观点，生命起源于水、空气、无机物、有机物等各种物质元素，由简单的生物体进化为高级生物体，进化到人类。

人类已经是地球上存在的最高级的灵性生物体。

所有动植物生命体维持生命以及繁衍都需要摄取营养物质。

养是发现维持生命体生长、繁殖的营养物质和摄取营养物质的过程。这是养的本质和本源。

人类生命体的存在同样离不开养。而且人类生命体所需要的养又是最复杂的（详见本书第一章），包括生理层面的养、心理层面的养、社会层面的养，也就是常说的物质、心灵和环境三层面的养。

生理层面：衣、食、住、行、玩、性、安全等因素。

心理层面：世界观形成，人格发展，情绪管理，自我认识和满足，道德、归属感，尊严等。

社会层面：人际交往、交流、学习、工作、奉献、成就、成果、财富、名望、社会地位等。

三层次的养是一个整体，不能截然分开，它们相互依存，相互促进。民以食为天，食饱则思欲，欲不解则不乐等。

养是包括人类在内的所有生命机体维持存在的根本基础，贯穿每一个生命体的全生命周期。

养的获取或者给予，可以通过劳动来实现或者交换。劳动创造财富，劳动带来社会地位。劳动是人人为我，我为人人。

人的养（自养+养他人）能力就是人的生活能力或者劳动能力。

医是人类社会特有的文明、知识和技能。

医是人类社会生产力发展到一定水平后发展起来的产物。经历了原始医学、古代医学、现代医学等发展阶段。

医的出现和发展符合社会化分工的原则。

在医没有出现、发展起来之前，人类社会只有养。

医发源于养，从传统的养、医不分发展到现代的医养独立。实际上，养和医从来没有真正、彻底独立过。所谓的医养独立，只是相对而言。为了更高质量的发展，为了专业化管理，需要画一条分界线，一边是医，需要经过专业学习并专业注册过的医务人员才能实施的措施、手段；一边是养，所有人包括专业医务人员都可以实施的措施和手段。

医的作用是多方面的，仁者见仁，智者见智，存在着多种定义和解释。

笔者赞同这个观点：医是一种手段，是保卫和干预人类生命质量和长度的手段。这些手段包括书本理论知识和实际操作技术，通过社会化分工，少数掌握这些手段并获准服务于大众的人称之为医务工作者。

从人的全生命周期角度来看，养是持续存在的，医是断续存在的，医不能独立于养而存在。

自养和养他人的养能力是每个人生存必备的基本技能。具体到每一个人养能力水平的高低以及对家庭和社会贡献的大小，则取决于家庭传承，自我的主动和被动学习以及个体在社会化分工体系中所从事的工作。

医（疗）的能力是个体后天学习得来的理论知识和操作技能。那些经过报名、筛选，并获得资质的医务工作者，借助专业的医疗设备辅助，在特定的场所（医院或其他医疗机构）才能发挥出最佳的医疗效果、社会效果以及经济效果。

人类文明发展到现代，养和医已经是人类生命机体存在的两个必要条件和一件事物的不能分割的两个侧面。离开了养，生命机体不能存在和繁衍，医也无法存在，“皮之不存，毛将焉附”。离开了医，意味着人类文明的塌陷，生命将裸奔，也是人类社会不可承受的假设。对人类来说，已经不能把养和医简单地区分为谁轻谁重，谁先谁后，两者都重要，缺一不可，只是目的不一样，实现的方式、方法不太一样，有交叉有重叠更有区别，带给人的体验和感受不一样，伴随生命个体的时间长度不一样。

本书的观点：

人的本能之一是对养的需求。

养是基础性的工作，像空气、水、食物一样，须臾断不得。

养是人类生命存在的基础和价值所在。

人类生命存在的意义和乐趣在于养。

人的奋斗过程是满足养（自养+养他人）的过程。

人之幼年，人类幼儿在被养的过程中收获被爱的幸福和温暖，弱小的生命得以存活、成长。

人之成年，人类在自养和养他人的过程中收获快乐和成功，家庭和社会得到回馈和反哺。

人之晚年，人类在重回被养的过程中重温被爱的温馨，获得生命的圆满。

医是社会化分工出来的专业技术工作，需要它时才出手。医的角色自始至终都是生命的保卫者和干预者，它的存在价值是为了让人更好地享受养的精彩。

养是（生命的）基础。养是（生命的）核心。养是生命存在的价值。医是（干预生命的）手段。

日常养得好，医的干预就少。反之，日常养不好，医的干预就多。

健康主要靠养，健康的养生方式；其次靠医，生命过程的干预。

第二节　全生命周期医养结合理论与医养独立的构建过程和方法

一、老年人医养结合概念提出的背景和定义

理论界比较认同医养结合这个词汇或者说概念在文献中首次出现是在 2005 年，由广东省广州市颐康老年病医院的郭东等人在《国际医药卫生导报》上提出。原文题目是“医养结合服务老年人的可行性探讨”。原文主要观点是：中国已进入人口老龄化国家行列，老年人的医疗和护理需求在新形势下尤为显得紧迫和重要。只有向社会化养老过渡，引入新的“医养结合，持续照顾”的理念，才有可能应对我国越来越严重的人口老龄化挑战。通过医疗机构和养老机构之间的多方式结合，使其资源共享、优势互补，有助于解决现阶段由于人口老龄化所带来的问题，减轻子女负担，使其更好地服务社会，多做贡献。

医养结合作为一个理念，迄今距首次提出已有 17 年。对医和养的内涵一直认为是医疗资源和养老资源，专指老年人的医养结合，比较明确而唯一。

杨景亮（2012）、严晓航（2013）、王素英（2013）等指出，医养结合是以基本养老服务为基础，重点提高老年人疾病诊治、护理、康复等的服务质量。

杨贞贞（2014）、鲍捷（2015）指出，医养结合是指医疗资源与养老机构、社区、家庭老年照护服务相互融合、相互促进的功能整合型服务体系。

郭聪（2016）认为，医养结合是根据人体健康及患病不同时期的不同需求，由服务提供主体（医院、养老机构、社区）向有需求的老年人提供符合养老护理需要的医、养服务，逐渐形成的医疗康复一体的合作式服务。

王长青（2016）指出，医养结合是部门职能、资源协同、服务体系精准、服务主体互补等的多重整合。

张峰（2018）认为，医养结合是将养老和医疗资源有效整合，将社会资源有利方面展现出来。

李苗苗（2018）认为，医养结合是指医疗资源和养老资源的结合，以最大限度地利用社会资源。

徐淑娟（2018）认为，医养结合养老服务不是独立存在的一种模式，而是在多种养老服务模式的基础上融入健康管理的内容，与国外发达国家长期照护基本一致。

总之，既往对医养结合的研究是把医和养看作供给侧的两种资源——医疗资源和养老资源，研究的重点是如何将两者资源有机结合在一起，探讨的是各种医养结合养老模式，始终在老年人的范围内讨论医养结合，没有把医养结合放到更广阔的范围加以思考和研究。

二、全生命周期医养结合理论的构建过程和方法

（一）构建全生命周期医养结合概念定义的过程

笔者在研究医养结合中发现，在以往老年人医养结合概念定义研究中，首先缺乏对养和医的本质、本源的追根溯源和阐述，而且将“养和医”定位成养老资源和医疗资源，探讨如何结合，以谁为主的问题。其次对医养结合概念的研究陷入了小范围局限内，就老年人医养谈老年人医养，就老年人医养资源谈老年人医养资源的循环圈子，没有从全人、全生命周期角度研究医和养与人的互动关系，似乎医养结合是老年人特有的现象、特有的需求一样，将老年人与未成年人、成年人的医养结合无意间割裂开来。

由于上述两个原因的桎梏，以致于十余年来医养结合理论建设没有大的突破，对于医和养如何结合的指导作用有限；以致于近些年来医养结合工作模式不少，但效果差强人意，存在着各种各样的争议、问题和困难，存在着对医养结合范围越来越泛化的趋势，越泛化则越没有工作重点，对老年人医养结合服务的推进则越没有方向。

必须另辟蹊径，换个思路，换个角度看问题：

（一）换思路

1. 将养老资源、医疗资源换成养的行为措施、医的行为措施。研究、讨论行为措施而非资源。搞清楚行为措施后，再去研究行为措施需要匹配的资源。

2. 有结合，必有独立；有独立，才有结合。需要分别研究清楚、界定清楚医养结合的行为措施、独立的养行为措施、独立的医行为措施。

（二）换视角

通过多年的思考和研究，笔者从两个视角来审视、研究和阐述医养结合概念的定义。

一个视角是从全人的全生命周期来研究医、养分别独立和结合时的现象、状态。从生命的起源和生命存在的角度来阐述养的本质、本源。从生产力的进步带来社会化分工的角度，来说明医的产生和作用。

另一个视角是通过分析医、养分别独立时和结合时的行为过程，解密出医养结合行为发生的时间、地点、主体、客体、内容、目的和与之相关的人文伦理认识等密码。

通过换思路、换视角以后的分析和研究，总结、归纳出一个明确清晰的全人全生命周期医养结合概念的定义。

第三节　全生命周期医养结合理论

一、全生命周期医养结合概念的定义

全生命周期医养结合（工作或服务）是在特定的时间段内，医（疗）的行为措施和养（护）的行为措施，在同一地点先后或同时落位（服务）于同一个人。

二、全生命周期医养结合工作中的 6 大构成要素

（一）时间要素

医养结合服务存在特定的时间段。

养的行为是生命机体维持存在的基础和必要条件，空气、水、衣、食、住、行、玩、性、精神、心灵交流和社会活动、劳动等贯穿于整个全人全生命周期。养是持续存在的，不间断的。

医的行为在全人全生命周期中是非连贯性的。

因此，医养结合的持续时间由医而开始，也由医而结束。

特定的时间段是从生命机体的病患状态引发医（疗）的干预行为开始而开始，到病患状态解除或好转，医（疗）的行为措施停止而终止。特定的时间段是指一个人患病、应急创伤或长期带病生存期间伴有持续医疗行为的某一段时间。

医的行为是医养结合工作存在的前提或者说是先决条件，在这段时间内，需要医

(疗) 的干预，这个医疗干预持续的时间长度决定了特定时间的长短，这个特定的时间段长则数年、数月，短则几天、几小时甚至几分钟。对成人而言，笔者从经验上判断4小时是一个关键点。4小时以内可以是独立的医、单纯的医、单一的医，如皮肤科、牙科等门诊治疗或检查。当医疗行为超过4小时，应该有养的介入，如水、食物补充和其他生理活动、心理和社会活动需要等。

(二) 地点要素

地点要素是指生命个体接受医养结合服务的地方。

地点非常重要。地点决定医和养谁是主场。地点决定医的水平和养的水平。地点决定医养结合是以医为主，还是以养为主。地点决定医和养哪一方做出调整还是双方均需要做出调整。

常见医养结合地点有以下几个：

第一，医疗机构类场所：有综合性医院如北京协和医院、301医院、各省的省立医院等，里面科室众多如内科、外科、妇产科、儿科、老年病科、传染病科等，从几个到几十个科室不等；有专科类医院如眼科医院，骨科医院，康复医院等；也有卫生所，卫生室、社区卫生服务中心、护理站等。

第二，养老机构类场所，如养老院、医养结合机构、养护院、养老驿站、养老服务中心、敬老院、护理院、老年公寓、临终关怀中心等。

第三，居家社区，居家是一个最普通也最特殊的地方，97%的老人住在家庭。

其他特殊地点：社会福利救护中心、月子中心、幼儿园、学校、疾病发作现场、灾难应急现场等。

一般情况最常见的三个老年人医养结合服务地点分别是：具备住院床位的医院、养老机构和家庭。

探索清楚和做好这三个地方的医养结合工作也就完成了中国特色的医养结合养老工作的伟大创举。

(三) 人物要素

1. 服务主体。

(1) 专业医务人员，首先应该取得医师、护士或其他医学相关专业执业资格证书，而且每年还要持续学习，更新知识，积累足够的学分，才能够继续注册。专业医务人员负责提供专业的医疗服务，专业的人做专业的事。

(2) 社会康复保健人员，如按摩师、小儿推拿师、艾灸理疗师等。

(3) 生活护理人员，如家属、朋友、亲戚、保姆、养老护理员、医疗护理员、医养结合照护师等。

（4）其他，如营养师、社工师、厨师、理发师、志愿者等。

按照现行医政管理的要求：

发生在医院里边的医养结合工作，专业医疗服务措施是由医院里的专业医护人员实施。

发生在养老机构里边的医养结合工作，专业医疗服务措施是由养老机构里的常驻或签约上门的专业医护人员实施。

发生在家庭里边的医养结合工作，专业医疗服务措施是由上门来的专业医护人员实施。

提供医养结合中养的服务人员人数众多，有些需要资质证书，大多数不需要。趋势是越来越多的岗位需要资质证书，专业化的标志之一就是资质。

发生在医院里边的医养结合工作，养的措施是由家属、朋友或临时护工来实施。甚少的特殊时期也可能由医院里的专业医护人员来实施，比如发生在ICU/CCU内的养护工作。

发生在养老机构里面的医养结合工作，养的措施是由养老机构里的医护专业人员和生活护理人员共同来实施。

发生在居家社区里边的医养结合工作，养的工作是由家人、保姆或社会上的生活服务人员上门来实施。

医疗护理员、医养结合照护师的职责定位介乎于专业护士和护理员之间，是护理员的升级版，护士的向下延伸版（详见本书第一章内容）。

2. 服务客体。

全生命周期医养结合服务的客体是全龄之人，是全生命周期中的人。从生命的孕育、成长、繁殖、衰老到往生，在整个生命的周期当中，人在任何一个时间点上均有可能接受医养结合的服务。

根据客体的生活（养）能力发展水平，客体被分为3期9阶段（详见本书第三章）。

客体生于医养结合服务中？答案几乎是肯定的！当代社会，可以说几乎每一个新生命来到世界的时候，都在医养结合服务中诞生和生活几天后回家，开始独立的养育。

客体亡于医养结合中？答案是不一定！生命陨落的时候有太多的意外和突然，不一定伴有医养结合服务。

（四）目的要素

1. 医（疗）的目的。

医学教科书上描述的医疗目的：①预防疾病，减少发病率，促进和维护健康；②

治疗疾病，解除由疾病引起的疼痛和疾苦；③照料患者，维护患者尊严，延长寿命，追求安详死亡；④提高生命质量，优化生存环境，增强身心健康。

本书描述的医疗目的：医是一种技术手段，保卫和干预人类生命的质量和长度的技术手段。是需要它时才出手，好了以后就收手的手段。医疗服务的目的是结束医疗服务，或回归家庭和社会，或安详往生。

这两种描述并不矛盾，而是互为印证。本书的描述更概括、更社会化，更形象，医学教科书上的描述更详细、更直白、更具体。

2. 养（护）的目的。

养（护）的目的是滋养生命。在自养、养他人和被养中满足生理、心理、社会三层面的需要。在他养中出生和生长；在自养中生存和壮大；在养他人中实现人类循环和人生价值；再次回到他养中生命圆满。人类生命个体的价值和乐趣在养不在医。

3. 医养结合的目的。

笔者经过长期思考和研究后得出的答案是：医养结合的目的是为了结束医养结合。医养结合结束后，个体或回归家庭和社会，或安详往生。

在全生命周期过程中，生命个体主动或被动接受医养结合的目的，是为了结束医养结合状态，重新回归下一阶段独立的养和独立的医状态。

在全生命周期中，其中生长期三个阶段、成年期三个阶段再包括老年期活力阶段，在时间跨度达全生命周期 9 阶段的 7 个阶段中，医养结合的目的是相同的：尽快地治愈疾病或者好转后结束医养结合，回归家庭和社会，回归到独立的养状态。这 7 个阶段中，医养结合服务时间是短期的，养结合服务的发生是随机的。

在老年期过渡阶段和失能阶段，医养结合的目的在主观上仍然是希望结束医养结合，回归独立的养状态，但是客观上结束不了（生活不自理，带病生存，需要他养和医疗服务成为常态）。在这两个阶段中，医养结合服务变成了长期存在，直至生命之火熄灭。

（五）内容要素

全生命周期医养结合定义里面的医和养是医和养的措施、动作、行为，是动态的行为而非静态的资源。医养结合服务适用于全生命周期内的所有人，包括老年人但不限于老年人。

1. 专业的医（疗措施）：范围和水平。

专业的医，称为专业医疗服务（特许医疗服务），是随着社会的进步，社会化分工的进展而逐步细分出来的专业知识，专门技术，在当代社会，更是需要专业学习或专业培训的人员获得专业的证书或许可证后才可以实施的措施、动作、行为。专业的医务人员做专业的医疗措施。

随着科学技术的进步，医学理论、医学技术、医疗措施、医疗手段等有关医的内容突飞猛进，而且还在快速进步中。医的内容包含在公共卫生学，临床医学，康复医学里面，在这三大学科里面又细分为数个不同的亚专业，尤其以临床医学门类众多，比如说在人类生长期有小儿内科、小儿外科等。在成年期只是一个外科，就分为普通外科、肝胆外科、心外科、胸外科、骨外科、创伤外科、肿瘤外科、泌尿外科等。到了老年期，在原有科室的基础上又增加老年医学科。不再一一列叙。

随着医学技术的进步，医政管理也越来越精细化、专业化。医疗的措施更是高度分工、细化和专业化，医院种类越来越多，医院科室越分越细，医生的专业越来越窄，这种趋势对于生长期和成年期的人来说可能是好事，但对于老年人来说，可能就是麻烦事。

在医院，专业医（疗措施）的范围和水平不受限制而且鼓励发展专业化和创新，创建新学科、交叉学科。

在居家社区和养老机构，专业医（疗措施）的范围和水平受到限制。

2. 非专业的医（疗措施），称为非专业医疗服务（非特许医疗服务）：范围和水平。

（1）大健康、大卫生等提倡的基础性、指导性原则、方针、观念、措施等，如国民膳食宝塔、糖尿病饮食指南等。

（2）边缘状态的特色医（疗措施），比如药食同源的食疗，还有温泉疗养、泥疗等；社会性质的保健活动、运动、五禽戏、太极拳、按摩推拿、足浴修脚等。

（3）医和养交叉重叠的医（疗措施），即医生、护士、家属、护理员均能操作的一些医疗和护理措施。

在医院，非专业的医（疗措施）受到限制。但也少量存在，如护工、医疗护理员的工作。在居家社区和养老机构，非专业的医（疗措施）相对存在多一些，限制少一些。存在即有存在的价值和合理性。

本书的观点：非专业的医疗措施（非特许医疗服务）都归属养的范围。

3. 传统的养：范围和水平。

养的内容包罗万象，行为措施多种多样，具有显著的地域性和民族性特点。常说的一方水土养一方人，十里八村不同俗，就是这个道理。但是概括起来总结，其底层逻辑还是滋养和满足生命机体的生理需要、心理需要和社会价值实现的需要。

学习和掌握养的能力，是一个生命机体在整个生命周期大部分时间内必备的一种能力，这种能力在生长期逐步获得，成年期达到高峰，老年期逐步失去。

每个成人的自我养护和养护他人的能力水平有高低，具体表现形式也不一样。一般而论，女性在家庭中直接担负着养护家人的作用多于男性，男性一般通过社会劳动，获取养护资源而间接提供养护作用。

养能力，每个人或多或少都掌握一些，但具体到每个人来说，自养和养他人的水平天差地别。但比较医来说，养的门槛还是比较低的，管理和监督也比较松散，甚至没有也不需要专门的管理监督机构。

养属于基础性工作，须臾离不开，虽然一直有进步，但不如医进步神速（养的内容详见本书第一章）。

在医院，养的范围和水平受到明显限制，来自多方面的限制。

在养老机构，相比较家庭、医院而言，养的范围和水平得到明显提升，但是个性化受到限制。在家庭，养的范围和水平不受限制而且个性化十足。

4. 医学知识加持的养。

科学的生活方式，正确的运动姿势和方式，医生指导下的特殊饮食等，仍然是养而不是医。如同俗语所说，久病成良医，但实际上不是医。

（六）人文伦理共识要素

不同的地方，不同的社会，有不同的关于养的人文伦理文化。

医学也有关于医疗的人文伦理共识，称之为医学伦理。

医养结合的人文伦理共识则是养的人文伦理和医学伦理的有机结合。

在大众的人文伦理认识中，家庭是每一个人栖息的港湾，每一个人在家庭中被养育大，也在家庭里养育下一代，家庭是养的根基和最好的地方。自然而然在家庭这个地方实现的医养结合，养的内容、范围、效率和水平应该是最高的，而医的内容、范围、效率和水平应该是最低的。

在大众的人文伦理认识中，医院是治病救人的地方，是每一个人不愿来又不得不来的地方。医院是社会化高度分工的产物。医院的特点是高精尖技术人员聚集，医疗技术水平越高越好，医疗设备越多越高级越先进越好，患者住院天数越短越好，这也是医院的使命和效率使然。医院发展的重点永远是提高医疗技术水平，而非养的水平。在医院这个环境内，医为主，养为辅，主从地位非常明显，这符合社会分工发展的需要和患者及家属的心理预期和伦理认识，来医院主要是奔着医院的医疗水平而来，极少来这里追求养的水平。医院内养的行为措施由患者家属、朋友和医院内的护工负责，被认为理所当然，这是历史的延续和现实存在。在医院这个地方实现的医养结合，医的内容、范围、效率和水平是最高的，养的内容、范围、效率和水平是最低的。

在大众的人文伦理认识中，设立养老机构的初心是家庭养老的延续和社会化，养老机构提升整个社会的养老水平和效率，解放生产力，它的“基因”决定了在养和医的内容倾斜上偏重养的工作，养的硬件设施也比较多，但任何事情都有两面性，相比较养的投入，养老机构对医的投入就比较少。在养的内容、质量和满意度方面，家庭最强，养老机构次之，医院最弱；在医的项目、数量和内容方面，医院最多，养老机构次之，家庭最少；在医疗质量的保障方面，医院最强，养老机构次之，家庭最弱。

第四节　全生命周期医养独立理论

医养独立的界定：不符合全生命周期医养结合定义规定的医和养的行为，是为独立的医（行为、工作、服务）和独立的养（行为、工作、服务），即常说的“医是医，养是养”。

一、独立的养

独立的养，单纯的养，单一的养，它们的意思相近，可以互相替代。

养的内涵和外延极具弹性。除了专业的医疗措施外，其他的都可以归入养的范畴。

独立的养并不是不需要科学的医学知识。相反，如果希望把养做好，必须学习必要的医学知识和接受专业指导。国家每年都调拨大量经费用于公共卫生建设，其中就包括了健康教育、预防保健，即科学养生知识、健康知识的传播，宣传教育和预防疾病。它属于全民健康服务体系中的一部分。

生命个体主动或者被动学习医学知识，主动或者被动接受医学专家的指导，然后应用到养的过程中，变化成了具有医学知识加持的养。这种互动过程不应称之为医养结合，而应该属于独立的养。

养伴随着人的一生，从生命之火开始点燃（精子和卵子结合）到生命之火熄灭一直存在。

生长期以“被养”为主，成年期以“自养+养他人”为主，老年期从“自养+养他人”逐步退化到“被养”为主。

在人类全生命周期过程中，在绝大部分时间里，养是独立存在的。

学习医学知识、养生知识、育儿知识、咨询专家等属于提升养能力的办法、方法、手段，属于健康教育，属于公共卫生健康服务体系中的重要组成部分。

健康教育提倡健康的生活方式，是为养。

在医师指导下的低脂饮食，低糖饮食，糖尿病饮食、肾病饮食等，是为养。

健康教育的终极目的是提升养的水平，不应属于医疗措施，所以也不属于医养结合，是为独立的养。

二、独立的医

没有伴随着养（行为）的医疗措施是为独立的医。如门诊小手术，门诊拆线，门诊拔牙，门诊检查治疗，又如老年人常去的慢病门诊检查取药等。

伴随着养（行为）的医疗措施，如果不符合医养结合概念定义的标准，也为独立的医。比如医疗服务时间很短，不超过 4 小时，期间养的措施很少。医的地点和养的地点不在同一个地点。提供的养属于增值服务，如健康体检时提供的餐饮和休息等。

独立的医，单纯的医，单一的医，都应该是专业的医疗服务。他们的意思相近，可以互相替代。

独立的医并不是不需要三层次的养。相反，如果希望把病治好，除了医疗技术精湛，必须有养的支持，没有养的支持，医疗则成为空中楼阁。

独立的医在全生命周期过程中是偶发的，持续时间是相对短暂的。

生命个体遵医嘱服药或锻炼，门诊定期复查、调整治疗方案等都是独立的医。

由于医养结合是一个新生事物，还没有形成成熟的模式，所以早期的医养结合的内涵、外延不可以扩大化，不可以只要沾上医和养的一点点边就纳入医养结合范畴，本书建议必须按照全生命周期医养结合的定义来严格界定、设立标准、执行标准，才能把医养结合工作落到实处。

第五节　生长期医养结合概述

从全生命周期医养结合定义出发，按照目的、人文伦理共识、地点、内容、人物、时间的顺序来阐述早已存在的生长期医养结合情况。

生长期界定：依据全生命周期生活能力发展理论的划分，生长期从生活年龄 0 岁开始到 20 岁结束。日历年龄从出生到 25 岁之间。

生长期的总特点是：7 项生活（养）能力从 0 起步，发展到满足自养能力水平；养的状态从完全“他养”到“部分他养+部分自养”，再到“完全自养+养他人”，社会特征是获得，从家庭、社会的获得大于对家庭、社会的贡献。

一、婴幼儿阶段的医养结合

（一）目的

目的明确，医养结合的目的是为了结束医养结合，回归家庭，回归独立的养。

分工明确，医养结合中，医为主，养为辅，养配合医，尽力缩短医养结合持续时间，争取早日回归独立的被养状态。

（二）人文伦理共识

婴幼儿是一个家庭的希望和纽带，是种族延续的保障，是一个家庭的未来，也是祖国的未来。家庭的育养地位，是不可取代的，再好的医院，再好的托幼机构也不能取代家庭，这是人文伦理的基本共识。

显然，婴幼儿阶段的 3 年时间里，家人们最希望婴幼儿一直健康生活在家庭里，即单纯养在家里。偶尔去医院完成独立的医，如做发育情况检查，注射疫苗等。其间最好能不去医院，没有所谓的医养结合服务最好。

但是，作为常识，家长们都知道，婴幼儿疾病来得快，去得也快，病情变化快，一旦发现婴幼儿身体不适，出于对孩子生命安全的考虑和对医院各项资源的信任，马上送医院检查、诊断、治疗是现代家庭的第一选择，由此开启一段时间的医院医养结合工作。

一旦开始一段时间的医养结合，医疗行为必须听大夫和护士的，带有绝对权威，虽然家属具有知情权和最终决定权。

养的内容和形式需要做出调整，改变巨大。

（三）地点

1. 最常见的医养结合地点是儿童专科医院或综合性医院的小儿科病房。医院里的医疗措施，效率最高，治疗效果最好，社会化分工的优势也体现在这里。事实上医院小儿科床位周转率是最快的科室之一。医院是医的主场，医的效率和质量是最高的。

2. 次常见的医养结合地方是家庭，大夫、护士带着相关容易携带的医疗设备到家里进行医疗服务。在家庭环境中，医疗服务的内容和效率被降低了，比较适合于疾病恢复期的婴幼儿。

家庭是养的主场，养的效率和质量是最高的。

（四）内容

1. 医的内容：为住院患儿检查、诊断，提供医院所能提供的医疗服务，治愈或好转疾病，早日消除医的措施。

2. 养的内容：为住院中的婴幼儿提供喂养，安全，清洁；带孩子去做检查，消除孩子的紧张、恐惧情绪，配合医务人员的治疗措施顺利实施等。

3. 医和养的内容调整。

（1）医为主，由医生来掌控医养结合的内容和走向。

为了实现医养结合的目的，婴幼儿期间的医养结合是以医为主，养是围绕着医，配合着医来展开的。

（2）养为辅，养的调整最大。

至少在医院医养结合期间，养的措施是被压抑的，减少的，是作出妥协的。

在医院的环境中，不方便、不适合养的措施展开，往往是一个婴幼儿住院，至少两人甚至全家人在做陪护和后勤支持，效率最低但必不可少。

（五）人物

1. 客体。

在全生命周期中，婴幼儿出生前、出生中、出生后的一段时间内已经开始接受医养结合服务。出生几天后离开医院，结束医养结合服务。回到家庭，开始独立的养。

婴幼儿阶段对独立养的需求主要是生理、安全、归属、呵护和爱的需求。从生活自理和运动能力方面来说，从呱呱坠地到 1 岁左右，婴幼儿完全没有生活自理能力（自养能力），如吃饭、穿衣、大小便处理、洗澡等全靠家人的生活护理。从 1 岁到 3 岁左右时的蹒跚学步，婴幼儿的运动能力发展迅速，但运动的稳定度不够，远没有达到行动自由的能力，也没有危险意识，常会出现坠床、跌倒、磕碰等。从认知和互动方面来说，婴儿 1 岁左右对母亲的依恋达到高峰，会有情绪的表达，他们的神经心理、感知觉发育日臻完善，需要养育者给予更多的亲情和关爱。婴儿阶段的孩子对养的需求是持续、不间断的生活和身心的呵护，家庭也会因为新生命的到来、成长而忙碌和充满亲情、温馨。

婴幼儿对独立医的需求主要是按要求注射疫苗，检查发育状况及患病时的门诊治疗。

婴幼儿阶段的疾病有其自身特点，由于生长发育迅速，自身免疫功能不成熟，抵抗力差，所患疾病多数因自身脏器系统发育不完善所引起，如消化紊乱、营养不良、呼吸道感染等。疾病来得快、病情演变发展也快，干预及时，好得也快，否则病情恶化也快，不良后果来得也快。所以婴幼儿的疾病治疗需要社会化分工而培养出来的医学专业人士，需要高水平的医疗设备和技术，在相对集中的地方相互配合才能够胜任，才能治愈婴幼儿疾病。

2. 主体。

在医疗机构中，医疗的措施是由儿科的执业医师、康复治疗师或执业护士来完成的；养的措施是由患儿的父母、爷爷奶奶、姥姥姥爷等亲人、护工、保姆或短期内由医护人员完成的。

在家庭中，专业的医疗措施仍然是由儿科的执业医师、康复治疗师或执业护士来完成；养的措施是由患儿的父母、亲戚、护工、保姆完成。

（六）时间

医养结合持续时间是从患儿在医疗机构或家庭接受医疗服务开始，一直到疾病治愈或好转后，医疗行为结束的这段时间。婴幼儿患病特点是来得快，好得也快，医养结合持续时间也相对短暂。

二、学龄前阶段的医养结合

学龄前阶段，生活能力年龄为4~6岁，日历年龄在3~7岁之间。

（一）目的

目的明确，医养结合的目的是结束医养结合，回归家庭和幼儿园。

分工明确，医养结合中，医为主，养为辅。养配合医，尽力缩短医养结合持续时间，回归家庭和幼儿园的独立的被养状态。

（二）人文伦理共识

婴幼儿是家里的宝。一旦发现孩子不舒服，第一时间会带着去医院，唯恐有闪失。随后全家总动员，养的措施跟上。

（三）医养结合地点

1. 最常见的地点是儿童专科医院或综合性医院的儿科病房，在医院里医疗措施的效率最高，治疗效果最好，社会化分工的优势也体现在这里。事实上医院儿科床位周转率是最快的科室之一。

2. 次常见的医养结合地方是家庭，大夫护士带着一些必要的、容易携带的医疗设备来到家里进行医疗服务。在家庭环境中，医疗服务的内容和效率被降低了。家庭是养的主场，养的效率和质量是最高的。由于婴幼儿在医院和家庭之间转运比较方便，也由于在家庭中医疗水平的受限，出于对孩子健康的更关注，家属更愿意选择去医院。

（四）医养结合内容

1. 医的内容：为住院患儿检查、诊断，提供医院所能提供的医疗服务，治愈或好转疾病，早日消除医的措施。

2. 养的内容：为医养结合中的孩子提供食物和喂养、安全、清洁；带孩子去做检查，消除孩子的紧张恐惧情绪，配合医务人员的治疗措施顺利实施等。

在医院的环境中，不方便养的措施展开，往往是一个儿童住院，至少两人甚至全家人在做陪护和后勤支持，养的效率最低。

3. 医和养的内容调整。

（1）医为主。医养结合因医而触发，因医而结束。以医为主，养围绕着医，配合着医来展开。

（2）养为辅。独立、全面而又高效的养也只有回归到家庭和幼儿园中才能得到充分享受。医养结合中养的措施是被压抑和减少的，是作出妥协的，需要中断幼儿园的养作为代价。

（五）人物

1. 客体。

学龄前阶段幼儿的特点（详见本书第三章相关内容）。

学龄前阶段与婴幼儿阶段对独立医的需求完全相同，主要是按要求注射疫苗，定期检查发育状况，患病时到医院治病。

2. 主体。

在医疗机构中，医疗服务是由儿科的执业医师、康复治疗师和执业护士来完成的；养的措施是由患儿的父母、亲戚、护工、保姆或短期内由医护人员完成的。

在家庭中，专业医疗措施仍然是由儿科的执业医师、康复治疗师或执业护士来完成的；养的措施由患儿的父母、亲戚、护工、保姆完成的。

（六）时间

医养结合时间是从患儿在医疗机构或家庭接受医疗服务开始，一直到疾病治愈或好转后，医疗行为结束的这段时间。小儿患病特点是来得快，好得也快，医养结合的持续时间相对短暂。

三、学龄阶段的医养结合

学龄阶段：在全生命周期生活能力发展理论中，学龄阶段是指生活年龄 7 岁开始到生活年龄 20 岁结束。日历年龄为 6~25 岁之间。

（一）目的

目的明确，医养结合的目的是为了结束医养结合，回归家庭和学校的独立的养。

分工明确，医养结合中，医为主，养为辅。养配合医，尽力缩短医养结合持续时间，回归家庭和学校，继续独立的养。

（二）人文伦理共识

孩子得病去医院，大人去陪护，没有什么异议。选择好医院和好医生，快点治愈，不希望耽误学业。

（三）医养结合地点

1. 14 岁之前属于儿童，在儿童专科医院或综合性医院的儿科病房，14 岁之后在成人病房。根据社会化分工的原则，在医院里医疗服务的效率最高，治疗效果最好，时间最短。

2. 次常见的医养结合地方是家庭，大夫、护士带着相关容易携带的医疗设备来到家里提供医疗服务。在家庭环境中，医疗服务的内容和效率被降低了。家庭是养的主场，养的效率和质量是最高的。

（四）医养结合内容

1. 医的内容：为住院患者检查、诊断，提供医院先进综合治疗措施，治愈或使身体好转，早日消除医疗措施，治愈出院，具体措施的决定权在于医生。

2. 养的内容：提供食物，陪伴、安全，清洁；协助去做检查，消除紧张恐惧情绪，配合医务人员的治疗措施顺利实施等。

在医院的环境中，不方便养的措施展开，养的效率和效果最低。

3. 医养结合中，医和养的内容调整。

（1）医为主。

医养结合目的的达成主要取决于医，所以医为主，养是围绕着医，配合着医来展开的。

（2）养为辅。

养的措施是被压抑和减少的，是作出妥协的。学业、训练或工作会因此中断。

（五）人物

1. 客体。

学龄阶段特点：生活能力从部分自理到完全自理，开始拥有超出自理的能力，具备了输出养能力的能力。完成从“他养”向“自养”再向“养他人”的三级跳。

生活年龄 20 岁是一个分界点。20 岁之前，获得大于奉献。20 岁之后，意味着奉献开始大于获得。

是身体灵敏度，柔韧性，肌肉力量发展最均衡的阶段。许多人生的生理极限记录多是在这个时期创造。

是记忆力、学习能力最强的时期。认知和社会心理发展非常迅速，是长知识、接受文化教育的重要时期。每个人的情况不同，开启了小学 6 年，初中 3 年，高中 3 年，职专 3 年，本科 4~5 年，硕士、博士 3~5 年的学习生涯，时间跨度达 9~20 余年。学历越高，学龄阶段时间越长。学龄阶段的生长目标是“德、智、体、美、劳”

全面发展。

2. 主体。

在医疗机构中，专业医疗服务是由执业医师、执业护士或康复治疗师等多人合作完成的；养的措施是由患者的父母、亲戚、男/女朋友、护工、保姆或短期内由医护人员完成的。

在家庭中，专业医疗的措施仍然是由执业医师、执业护士或康复治疗师来完成的；养的措施是由患者的父母、亲戚、朋友等家庭成员完成的。

（六）时间

医养结合的持续时间是从患者在医疗机构或家庭接受医疗服务开始，一直到疾病治愈或好转后，医疗行为结束的这段时间。

学龄阶段患者身体处于身体发育阶段，疾病特点是来得快，好得也快，医养结合持续时间相对短暂。

第六节　成年期医养结合概述

从全生命周期医养结合定义出发，按照目的、人文伦理共识、地点、内容、人物、时间的顺序来阐述已经存在的成年期医养结合情况。

成年期界定：依据全生命周期生活能力发展理论的划分，成年期从生活年龄 21 岁开始到 60 岁结束。日历年龄为 16~65 岁之间。

成年期的总特点是：7 项生活能力发展水平均超过自养能力所需，进入了生活能力过剩，具备了输出养能力的能力。养的状态为“自养+养他人”。社会特征是奉献，对家庭、社会的奉献大于从家庭、社会中获得。

一、成年期探索阶段的医养结合

成年期探索阶段：在生活（养）能力发展理论中，成年期探索阶段是指生活年龄 21 岁开始到生活年龄 30 岁结束。日历年龄为 16~35 岁之间。

（一）成年期探索阶段医养结合的目的

目的明确。医养结合的目的是结束医养结合，回归家庭、学校或工作岗位。

分工明确。医养结合中，医为主，养为辅。养配合医，尽力缩短医养结合持续时间，回归家庭、学校或工作岗位等多个“自养”以及“养他人”的地方。

（二）人文伦理共识

患者住院需要父母，丈夫/妻子等家人陪伴。尽量选择最好的医院和医生，借助最好的手段，快点治愈，早日出院，不希望耽误生活、学习或工作。

（三）医养结合地点

1. 最常见的是医院。

2. 次常见的医养结合地方是家庭，大夫、护士带着相关容易携带的医疗设备来到家庭，提供居家专业医疗措施的实施。

（四）医养结合内容

1. 医的内容，医为手段和措施，为住院患者检查、诊断，提供医院先进综合治疗措施，治愈或使身体好转，早日结束医的措施，治愈出院。

该阶段出现一个特别群体——孕产妇的保健。绝大部分时间是在医生的指导下进行独立的养和独立的医。有时候会出现异常情况，也可能需要住院治疗，从而开始一段时间的医院医养结合。孕妇待产、生产和产后的一段时间是处于医院医养结合服务之中。

2. 医养结合中养的内容：提供食物，陪伴、安全，清洁，协助去做检查，消除紧张恐惧情绪，配合医务人员的治疗措施顺利实施等。

在医院的环境中，不适合、不方便养的措施展开，三层次的养，回落到生理层面、精神层面为主，养的效率和效果最低。

3. 医养结合中，医和养的内容调整。

（1）医为主。

医虽然为手段，但此时的主要矛盾恰恰是需要手段（医）干预生命的过程和质量。医养结合目的的达成主要取决于医，所以医为主，养是围绕着医，配合着医来展开。

（2）养为辅。

虽然，养是生命存在的基础，是生命存在的意义和乐趣。但是该阶段医养结合中的养是次要矛盾。养的措施是被压抑的、减少的，是作出妥协的，因为学业和工作要中断为医疗措施让路。

（五）人物

1. 客体。

成年期探索阶段特点是：

生活完全自理，开始拥有超出自理的能力，具备了输出养能力的能力。进入“自养+养他人”的状态。

生理层面的自养不再是问题，寻求心理层面的养，期望内心世界越来越强大；更多寻求社会层面的养，期望建功立业，扬名立万，实现养他人的最大化。

一般情况下，生活年龄30岁是一个分界点。30岁之前，在热血、冲动和荷尔蒙的推动下，许多青年无所畏惧，敢闯敢干，不怕失败，勇于探索，探索社会，探索大千世界，探索一生事业定位，还有谈婚论嫁，组建新的家庭单元等。

2. 主体。

在医疗机构中，医疗的措施是由执业医师、康复治疗师或执业护士来完成的；养的措施是由患者的父母、爱人、亲戚、朋友、护工、保姆或短期内由医护人员完成的。

在家庭中，专业医疗措施仍然是由执业医师、康复治疗师或执业护士来完成的；养的措施是由患者的父母、亲戚等家庭成员完成的。

（六）医养结合时间

医养结合持续时间是个体在医疗机构或家庭接受医疗服务开始，一直到疾病治愈或好转后，医疗行为结束的这段时间。医养结合的时间相对短暂。

二、成年期稳定阶段的医养结合

成年期稳定阶段：在生命周期生活能力发展理论中，成年期稳定阶段是指生活年龄从31岁开始到生活年龄50岁结束。日历年龄为26~55岁之间。

稳定阶段的特点是稳定，身体各项机能相对稳定，处于高峰平台阶段。心理、心性越来越稳定，越来越成熟。家庭结构稳定，大人陪伴小孩共同在成长。个人职业发展稳定进步中，对家庭和社会的贡献稳定加速输出中。

稳定阶段的成年人上有老，下有小，又是单位、社会的骨干力量，“养他”的任务大、责任重。

（一）目的

目的明确，医养结合的目的是结束医养结合，尽力缩短医养结合持续时间，回归家庭或工作单位，尽早恢复“自养”和“养他人”状态。分工明确，医为主，养为辅，养配合医。

（二）人文伦理共识

稳定阶段的成年人是家庭的顶梁柱，单位的骨干，超负荷工作增多，亚健康增多，过劳死开始出现。一旦患病，希望获得最积极的干预治疗，尽快恢复健康，回归工作岗位和家庭。

选择医院和医生，寻找最好的手段，快点治愈，不希望耽误生活、工作和学习。

（三）地点

1. 最常见的是医院。

2. 次常见的医养结合地方是家庭，大夫、护士带着相关容易携带的医疗设备来到家里，进行医疗措施的实施。

（四）医养结合内容

1. 医的内容：医为手段，进行检查、诊断、实施所住医院先进综合治疗措施，治愈或好转疾病，早日结束医的措施，治愈出院。

2. 养的内容：提供食物，陪伴、安全，清洁；协助去做检查，消除紧张恐惧情绪，配合医务人员的治疗措施顺利实施等。

在医院的环境中，不适合、不方便养的措施展开。三层次的养，回落到满足生理、心理层面为主，养的效率和效果最低。

3. 医养结合中，医和养的内容调整

（1）医为主。

医为手段，医养结合的主要矛盾恰恰是需要手段（医）干预生命的过程。医养结合目的的达成主要取决于医，所以医为主，养是围绕着医，配合着医来展开。

（2）养为辅。

养是生命存在的基础，是生命存在的意义和乐趣。但是医养结合中的养是次要矛盾。养的措施是被压抑的、减少的，是作出妥协的。家庭的养和社会的养要中断。

（五）人物

1. 客体。

成年期稳定阶段特点：

生活完全自理，拥有全生命周期中最强的超出自理的能力，具备输出养能力最强最稳定的能力。处于“自养”和“养他人”的最佳状态。

生活年龄 50 岁是一个分界点。过了这个点，成年人的身体由强盛向衰弱过渡的速度加快，生理机能逐年下降，抵抗力下降，慢性病逐渐暴露，常见慢性疾病如高血压、糖尿病或其他心脑血管疾病随之而来，这些疾病会大大增加患者的就医次数和住院时间，医养结合的时间较青少年、青年阶段延长，疾病恢复较年轻人变慢。个体将慢慢认识到有些疾病将余生共存，对养生的需求增加，认识到需要通过长期饮食、运动或药物调节身体，对养的重要性认识越来越深刻。个体会花更多的时间和精力在养的措施上面，以期减少医的措施，例如通过饮食、运动来调整血压、血糖、血脂等指标，减少口服药物种类，达到控制疾病症状的目的。

2. 主体。

在医疗机构中，专业医疗措施是由执业医师、康复治疗师或执业护士来完成的；养的措施是由患者的家人、亲属、护工、保姆或短期内由医护人员完成的。

在家庭中，专业医疗措施是由执业医师、康复治疗师或执业护士来完成的；养的措施是由家人、亲属、朋友、保姆等完成的。

（六）医养结合时间

医养结合的时间是个体在家庭或医疗机构接受医疗服务开始，一直到疾病治愈或好转后医疗行为结束的这段时间。

医养结合的时间相对短暂。该阶段多数时间以独立的医和独立的养为主，医疗措施是短暂的、可期的。

三、成年期收尾阶段的医养结合

成年期收尾阶段：在全生命周期生活能力发展理论中，成年期收尾阶段是指生活年龄 51 岁开始到生活年龄 60 岁。日历年龄为 46~65 岁之间。

（一）目的

目的明确，医养结合的目的是结束医养结合，回归家庭和工作岗位进行独立的养。

分工明确，医养结合中，医为主，养为辅。养配合医，尽力缩短医养结合持续时间，回归家庭、学校和工作地等多个“自养”以及“养他人”的地方。

（二）人文伦理共识

患了疾病，不得不进入医院医养结合状态。最大的希望是选择最好的医院和医生，快点治愈疾病，回归独立的养状态，回归到非医院环境状态中的生理、心理、社会三层面的养。

（三）地点

1. 最首选的医养结合地点是医院、疗养院、康复医院、康复中心也是常见的医养结合之地。

2. 次常见的医养结合地方是家庭，大夫、护士带着相关易携带的医疗设备来到家里实施医疗措施。

3. 收尾阶段的成年人不考虑养老机构。

（四）内容

1. 医的内容：医为手段，为住院患者检查、诊断，实施医院先进综合治疗措施，治愈或使身体好转，早日结束医的措施，治愈或好转后出院。

2. 养的内容：养为基础，提供食物，陪伴、安全，清洁；协助去做检查，消除紧张恐惧情绪，配合医务人员的治疗措施顺利实施等。

在医院的环境中，不适合、不方便养的措施展开，三层次的养，回落到生理层面、心理层面为主，养的效率和效果最低。

3. 医养结合中，医和养的内容调整。

（1）医为主。

医为手段，医院医养结合的主要矛盾恰恰是需要最好的手段（医）干预生命的过程。医养结合目的的达成主要取决于医，所以医为主，养是围绕着医，配合着医来进行。

（2）养为辅。

养是生命存在的基础，养是生命存在的意义和乐趣。但是医院医养结合中的养是次要矛盾。养的措施是被压抑和减少的，是作出妥协的。生理层面的养不如家庭。心理、情绪层面的养需要调整，社会层面的养要中断，为家庭、为社会的“养他”工作要暂时中断。

（五）人物

1. 客体。

7 项生活能力指标完全正常，拥有超出生活自理的能力，具备输出养能力的能力。处于“自养+养他人”的状态。

收尾阶段的成年人，同时身为家庭、单位、社会上的骨干力量，“养他人”的任务大，责任重。同时，随着年龄的增长，身体机能由强盛向衰弱过渡，生理机能逐年下降，抵抗力下降，慢性病逐渐暴露，常见慢性疾病如高血压、糖尿病或其他心脑血管疾病随之而来，客体需要更多地关注健康，会花更多的时间和精力在科学的养措施上面，学习医学和养生知识，改进不良的生活习惯，例如通过饮食、运动调整血压、血糖、血脂等指标，越来越重视康养的作用。

收尾阶段的医和养在绝大多数时间是独立状态，医疗措施是短暂的，独立的医明显增多。而养的措施是长期的。当客体由于各种原因进入医疗机构，开始一段时间的医院医养结合时，客体、客体的亲属和社会上的同事、朋友均希望客体尽早恢复健康、恢复“自养+养他人”能力，回归家庭和社会。因此会寻找最好的医生和最好的医院，最好的医疗环境，即使在养的方面做出一定的妥协也认为是应该的、可以接受的。

2. 主体。

在医疗机构中实施的医养结合，专业医疗措施是由执业医师、康复治疗师或执业护士来完成的；养的措施是由患者的家人、亲戚、朋友、护工、保姆或短期内由医护人员完成的。

在家庭中实施的医养结合，专业医疗的措施仍然由执业医师、康复治疗师或护士来完成的；养的措施是由患者的家人、亲戚、护工、保姆完成的。

（六）时间

医养结合的时间是从患者在家庭或医疗机构接受医疗服务开始，一直到疾病治愈或好转后医疗行为结束的这段时间。

医养结合的时间是短暂的。

第七节　老年期医养结合概述

老年期界定：依据生活能力发展理论的划分，老年期是从生活年龄 61 岁开始到生命之火熄灭结束。日历年龄为 61 岁到去世。

老年期的特征是“失去”：生活能力的失去，7 项生活能力先后缓慢下降，继之快速下降，最终失去。健康逐渐失去。最终，生命的失去。

养的状态从“自养+养他人”退化到“部分自养+部分被养”，再退化到“被养”状态。

从全生命周期医养结合的定义出发，按照目的、伦理认识、地点、内容、人物、时间的顺序来分析阐述老年期医养结合的情况。

一、活力阶段的医养结合

（一）目的

目的明确，活力阶段医养结合的目的是结束医养结合，回归家庭享受独立的养和独立的医。

分工明确，医养结合中，医为主，养为辅。养配合医，尽力缩短医养结合持续时间，回归家庭这个“自养”和“养他人”的地方。

（二）人文伦理共识

活力阶段的老年人，属于全生命周期的黄金阶段。“四有三选择两必须”（详见本书第三章）是活力阶段老年人的特点。活力阶段老年人的养老更应该是养生或者康养，采用健康的生活方式滋养生命。养生、康养最大的愿望和目的是保持活力阶段的时间越长越好。

活力阶段的长者由于疾病原因，不得不开始一段时间的医养结合时，首先希望尽快治愈或使身体好转，回归家庭和社会。当然首选质量和效率最高的医疗机构，寻找最好的医疗手段。在医养结合期间，医为主，养为辅。

（三）地点

最常见的医养结合地点是医院。根据所患的疾病种类以及其他因素，决定医院的种类、级别。不同的疾病，住不同的科室如消化道疾病住消化内科，眼科疾病住眼科，糖尿病相关的疾病可能住内分泌科，心脑血管疾病分别住心内科、神经科的专科病房或专科医院。

次常见的医养结合地方是医院的康复科，康复专科医院，康复中心，具备康复功能的医养结合机构。

活力阶段的老人日常居住在家庭，其医疗措施如慢病诊治、常见疾病的诊疗，复诊、开药，活力老人可以自行或在家人、朋友陪护下到附近的医院、社区卫生服务中心去完成这些独立的医（疗活动）。活力阶段的老人具备自养和养他人的能力，日常生活属于独立的养。所以，活力阶段老年人的家庭不构成一个医养结合地点。

（四）内容

1. 医的内容：医为手段，为住院老人检查、诊断，实施医院先进综合治疗措施，治愈或使身体好转，早日结束医的措施，治愈或好转后出院。

医疗的具体内容由医生来制定方案，护士执行，医技人员辅助。

2. 养的内容：包括但不限于活力老人生理层面所需的食物、水、清洁、睡眠等；心理所需的慰藉、关爱，陪伴等。社会层面的活动只能暂停一下。

3. 活力阶段的医养结合中，医为主，养为辅。

由于社会化分工的原因，医院承担救死扶伤的分工，医是干预生命质量和长度的手段，医院发展的重点在医疗技术而非长期的养护功能。医院内的医疗有多学科医师、专家团队和高精尖仪器设备的支持。在医务人员的视线中，满眼都是病人，张口闭口某某病人、某某病情，在医院这个环境里，基本没有生活的氛围。

活力阶段老年人住院接受医养结合服务，是为了寻求更好的医疗手段和措施，尽快治愈、好转、稳定疾病，尽早、尽快结束医养结合中的医疗措施，回归家庭和社会，回归独立的养状态或独立的医状态，回归到老有所乐、老有所为、老有所学的状态。

活力阶段老年人接受医院医养结合服务的过程中，养的措施是被压抑的、减少的，是做出妥协的，适可而止，保持较低的水平。养是围绕着医，配合着医来展开的。

在医院，养的内容主要是满足最基本的生理需求为主，心理层面和社会层面的养都向后放一放，减少甚至是停止的。

家庭和养老机构是以养为主的环境，养的内容是最多的、最全面的，从生理需求的满足到心理层面、社会层面需求的满足。许多内容是不能带到医院去的。

（五）人物

1. 客体。

老年期活力阶段整体上具备“自养+养他人”能力，日常生活完全自理且有富余。

活力阶段的老有所养，指的不是老人“被养”而是指“自养+养他人”。活力阶段的老人有意愿、有时间、有经验、有知识、有能力提高“自养”和“养他人”的能力，对养生问题的重视达到了人生的高峰。

活力阶段老年人行动自如，生活能力强，当身体不适或主动感觉需要医生的检查、诊断或专业建议时，往往直接去医院就诊，这是独立的医疗行为而非医养结合行为。比如健康查体、遵医嘱服用药物、健康咨询、服药后身体指标的监测等，这种求医方式符合社会化分工的原则，节省社会资源，效率高。当真正需要医养结合时，活力阶段的老年人也会首选医院，因为活力阶段老年人的医养结合目的同生长期、成年期一样，都是为了尽早结束医养结合，回归家庭和社会。

老有所为，老有所学，老有所乐，是老年人活力阶段的主旋律。

2. 主体。

医疗机构医养结合中，医的提供者包括执业医师、康复治疗师、执业护士及其他医技人员；养的措施主要有家庭成员轮班，医院内的临时护理人员和医院内的医护人员共同完成。

（六）医养结合时间

同成长期、成年期一样，活力阶段老年人医养结合时间，是从老人开始接受医疗服务开始，一直到疾病治愈或好转后医疗服务结束的这段时间。

60 岁以后，由于身体机能下降，恢复力减弱，多病共存，在同样的疾病情况下，医养结合时间可能要比成长期和成年期所需时间要长。

二、过渡阶段的医养结合

判断老年期过渡阶段的指标主要是生活能力水平和年龄因素两项指标。生活能力水平为主指标，年龄作为参考指标（详见本书第三章内容）。

（一）目的

主观愿望上，医养结合服务的目的仍然希望结束医养结合，回归到活力阶段独立的养和独立的医状态。

客观现实中，到了老年期过渡阶段，由于年龄的增长，平均年龄大于 75 岁，身体结构、组织的老化和退化，生理功能的衰退、以往疾病的后遗症等，使得疾病好转和身体机能恢复越来越困难，而且许多慢性病也不可能被治愈，于是形成了长期的带病生存，需要医疗措施干预的频率大增。与此同时，7 项生活能力，尤其是运动能力和记忆能力的下降，造成以往长者能够独立完成或需要极少帮助就能完成的独立的医（比如去医院门诊复查和取药）也不能完成了，自然而然的医养结合工作从此成为常态化，其医养结合的目的也从过渡阶段开始发生了变化，出现了以下两种情况：

1. 医疗机构医养结合，尤其是级别越高的医院，发生的医养结合目的仍然是为了尽快治愈、好转、稳定疾病，然后结束医疗机构内的医养结合，回归或转到居家社区、养老机构继续进行长期、精准、高性价比的医养结合服务。

2. 在居家社区和养老机构等地点的医养结合服务，其目的不再是为了结束医养结合，而是长期、精准、高性价比的医养结合服务。

（二）人文伦理共识

由于生活能力的下降，慢性病的长期影响，老人独自去医院就医的能力逐步丧失，危险性增加，去医院需要多人陪护，独立的医疗行为的社会成本（不包括医药、医疗费用）越来越高，独立的医疗行为越来越少。

由于生活能力的下降，老人“自养”的能力下降，“自养”的质量也下降，风险增高。“被养”的需求增加，“被养”的几率增加。

精准、高性价比、长期存在的医养结合服务是解决这个问题的钥匙。

精准是指划定疾病种类或常见病范围，划定专业医疗措施和专业医疗护理范围，有所为和有所不为谓之精准。

高性价比是指疾病急性期后的接续性治疗和康复在康复医院（中心）、居家社区、养老机构内实现要比长期在综合性医院性价比高，人文环境也好。

长期是相对于生长期、成年期、老年期活力阶段的医养结合时间来说的，医养结合持续时间转变成长期存在，意味着直到老人去世。

老年期过渡阶段是一个分水岭：之前活力阶段的养是“自养+养他人”，之后失能阶段的养是“被养”。之前活力阶段的医是独立的医为主，即使偶尔有之的医养结合，也是医为主，养为辅，地点在医院。之后的失能阶段转变成养为主，医为保障。之前活力阶段的医养结合是短暂的，之后失能阶段的医养结合是长期存在的。

老年期过渡阶段短则 1~5 年，长则 10 余年。之所以称之为过渡阶段，是因为不稳定，生活能力变化比较快速的一段时间。比如养能力从“自养+养他人”，退化成“部分自养+部分被养”，最后退化过渡成了“完全被养”，进入到下一个老年期失能阶段。其间经历了或快或慢、或轻或重的变化过程。在过渡阶段，虽然养护非常重要，但是老人和家属更在意医疗措施和康复保健，一般都会经历从积极主动求医，充满信心，满怀希望疾病能够治愈，身体功能能够恢复到正常，到慢慢接受与慢性病长期和平共存，部分身体机能再也不能恢复的事实，以及接受长期的以养为主的医养结合服务。

（三）地点

过渡阶段的医养结合地点既可以是医疗机构，也可以是养老机构或者居家社区，决定医养结合地点的因素主要有两点，疾病分期和人体功能恢复潜力。

1. 慢病常规诊疗、恢复期康复治疗、后遗症期，首选居家社区或养老机构。

2. 当突发急症、慢性病急性发作、疾病急性期、亚急性期、功能恢复早期时，医养结合地点首选综合性医院的专科病房或专科医院。

3. 综合考虑老人的年龄、疾病状况、身体状况，如果判断机体功能恢复潜力大时，则首选医院和接续性医疗机构，接受以医为主的医养结合。如果判断机体功能恢复潜力小或不能恢复时，则首选家庭、养老机构等以养为主的医养结合地点。

（四）内容

1. 医的内容。

医疗机构：医为手段，为老年人检查、诊断，实施医疗机构内先进综合性治疗措施，治愈或好转疾病，早日结束医疗机构内的医养结合服务，回归到家庭或养老机构的以养为主的医养结合状态。

居家社区或养老机构：医为手段，为疾病后遗症期的老年人提供康复医疗护理措施，维持肢体功能；慢病管理，常见疾病的处理等。

2. 养的内容。

满足老年人的生理需求，如吃饭、喝水、翻身、洗漱等；满足老年人的心理需求，如老年人会因疾病的不适，身体的衰老，子女不在身边，活动范围的缩减，对孤独、死亡的恐惧等产生负面情绪，老年人需要更多的陪伴；满足老人的社会需求，给予社会支持，尽可能参与社会活动。

陪同老人去做检查，配合医务人员，方便治疗措施顺利实施等。

3. 医养结合中，医和养的内容调整。

一般情况下，首先开始医疗机构医养结合，医为主，养为辅，适合于老年人疾病发作前生活能力自理的老人，老人和家属都比较希望通过积极的医疗措施和康复理疗来恢复老年人的生活能力，重新回到发病前的状态。

其次，随着疾病度过了急性期、亚急性期后，机能恢复越来越慢，最后到了后遗症期时，再多的医疗干预也难以让老年人受损的机能恢复到发病前的状态，开始需要长期的医养结合服务，医和养长期共存，开始以养为主，医为辅。

（五）人物

1. 客体特征。

过渡阶段老年人生活能力下降明显，7 项生活能力评估，已经存在至少一项需要护理人员协助才能完成，老年人逐步失去“自养+养他人”的能力，过渡为“部分自养+部分被养”的状态，直到进入完全“被养”状态。

过渡阶段老年人最基本的衣、食、住、行、医、环境安全等方面开始需要协助。

心理落差大，生活能力的衰减，身体机能的丧失，从养儿孙变为被儿孙养，从自主活动变活动不自主，被搀扶等，这些事情都会使老年人的心态发生明显变化，感觉沮丧，情绪低落，需要他人的尊重、体谅、宽解。

同时，过渡阶段老年人开始脱离原来的社会群体活动，活动范围大大缩小，从一个社会老人变成了一个社区老人、家庭老人。老有所为也逐渐停止。开始进入了老有所依、老有所靠、老有所（被）养阶段。他们需要来自社会层面的关爱与支持，例如社会保障系统支持、社会团体或社区组织的关怀和帮助等。

刚刚进入过渡阶段的老年人及其家属都还是比较希望通过医疗措施和康复理疗恢复老人的生活能力，重新回到活力阶段，所以还是比较积极地寻求各种各样的治疗方式。从疾病的发展和恢复规律来讲，也应如此。但是随着疾病度过了急性期、亚急性期、恢复期后，机能恢复越来越慢，最后来到了后遗症期。老人和家属可能也尝试了多种治疗办法后，逐步接受现实，明白了机体有些功能失去了是回不来的，再也回不到独立养和独立医的状态。下一步需要医和养的持续存在、配合来维持现状，尽量让生活能力的下降慢一些，生活品质高一些。

随着生活能力的下降，尤其运动能力的下降，老人到项目多、质量好、效率高的医院就诊的成本越来越高，需要的人力物力也越来越多，住院时的陪护成本越来越高，时间越来越长，显然，这种状态对医院、家属、医保资源三方压力剧增，不可持续。很明显，长者、长者家属、医院、医保支付均需要一种持续、精准、低成本的医养结合服务来接续医院医养结合服务，即居家社区和养老机构医养结合来做“接力棒”。

2. 主体。

医疗机构医养结合中，医的提供者包括执业医师、康复治疗师、执业护士及其他医技人员；养的提供者主要包括护工、护理员、家属或其他亲朋好友，护士有时也参与。

养老机构医养结合中，医的参与者包括执业医师、康复治疗技师、执业护士或其他医技人员；养的提供者包括养老护理员、医养照护师、护士、社工师、心理咨询师、厨师、营养师等。

居家社区医养结合中，医的提供者包括家庭医生和/或执业护士；养的提供者包括家属、保姆或长期护理保险定点机构的护理人员。

（六）时间

医养结合时间与医养结合目的、医养结合地点密切相关。

1. 医疗机构，尤其是级别越高的医院，医养结合的目的是尽快治愈、好转、稳定疾病，然后结束医疗机构内的医养结合，回归或转到家庭、养老机构进行独立的养或者长期、精准、高性价比的医养结合服务。医疗机构（医院）提供的医养结合服务时间比较短暂，存在时间限制。

2. 居家社区、养老机构医养结合服务的目的不再是结束医养结合，而是长期、精准、高性价比的医养结合服务。时间持续比较长，延续并覆盖过渡阶段、失能阶段，直到生命之火熄灭。

三、失能阶段的医养结合

（一）目的

老年期失能阶段医养结合的目的不再是结束医养结合，而是为了长者的生命质量更好而采取的一系列保护残留功能和让老人与疾病和平相处的生活服务和医疗服务，直到生命之火熄灭。

失能阶段的医养结合目的有以下两种情况。

1. 医疗机构内实施的医养结合服务，尤其是级别越高的医院，医养结合目的还是为了尽量、尽快治愈、好转、稳定突发或慢病急性发作的疾病，然后结束以医为主的医疗机构医养结合，回归或转移到居家社区、养老机构。

2. 居家社区、养老机构的医养结合是以养为主，医为支持保障的长期、精准、高性价比，更好的人文环境更符合社会分工原则的医养结合服务，在温馨的环境下，祥和、无痛苦、有尊严地陪伴老人走完人生最后的时光。

（二）人文伦理共识

由于7项生活能力的一步步或一次性丧失，老人在失能阶段彻底失去了独立去医院就医和自养的能力，独立的医和独立的养彻底消失，去医院治疗和日常生活均需要多人行动和陪护，养和医的社会成本（不包括医药、医疗费用）越来越高，只能是医养结合，区别只在于医养结合的地点在医院、家庭还是养老机构。

当长者进入到老年期失能阶段时，已经不能再奢望通过医疗手段让老人回归到独立的养状态和独立的医状态。在失能阶段，老年人常常患有一种或多种慢性疾病，疾病症状复杂且不典型，卧床后容易发生坠积性肺炎、肺不张、尿路感染、压疮、便秘、下肢静脉血栓等。医的作用主要是慢病管理、预防、处理并发症，减轻疾病带给长者的痛苦感受。

老年期失能阶段短则几个月，长则十余年，除了医的经常但间断性介入外，更需要不间断的专业、细心养护，所以失能阶段老年人需要的是以养为主的医养结合服务，需要的是长期、人性化、符合社会分工原则的医养结合服务。

长期是相对于生长期、成年期、老年期活力阶段的医养结合时间来说的。

人性化包括温馨、适老化环境和人文活动，特别是人文活动，人际交往互动，陪伴方面的内容。

符合社会化分工原则。养是基础性工作，养的最小、最基础的承载单元是家。家的组建、发展、消失有其生命周期。当家庭因为人力不足或者能力不够或者其他原因承担不了老人的养护时，养老机构则是家庭养老功能的延伸和社会化分工的结果。医是经过长期培训才能掌握的复杂、高级手段。医脱胎于养而又高于养，对养有指导作用，但是医不能代替养的工作，实际上也无法代替。医和养只能结合，不能替代。

赡养老人是中华民族的传统文化和美德，是子女的义务也是社会的责任。家庭对于老年人来说是提供个性化照护和满意度最高的场所，家庭是老年人最熟悉的地方，是最好的心灵安慰剂，任何一家医院或养老机构都无法比拟和代替。

但是，因为当代社会的少子化现象，“4-2-1”家庭大量出现，家庭成员对老年人生活照护的功能大大弱化，照护效果反而不如养老机构，老年人生活照护的地点不得不转移到家庭之外，这也是当代的人文伦理共识。

（三）失能阶段医养结合的地点

1. 最常见的医养结合地点是居家社区。大夫、护士带着相关易携带的医疗设备经常但间断性来到家里进行医疗措施的实施。在家庭环境中，医疗措施的范围、效率和水平是降低的。但是养的效率和质量是最高的，是老年人最适合的养环境。

2. 次常见的医养结合地点是医养结合型养老机构。机构内的医护人员或合作医院的医护人员提供医的措施，专业养老护理人员提供养的措施。在养老机构，医疗措施的范围、效率和水平较医院低，但相比家庭，其方便性、及时性、效率和质量又比家庭高。对老人养护的环境、设施以及服务的专业性、质量和水平均处于较高水平。

3. 第三常见的医养结合地点是医院病房。在医院里医疗措施的范围、效率、质量最高，养的范围、效率和质量最低，不方便养的措施展开。

（四）医养结合内容

1. 医的内容：失能阶段老年人已经没有主动就医和选择的能力，主要由监护人决定选择居家社区、养老机构或者医院提供的医养结合服务中的医疗内容。

一般情况下，居家社区、养老机构中的医养结合为失能阶段老年人提供常见病医疗、慢病管理、康复、安宁疗护措施；为慢病急性发作的老年人做出经验性的初步诊断，实施院前急救措施，提出下一步的医疗措施建议。

综合性医院、专科医院提供的医疗服务，主要由主治医生根据病情来决定内容。

2. 养的内容：满足老年人的生理需求，如饮水、吃饭、翻身、洗漱、清洁、两便管理等内容；满足老年人的心理需求，比如老年人会因疾病的不适，身体的衰老，子女不在身边，活动范围的缩减，对孤独、死亡恐惧等产生负面情绪。给予失能阶段老年人更多的人文陪伴。社会支持包括回忆历史，整理回忆录，陪同去做检查，配合医务人员的治疗措施顺利实施等等。

专业照护，预防卧床相关并发症。老年人一旦失能卧床后，卧床相关并发症会接踵而至，如坠积性肺炎、肺部感染、尿路感染、肌肉挛缩等。感染是老年人最常见的并发症，因感染引起老年人死亡的发生率非常高，是 80 岁以上老年人第一位死亡原因。因此，完全不能自理的老年人需要专业的照护，以人为本，个性化护理，减轻老年人痛苦，预防卧床相关并发症的发生。

老有所养，失能阶段属于全生命周期生活能力发展中的末期阶段。失能阶段老年人的养指的是被养或他养，老年人所有的需求都可能需要他人协助或代办来满足。其中，优先考虑的是生理和心理需求。老年人需要通过最基本的生理需求满足来维持生命存在、维持营养、预防并发症。同时，心理满足格外重要，往往对失能老年人心灵的照护容易被大家所忽略。失能老年人容易有悲观厌世情绪、被冷落感、少言寡语、情绪不稳或性情大变，失能老年人需要更多的被尊重、被重视、被理解、家人的关爱和陪伴以及家庭的包容。

老有所靠、老有所依、老有所终。人老了，最怕的是身边没有照护，身后没有归处。人生是个圆，爱有来处，亦有归处。老年人需要温暖的照护，需要社会的关爱，需要有所依靠，需要安宁、舒适的归属，了无遗憾，安然往生。

3. 失能阶段医养结合中医和养的内容调整。

养为主，医为辅。

失能阶段的医养结合服务，养为主，医为辅。专业化养护工作，专业的生活照护可以保护身体残余功能，避免肢体挛缩。勤翻身，每日下床被动活动可以有效预防和减少压疮、坠积性肺炎等生活能力失能后的并发症。失能阶段的老人身体非常脆弱，持续不间断的精心照护远比经常但间续的医疗措施重要。

再好的医疗干预也难以让失能阶段的老年人已经丧失的机体功能得以恢复，医疗已经不再以治愈为目的。失能阶段老年人的医养结合应该以养为主，地点多为医养结合养老机构和居家社区，多些陪伴，尽量让老人多些快乐，少些痛苦，体面地走完人生最后一段时光。

（五）人物

1. 客体。

失能阶段老年人日常生活不能自理，部分功能完全需要他人来完成。处于“被养”状态。

养的生理层面，由他人提供衣、食、住、行以及安全需要。

养的心理层面，老年人会有无用感、孤独感和觉得不再被需要、开始依靠他人、失去希望等心理变化，老年人迫切希望得到子女的关心、亲情陪伴和照顾。

养的社会层面基本丧失，三个层面少了一层。养老机构可以通过链接社会组织资源来弥补一些缺失。

医的层面，病情稳定时，主要以接受家庭或养老机构中的慢病管理等医疗服务为主。当慢病急性发作或其他急症发作时，工作人员采取现场以及院前急救或要防护等措施，向家属提出下一步的预后及后续治疗建议，通常由子女决定是否去医院就医。

2. 主体。

（1）医疗机构内，医的提供者包括执业医师、康复治疗师、执业护士及其他医技人员；养的提供者主要包括保姆、临时护工、家属或其他亲朋好友，护士偶有参与。

（2）养老机构内，医的参与者包括执业医师、康复治疗技师、执业护士或其他医技人员；养的参与者包括养老护理员、医养照护师、护士、社工师、营养师等。

（3）居家社区，医的提供者包括家庭医生或执业护士；养的提供者包括老年人家属、保姆或长期护理保险定点机构的护理人员。

（六）医养结合时间

覆盖老年期失能阶段全过程。

第八节　全生命周期医养结合理论的意义

一、全生命周期医养结合理论填补了当前医养结合理论的空白

理论是指人们关于事物、知识的理解和论述，是指概念、定义和原理的体系化，

是系统化了的理性认识，具有全面性、逻辑性和系统性的特征。正确的理论是对客观事物的本质和规律的正确反映，它来源于社会实践，并指导人们的实践活动。

理论产生和发展既由实践决定又有自身相对的独立性。理论是指对事物的合理解释和预测，对客观事物本质及其运动规律的科学认识，指关于应该做什么的规定和建议。它是实践的总结，又是实践的向导。科学的理论是经得起实践检验的真理。

在以上原则的指导和要求下，笔者使用第一篇共四章的篇幅，系统性地构建了人类全生命周期医养结合与医养独立理论体系，填补了当前国内外医养结合理论的空白。

二、全生命周期医养结合理论对实际工作的指导意义

1. 医养结合概念望文生义：医和养相结合，医疗服务和养护服务（生活服务）相结合。既可以理解为医和养的动作、行为、措施相结合，也可以理解为支撑动作、行为、措施背后的养资源和医资源相结合。与之前的老年人医养结合概念的内涵相包容，是对之前老年人医养结合概念的细化、深化、具体化。

2. 医养结合概念定义的角度发生转变：由老龄群体角度下定义变成全人角度下定义，由专指老年人的医养结合转变成全生命周期所有人的医养结合，由原来的医疗资源和养老资源相结合，细化和深化后转变成医的行为措施和养的行为措施相结合，由资源概念变成了行为概念。

3. 医养结合概念的定义有了明确的界定和说明，从时间、地点、人物、目的、内容、人文伦理 6 个方面作了论述，构成了完整的理论体系。

4. 医养结合行为自古有之，历史悠长，存在着养和医的相互依存和转化的历史脉络。在当代社会，医养结合服务更是存在于每一个人的全生命周期过程中。

5. 医养结合概念适用于全生命周期的各年龄段的所有人，不再专门属于老年人。老年人的医养结合服务是整个全生命周期医养结合服务中的一部分，只是较生长期、成年期的医养结合存在着部分特殊性，但是其 6 个构成要素和底层逻辑是一致的。

6. 理论指导实践，医养结合理论来自于过去医和养的实践总结和归纳，总结出医养结合工作中的 6 要素。反过来，运用医养结合理论和 6 个构成要素，来指导和规划当前老年人的医养结合工作，为解决一系列难点、堵点问题提供理论支持和解决思路。例如：一是从老年期三个阶段的医养结合目的出发，来决定医养结合的内容和实施地点，再根据内容和实施地点来决定医和养的资源配置；二是医养结合的地点已经明确，如居家社区、养老机构和医院之间三选一，随之医养结合的客体、目的、时间也明确了，根据已知的这些条件要素，再来配置养老服务措施和医疗措施就是比较简单的事情了，以此类推。

三、全生命周期医养结合理论对老龄理论研究和创新的意义

在《中国老龄化社会20年——成就·挑战与展望》一书中，杜鹏、刘维林、李志宏等提出当前及今后老龄理论研究的方向和重点方面，当前重点问题和重大判断的理论支撑研究有四项：一是基本养老服务制度研究，二是医养结合基本理论研究，三是老年友好型社会研究，四是“富”与“老”的基本关系研究。

笔者对比了前两项理论课题要求和全生命周期医养结合与医养独立理论中的内容，结论是比较完善地完成了前两项理论课题的研究。

这两项理论课题，一项是基本养老服务制度研究，另一项是医养结合基本理论研究。全生命周期医养结合与医养独立理论中恰恰既有独立养的理论、独立医的理论，也有医养两者结合的理论，是对两项理论课题研究的完美结题。

（一）基本养老服务制度研究的问题与全生命周期医养结合理论的答案

1. 基本养老服务制度研究想要解决的问题。

基本养老服务是我国多层次养老服务体系建设的基石，也是实施老龄战略的重点领域。同其他公共服务一样，养老服务也有基本和非基本的区分，政府承担保障责任的是基本养老服务。可以预见，伴随着人口老龄化程度的加深、养老服务需求的巨增，基本养老服务制度将发展成为与基本养老制度、基本医疗保障制度等同等重要的基本制度安排。但是，目前理论界就基本养老服务制度的一些基本问题，比如①面向谁提供服务？②谁来提供服务？③提供什么服务？④谁来支付？⑤制度如何运转？等等。并未作出理论解答或形成共识。迫切需要在理清基本养老服务和⑤互助养老服务、普惠性养老服务等关系的基础上，针对⑥全体老年人及失能、失智、贫困、高龄、病残等特殊老年群体，研究并明确基本养老服务的内涵与外延、服务内容、服务标准、资格条件、供给方式、支出责任等核心问题。[①]

2. 全生命周期医养结合理论给予的答案。

①全生命周期医养结合理论中服务客体要素：详见本书第四章内容。

②全生命周期医养结合理论中服务主体要素：详见本书第四章内容。

③全生命周期医养结合理论中服务内容要素：详见本书第四章内容。

④本书第十七章内容。

⑤⑥按照全生命周期生活（养）能力发展理论和医养结合与医养独立理论，可以先把“全体老年人及失能、失智、贫困、高龄、病残等特殊老年群体”梳理清晰：

---

① 杜鹏. 中国老龄化社会20年——成就·挑战与展望［M］. 北京：人民出版社，2021：64.

依据统一的生活能力评估标准，分为活力阶段、过渡阶段、失能阶段三个群体，分别对应着“自养+养他人”“部分自养+部分被养”“被养”三种状态，对应着养老服务的内涵与外延、服务标准、资格条件、供给方式、支出责任等核心问题。比如互助养老的输出方向是：活力老人之间互相输出；活力老人向过渡阶段、失能阶段老人方向输出；过渡阶段老人之间互相输出（详见本书第十一章内容）。

（二）医养结合基本理论研究的问题与全生命周期医养结合与医养独立理论给予的答案

1. 医养结合基本理论研究想要要解决的问题。

推进医养结合，打破医疗卫生服务体系和养老服务体系的条块分割，为老年人提供一体化、整合型健康养老服务，成为国家层面老龄政策创新的热点。随着医养结合实践的深入，①在结合什么与如何结合等领域，还有一些理论和认识上的问题需要解答。如②如何从供给侧及需求侧界定清楚医与养的各自内涵和边界；③推进医养结合，是以医为主结合，还是以养为主结合；④医养结合与康养结合的逻辑关系；⑤医疗服务体系、养老服务体系、老年健康服务体系三者之间的逻辑关系；⑥医养结合模式中各参与主体的行动策略及各主体间的博弈互惠关系，以及⑦医养结合部门协作、政策衔接、服务整合、人才融合、信息融通、经费保障、质量评价和监督、长期照护保障制度建设等，都需要理论研究做支撑。①

2. 全生命周期医养结合理论给予的答案。

①④本书第一章、第二章、第三章、第四章阐述清楚了养和医的内涵及本源，人类生存与医养结合、医养独立的关系，提出了全生命周期医养结合定义，构建起全人全生命周期医养结合理论，总结出医养结合工作中的 6 要素。

②在内容要素中，通过界定清楚专业的医疗服务而厘清医和养的边界。

③⑤⑥全生命周期医养结合理论首先明确回答了医养结合的两个目的、医养结合发生的三个地点及持续时间等要素，继而回答了医疗团队、护理团队各自的任务和配合，厘清了以医为主结合，还是以养为主等长期困扰医养结合发展的几个理论认识问题。在医养结合理论中有 6 要素阐述，在本书第十一章至第十五章医养结合实践规划中有具体解决方案。

⑦全生命周期医养结合与医养独立理论为涉及的十几个部门之间协作、政策衔接、服务整合、人才融合、信息融通、经费保障、质量评价和监督、长期照护保障制度建设等从业人员，提供了共同的理论体系、共同的话语体系和语境。

---

① 杜鹏. 中国老龄化社会 20 年——成就·挑战与展望［M］. 北京：人民出版社，2021：64.

第九节 独立的养、独立的医和医养结合之间的关系和相对分开的意义

独立的养、独立的医和医养结合之间的关系：三者是人为分开的，是为了让三者更好地发展和管理而人为分开。在现实中，在实际工作和行业管理中，在人们的观念中，医和养也是分开的，“医是医，养是养”代表了人们的观念。这是由于长期的医和养的社会化分工带给人们的观念。尤其是在现代社会，资格认证和注册制等行业管理制度更是强化了这种观念。

作为一个新概念，医养结合出现的时间比较短，只有短短十几年的历史。医养结合是具有中国特色的新概念，它随着中国老龄化社会的到来由中国医生提出。由于历史比较短，对医养结合的认识和管理还在不断加深过程中。但是，医和养结合、医和养配合作为治病的手段早已存在，民间常说的“三分医七分养”即是这个事实。当然，结合医学的发展史来看，这句话更多指的是“独立的医”和“独立的养”，即医生负责医疗措施，患者及患者家属、朋友负责养，这个“养”，更多的意思是居家护理、调养和休息。

社会发展到当代，各行各业的分工和管理都已经相当细化和专业化，独立的养、独立的医和医养结合需要相对分开，界限清晰，才能更好地提供服务，才能更好地进行行业管理，才能更好更清楚地进行资金支付。这就需要有相对分开的标准或各自的概念定义。正是在此背景下，本书构建出医养结合、独立的养、独立的医的概念，并用概念定义将三者清楚地界定和分开。

理解了这三个概念的含义和区别，再来阅读下面一段养、医和医养结合的排序，读者就会心领神会：每个人都希望一直处于独立的养状态。但是人吃五谷杂粮，身有七情六欲，哪能不得病？患了病，则首先选择独立的医，当独立的医解决不了问题时才需要医院医养结合。医院医养结合的目的是结束医养结合，回归独立的养或独立的医。只有过渡阶段、失能阶段的老年人才需要居家社区或养老机构内的长期的、高性价比的、精准的医养结合服务，接受生命过程和生命质量的持续干预。

第二篇

既往老年人医养结合的理论研究与实践总结

“既往”是指全生命周期养能力发展与医养结合理论构建完成，即正式成书出版之前的时间。

“既往”是指自 2005 年到本书出版之间的十七年时间。

既往提出医养结合概念是为了解决老年人的医疗服务和养老生活服务的问题，医养结合内涵的核心思想是医疗资源和养老资源的有机结合。所以既往对医养结合理论的研究一直囿于老年人的范围，没有扩展到全生命周期的全龄人口。

本篇自本书第五章至第十章所论述的医养结合概念、定义、内涵、理论等研究与实践情况均是指在本书出版之前对老年人医养结合的研究与实践总结。

第五章　老年人医养结合概念、定义、理论的研究综述

2005 年医养结合理念首次提出，它的初心是解决老年人的医疗服务和生活服务相结合的问题。从理念提出至今，医养结合理论的研究一直聚焦在医疗资源和养老资源如何有机结合，医养结合理论研究一直没有跳开老年人范围。所以，自 2005 年以来的医养结合理论研究可以称之为老年人的医养结合理论研究。

“之前”是指全生命周期医养结合与医养独立理论出台之前的时间。

第一节　老年人医养结合概念的提出

国内关于“医养结合”概念的研究是在“健康老龄化”理念的推动下开始的。针对人口老龄化发展趋势及其对经济社会发展、老年人健康所带来的影响，1995 年 10 月，在全国老年医疗保健与社会发展研讨会上，邬沧萍教授以《健康老龄化的科学含义和社会意义》为主题，作了会议报告（耿爱生、杨文娴，2014）。邬沧萍、姜向群（1996）认为，“健康老龄化”不仅是一种医疗保健目标，更有丰富的社会文化内涵，应当从社会学的角度加以诠释。此后，诸多学者从社会学的角度关注老年人健康状况与养老模式之间的关系。刘宏（2005）认为，养老模式是影响中国老年人健康的关键因素，经济与生活均独立的老年夫妻有最明显的健康优势和主观幸福度优势，而依靠子女供养或政府补助的独居养老模式对老人健康和幸福最不利。王德文（2004）、吕林（2011）等人认为，社会养老的老年人身心健康状况明显劣于家庭养老的老年人。此外，生活自理与否是影响老年人养老模式选择的关键因素，健康状况良好的老年人更愿意选择家庭养老（段小刚，2012），反之则机构照顾需求更大（刘红，2009）。正是在此研究的启发下，学界对于“医养结合”这一结合老年人养老服务与健康照顾的研究主题逐渐明确。针对传统家庭养老模式功能的变迁（即家庭小型化导致家庭养老功能的弱化），郭东等人（2005）认为，只有向社会化养老过渡，引入“医养结合，持续照顾”的理念，才有可能应对我国日益严重的人口老龄化挑战，

其研究是医养结合养老服务研究的萌芽，这也是最早提出的医养结合概念，但相关研究并没有得到学界的重视。

2005—2009 年，该主题的研究零星在机构养老、社区养老等文献中提及，直到 2013 年国务院下发相关文件后，学术研究才骤然增多，在中国知网查询，2013 年至 2021 年，全国医养结合论文分别为 32 篇、152 篇、421 篇、857 篇、1307 篇、1620 篇、1763 篇、1584 篇、1625 篇。

陈作兵等对医养结合的概念表述如下：

从养老模式的国际发展潮流来看，中国医养结合养老模式的兴起源自近年来国际社会所倡导的“持续照顾”养老服务理念。自 20 世纪 90 年代中期以来，国际社会开始提倡以“持续照顾”为主的养老服务理念，即尽可能使老年人在熟悉的居住环境中得到持续的养老服务，而尽量减少因护理程度变化所致的更换养老场所的次数。在该思想的指导下，日本、英国、瑞典等先后根据本国实际建立起各自的长期照护系统。受国际社会所倡导的“持续照顾”理念影响，“老有所养”不再只是满足基本生活需求的传统养老模式，而应该增加包括医疗护理、精神慰藉、娱乐文化以及临终关怀在内的一系列服务。医养结合在我国的理论与实践探索，也正是基于这一时代背景而产生的。

医养结合的概念，相对具有中国特色，也是在国际交流中养老问题界同仁较为困惑与纠结的问题。因为目前在国际上找不出任何一个英文词可以对应医养结合的概念。

医院式养老是医养结合的前身，早期有学者提出了医院式养老的概念。即利用医院医疗条件完善的优势，划出专门的区域，设立单独的科室，开展社会养老服务。医养结合是指医疗资源与养老资源相结合，实现社会资源利用的最大化。其中，“医”包括医疗康复保健服务，具体有医疗服务、健康咨询服务、健康检查服务、疾病诊治和护理服务，大病康复服务以及临终关怀服务等；“养”包括生活照顾服务、精神心理服务、文化活动服务。其利用“医养一体化”的发展模式，是集医疗、康复、养生、养老等为一体，把老年人健康医疗服务放在首要位置，将养老机构与医院的功能相结合，把生活照料和康复关怀融为一体的新型模式。医养结合整合医疗资源与生活照料，近似于美国的管理性医疗服务，基于资源整合理论。①

① 陈作兵，杨芳. 中国医养结合专家共识［M］. 杭州：浙江大学出版社，2019.

第二节　老年人医养结合概念的定义

2005 年，郭东等人首次提出医养结合养老理念，其实现方式是指“医疗机构与养老机构之间的多方式结合”。

郭丽君等人对医养结合的内涵、概念、定义阐述如下：

“医养结合”养老服务模式是对养老服务模式的延伸，是在人口老龄化加剧的新时期，人们对养老服务内容之间关系的重新思考，是一种新型养老模式。“医养结合”是指将医疗卫生资源与养老服务资源相结合，实现社会资源最优化配置。其中，“医”具体包括健康咨询、健康检查、疾病诊治和护理、大病康复服务以及临终关怀等医疗服务；“养”主要包括生活照护、精神心理引导、文化活动等服务。利用“医养结合”的发展模式，将医疗、康复、养生以及养老集中为一体，主要是把老年人健康医疗服务放在首要位置，使养老机构和医疗机构的功能相结合，形成生活照料与医疗康复融为一体的新型养老服务模式。“医养结合”养老模式是指具有专业医疗、护理资质的医疗养老结合机构为老年人提供医疗照护服务和日常生活照料，使高龄、患病、失能和半失能老人能够在一个固定的机构内享受“一站式”服务，甚至临终关怀，满足其多种养老需求并给予其多重护理保障，形成一个既不同于医院，又不同于养老院，兼顾两者优势的统一的新功能体系。简单来说，医养结合就是一种未病疗养、有病治病、病后护理，医疗和养老相结合的机构养老模式。“医养结合”可以视为“整合照护”（integrated care）的一个分支概念。

“医养结合”服务的基本构成要素包括服务主体、服务对象、服务内容及标准、服务实现方式、服务评价体系和管理机制等。①

也有学者认为：

“医养结合”的概念在学界尚未得到统一，但其精神内核共同指向了两个层面，一是强调其内容是“养”与“医”的结合，二是强调其要旨在于满足老年人对养老和健康的双重需求。“医养结合模式”则是指医养结合具体的实践方式，是老年人满足养老与健康需求的真实路径，连接着医养服务的供需双方。面对我国人口老龄化程

① 郭丽君，吕本艳.“医养结合”养老服务体系［M］. 北京：科学出版社，2019.

度持续加深，厘清医养结合模式的发展背景、原则及路径，有利于更好地构建新时代具有中国特色的医养结合模式。（构建新时代中国特色医养结合模式初探，2022-04-27 10：25，来源：人民论坛，作者：孔舒，清华大学马克思主义学院博士研究生）

第三节　老年人医养结合的内涵

对于医养结合的内涵，学界的分歧点主要是在“医”“养”所指涉的具体服务内容及其关系的差异上。部分学者认为，医养结合是医疗资源融入养老领域，应该以养为主、以医为辅（沈连法，2015）；而部分研究者认为，应以医为主，养为补充（袁晓航，2013）。从医养结合养老服务的兴起背景及政策的制定初衷来看，养老中融入医疗服务的目标最终是为了强化养老功能，是满足老年人多元需求的一项具体措施。因此，对于该模式中“医”“养”关系的认识，应始终把“养”置于首位。就其所包含的内容而言，医养结合养老服务中的“医”包括健康管理、长期照护和临终关怀。这与普通意义上的“医”是有区别的，医院的“医”主要目标是为了治愈，而养老的“医”主要目标是为了健康管理和长期照护（吴玉韶，2015）。另外，部分学者认为，医养结合养老服务就是养老院与医疗机构的结合体（赵艺，2014；纪娇、王高玲，2014）；而大多数学者认为，医养结合服务的提供方除了养老机构和各级医院外，社区卫生服务中心和社区居家养老服务中心也是重点之一（黄佳豪，2014；刘华，2014）。

在举办的医养结合培训课程中，当解释“医是基础”“养是核心”时，不知道讲晕了多少老师，听晕了多少学员，只因没有仔细琢磨。也有部分讲师认为“养是基础”“医是核心”，同样没有经过仔细琢磨，都没有讲清楚医和养的本质、本源以及与人类生命的关系。

第四节　老年人医养结合的必要性及意义

针对医养结合养老服务必要性及意义的研究较多，目前的共识主要是：

一是伴随着我国老龄化越来越严重，失能、半失能老人的数量逐年递增；老年人患病率高于普通人群，对医疗服务依赖性更强，对医疗卫生服务提出迫切的要求。

二是从社会变迁的角度来看，家庭的小型化、空巢化现象使得传统家庭养老功能不断弱化，随着老年人健康状况的不断恶化，现代家庭往往无力承担照护的重担，急需医疗卫生服务强化养老功能。

三是传统的养老机构内医疗服务缺失或水平较低，无法满足基本就医需求，医养结合能进行有效弥补。养老床位大量空置，很大原因是由于医护配套措施的欠缺。

四是医养结合照护体系是建设覆盖城乡医疗服务体系的重要环节，有利于优化医疗与照料服务质量。

五是该模式的发展可以帮助老年人保持身体、心理与社会功能的完美状态，即“健康老龄化”，因此具有推动健康老龄化实现的重要特征（符美玲，2013；黄佳豪、孟昉，2014；刘华，2014；王赟，2015；耿爱生，2015）。

有调查显示，我国 60 岁以上老年人余寿中有 2/3 时间是带病生存。因此，养老服务不仅仅只是“养”，还包括“医”。必须深入推进医养结合，才可以解决我国老人就医难、养老难和减轻家属负担，释放家属劳动力的问题。

当前，我国 90%的老人在家养老，7%的老人在社区养老，3%的老人在养老机构养老，老人患病往往要由家属送往医院治疗，到医院却只治疗而不护理，需家属陪床或请 24 小时护工。在这种状态下，由于老人常年在带病状态下生存，日常的慢病管理或慢病急性发作，老年患者就不得不经常往返家庭、医院和养老院之间，一旦住院又不愿意离开医院，耗时、耗工、耗钱又造成医院压床，增加了家属负担，增加了医保费用，生活质量也会下降。

因此，必须深入推进医养结合，才能解决老人就医难、养老难问题，才能解放劳动力。

第五节　老年人医养结合的理论研究

理论是指概念、定义或原理的体系化，是系统化了的理性认识。具有全面性、逻辑性和系统性的特征。

正确的理论是客观事物的本质和规律的正确反映。它来源于过去和现在的社会实践，并指导人们的未来实践活动。

医养结合概念自 2005 年提出，按照字面理解，可以简单地理解为，“医”与“养”的结合，看起来似乎简单，实际上解释清楚并成功落地则非常复杂。

之前，比较一致的“医养结合”的内涵定义是，医疗和养老两种资源的组合，属于资源重组概念。2005 年，郭东等人首次提出医养结合概念时，其内涵定义是指“医疗机构与养老机构之间的多方式结合”。

之前比较一致的共识是，医养结合是伴随着当代社会老龄化而出现的新事物、新概念，是为了满足现代老年人健康养老服务的需求而应运出现的。

其中，医主要包括健康咨询、健康体检、疾病诊治、疾病护理、大病康复和临终关怀等；养主要包括生活照顾、精神心理服务和文化活动服务等。不同的学者通常都从其所写文章的核心观点出发，定义医和养的内涵。对医养结合概念的定义和内涵的认识就比较多样化，争论颇多，争论的焦点是医和养谁为主？谁为辅？医的内涵范围要覆盖多少？小到医务室，大到三甲医院，到底怎样配置资源最合适？至笔者编写本书为止，没有形成一个统一的医养结合概念定义的内涵，也没有构成要素。

之前，对医养结合理论的研究和构建从医养结合概念起步，发展到医养结合的定义和内涵出现了分歧。如何认识养和医的本质、本源和作用？医疗资源和养老资源什么情况下结合？如何结合？结合后是一个什么样的状态？在这些问题面前卡了壳，迟迟未能构建出系统的老年人医养结合理论。

没有医养结合理论的系统构建，则没有医养结合理论对老年人医养结合实践的指导，老年人医养结合实践只能在摸索中前进。

在之前的医养结合理论研究中，研究的视野一直限定在了老年人范围，就老年人的问题谈老年人的问题，貌似只有老年人才有医养结合。此外，医养结合的范围又有扩大化趋势，很多内容都和医养结合挂钩，例如每年给 60 岁以上的老人体检一次，二级医院必须增加老年病科门诊，这些措施可能与医养结合有关但是否属于医养结合范畴还得商榷。

正确的理论是客观事物的本质和规律的正确反映。理论来源于过去和现在的社会实践，并指导人们的未来实践活动。老年人医养结合的理论研究视野没有扩大到全生命周期，也没有从历史的角度来分析和研究过去的医养结合与医养独立的实践，这也是之前老年人医养结合理论研究的硬伤。

之前，未发现有人专门、系统性地研究医养结合理论，也未见有医养结合理论的专著。

朱孔来教授等人总结到：

目前，国内学者对医养结合的内涵没有统一论述，也缺乏系统化、理论性研究。

综观目前开展的相关研究，理论上对“医养结合”没有多少创新，一般认为“医养结合是指医疗资源与养老资源相结合”，甚至有许多人把“医养结合”简单地理解为医疗机构与养老机构的“机械拼凑”式的合作，这些认识不利于更有效地指导实践。①

---

① 朱孔来，朱孟斐，孔杨. 加快推动医养结合 建设健康山东研究［M］. 济南：山东大学出版社，2019.

杜鹏教授等人也提到国内缺乏医养结合理论的研究：

推进医养结合，打破医疗卫生服务体系和养老服务体系的条块分割，为老年人提供一体化、整合型，健康养老服务，成为国家层面老龄政策创新的热点。随着医养结合实践的深入，在结合什么与如何结合等领域，还有一些理论上和认识上的问题需要解答。例如，如何从供给侧及需求侧界定清楚医与养的各自内涵和边界；推进医养结合是以医为主结合，还是以养为主；医养结合与康养结合的逻辑关系，医疗服务体系、养老服务体系、老年健康服务体系三者之间的逻辑关系；医养结合模式中各参与主体的行动策略及各主体间的博弈互惠关系，以及医养结合部门协作、政策衔接、服务整合、人才融合、信息融通、经费保障、质量评价和监督、长期照护保障制度建设等，都需要理论研究做支撑。①

第六节　公众对老年人医养结合的认知

对于广大老年朋友们和他们的亲人家属来说，他们不太关注医养结合概念如何定义、医养结合理论如何构建，他们关心和希望知道的是医养结合服务内容，医养结合养老服务能带给老人和家属什么帮助，其中最普遍、最希望得到的医养结合服务就是：有病治病、无病疗养，医疗和养老结合在一起，带来安全、方便的养老服务和及时的医保支付。

第七节　老年人医养结合的模式总结

当前，老年人医养结合模式主要有医疗卫生机构与养老机构签约合作、医疗卫生机构开展养老服务、养老机构依法开展医疗卫生服务、医疗卫生服务延伸至社区家庭四种相对成熟的服务模式。

一、养中设医模式——在养老机构内开设医疗机构

鼓励有条件的养老机构内部设立医疗机构，让老年人不出养老机构就可以享受医疗服务。2014 年制定的《养老机构护理站基本标准（试行)》《养老机构医务室基本

① 杜鹏，刘维林. 中国老龄化社会 20 年成就 · 挑战与展望［M］. 北京：人民出版社，2021.

标准（试行)》，从医务人员、设备、房屋等方面对养老机构内设医疗机构的标准进行了规范。

2015 年 11 月，原卫计委、民政部等九部委发布了《关于推进医疗卫生与养老服务相结合的指导意见》，提出到 2020 年，要实现养老服务资源和医疗卫生资源的有序共享，做到所有养老机构都能为入住老年人提供不同形式的医疗卫生服务，满足老年人健康养老的需求。以此为指导，在养老机构中增设医疗服务机构，满足养老机构中老年人的需求，成为众多养老机构的发展趋势。

养老机构开设医疗机构的例子有山东绿地幸福家综合服务有限公司下属的济南绿地幸福家护理院等；鲁商福瑞达国际颐养中心配套设置的鲁商福瑞达护理院；北京市第一社会福利院开设的福利医院，青岛福山老年公寓配套建设了具有二级康复医院资质的福山康复医院。

二、医中设养模式——在医疗机构内开设养老机构或开展养老服务

医疗卫生机构凭借其在医疗上的专业性，拓展自身业务领域，开展养老服务。分为两种形式：一种是有资质的医院、社区医疗服务中心开办养老服务，例如医院开设老年科，为老年人提供医疗、护理、康复、临终关怀的综合性服务，并将部分病床划为仅用于老年人医疗的“老年病床”；另一种是医疗卫生机构转型为护理医院或康复医院，为老年人提供相应服务。

医疗机构开设养老机构的实例有重庆医科大学附属第一医院青杠老年护养中心及山东省立第三医院康复护理院等。

三、养老机构与医疗机构签约模式

这种模式指养老机构与医疗机构进行合作，合作内容一般包括：医疗保健和绿色通道等内容。养老机构主要为老年人提供日常生活照料，可在医疗机构的培训下提供简单的护理、康复服务；医疗卫生机构为入住养老机构的老年人提供巡诊、体检、护理、咨询等医疗服务，并为老年人建立健康档案，进行健康情况的管理。当入住的老年人患病需要就医时，通过绿色通道及时进行救治，术后或病愈后可直接回到养老机构进行后续的康复疗养。

四、居家社区医养结合模式

在社区内，通过不同方式来源的医务人员，上门为居家老人提供有效的医疗服务(详见本书第八章内容)。

老年人大多数都在居家和社区养老，形成“9073”的格局，就是90%左右的老年人居家养老，7%左右的老年人依托社区的支持在家养老，3%的老年人入住机构养老。

理论上讲，提供医养结合服务的重点应该放在居家社区和养老机构。这几年，国家卫健委主要围绕以下几个方面开展医养结合服务：一是实施国家基本公共卫生服务项目，每年为65岁以上的老年人提供健康管理和健康体检，是免费服务。2019年，又将医养结合服务纳入到国家基本公共卫生服务当中；二是提供家庭医生签约服务，优先满足老年人的需求。通过家庭医生签约服务，努力做到慢病有管理、疾病早发现、小病能处理、大病易转诊，为老年人提供基本的医疗和健康服务；三是针对老年人迫切需要的上门医疗服务，印发了加强老年人居家医疗服务工作的通知，提供上门巡诊、家庭病床、护理等老年人迫切需要的服务，特别是满足失能、重病、高龄的老年人的刚性需求；四是支持鼓励有条件的医疗卫生机构，特别是基层的医疗卫生机构，开展养老服务，增设养老床位，提高老年人的医养结合服务可及性。大力支持社会办医养结合机构，为老年人居家养老提供延伸的医养结合服务。

第八节　老年人医养结合存在的困难

一、齐抓共管，多头监管的问题

医和养是两个相对独立的行业，遵循两套不同的监管体系。传统养老机构的主管部门是民政部门，医疗机构的管理部门则是各级卫健部门，因此医养结合机构的准入和监管是由两部门同时负责的。如涉及费用报销等事宜的，又由人力资源和社会保障部门负责。多头监管，齐抓共管，给投资者带来了许多困扰，主要表现在主管部门功能交叉重叠、责任边界不清晰。

二、医保支付不到位的问题

在医养结合的实践中，一些养老机构通过与距离较近的公立医院合作的形式来实现医养结合工作和医保支付，还有一些养老机构通过自设医疗机构配套的形式来实现医养结合，但是后者在申请医保资质时困难重重。现行政策中，申请划入医保不仅需要满足医疗机构基础设施的硬件标准，还需要有一定的医务人员配比，许多养老机构无法达到这一要求。同时，我国医保基金的支出增速居高不下，一度超过收入增速，再加上劳动人口比例不断下降，预计未来医保基金的压力会继续加大。因此，通过全民基本医保实现惠及老年人的医养结合非常困难。商业保险在规模和品类上也需要继续完善。

三、从业人员的失衡和短缺问题

北京师范大学公益研究院发布的《2017 年中国养老服务人才培养情况报告》中指出：目前各类养老服务设施和机构的服务人员不足 50 万人，其中持有养老护理资格证的不足 2 万人。而按照每 3 个失能老人配备一个专业护理人员来计算，我国需要 1400 万护理人员，现有从业人员存在着巨大的缺口。由于护理人员的社会地位低、收入低等原因，致使年轻人不愿意从事这一职业，现实中的护理人员大多平均年龄较大、受教育程度较低、缺乏系统的医疗服务培训。同时，医养结合的推行对全科医生的需求也非常大。根据卫健委统计的数据，当前中国执业医师中只有 6% 为全科医生，远不能解决我国医养结合的全面推行造成的全科医生供给不足的困难。

四、缺乏医养结合理论指导的问题

由于缺乏医养结合理论指导，导致在医养结合实践中难以统一认识，难以形成标准，做多做少，做好做坏难以评判，如果说是像摸着石头过河，至少还知道河对岸在哪里，但是医养结合试点工作的终点在哪里还不太清晰。

第九节　中国式老年人医养结合的探讨

2021 年 12 月 19 日在全国老年学和老年医学学会 2021 学术大会上，北京大学健康发展研究中心主任李玲教授做了“中国式老年医养结合的探讨”发言（全国老年学和老年医学学会公众号：学会之声，2022-02-15）。这是一篇总结性的发言，重点阐述了只有中国在探索的老年医养结合工作模式的现状和存在的问题。其主要观点是：中国这些年一直在探索医养结合的路，同时没有一个国家谈医养，医疗就是医疗，养老就是养老，但是我国在探索医养结合。医养结合模式大概可以分成五种：

第一种，原有医疗卫生机构开展养老服务。每一种模式都有它的优势和劣势，在各个地方的试点中，效果也一样。比如最早开展原有的医疗机构开展养老服务的应该是青岛，它把二级医院转成了医养结合的机构。但是在青岛做得很好，到了别的地方，效果好像不是很好。原因在于，除非活不下去，一般医院没有设置激励机制。医养结合，是给老人提供医疗照料，不仅仅是医，还有养，而我们一般的医院做不了养，它只有医的功能。对于传统模式的挑战，现在能做好的不太多。

第二种，原有的养老机构增设医疗机构，这也是现在各地探索比较普遍的模式。但是它也遇到很多的问题。原因在于，需求端护理费用很高。原来护理费用就高，现在把医加进去，更高。供给端的养老机构其实是缺医疗的。现在新建一个进来，需要时间增加它的专业性。这条路也在探索，但是非常成功的案例还不多。

第三种，医疗机构与养老机构协议合作。这也是非常普遍的医养结合，也是各有利弊，怎么能够让它合作得好，需要很多的组织协调。

第四种，新建医养结合机构。一般来说是新的社区尤其是高端社区，以商业、房地产为主催生的。这个很明确，它服务的人群是先富的人群，它的普遍性不行，这个人群是有消费能力的，但它只是一个锦上添花的，不是雪中送炭的。

第五种，医养结合进社区，家庭医生和社区养老中心结合。这也是一个非常普遍的方式，它的优点和缺点也都很明显。它是很受老人欢迎，而且普遍推广的一个模式。但是它的缺点就是我们的社区托不托得住？我们的家庭医生能不能除了提供医，还能把养的功能融到一起？这是非常缺乏的。随着我国每年千万级老人的增加，在家庭医生方面，社区本身就比较薄弱，如果把这个功能加上去，能不能完成这个功能，这也是现在探讨的。

李玲教授还认为医养结合工作存在四个层次：

第一个层次，机构怎么样来组合，是机构性的还是物理性的。

第二个层次，是治理体系的，这是全党全国的一件大事。机构层面上，我们现在还是多头管理的，卫健委成立了以后，把民政养老的功能拿过去，但是实际上它还没有长起来，这个功能在各个地方，至少是到省市县，都还没有成型。因为医和养分属不同部门所以多头行政的格局怎么解决，包括跟医保怎么合作，所有现在涉及到养老的这些行政机构，怎么整合，医养怎么整合。

第三个层次，是人才整合，前面的五种全国探索模式到最后都是人才的问题，我们的人才对老年人医养、康养，把它合起来这种复合型的人才在哪里，而且队伍在哪里，现在严重缺乏。

第四个层次，是筹资模式的问题。钱从哪里来？到底是养老金、还是医保？现在一些社会上办的医养结合机构，它是为了套医保的，这是个很大的问题。

李玲教授认为医养结合真正的融合可能要在上面四个层面，第一个层面反而是简单的，真正难的是第二、第三、第四这几个层面怎么融合起来。

为了卫生健康部门与民政部门建立医养结合的工作协调机制，李玲教授还特别希望党的二十大以后，我国能够真正成立一个管老龄的机构，能够把所有的功能整合起来，放在卫健委也可以，放在民政部也可以，放在医保都可以，但是要有实体融合的功能，因为协调机构只是一个过渡性的。

李玲教授的演讲中只字未提“医养结合理论”，只是列举和点评了五种医养结合养老模式。至少从侧面说明，这些模式是在没有系统性的医养结合理论指导下的医养结合实践总结。此外还提到“中国这些年一直在探索医养结合的路，同时没有一个国家谈医养，医疗就是医疗，养老就是养老，但是我国在探索医养结合。”说明医养结合概念和实践是中国特色，在世界范围上也是首创、首提。在缺乏医养结合理论指导的情况下，摸着石头过河，探索出来五种模式。

第六章 医疗机构开展老年人医养结合的实践总结

第一节 医疗机构的定义、分类和分级

一、定义

医疗机构是指依据我国《医疗机构管理条例》和《医疗机构管理条例实施细则》的规定，经登记取得《医疗机构执业许可证》的机构。

二、分类

（一）在我国，医政管理部门把医疗机构具体分的类别

1. 综合医院、中医医院、中西医结合医院、民族医院、专科医院、康复医院。
2. 妇幼保健院。
3. 社区医院、社区卫生服务中心、社区卫生服务站。
4. 中心卫生院、乡（镇）卫生院。
5. 疗养院。
6. 综合门诊部、专科门诊部、中医门诊部、中西医结合门诊部、民族医院门诊部。
7. 诊所、中医诊所、民族医诊所、卫生所、医务室、卫生保健所、卫生站。
8. 村卫生室（所）。
9. 急救中心、急救站。
10. 临床检验中心。
11. 专科疾病防治院、专科疾病防治所、专科疾病防治站。
12. 护理院、护理中心、护理站。
13. 医学检验实验室、病理诊断中心、医学影像诊断中心、血液透析中心、安宁疗护中心。
14. 其他诊疗机构。

（二）按照投资方及所有权性质分类

按照投资方及所有权性质分类，医疗机构分为：公立医院以及非公立医院。

公立医院是由政府举办，纳入财政预算管理的医院。例如，知名的北京协和医院、上海华山医院、四川华西医院等。

非公医院是非政府举办，由社会或私人出资的医疗机构。

（三）按照经营范围分类

按照可以提供的治疗效果或经营的范围，医疗机构分为：综合医院及专科医院。

科室齐全的医院，称之为综合医院。

专科医院一般是只做某一个或者少数几个医学分科的内容。典型的专科医院有妇产医院，儿童医院，齿科、眼科医院等。

（四）按照主管机构分类

按照主管机构分类，医疗机构分为：地方医院，企业、集团所属医院，部队医院。

三、医院分级与医疗收费

（一）医院分级

根据 1989 年 11 月 29 日卫生部颁布的《医院分级管理办法》，依据各级医院的技术水平、质量水平和管理水平的高低，并参照必要的设施条件，医院分为三级十等，分别划分为甲、乙、丙等，三级医院增设特等，医院的级别越高，医院的综合实力越强，三级特等医院的级别最高。

医院等级划分标准全国统一，不分医院背景、所有制性质等。

1. 三级医院。

三级医院是向几个地区提供高水平专科性医疗卫生服务和执行高等教学、科研任务的区域性以上的医院。企事业单位及集体、个体举办的医院的级别，可比照划定。主要指全国、省、市直属的市级大医院及医学院校的附属医院。病床数在 501 张以上。

2. 二级医院。

二级医院是向多个社区提供综合医疗卫生服务和承担一定教学、科研任务的地区性医院。主要是指一般市、县医院及省辖市的区级医院，以及相当规模的工矿、企事业单位的职工医院。病床数在 101～500 张之间。

3. 一级医院。

一级医院是指直接向一定人口的社区提供预防、医疗、保健、康复服务的基层医院、卫生院。主要指农村乡镇卫生和城市街道医院。病床数在 100 张及以内。

（二）医疗收费

医疗收费与医院的分级挂钩。分级不同，门诊挂号、住院床位收费等都有所不同。医保报销时，级别越高的医院报销比例会越低。

四、医疗机构的公众认知

在公众的传统认知中，医疗机构就是医院。医院存在着大小之分别，业务重点之分别，水平高低之分别。

通俗地讲，医院就是把大量的医务人员集中在一个院子里，把大量的医疗设备集中在一个院子里，把大量的患者吸引到或集中到这个院子里，进行集中诊断和治疗。这是对医院的形象化描述，是医院的一种特征。这种长期形成的集约化工作模式符合社会化分工的原则，能提高医务人员的工作效率，促进技术相互提高，提高设备利用率。且这些年来，大医院拥挤不堪，小医院门可罗雀，马太效应明显，大者越大，强者越强，弱者越弱，小者越小。分级诊疗效果并不明显。

第二节　医疗机构内的医

医疗机构的医是指医疗机构能够提供的医疗服务总和。医疗机构主要提供专业的医疗服务。专业医疗服务需要专业学习或专业培训的人员获得专业的证书或许可证后才可以实施的措施、动作、行为。专业的医务人员实施专业的医疗措施。

医疗服务的技术水平是医疗机构的灵魂，是医疗机构最大的追求目标之一。

医疗机构的服务宗旨是救死扶伤，此外还有防病治病，防疫等功能。

医院的基因是治疗、治病，保卫和干预生命的质量和长度。从医院的基因和服务宗旨出发，医疗机构的追求目标是人才越多越好，设备越先进越好，治愈率越高越好，住院天数越短越好。事实也确实这样，近些年来，医学生物学技术迅猛发展，诊断技术日新月异，对生命和疾病的认识越来越深入。

这些都是社会的进步，已经带给人类莫大的益处。

第三节　医疗机构内的养

养是生命存在的基础，须臾离不开。

生命的乐趣和追求在于养，而不在于医。

同样，在医院里面住院的患者也需要养，这种养主要是生理层面的滋养。与此同时，心理层面的滋养和社会层面的滋养功能在医院里施展困难，是被压抑的。

在医院里面工作的医务人员也需要养，心理和社会层面的养在医院工作中得到满足，生理层面的养主要是在家庭中得以满足。

患者来到医院的目的是治病，是治愈或好转以后回归家庭的养和社会的养。

医院的服务宗旨是救死扶伤，防病治病，为公民的健康服务。在医院服务宗旨的描述中未出现养。

从医院角度来说，医疗技术水平高低是其命脉，没有医务人员去刻意追求养的环境和水平。

从患者的角度来说，比较医和养，孰重孰轻，一目了然。既然医是暂时的、重要的，那就让养做出让步和妥协。

在医院这个环境中，由于医院和患者两方面对医疗技术和疗效的共同追求，带来医的强势。医的光芒遮盖了养，医疗技术越高，住院天数越短，养的问题就越淡化。

实事上，医院里面的养时刻缺不得，住院时间越长，患者年龄越大，生活能力越低，养的问题越大。

事实上，医院里面的养从未缺席，只是长期被忽略。

法制日报记者陈磊等曾发布了一篇调查报告《“人都送到医院了，为啥还得请护工?”》（法制日报—法制网，发布时间：2022-01-07）生动描述和揭开了医院里面老年人患者的养护问题，全国各大互联网媒体纷纷转发，引起众多网民的跟帖讨论，反响比较大、感兴趣的读者可以亲自到网上查阅以获取更多信息（本书附录四是调查报告全文和部分跟帖节选）。

第四节　医疗机构开展老年人医养结合的情况

一、之前医务人员对医养结合的认识

1. 在 2005 年之前，没有医养结合这个概念。在 20 世纪 90 年代之前，医院内基本上也没有护工这个群体。住院患者的生活护理主要由家属和护士来承担。20 世纪 90 年代之后逐渐发展、成长起来一个庞大的护工团队，来负责住院患者的生活护理。

2. 2005 年至 2013 年，医养结合概念开始在理论界初步探讨，在实际工作中鲜见成果报道。

3. 2013 年以后，在党中央的号召下，医养结合工作开始在全国试点探索，包括

各种类型的医疗机构，不管自愿还是不自愿。

4. 之前医疗机构开展医养结合试点探索的指导概念和定义是以下两点：

（1）医养结合是养老资源和医疗资源的有机结合或融合。

（2）医养结合是养老机构与医疗机构的有机结合。

落实到具体行动上，则是医疗服务和生活服务相结合。

由于缺乏医养结合理论的指导，医和养的内涵外延不清晰，医养结合的内容扩大化趋势和对医养结合能否结合的质疑并存。

没有医养结合理论，难以统一认识，难以形成标准，做多做少，做好做坏难以评判。如果说摸着石头过河，至少还知道河对岸在哪里，但是医养结合工作的试点连终点在哪里也不太清晰。

二、之前医疗机构开展医养结合的情况

笔者以山东省为例谈谈医疗机构开展医养结合工作的现状：①

山东省是目前全国老年人口最多的省份，截至2021年年底，全省60岁及以上老年人口达2151万，占比21.15%，整体进入中度老龄化社会。

山东省自2017年启动创建全国首个医养结合示范省。

（1）医疗机构开展养老服务即提供为老年人生活照料的审批设置问题，在全国率先实现对医疗机构进行养老申办备案制管理。山东省明确规定，具备法人资格的医疗机构申办养老机构，不需另行设立新的法人；医疗卫生机构利用现有资源提供养老服务的，可依据医疗卫生机构的建设、消防、食品安全、卫生防疫等资质进行登记备案，可同等享受养老资金补助政策。

（2）公立医疗机构向居家老人提供医疗服务。如曲阜市、东阿县依托家庭医生签约服务、基本公共卫生服务和长期护理保险制度，打造“居家医护”服务模式，实现老年人在家即可获得专业医疗服务。

（3）基层医疗机构向基层养老机构提供医疗服务。如东平县、平阴县以基层医疗卫生机构为依托，打造医养结合“两院一体”模式，优化卫生院、敬老院资源配置，既实现政府兜底养老服务，又能为当地有需求的人员提供医养服务，体现了“1+1大于2”的叠加效应。以下为部分地区典型做法：

日照市出台《关于加快推进乡镇卫生院与养老院协同发展的通知》，乡镇卫生院

① 相关资料来源于《健康山东》《健康中国》《健康报》等公开刊发的文章。

与养老院通过“拆院墙、建连廊”，建立起紧密的合作关系。日照市东港区对“两院一体”模式和医疗机构设置康复护理床位的，给予一次性10万~30万元补助。

淄博市博山区当地政府将全区特困五保老人进行集中供养，依托源泉中心卫生院开办源泉长寿山老年公寓，实现托底养老，提供全过程、全链条的健康支持和生活照顾。

滨州博兴县吕艺镇合村并居腾地，企业建免费养老公寓，实现以地养老模式。由村集体、镇政府和企业签署三方合作协议，70岁以上老年人免费入住老年公寓。成立博兴县第二人民医院博兴县吕艺镇老年医养康复中心解决医养结合问题。

枣庄市精神卫生中心（枣庄市立二院）组建了“一体四区”的医养结合联合体，让优质医养康复资源真正“下沉”，面向全市提供集老年医疗、护理、康复、生活照料、临终关怀于一体的医养结合服务。

菏泽枫叶正红由菏泽市各县区人民医院或中医医院作为政府出资方，与山东枫叶正红养老发展有限公司，共同打造的一家规模化连锁经营的医养结合机构，现已建成运营牡丹区枫叶正红、郓城县枫叶正红和海南三亚旅居养老基地，设置养老床位近4000张，医疗床位1000多张，实现了医疗机构和机构养老、社区居家养老的无缝对接。

（4）大中型公立医疗机构开展医养结合服务。如泰安市中心医院、枣庄市精神卫生中心以区域医疗中心资源为支撑，托管公建养老设施，打造公立医院“医康养护综合体”模式，形成以医促养、以养助医的运营态势，实现住院治疗、康复护理和养老服务的院内切换。以下为部分地区典型做法：

山东省立第三医院康复护理院以医联体为纽带，以互联网为平台，打造“1+4+H多层联动，综合医养”模式（以1家城市公立医院为主开办的专业医养结合机构，以4家紧密型医联体单位为代表的社区、农村医养结合机构，以家庭医生签约团队为基础的“H”居家养老服务模式），满足不同层次老年人的健康养老需求，为失能失智人群提供全方位、多层次的“医、康、养、护”一体化服务。

山东省泰山疗养院将养老服务与优质护理服务相结合，融入到医院临床各环节，重点培养护士养老服务理念和养老护理技能，从身、心、灵多角度为入住老人提供综合养护服务，打造医养结合优质服务品牌。

（5）医疗机构医养结合收费问题，厘清医疗卫生服务和养老服务的支付边界。

山东省明确规定，基本医疗保险基金支付符合基本医疗保险药品目录、诊疗项目、医疗服务设施标准以及急诊、抢救的医疗费用，不得用于支付生活照护等养老服务费用；在实行长期护理保险制度的地区，符合条件的失能人员长期护理费用由长期护理保险按规定支付。

（6）针对机构建设运营问题，对省级养老服务资金补助政策进行优化。山东省出台新的资金补助政策，提高护理型床位建设补助，新建护理型床位补助标准提高到8000~12000元；机构收住中度、重度失能老年人所获的运营补贴，分别提高到2400元、3600元。

（7）针对医保政策支持问题，目前住院省内及跨省联网结算定点医疗机构达4177家，数量居全国第一位。全省职工长期护理保险实现全覆盖，济南市、青岛市，以及东营市、烟台市、威海市、日照市的部分县区建立了居民长期护理保险，全省长期护理保险定点机构达到2539家，参保人数达到3516.7万人，居全国第一位。2021年，全省共为12.2万失能人员支付长期护理费用11.9亿元，报销比例达80%左右。

（8）针对专业人才不足问题，开展分级分类养老人才培训，重点向社区居家养老、医养结合倾斜。自2021年以来，全省拨付补贴资金4699.6万元，累计培训各类养老服务与管理人员23万人次。通过政策引导，66所职业院校开设养老专业，在校生达1.1万人，数量居全国首位；全省设立了3个省级老年医学和医养结合人才培训基地。对在养老机构从事医护工作的专业技术人员，可参照基层医务人员执行相关激励政策。

第五节　医疗机构开展老年人医养结合面临的问题

养老界有个说法：医办养，隔层“纱”。

一、医疗机构办养老服务（机构）存在的主要问题

1. 第一层纱：缺乏系统、完整的医养结合理论指导，缺乏顶层设计，缺乏定位，缺乏工作抓手。

2. 第二层纱：办理养老机构许可证注册困难。

3. 第三层纱：增加生活娱乐活动场地和设施，增加生活护理队伍建设和管理，安全及餐饮、消防的适老化改造等方面的困难。

4. 第四层纱：养老床位比医疗床位经济效益低，动力不足的问题。

5. 第五层纱：缺少国家政策与支持，国家对发展医院式养老机构尚没有相应的

政策支持，缺乏经济的投入。当然，现阶段开展这项服务的医院，也是各自探索，没有统一的国家标准与规范，而且医疗机构和养老机构的设置标准，规划布局，医疗、生活的设置和服务要求也不一样。“支持医养结合服务的政策环境仍待加强。目前已有的政策对医疗卫生机构开展医养结合服务的支持力度有待提升，医疗资源有富余的医疗卫生机构参与供给养老服务的积极性亟须强化。此外，部分作为老年健康守门人的家庭医生面临‘劳而不得’的情况，参与供给医养结合服务的意愿仍待提升。”①

6. 第六层纱：医疗机构忙闲不均，决定了医养结合服务开展的深入程度。

大型的比较忙碌的、资源紧张的医疗机构像三级医院，医疗水平高，床位紧张，医疗服务定位在疑难重症、急性病症的救治，没有开展养老服务的富余精力。而且，大型医院难以提供细致的养老服务，大型医院主要关注急性病症的救治，对那些大病恢复期、后期康复治疗、慢性病、残障和绝症晚期的老年人无法提供细致的生活护理，但本应出院的老年人趋于风险最小化、省钱最大化的行为选择，坚持留在医院，频繁“压床”。这加剧了大型医院医疗资源的紧缺，医院应有的治疗功能没有得到充分发挥，医疗资源也未得到有效利用。大型医院迫切需要“医养结合”，将“压床患者”分流到接续性医疗机构或者医养结合型养老机构，来承担这些老年人的常规护理工作，以实现治疗、康复与护理的无缝衔接。以此提高床位周转率，实现医院的社会效益和经济效益。

中小型、资源部分闲置的一级或二级综合医院、专科医院，包括公立、民营等类型，可进行结构和功能调整，有能力、有资源、有可能发展成接续性医疗机构。但是，如果要将其转型为康复医院和护理院，大力增加养的成分，又会面临一些现实困难：首先，综合医院的医护人员大多不愿意放弃自己的学术和科研，以及似乎更有前景的临床学科，“舍本逐末”选择转为康复护理专业；其次，医保对康复护理床位的支付标准低于综合医院普通病床；目前的护理收费定价标准过低，导致综合医院转型为康复医院、护理院后将会明显减少经济收益。

二、医疗机构办养老服务的优势

1. 先天具有医疗人员、医疗设备、医保资质及医疗服务水平，可以提高老年人的医疗保健水平，满足社会的需求，对老人而言号召力强、可信度高。由单纯的医疗机构转变成医养结合型机构，前期投入少。

2. 支付手段多，住院、门诊、慢病医保支付；基本公共卫生费用、长期护理保

---

① 郝晓宁，国家卫生健康委卫生发展研究中心健康保障研究部研究员。（来源：《经济日报》）

险制度费用均可选择单独或交叉使用。

3. 解决部分医院床位闲置的问题，尤其是民营医院和一些规模较小的医院以及偏远地方的疗养院，对这些医院提供了一个新的发展空间选择。

以下是两个医院开展养老服务，“医办养”优势明显的例子。

（1）“这里的老人大多有明确的医疗需求，如需要血液透析和尿管、胃管护理等。”广州新海颐养苑院长陈玉芳介绍，早在2014年广州新海医院就成立了老年科，专门治疗针对患有老年病的老人，在三年后的2017年，广州新海颐养苑从广州新海医院分离出来，成为最早一批由医疗机构开展养老服务的机构之一。

从广州新海医院进入，一直走到最后一栋原“行政楼”，其中的四、五、六共三层便是广州新海颐养苑所在地。“这栋楼原来是医院的行政楼和员工宿舍。”陈玉芳解释，目前颐养苑和新海医院是“兄弟单位”，因此，医院的许多医疗设备都能够进行“共用”。陈玉芳介绍，颐养苑面对的老人是以护理型为主的“刚需”老人，94张床位几乎一直处于“满员”状态。

陈玉芳和许多在颐养苑的护士、医生一样，此前一直在新海医院工作，“我在来到颐养苑之前做了二十多年的护士，在许多科室都工作过，在2019年调来之前是神经内科的护士长。”

她告诉记者，医院开办的养老院在老人的护理方面经验也会更加丰富一些，如护理插胃管、尿管的老人，对老人压疮的护理等都能够更加专业。

“医院和养老院是两码事，养老院需要考虑得更多。”陈玉芳说，如老人在医院住院时只要配合治疗就可以了，就算是整天躺在床上也并无大碍，而养老院则需要让卧床的老人尽量早上晒一晒太阳，能够自己做的事情要尽量自己做，这样才能延缓老人各项功能的衰退，并需要关注老人的心理状态，及时对其进行疏导。

49岁徐先生的父亲是住在新海颐养苑的一位老人，他在医院辗转了两个月出院之后，儿子还是选择让他到这里进行康复，此前徐先生的父亲曾在去年到新海颐养苑住过一年的时间。“当时父亲是摔了腿，行动不便，听到亲戚介绍便住了进来。”大概住了一年之后，父亲的病情已经稳定，并且也基本能够生活自理，便离开颐养苑回到了家。“但由于父亲患有肾病、糖尿病、高血压，离开养老院后没有控制饮食，导致了尿毒症脑病，进入ICU急救，直到近期才出院。”许先生说，急救后的并发症导致了父亲需要血液透析，所以又住进了颐养苑。“血液透析的科室就在对面楼的五楼，住在这里也方便一些。”

陈玉芳说，由于这家养老院本身就是从医院分离出来，所以两者之间的联系非常紧密。“在老人需要住院时，我们的护士会在通知家属过来的同时，先将老人转送到医院处理救治，在与家属交接班之后才会回来。”她说，依托医院的医护能力，其他养老院没办法收的插着胃管、尿管的老人，可以在颐养苑得到护理。

“在医务人员的构成方面，依托医院支持的养老院在护理技术方面还是会更有经验。”陈玉芳说，因此，养老院的侧重也有所不同，有的以环境文化吸引老人，但由于不是“刚需”，也有可能面临一定的困难。

“医养结合，养是核心，医是支持养的。”王先胜认为，医疗机构开展养老服务具有一定优势，特别在医疗资源方面优势更加突出。①

（2）2000 年前，这家远离主城区的疗养院，面临着交通不便、周边人口稀少、知晓度低的窘境，几乎没什么业务，生存前景堪忧。2005 年，开始探索医护康养一体化发展。这一变革不仅改变了功能定位，也将原本的环境劣势变成了天然优势，医护康养一体化模式一经推出，400 张床位在短时间内供不应求。

历经 10 余年的不懈努力，其独创的医疗、康复、宁养、照护、养老、健康管理“六位一体”医养结合新模式，使其陆续获得了国家部委、省、市各级主管部门授予的荣誉。2020 年，在国家卫健委与 WHO 共同开展的“医养结合在中国的最佳实践”项目活动中，该机构作为典型案例被推荐到世卫组织参展交流。

2021 年，医养大时代下，这家机构走进“全国视野”。在 2021 年 4 月国家卫生健康委员会举办的新闻发布会上推广医养结合的“成都样本”。这家医院就是四川省成都市第八人民医院。

中国医院院长杂志记者：公立医院给大家的印象都是门庭若市，而且主要以承担医疗服务为主，成都市第八人民医院作为一家公立医院是如何想到要发展医养结合的？

四川省成都市第八人民医院党委书记陈芍：谢谢您对成都市第八人民医院的关注，成都市第八人民医院的前身是建立于 1979 年的干部疗养院，在 2000 年的时候增挂了慢性病医院的牌子，那时候才开始面向社会收治老年慢性病患者。但是因为医院地处郊区的一个山坡上，人口很少，交通也不方便，几乎没有人来就医，所以那时候医院就面临发展的困境。在老龄化社会的背景下，我们通过调研发现，有不少因病失能的老年病人面临着综合医院住不进去、养老机构又缺乏医疗，而自己的家庭对其照护又难以持续的难题。面对这样的老人的难题，结合医院自己的环境优势，我们是在

---

① 资料节选自《广州日报官方账号》2021-10-21 23：53“大城市，大养老”和“医办养、养办医，各机构探索‘医养结合’出路”。

植物园旁边，还有专业的医疗优势，在2005年开始针对失能或者半失能老年病人的医护康养一体化的新型医疗服务模式。这种模式一经推出，我们医院当时的400张床位迅速供不应求，取得非常好的社会效应。2011年，这样的模式获得了原国家卫生部公立医院改革的创新提名奖。到2014年，尽管医院床位增加到了600张，但仍然不能满足老人的需求，有很多老人会在外排队等候，短的一周，长的一个月、三个月或者半年都有，所以我们主动走出去，和周边的养老机构、养老服务中心、护理院或者日间照料中心、社区卫生机构的社区卫生中心签约，开展医养协作关系，为他们的老人提供快速的转诊或者绿色就医通道，组建了专业的队伍，给对方提供健康宣教、健康管理、医疗巡诊、康复或者是照护培训，也给他们的老人送去营养指导或者是心理指导等，这样我们就逐步把医养结合的服务延伸到社区。到2016年，我们正式更名为成都市第八人民医院，因为我们多年在老年的医疗、健康管理、照护、临终关怀和相关培训上的探索取得了成效，那时候我们成为了成都市的老年服务中心。到目前为止，我们有1200张床，床位仍然供不应求。我们的医养项目现在正在开工，结束后，医院床位将增加到2000张。十多年医养结合的探索，医院主要是根据老龄社会老年人的需求，我们从过去单一的公立医院的医疗职能，在大健康的链接上我们进行了合理的功能延展，现在发展成为集医疗、健康管理、养老、照护、临终关怀和相关培训一体化的医养结合机构，也是国家老年疾病临床研究中心的医养结合分中心。我想，这样的发展主要是因为回应了老年人群的健康和医疗需求，使医院也能够得到长足和健康的发展。谢谢。

封面新闻记者：我们了解到成都八院在全国比较早开始实行医养结合，在探索发展的过程中，有哪些值得分享的经验？包括现在具体能为老年人提供哪些服务？

陈芍：成都市第八人民医院开展医养结合服务确实已经很长时间了，十多年了，我们主要是围绕老年人的医疗健康和养老相关的细节性需求来开展工作。第一，我们有一些感受，医养结合的基础在于医疗，所以我们就建设了老年医学的几个重点专科。我们分析了老年的疾病谱，根据给老年人或者他的家庭带来压力或者痛苦大小的情况，我们重点打造了老年康复医学科，主要是通过专业的康复训练和治疗，目的是能够最大程度的维护或者改善老人的机体功能。第二，针对目前患阿尔茨海默病的老人增多的情况下，我们把日常医院的神经内科建成了阿尔茨海默病的综合管理区。我们对患有阿尔茨海默病的老人提供的不仅仅有医疗服务，还有专业的工娱康复训练、专业的照护这些综合服务，通过这些服务来延缓老人认知功能的衰退和病情的发展，这样就可以提高这些老人的生存质量。同时，也能够减轻他的家庭和家属负担。第三，我们把医院专业的临终关怀科建成了有温度的安宁疗护示范中心，主要是针对临终的病人或者临终的老年人，我们更加关注人的本身，或者是更加注重对人性的关怀，除了给他们提供姑息治疗、疼痛管理，还需要临终照护、心理慰藉和灵性关怀，通过这些服务，我们希望能够帮助临终的老人缓解疾病给他带来的痛苦，减轻他对死亡的恐惧，我们希望尽力帮助临终的老人能够有尊严、比较安然的走完人生最后一程。这是我们的一个体会，医养结合的基础在于医疗。第二个体会，大多数老人都需要不同程度的照护，照护的专业性对老人的身体健康状况和疾病的恢复是至关重要的。我们多年来形成了一套照护的专业管理体系，并且向外推广和培训。我们着力培养生活照料+护理技能+职业爱心护理员，通过这些培训我们希望他们具有保姆的生活照料职能，也具备部分护士的观察处理技能以及老年疾病的常见常识或者是急救常识，我们希望他们具备一定的爱心。通过这些培训，近年来我们为社会输送了2万多名这样的复合型护理员，能够比较有效解决6万左右家庭的专业照护需求。第三个体会，多年的工作，我们感受到医养结合更多的需求在基层，就是在社区和家庭，所以我们非常重视共享。近年来，我们先后与40多家养老机构、日间照料中心等签约形成医养合作关系，我们帮助这些机构提升他们的健康和医疗服务能力，同时自己也在社区建立了多个“社区医养结合站点”，通过这些站点，把我们专业的健康资源送出去，能够让社区和居家老人就近方便快捷地感受到医养结合服务。第四个体会，也是这么多年我们感受最深的，医养结合这项工作的灵魂在于对老人的关心和关爱，所以我们非常重视关爱文化的建设。我们一直着力打造“孝爱医和合”的医院文化，通过各种手段培养员工爱心，同时面向社会长期招募“关爱老人、情暖夕阳”的志愿服务联盟，目前为止已经有100多家来自社会各界的单位、公司、团体加入这个联盟，联盟现在拥有11000多名长期稳定的志愿者，他们会定期或者不定期为老人或者协作机构的老人开展无偿的志愿服务和各项公益活动，陪他们聊天，给他们洗脸、洗脚、剪指甲、唱歌等，给老人送来快乐和温暖。以这些文化的建设和各项活动的开展，既让这些老人能够感受到社会各界更多的关心和关爱。也吸引了更多人加入到无偿关爱老人的队伍当中来。同时，让更多人能够真实体会到关爱老人真的就是关爱我们自己。关心老人的今天，就是关心我们的明天。谢谢。

红星新闻记者：您刚刚在回答问题时提到了阿尔茨海默病，我们知道成都八院其实专门建立了阿尔茨海默病的中心，请问八院在加强医院管理，保障安全的同时，是如何让老人更有尊严地生活的？

陈芍：刚才的问题提到了我们八院医养结合是怎么开展的，你这个问题让我想起来，我们住院的几位老人曾经给我们院刊投过稿，他们形容我们医院的服务模式，说的是：医疗学科强基础，专业照护是保障，机构社区广覆盖，医养之魂在孝爱。如何对阿尔兹海默病老年人的照护和安全进行管理，我们医院主要从四个方面着手：一是老人来到我们这儿，我们会根据老人的情况进行全面评估，包括他的身体状况、自理或失能状况、智力状况进行分层分类。二是我们会依据老年人不同的失能失智情况分层分类制定照护方案，进行专业管理。三是我们也培养了一批自己的专业护理和照护团队，仅医院自己管理的护理员就近400多名，他们会24小时为这些老人提供照护服务。四是从硬件方面，我们专门为失能失智的老人设立了一个专门的比较大的区域，除了普通病房，我们还设置了智能活动区域，对整体环境进行了适老化的改造，并设了一些老年人记忆深刻、可以给他带来亲切感的模拟场景，通过怀旧疗法帮助缓解他们的焦虑、情绪，这些治疗或者是康复训练能起到比较好的效果。阿尔茨海默病管理的区域，面积足够大，地面是塑胶地面，能够比较好的防滑。医疗、护理、照护、硬件方面，我们做到了医生、护士、护工三位一体，创造一个很好的环境，我们希望让他们能够生存质量更高，能够过得更开心一点。

中国县域卫生记者：您刚才谈到咱们医院拓展了很多基层医疗机构，医养结合广大的需求在基层。请问您在和基层医疗机构管理者在沟通交流过程中，他们对医养结合的积极性怎么样？他们提出的主要问题是什么？您觉得提升医疗机构的管理，医务人员参与到这项工作当中来，我们应该出台什么样的支持赋能措施？谢谢。

陈芍：您的问题是我们在和基层机构交流过程中对方机构的管理者积极性怎么样、有哪些问题，医务人员应该出台哪些激励政策。我们这么多年持续和各类基层医养结合机构、日间照料中心、养老服务中心、护理院等，既有公立的也有民营的，还有集团性的，他们和我们之间的关系，有的是希望我们能够定期给他们提供健康医疗服务，还有的希望我们能够托管，整体都是比较积极的。他们的主要问题是缺乏专业的医疗和健康资源，而这正是我们的优势，他们希望我们能够输入比较好的健康和管理，让他们的医养结合服务能够满足老人的需求，这是他们的难点。现在已经出台了相关的文件和政策来鼓励基层医疗和养老机构的合作。我个人觉得，还应该激励更多老年专科医院，无论是二级还是三级参与其中。谢谢。[①]

① 资料节选自国家卫健委网站网址．http：//www.nhc.gov.cn/xcs/s3574/202104/oc1cf92f2b7b4cfe890234a1c3d5593f.shtml（2021-04-08）。

第七章　养老机构开展老年人医养结合的实践总结

第一节　养老机构的定义、分类和分级

一、定义

养老机构是社会养老专有名词，是指为老年人提供饮食起居、清洁卫生、生活护理、健康管理和文体娱乐活动等综合性服务的机构。

2013 年民政部发布的《养老机构管理办法》中称养老机构是指依照《养老机构设立许可办法》设立并依法办理登记的为老年人提供集中居住和照料服务的机构。

2020 年民政部发布的《养老机构管理办法》中称养老机构是指依法办理登记，为老年人提供全日集中住宿和照料护理服务，床位数在 10 张以上的机构。

养老机构依法登记后，民政部门颁发《养老机构设立许可证》，现已改为备案制，其业务指导、监督和管理归口民政。

二、分类

养老机构按登记性质划分，可分为公办养老机构、非营利性民办养老机构和营利性民办养老机构三类，三类养老机构都向社会开放，老年人可以自由选择不同类型的养老机构入住。由于历史的原因，养老机构的名称很多：

（一）敬老院

敬老院是多年前公办的社会福利单位，多建立在县区及农村地区。是农村集中供养“五保老人”的场所，收养的“五保老人”依靠集体供养为主，辅之以国家和社会必要的援助。

（二）养老院

养老院主要是为老年人提供集体居住场所，具有相对完整的配套服务设施，其中也包括医疗服务。它收住的是居家养老有困难的老人。养老院属于自负盈亏的养老服

务机构，大多是民办的养老机构，也有公办民营、民办公助的养老院。

（三）护养院与养护院

老年护养院和养护院基本是一类，均属于民政系统，更强调生活照料与护理功能。

老年养护院主要为失能、部分失能老年人提供生活照料、健康护理、休闲娱乐和社会工作服务等，满足失能老年人生活照料、保健康复、精神慰藉、临终关怀等基本需求的专业照料机构。

（四）老年公寓

老年公寓由政府或社会力量按照地产开发的原则，投资建设的专供老年人居住的楼宇，居住单元的面积有大有小，入住者可买可租。老年公寓一般设有医务室、活动室、健身房和小食堂，并配备各项服务人员。

老年公寓既体现老年人居家养老，又能享受到社会提供的各种服务，如餐饮、清洁卫生、文化娱乐、医疗保健服务体系，入住的群体是能够自理并有一定经济能力的老年人。属于机构养老的范畴。

有些老年公寓也称为康养公寓。

（五）社会福利院

社会福利院是民政部门在城镇设立的社会福利性事业单位，其任务是收养城镇丧失劳动能力、无依无靠、无生活来源的孤老、孤儿、弃婴和残疾儿童。被收养人员的一切生活费用由政府承担。改革开放以来，很多社会福利院和敬老院已逐步向社会开放，它们在保证收住孤寡老人的同时也收住一部分自费老人，从而使这些福利救济型的养老机构增添了商业性的养老服务功能。

三、养老机构等级划分与评定

2018 年 12 月，国家市场监督管理总局、国家标准化管理委员会发布了《养老机构等级划分与评定》，已于 2019 年 7 月 1 日起正式实施。《养老机构等级划分与评定》规定了养老机构等级划分与标志、申请等级评定应满足的基本要求与条件、等级评定。

养老机构的评定分为五个等级，从低到高依次为一级、二级、三级、四级、五级。级别越高，表示养老机构在环境、设施设备、运营管理、服务方面的综合能力越强。

等级标志由五角星图案构成，用一颗五角星表示一级，两颗五角星表示二级，三颗五角星表示三级，四颗五角星表示四级，五颗五角星表示五级。

等级标志实行统一管理。等级标志的有效期为三年（自颁发证书之日起计算），到期应向评定机构申请复核。

四、养老机构的公众认知

在公众的传统认知中，养老机构就是养老院。养老院存在着大小之分别，服务水平高低之分别。养老机构的宗旨是为老年人提供生活照顾。

通俗地讲，养老机构是把老人集中在一起，集中照护，这种集约化的照顾模式符合社会化分工的原则，但不符合传统的养老文化。养老院能提高护理人员的工作效率，促进护理技术相互提高，提高设备利用率，能够提供家庭提供不了的专业化护理服务。

第二节　养老机构内的养和医

养老机构提供的服务包括但不限于生活服务和医疗服务。

一、生活服务

2020 版民政部《养老机构管理办法》中规定：

第十七条　养老机构按照服务协议为老年人提供生活照料、康复护理、精神慰藉、文化娱乐等服务。

第十八条　养老机构应当为老年人提供饮食、起居、清洁、卫生等生活照料服务。

养老机构应当提供符合老年人住宿条件的居住用房，并配备适合老年人安全保护要求的设施、设备及用具，定期对老年人的活动场所和物品进行消毒和清洗。

养老机构提供的饮食应当符合食品安全要求、适宜老年人食用、有利于老年人营养平衡、符合民族风俗习惯。

二、医疗服务

民政部公布的 2020 版《养老机构管理办法》中有两条规定涉及医疗方面的内容。

第四条 养老机构应当按照建筑、消防、食品安全、医疗卫生、特种设备等法律、法规和强制性标准开展服务活动。

第十九条 养老机构应当为老年人建立健康档案，开展日常保健知识宣传，做好疾病预防工作。养老机构在老年人突发危重疾病时，应当及时转送医疗机构救治并通知其紧急联系人。

养老机构可以通过设立医疗机构或者采取与周边医疗机构合作的方式，为老年人提供医疗服务。养老机构设立医疗机构的，应当按照医疗机构管理相关法律、法规进行管理。

三、国标《养老机构基本规范》对养和医服务内容的要求（表 7-1）

在《养老机构基本规范》（GB/T 29353—2012）中，对养老机构的服务内容和要求已经做了比较明确的范围说明，既包含养的服务内容，也包含医的服务内容。

养老机构以养为主，养的内容放在了“生活照料、膳食、清洁卫生、洗涤、心理慰藉、文化娱乐、咨询、安全保护”等部分。

养老机构医为辅，医的部分主要放在了“老年护理服务、医疗保健服务”部分。

表 7-1 养老机构医养结合服务内容

服务项目	服务内容和要求
生活照料服务	1. 生活照料服务至少应包括： 穿衣，包括协助穿衣、更换衣物、整理衣物等； 修饰，包括洗头、洗脸、理发、梳头、化妆、修剪指甲、剃须等； 口腔清洁，包括刷牙、漱口、清洁口腔、装卸与清理假牙等； 饮食照料，包括协助进食、饮水或喂饭、管饲等； 排泄护理，包括定时提醒如厕、提供便器、协助排便与排尿，实施人工排便，清洗与更换尿布等； 皮肤清洁护理，包括清洗会阴、擦洗身体、沐浴和使用护肤用品等； 压疮预防，包括定时更换卧位、翻身，减轻皮肤受压状况，清洁皮肤及会阴部等。 2. 生活照料应由养老护理人员承担。 3. 应配备生活照料服务必要的设施与设备。 4. 应根据老年人的具体需要提供相应的照料服务
膳食服务	1. 膳食服务至少应包括食品的加工、配送，制作过程应安全、卫生，送餐应保温、密闭。 2. 膳食服务提供者应由持有健康证并经过专业培训合格的人员承担。 3. 应配备提供膳食服务必要的设施与设备。 4. 应根据老年人身体状况及需求、地域特点、民族、宗教习惯制定菜谱，提供均衡饮食

续表

服务项目	服务内容和要求
清洁卫生服务	1. 应包括环境清洁、居室清洁、床单位清洁、设施设备清洁。 2. 应设置专职岗位并配备相应的清洁卫生人员。 3. 应配备必要的设施、设备与用具。 4. 环境清洁包括生活区和医疗区的环境分类管理、生活和医疗垃圾的分类处理。 5. 环境、居室、床单位、设施设备应整洁有序、及时清扫。 6. 采取服务外包的方式时，应对服务质量进行监控
洗涤服务	1. 洗涤服务包括织物的收集、登记、分类、消毒、洗涤、干燥、整理和返还。 2. 应配备相应的洗涤服务人员。 3. 应配备必要的洗涤设施、设备与用具。 4. 洗涤物品应标识准确，当面验清。 5. 采取服务外包的方式时，应对服务质量进行监控
老年护理服务	1. 老年护理服务应包括基础护理、健康管理、健康教育、心理护理、治疗护理、感染控制等。 2. 应由委托医疗机构提供。 3. 应由内设医疗机构提供或委托医疗机构注册的护士承担。 4. 应配备必要的设施与设备。 5. 应遵医嘱，应执行医疗机构规定的护理常规和护理技术操作规范。 6. 应参照医疗文书书写规范进行记录。 7. 应参照对老年人能力等级评估的情况提供相应的护理服务。院内感染控制技术要求应符合《消毒技术规范》的规定
心理/精神支持服务	1. 心理或精神支持服务至少应包括沟通、情绪疏导、心理咨询、危机干预等服务内容。 2. 应由心理咨询师、社会工作者、医护人员或经过心理学相关培训的养老护理员承担。心理咨询、危机干预宜由心理咨询师、社会工作者承担。 3. 应配备心理或精神支持服务必要的环境、设施与设备。 4. 应适时与老年人进行交流，掌握老年人心理或精神的变化。 5. 应制定心理咨询和危机干预工作程序。 6. 应保护老年人的隐私
文化娱乐服务	1. 根据老年人身心状况需求，开展文艺、美术、棋牌、健身、游艺、观看影视、参观游览等活动。 2. 主要由养老护理员、社会工作者组织，邀请专业人士或相关志愿者给予指导。 3. 应配备文化娱乐服务必要的环境、设施与设备。 4. 开展活动时，机构应提供必要的安全防护措施
咨询服务	1. 咨询服务包括信息提供和问询解答。 2. 应由各类相关服务人员承担。 3. 所提供的信息和解答应真实、准确、完整。 4. 应提供咨询服务必要的环境、设施与设备

续表

服务项目	服务内容和要求
安全保护服务	1. 安全保护服务是通过医护人员的评估，为老年人采取适当的安全防护措施的活动。 2. 应由专业技术人员及养老护理员承担。 3. 应提供安全保护服务必要的设施、设备及用具，包括提供床档、防护垫、安全标识、安全扶手、紧急呼救系统等。 4. 满足以下条件之一时，应对老年人进行身体约束或其他行为限制并记录时间、身心状况以及原因： 当发生自我伤害或伤害他人的紧急情况时； 经专业执业医师书面认可，并经相关第三方书面同意后。 5. 满足以下条件之一时，应解除对老年人进行的身体约束或其他行为限制并记录：当发生自我伤害或伤害他人的紧急情况解除时；经专业执业医师书面认可，并经相关第三方书面同意后
医疗保健服务	1. 医疗保健服务是为老年人提供预防、保健、康复、医疗等方面的活动。 2. 应由内设医疗机构或委托医疗机构提供。 3. 医疗保健包括常见病和多发病、慢性非传染性疾病的诊断、治疗、预防和院前急救工作，康复治疗和转院工作。 4. 应由执业医师或康复师承担，符合多点执业要求。 5. 应参照医疗机构设置要求配备设施与设备。 6. 应运用综合康复手段，为老年人提供维护身心功能的康复服务。 7. 应符合卫生行政主管部门有关诊疗科目及范围的规定。 8. 医疗行为应参照临床医疗诊疗常规

注：养老机构医和养的服务内容摘自《养老机构基本规范》（GB/T 29353—2012）。

第三节 养老机构开展老年人医养结合的情况

一、之前养老从业人员对医养结合的认识

1. 在 2005 年之前，没有医养结合这个概念。只有医、养结合工作的事实存在，尚未上升到概念认识层面。

2. 2005 年至 2013 年，医养结合概念开始在理论界初步探讨。在养老实际工作中鲜见成果报道。

3. 2013 年以来，在党中央的号召下，医养结合工作开始在全国试点、探索、推进，包括各种类型的养老机构。

4. 之前养老机构开展医养结合工作的指导理论是以下两条：

（1）医养结合是养老资源和医疗资源的有机结合或融合。

（2）医养结合是养老机构与医疗机构的有机结合。

由于缺乏系统的医养结合理论的指导，医养结合的内涵外延不明确，养老机构开展医养结合的实践是摸着石头过河，边界不清，落水牺牲的有，呛水挣扎欲罢不能的更多，成功上岸的不多。

二、养老机构开展医养结合的情况

据国家卫健委老龄健康司统计，截至 2021 年年底，养老机构以不同形式提供医疗服务的比例超过 90%。

养老机构内的医养结合，实质上是为居住在养老机构的长者既提供生活服务又提供医疗服务。其实现形式存在以下几种：

1. 养老机构与医疗机构毗邻而建模式。即医疗机构与养老机构统一规划，统一建设，如养老机构紧邻街道社区卫生服务中心或医院，居家养老服务照料中心与村（社区）卫生服务中心、服务站点毗邻建设。许多新闻报道这样描述："医养结合好，这边是医院，这边是康养，相隔只有一面墙，你在这边住着，休闲娱乐、日常生活，如果有突发性疾病，隔壁就是医院，医生马上过来给你诊疗，医和养紧密结合在一块。"

2. 两院一体模式。医疗机构托管养老机构设置的医疗机构，或医疗机构在养老机构内设置医疗点。如河北省邢台市从 2016 年以来就开始探索医养结合工作，他们主要是通过三种方式来推进农村的医养结合工作。一是推行医中有养，将乡村的养老机构、幸福院和乡村医疗机构建在一起、连接在一起，用乡村医疗机构直接为乡村的养老机构提供医疗服务。二是养中有医。在养老机构设置卫生室和护理站，派驻医护人员，提供医疗服务，推行养中有医。三是失能有保。2019 年在全市推行了长期护理保险制度，目前有 734 万人参保，报销比例在 65%左右，定点服务机构 135 个。通过这三种措施，使农村老人既解决了养的问题，又解决了医的问题，同时减轻了失能、半失能家庭的负担。目前，邢台市共有 227 个养老机构和 110 个医疗机构实行了医养一体、两院融合的发展模式。长期护理险实施以来，共有 18340 人次享受了这个待遇，并且明显提高了医养机构的入住率，有的医养机构做到了一床难求，使农村的老人有了更多的获得感。①

3. 机构对接签约巡诊模式。即通过协议合作、转诊合作、对口支援、合作共建、建立医疗养老联合体、远程医疗等多种形式，实现医疗机构与养老机构的业务对接和

① 来源：卫生健康委网站国家卫生健康委员会 2021 年 4 月 8 日例行新闻发布会。

服务融合。

4. 养老机构内设医疗机构模式。包括养老机构自建或外部合作医疗机构租用养老机构场地进行建设和管理，为老年人提供疾病诊断和治疗活动的卫生机构。小到内设卫生室、诊所、护理站、护理中心，大到护理院、康复医院、老年病医院，等等。

第四节　养老机构开展医养结合面临的困难

养老界有个说法：养办医，隔层“山”，医办养隔层“纱”。说的是两个主体各自开展医养结合的难易程度。

以“山”为例说明这个问题：养属于基础性工作，构筑成山的基座、底部，对整个山体形成支撑。医是社会化分工形成的专业理论和专业技术手段，构筑成山的顶部，形成了一定技术壁垒。医养结合如同是山腰部分，一头连医，一头连养。靠山顶近一些，医的成分大一些。靠山根近一些，养的成分大一些。恰好在山中间，医养平衡。

医务人员和非医务人员都生活在山根部，但是，医务人员常年工作在山顶部，非医务人员常年工作在山根部。相对而言，医务人员学习养、掌握养比较容易，非医务人员学习医、掌握医比较困难。所以才有了：医办养，从山上向山下走，隔层纱；养办医，爬山又不熟悉路，隔层山。这个说法既形象又有道理。

这个山还是座多重山：

第一层山——缺乏医养结合理论指导。方向不明，路径不清，内容不详，不知如何开始和运营，总结成两个字：迷茫；三个字：不清晰。在 2005 年之前，没有医养结合这个概念。2005 年医养结合理念首次出现，概念的定义之一是养老机构和医疗机构的有机结合；定义之二是医疗卫生资源与养老服务资源相结合。概念定义之后没有形成系统的医养结合理论，缺乏医养结合工作内容和范围的设计工具。例如医养结合的人群如何细分？医养结合的目的是什么？如何结合？结合后是什么状态等，均没有从理论层面阐释清楚。结果就是“八仙过海，各显神通”，具备医疗人力资源又具备财政资源的，组建配套大的医疗机构，如北京燕郊某项目，直接建成了一个三甲医院。但更多的传统养老机构受限于资源条件，只能设置医务室、护理站、护理院、康复中心等。

第二层山——养老机构开展专业医疗服务所需的《医疗机构执业许可证》的审批难度问题。

第三层山——多头管理，齐抓共管问题。医养结合的管理体制尚未完善，医养结合养老服务涉及多个管理主体，包括民政部门和卫生部门。国家虽然推出和倡导医养结合政策，但在政策的具体落实和执行层面，不可能给出一个具体的操作指南，主要还是要靠各地政府及其民政、卫生、医保等多部门去探索和磨合。

第四层山——医养结合人才缺乏，专业医务人员缺乏，既熟悉医又熟悉养的跨界人才更缺乏。既熟悉医，又熟悉养，还懂管理的人才尤其缺乏。

第五层山——长期护理保险和医保支付手段不完善，办理起来压力“山”大。

第八章　居家社区老年人医养结合的实践总结

第一节　居家社区医养结合模式

常见的居家社区医养结合服务模式有三种：

1. 家庭医生签约模式。家庭医生与有需求的老年居民签订服务协议，开展契约式服务，为签约老年居民建立规范的健康档案，提供预约转诊、健康查体、保健指导、基本公共卫生服务、疾病干预、家庭病床等独立的医疗服务。

该模式主要由各地卫健委系统的公立医疗机构推动。详见本书本章第二节内容。

2. 长期护理保险制度提供的“家护服务”。包括医疗服务和生活服务，详见本书本章第三节内容。

3. 社区嵌入型小微机构提供的医疗服务和生活服务。这些小微机构主要是民营医疗机构和医养结合型养老机构来承担。提供专业化的医养护一体化服务，就近流动上门，提供居家社区医养结合服务。详见本书本章第四节内容。

第二节　家庭医生签约模式开展居家社区医养结合的情况

以山东省为例：2019 年 7 月，山东省卫生健康委员会首次发布《山东省居家医养结合服务指南（试行）》（以下简称《指南》），首次对居家医养结合服务做了明确界定，对机构人员资质、服务内容等进行了规范。

《指南》中明确，居家医养结合服务既包括老年人家庭医生签约服务，也包括各类医养结合机构通过合作协议为居家老年人提供的专业医疗养老服务。开展居家医养结合服务的机构人员可包括但不限于医生、护士、康复治疗师、心理咨询师、营养师、养老护理员。其中，医务人员必须具备相应的执业资格，按照注册的执业类别开展服务，具有两年以上临床工作经历。养老护理人员应持有养老护理员上岗证或养老护理员职业资格证，未持有养老护理员上岗证的应经过专业的养老护理和医疗照护培训后再上岗。居家医养结合服务内容可参照国家和山东省家庭医生签约服务相关指导意见，包括9大服务内容：健康教育、健康管理、医护服务、康复服务、心理关怀、安宁疗护、养老服务、智慧化服务以及家庭病床。

《指南》提出，服务费用依据服务协议、服务内容、服务标价、服务次数进行结算，由基本公共卫生服务、基本医保、长期护理保险、商业保险和个人自付等构成。

2021年4月8日，山东省卫生健康委副主任吴向东在国家卫生健康委例行新闻发布会上总结到：自2018年山东省启动全国医养结合示范省创建以来，省政府作为省级战略整体推进，全省16市都落实了职工长期护理保险制度，其中，济南、青岛和东营3个市已经扩大到了全体居民。在服务模式创新方面，各地结合实际，积极探索，建立了多样化服务模式，比如以家庭医生签约为抓手，打造了“居家医养、医护巡诊”模式；以城市社区为依托，打造“社区医养、智慧服务”的模式；以机构医养结合为补充，打造“机构医养、多层联动”的模式。同时，还以农村五保老人为重点打造了“两院一体、集中照护”模式，这是在服务模式创新方面做的探索。

一、“居家医养、医护巡诊”模式

此种模式针对居家医养为主的失能、半失能老人，采取家庭医生签约、医疗机构派驻医护人员上门服务的方式，通过设立家庭病床、建立健康档案等，为居家老年人提供医疗护理服务。同时，将家庭病床的医护费用纳入医保报销范围。大力发展长期护理保险，为失能、失智老人提供服务保障。有条件的地方，可发挥村居卫生计生专干优势，为辖区老年人提供健康养老需求评估、政策宣传、健康指导、信息收集等医养结合随访服务。

典型做法

青岛市针对老人的不同需求，通过基本公共卫生和长期护理保险，有针对性地开展医养服务。通过家庭医生签约，为健康老人提供基本医疗、公共卫生、健康管理、慢病管理服务。通过长期护理保险的“家护”和“巡护”，对失能老人进行居家医疗护理、生活护理。鼓励医护人员多点执业，引导诊所、门诊部等社会办医疗机构的医护人员开展居家医养服务，收到了家庭减负担，医保少支出，机构得发展的三方共赢效果。

济宁曲阜市针对失能半失能、长期卧床、空巢、孤寡、残障老年人等弱势群体，由医护、康复等人员联动，提供基本医疗、康复训练、中医保健、健康指导、心理疏导和基本公共卫生等居家医养服务。建立了家庭病床制度，明确了服务内容与服务规范，并将家庭病床费用纳入医疗保险，减轻了居家老人医疗费用负担。

二、“社区医养、智慧服务”模式

此种模式适用于人口相对集中、较大规模的城市社区和新农村社区。依托健康大数据中心或“12349”民政养老服务平台等智慧化居家养老系统，通过党建网格员、村居卫生计生专干，对社区居家老人实现日间照料、上门随访等医养结合服务。有条件的社区，可以建设较大规模的医养结合机构，以失能、半失能老人为主，提供规范化、标准化、专业化的机构医养结合服务。

典型做法

青岛西海岸新区：打造“医疗+养老+社区”的服务链条，以社区驿站和家庭健康管家机器人为抓手，建成了“爱邻里智慧医养服务中心”，向家庭及个人提供健康医养及居家生活一站式服务，向医院、健康管理中心以及养老机构提供老人的健康信息和服务需求。依托社区建立了中康颐养医养结合机构，设计床位800张，护理型床位520张，提供长期托养、日间照料、居家养老、候鸟养老等医养结合服务。

烟台市福山区福惠社区：由旧城改造村回迁居民为主体组成的福惠社区，区政府投入600万元，建成公共服务面积3000平方米的福惠社区综合服务中心，为居民提供面对面、零距离的“一站式”综合服务，包括呼叫中心、一站式智能健康小屋、家庭服务中心、助餐中心等功能区室。组建由签约家庭医生、老年人能力评估员、营养师、社工等专业人才组成的服务团队，为60岁以上老年人提供居家养老服务、医疗服务、家政服务、生活照料、康复训练等10个大类、50多个小项的医养结合服务。

2021年6月，山东省卫生健康委员会再次发布《山东省老年人居家医疗服务试点工作方案》（全文见附录五）。

第三节　长期护理保险制度开展居家社区医养结合的情况

1. 关于长期护理保险制度的介绍以及山东省济南、青岛两市长期护理保险制度试点工作的详细情况，见本书第十章《老年人医养结合与长期护理保险制度的关系》。

2. 目前国内长期护理保险制度开展社区居家医养结合工作的情况：

（1）服务范围和项目：长期护理保险制度的功能定位是保障基本生活照料和与基本生活密切相关的医疗护理。国内各长期护理保险制度试点城市依据自身的经济发展水平及失能老人需求，制定了以个人身体护理为主的长期护理服务项目范围。梳理各地试点政策后发现，服务项目范围中，基本生活照料服务都普遍涉及头面部清洁、擦浴（沐浴）、床铺整理、协助进水进食等。其中，试点城市上海市的长期护理保险制度和居家社区服务是在2013年开始试点的。上海市高龄老年人医疗护理服务项目（70岁及以上户籍老年人的居家医疗护理）是在社区家庭病床服务以及医养整合、养老服务体系建设的基础上发展起来的。服务内容以基本生活照料服务为基础，服务项目目前比较全面。在试点前已有长期居家护理服务经验的上海市，将长期护理保险社区居家服务项目明确划分成基本生活照料及常用临床护理服务，将个人床边生活照料服务与具有临床性质的专业化服务相结合。具体项目包括：头面部清洁和梳理、手/足部清洁、温水擦浴/沐浴、洗发、指/趾甲护理、协助进食/水、口腔清洁、协助更衣、整理床单、排泄护理、失禁护理、会阴护理、协助翻身/叩背/排痰、协助床上移动、床上使用便器、人工取便、药物管理（限护士）、皮肤外用药涂擦、借助器具活动、生活自理能力训练、关节活动度练习、肌肉练习、压疮预防护理、留置导尿管护理、人工肛门便袋护理、安全护理等。针对失智老人的居家服务有个性化及人性化照护、残存能力康复训练、基础疾病和常见临床问题处理、家属指导培训等。

上海市等部分城市率先开展社区居家临床性质的专业护理，但只有少数城市探索了心理、康复、辅具租赁、失智老人特殊服务。居家医养结合人力培训中注重专业化能力培养，以保证长期护理服务内容的专业性，确保老年人常用临床护理服务项目的开展，具体包括：开塞露/直肠栓剂给药、鼻饲、药物喂服、物理降温、生命体征监测、吸氧、导尿等，全面维护失能老人的身体功能，减轻家属照料负担。其他试点城市中：南通市是以服务套餐的形式，依据老年人实际需求提供长期护理社区居家服务，提供的服务项目更加注重基本生活照料服务，临床性质的专业服务项目涉及较少。青岛市的居家护理、巡诊服务项目范围较其他城市更为全面，不仅包括个人生活照料及专业护理服务，同时覆盖了检验标本采集、送检服务、营养指导、心理咨询、社区康复治疗、安宁疗护、失智专区等服务。心理健康服务、康复服务、安宁疗护等服务在国内普遍起步较晚，经验不足且重视度不够，值得其他试点城市积极探索。嘉兴市自2017年9月起试行长期护理保险，长期护理服务中明确规定的服务项目包括生活自理能力训练、关节活动度练习、肌肉练习。在现阶段我国康复服务体系不够完善的情况下，大多数试点城市的长期护理服务项目不涉及康复类服务，而嘉兴市在全国率先将老年人康复辅具租赁纳入补贴项目库，对部分具有康复性质的机体训练服务的探索有利于倒逼康复体系的构建及完善。

（2）服务标准：目前家庭中医养结合工作逐步聚焦服务频次、时间及服务规范。在服务频次和时间方面，各试点城市根据实际情况明确了不同的标准。通常每次上门服务时间控制在1小时。其中上海市有着更为完善的服务提供标准与规范，依据老年人的长期护理评估等级划分了相应的服务频次，最低服务频次为每周3次，最高为每周7次，以时间作为支付标准的方式严格保障了服务质量，提供的服务连续性也相对较强；青岛市的巡诊服务则规定了服务频次的下限，依据服务对象缴费类型分别规定每周不少于1次和不少于2次；南通市规定了每个服务套餐中每项服务的开展频次，分为1周1次、2周1次、1月1次。当然，有试点城市针对居家上门服务的每类服务项目制定专门的服务标准和规范，如在老年居家护理服务方面已有实践基础的上海市，以服务手册的形式详细规定了具体每项服务的定义、步骤、注意事项，保证每项服务能够保质保量完成。除此之外，老年人康复辅具租赁纳入补贴项目库，常规护理以每30分钟为一个服务计价单位，每次实际上门服务时间不少于60分钟。

（3）长期护理保险制度存在的问题。

一是居家长期护理险不足以满足老人的需求。居家服务每周服务的时间及服务的频次相对于老年人的护理需求来说是碎片化的，即护理服务连续性包括服务的频次及服务时间与老年人的期望之间存在一定差距。

对于长期护理评估等级较低的老年人，每周接受几次居家照护服务有利于改善身心健康，减轻家人的负担。但是对于评估等级较高的老年人，仍然需要自请家政人员提供全天的服务，实际发生的费用并没有减少。在未来长期护理保险发展更为成熟时，可适当按等级提高服务的频次及适当延长服务的时间，保证失能老人尤其是评估等级较高的失能老人在未来能获得较为连续的长期护理服务，切实保障失能老人的健康老龄化过程，减轻家属负担，保证整个长期护理服务的可持续性。

二是对居家特殊老龄群体关注不足。关注失智人群的社区居家护理及老年人心理健康疏导，我国是世界上阿尔茨海默病患者基数最大的国家，据估计已有600万~700万阿尔茨海默病患者，且在65岁及以上老龄人口中以每年5%~7%的速度在增长，这些失智人群的家人长期承受着身体上、心理上的痛苦和物质上的压力。现阶段，我国大陆地区青岛市尝试为失智老人开辟了“失智专区”，要求专区封闭、安全、自由舒适，具备提供多样化照护服务，满足失智老人不同层次的医疗照护需要，针对失智行为和精神症状实施个性化、人性化照护。

三是居家医养结合的康复服务保障措施少。康复服务应逐步被纳入长期护理服务的保障范围，引导康复体系的建立。

四是居家医养结合的适老化改造缺乏保障机制。器具租赁/购买服务以及房屋改造服务是保证老年人健康老龄化的更高要求，将器具租赁/购买服务纳入到长期护理保险的服务范围是一个循序渐进的过程。

目前国内有少数试点城市推出老年人康复辅具租赁，并率先将该项服务纳入长期护理保险和居家养老服务补贴项目库，共包括护理床、电动轮椅、吸氧机等5大类12种康复辅具租赁服务，并对每类辅具的日租金额设置上限，但是关于具体的租赁用品的功能界定、具体租金报销比例等没有明确的规定。

第四节　社区小微机构开展居家社区医养结合的情况

依托社区护理站，向居家老人提供医疗服务或医养结合服务是近几年发展起来的新模式，新试点。山东省济南市卫健委也正在积极推广这种模式，目前正在试点之中。笔者简单介绍以下两个地区的试点情况。

一是“惠州模式”①：一处只有30平方米左右的场地，设有基本的处置室、诊疗室、消毒间，配有3名专业护士以及养老护理员、康复治疗师等，有的还装有基本的康复理疗仪器，可谓“麻雀虽小，五脏俱全”。这种医疗机构是惠州市试点的社区护理站。护理站采取政府适当补贴、市场化运作的方式，可以为一定社区范围内的长者，提供生活护理、医疗护理、中医护理等专业的护理服务。护理站以提供上门护理服务为主，尽量满足行动不便的失能半失能老人、术后老人的护理需求。

作为社区医养结合的新尝试，社区护理站探索或将成为惠州打通专业护理服务延伸到“最后一公里”的重要途径。上门护理满足长者居家医疗护理需求。膀胱结石手术后，74岁的洪婆经历着漫长的术后康复期。因为担心排尿不畅，她需要长期留置尿管，每个月都要更换尿管并进行膀胱冲洗。她家住在城乡接合部的小金口街道，即便到附近的小金口医院也有5里路程，每次换管都要儿子骑车载她过去。自从惠州市社区护理站试点——曾求恩护理站建立以来，洪婆在家门口便能就医。最近3个月，洪婆都是自己去护理站换尿管，“方便又实惠”。按照这家护理站的收费标准，更换导尿管90元/次，膀胱冲洗30元/次，由于试点期间60岁以上老人单次消费超过100元政府予以100元补贴，洪阿姨每次换管只要花20元。在距小金口16千米车程的麦地片区，年已古稀的高伯也因为社区护理站试点享受到了便利。前阵子，高伯意外磕破了头，伤口需要定期换药。可是，疫情期间出行需要出示“粤康码”，孩子又不在身边，他去医院换一次药十分麻烦。在了解到护理站提供上门服务后，高伯的孩子为他联系到家附近的方舟护理站，两名护士会背着出诊箱到家服务。上门服务费200元，伤口护理25元/次，除去政府补贴，高伯每次换药会花费125元。

① 资料来源：南方新闻网官方账号，《惠州探索社区医养结合新模式》，2021-08-19。

一位位“洪婆”“高伯”的故事，正是惠州市开展社区护理站试点的缩影。与社区卫生服务中心不同，社区护理站更侧重护理功能。护理站团队由以护士为核心的各类护理人员组成，主要为社区老人尤其是失能半失能老人、术后老人，提供专业的护理服务。根据《惠州市社区护理站试点工作指南》，护理服务项目清单共35项，不仅包括吸痰、留置/更换鼻饲管、静脉采血、压力性损伤伤口换药等常用的医疗护理，还包括床上擦浴、会阴部清洁等生活护理和穴位按摩、艾灸等康复护理。各个护理站试点结合自身实际情况，在保证安全的前提下，在清单范围内开展服务并根据市场进行定价。

“社区护理站的亮点之一是上门服务。”护理站作为社区医养结合的重要平台，不仅能满足长者居家医疗护理和生活护理的服务需求，也是打通专业护理服务向社区和居家护理延伸“最后一公里”的重要手段。在人口老龄化的背景下，惠州市政协委员、惠州市中心人民医院病理科副主任武彤彤在去年市“两会”上提出建设社区护理站的提案。“而且，公立医院医疗资源越来越紧张，像一些医疗护理服务功能更应该向基层医疗机构转移。”武彤彤说。因此，惠州从一开始就限定，申请社区护理站试点的单位主体应为“目前已对外开展服务的社会办医疗卫生机构，并且已开设可提供社区养老服务相关服务的诊疗科目”。“目前3家试点都是依托具有一定实力的民办医疗机构建立的。”这种模式下，机构原有的品牌可以更好地帮助护理站在社区推广，而且在原本的医疗资源乃至养老资源的支持下，护理站不仅能减轻人员成本负担，提升综合服务实力，还能更精准地链接有护理需求的长者群体。接下来，针对试点后续发展，首先尽快推进护理站医保卡刷卡结算真正落地，同时，做好服务对象的回访工作，进一步完善和规范护理站试点工作。

二是“上海模式”：早在2013年，上海市已经率先开展护理站服务模式，为老年人提供居家护理服务。随着2016年《上海市护理站管理办法》颁布，护理站开始在当地各区广泛开展起来，形成了一套相对成熟的发展模式。与惠州的护理站试点工作相比，上海发展护理站主要有两大优势。第一，护理站运营主要靠由长期护理险保障，服务项目90%的费用来自长期护理险，10%由服务对象自理。第二，护理站并非独立存在，而是作为社区医养结合的平台，与其他社区和居家养老资源统筹在一起，为老年人提供一站式的养老服务。近年来，上海出台了一批重大的养老服务政策，正在建设涵盖养老服务供给体系、保障体系、政策支撑体系、需求评估体系、行业监管体系的“五位一体”社会养老服务体系。在社区层面，上海致力于发展长者照护之家、社区综合为老服务中心这两种社区嵌入式养老服务：前者为有需要的老年人提供短期住养照料、大病出院后康复护理、家庭喘息服务等；后者护理站仅是一小部分，它是包括日间照料服务、助餐点、护理站或卫生站等在内的“枢纽式”为老服务综合体，为社区老年人提供日托、全托、助餐、助浴、康复、护理等一站式养老服务。

第五节　居家社区医养结合存在的问题

2022 年 8 月 30 日，全国人民代表大会常务委员会专题调研组在《关于实施积极应对人口老龄化国家战略、推动老龄事业高质量发展情况的调研报告》中提到，居家医养结合面临阻碍：居家养老医养结合的法律保障和制度支持比较欠缺，医务人员上门服务的医疗风险和医患纠纷防范、家庭医生签约服务规范和收费标准、医养结合费用医保报销等配套政策尚未明确。家庭医生有签约无服务现象凸显，老年人普遍反映家庭医生服务没有达到预期值、获得感不强。基层医疗卫生机构力量不足，上门服务项目、规范、收费、安全、监管等缺少具体法规政策跟进，制约居家养老医疗护理服务发展。

在这些问题的背后，存在着以下原因：

第一，缺乏系统、完整的医养结合理论指导。顶层设计无理论、无抓手，缺乏统筹性和协调性，头疼医头、脚疼医脚现象明显。没有医养结合的构成要素分析，医和养的界限不清。医保的支持有限或者落位困难，对社会力量参与到居家社区医疗服务只有原则性的支持表述但是没有具体措施来落实，尚没有形成可持续性的长期机制。

第二，签约公立医疗机构提供医疗服务的积极性不足，“有签约、无服务”的问题突出。

第三，居家医养结合服务人才短缺，缺量更缺质。

第九章　医养结合机构开展老年人医养结合的实践总结

第一节　医养结合机构的定义和发展过程

医养结合机构是一个新名词、新概念，是时代的新产物。从有明确的定义开始到当前只有 6 年左右的历史。

先有医养结合概念的提法，后有医养结合（服务）机构的概念和运营实体出现。

2005 年首提医养结合概念。2013 年后文献及政策中开始出现医养结合服务机构或医养结合机构的提法。

在 2013 年之前，不存在医养结合（服务）机构这种称呼。社会上也只有养老机构和医疗机构。养老机构由民政部门负责颁发养老机构设立许可证书并负责监管。医疗机构由当时的卫生计生委即现在的卫健委负责颁发医疗机构执业证书并负责监管。

历史上和医养结合机构最相近的休养所和疗养院也没有使用过医养结合机构这种称呼。

2015 年 11 月，医养结合机构的定义首见于国家第一次发布的《关于推进医疗卫生与养老服务相结合的指导意见》（国办发〔2015〕84 号）中：到 2017 年，医养结合政策体系、标准规范和管理制度初步建立，符合需求的专业化医养结合人才培养制度基本形成，建成一批兼具医疗卫生和养老服务资质和能力的医疗卫生机构或养老机构（以下统称医养结合机构），逐步提升基层医疗卫生机构为居家老年人提供上门服务的能力，80%以上的医疗机构开设为老年人提供挂号、就医等便利服务的绿色通道，50%以上的养老机构能够以不同形式为入住老年人提供医疗卫生服务，老年人健康养老服务可及性明显提升。

指导意见着力医养结合的框架建设，首次明确提出了“医养结合机构”的概念，指兼具医疗卫生和养老服务资质和能力的医疗卫生机构或养老机构。此外，还提出

“医养结合体制机制和政策法规体系”“医养结合服务网络”，并在养老机构和医疗服务机构的合作模式、融资和财税价格政策、规划布局和用地保障、人才队伍建设等方面提出了更进一步的要求。可以说，这一文件明确了医养结合的诸多相关概念，是医养结合机构发展中的一个重要里程碑。

2019 年 10 月，第二次发布《关于深入推进医养结合发展的若干意见》（国卫老龄发〔2019〕60 号）侧重相关配套政策的支持，强化医疗卫生与养老服务衔接、推进医养结合机构“放管服”改革，在财政税费上提出了一定的优惠措施。这一版最值得关注的是，医养结合机构中的医疗机构按规定纳入城乡居民基本医疗保险定点范围，正式运营 3 个月后即可提出定点申请，但同时也提出要厘清医疗卫生服务和养老服务的支付边界，基本医疗保险基金只能用于支付符合基本医疗保障范围的疾病诊治、医疗护理、医疗康复等医疗卫生服务费用，不得用于支付生活照护等养老服务费用。

2022 年 7 月，第三次发布《关于进一步推进医养结合发展的指导意见》（国卫老龄发〔2022〕25 号），本次重点强调发展居家社区医养结合服务，将之放到第一条。此外强调提升养老机构医养结合服务能力。通过签约服务、医疗联合体建设等方式优化服务衔接，加强医疗养老资源共享。而相对应的是，国务院《关于印发“十四五”国家老龄事业发展和养老服务体系规划》（国发〔2021〕35 号）提出“要推动养老机构与周边医疗卫生机构开展签约合作，做实合作机制和内容。到 2025 年，养老机构普遍具备医养结合能力。”

2016 年 4 月 8 日，民政部、卫生计生委发布《关于做好医养结合服务机构许可工作的通知》（民发〔2016〕52 号）。通知中使用了“医养结合服务机构”这个名词，但是没有对“医养结合服务机构”进行定义和解释。

2019 年 5 月 17 日，在《关于做好医养结合机构审批登记工作的通知》（国卫办老龄发〔2019〕17 号）中，对医养结合机构的定义是：医养结合机构是指同时具备医疗卫生资质和养老服务能力的医疗卫生机构或养老机构。

根据医养结合机构的定义及审批登记办法规定，医养结合机构的特征是双证齐全。只具备养老机构备案证或医疗机构设立许可证的机构还是延续传统的叫法：养老机构或医疗机构。

2019 年 12 月 26 日，卫生健康委办公厅、民政部办公厅、中医药局办公室联合发布《医养结合机构服务指南（试行）》（国卫办老龄发〔2019〕24 号）明确了医养结合机构的基本要求、服务内容与要求、服务流程与要求。

2020 年 9 月 27 日，国家卫生健康委办公厅、民政部办公厅、国家中医药管理局办公室联合发布《医养结合机构管理指南（试行）》（国卫办老龄发〔2020〕15 号）。

根据国家卫健委老龄健康司统计，截至 2021 年年底，全国 6492 家两证齐全的医养结合机构共有 175 万张床位，分别比 2017 年底增加 76.7%和 176.9%，医养结合机构建设得到快速发展。

养老机构以不同形式提供医疗服务的比例超过 90%。

第二节　医养结合机构的属性和服务定位存在的问题

如果把养老机构比作陆军，医疗机构比作空军。那么医养结合机构，应该是“陆军航空兵”。

组合成陆军航空兵以后，原来的陆军和空军均需做出一定的改变。陆军开始熟悉航空器材，学会跳伞。空军要学会如何配合陆军，从战略到战术，从运输到火力支持均应做出一定改变，陆军航空兵所使用的航空器也变成了以运输机和直升机为主。这种比喻不一定恰当，只是为了好理解和统一认识。

医养结合机构的横空出世是为了做好老年人的养老生活服务和医疗服务的有机结合。或者说为了解决老年人的医养结合服务，创造性地提出了一个新名词：医养结合机构，来集中精力专门做老年人的医养结合服务。

但是，这项任务还没有完工，医养结合机构从名称到服务定位都还没有清晰，战斗力还没有达到理想状态。

当前，对医养结合机构的（属性）定义还存在一定认识问题，由此也带来一些管理混乱和服务定位的不清晰：医养结合机构到底是养老机构还是医疗机构？一个形象的比喻：陆军航空兵是陆军还是空军？是作战理论清晰，装备、后勤适当，作战目标明确，战略、战术得当，专业攻克老年人医养结合难题的陆军航空兵？还是空军作战理论，装备、后勤空军化，适当配备陆军的空军？又或是陆军作战理论，装备、后勤陆军化，适当配备空军的陆军？当前的现状是两者都可以。但这种模棱两可肯定会带来问题。

医养结合机构的属性、定义和服务内容需要精确定位。如何定位？详见本书第三篇第十五章。

第三节　医养结合机构设立简述

医养结合机构主要通过两种方式来实现：

一、养办医

养老机构申请内部设置诊所、卫生所（室）、医务室、护理站的，根据原国家卫生计生委办公厅《关于养老机构内部设置医疗机构取消行政审批实行备案管理的通知》（国卫办医发〔2017〕38号）要求，取消行政审批，实行备案管理。申办人应当向所在地的县级卫生健康行政部门备案。

养老机构申请举办二级及以下医疗机构（不含急救中心、急救站、临床检验中心、中外合资合作医疗机构、港澳台独资医疗机构），依据国家卫生健康委、国家中医药局《关于进一步改革完善医疗机构、医师审批工作的通知》（国卫医发〔2018〕19号）规定，设置审批与执业登记“两证合一”，卫生健康行政部门不再核发《设置医疗机构批准书》，在受理医疗机构执业登记申请后，经公示、审核合格后发放《医疗机构执业许可证》。

养老机构申请设立三级医疗机构的，应当向所在省级或地市级卫生健康行政部门提交申请，卫生健康行政部门依法核发《设置医疗机构批准书》。申办人收到《设置医疗机构批准书》后，申请医疗机构执业登记并提交相关材料。卫生健康行政部门审核合格后，发放《医疗机构执业许可证》。

养老机构设置医疗机构，属于社会办医范畴的，可按规定享受相关扶持政策，卫生健康及相关部门应当及时足额拨付补助，兑现有关政策。按照有关法律、法规，营利性医疗机构应当到市场监管部门进行登记注册，社会力量举办非营利性医疗机构应当到民政部门进行社会服务机构登记。

二、医办养

为了促进医疗机构增设养老服务和养老机构，近年来简政放权措施如下：

各级民政部门不再实施养老机构设立许可。具备法人资格的医疗机构申请设立养老机构的，不需另行设立新的法人，不需另行进行法人登记。

社会力量举办的非营利性医疗机构申请设立养老机构的，应依法向县级以上民政部门备案，并依法向其登记的县级以上民政部门办理章程核准、修改业务范围，并根据修改后的章程在登记证书的业务范围内增加“养老服务”等职能表述。

社会力量举办的营利性医疗机构申请内部设置养老机构的，应依法向县级以上民政部门备案，并依法向其登记的县级以上市场监管部门申请变更登记，在经营范围内增加“养老服务”等表述。

公立医疗机构申请设立养老机构的，应当依法向县级以上民政部门备案，应当依法向各级编办提出主要职责调整和变更登记申请，在事业单位主要职责及法人证书“宗旨和业务范围”中增加“养老服务、培训”等职能。

第四节　医养结合机构开展老年人医养结合的情况

一、“养办医”的医养结合服务情况

一是在原养老机构的基础上新建小型医疗机构、新增医疗服务，如内设医务室等，以养老为主、医疗为辅，属于“大养老+小医疗”模式。已经存在的大部分养老机构采取这种模式开展医养结合服务。该模式存在明显缺点：如果得不到医保和长期护理保险的支持，既不能解决老年人的医保待遇，也不能解决医疗机构运营成本高的问题，老年人和举办方均不满意。实践结果是许多已经申请办理了内设医疗机构的养老机构，医疗机构试运行一段时间后因坚持不下去而“人走楼空”，少数能够坚持下来的也是勉强维持。

二是新建的大型养老机构，同步配套建设综合医院或护理院，实现医疗、养老并重发展，采用“医疗、养老并重”模式。这种模式对投资方的实力要求比较高，前期投资大，后期运营成本高，资金压力大，盈利周期时间长。

三是养老机构与就近的有住院功能的医疗机构签订合作协议，将养老机构所需的医疗服务整体外包给医疗机构，养老机构为医疗机构提供场所和必要条件，医疗机构在养老机构设置分院等分支机构，医疗机构派医护人员到养老机构为其提供医疗整体外包服务，整体托管养老机构的医疗服务。这种模式的优点是医养双方责、权、利明确，双方均利用市场机制开展合作。比较适用于100～300人的养老机构开展医养结合服务。规模较小的养老机构若采用这一模式，医疗机构的服务可能会因“经济”问题导致不可持续。

二、“医办养”的医养结合服务情况

一是规模较大的医疗机构新建、内设或委托运营一个养老机构，通过配备相关设施、增加医疗卫生和生活护理人员等举措，在医疗机构内部又新建了一个医院下属的专业养老机构，又称为“大医疗+小养老”模式。此模式是利用高端医疗资源兴办养老机构，优点是医疗保障好，比较高端，服务人员素质高，但也存在明显缺点：一方面对现有医院资源的利用率不高甚至浪费，养老床位的收入与医疗床位收入差距巨大，主办方积极性不高。另一方面是生活护理员处于绝对弱势，医疗卫生人员和

生活护理员难以融合，生活护理人员管理多采用外包形式，水平不高但是费用不低。

二是规模较大医疗机构新建康复机构并增加养老服务，或原来的康复医院、康复中心增加养老服务功能，如老年科室或康复科、康复中心构建医疗、康复、照护等相互衔接的服务体系。属于“大康复+小养老”模式，该模式属于接续性医疗机构的一种。这种模式特别受康复期老人的欢迎，适合于活力阶段和过渡阶段的老年人。

三是由当地乡镇卫生院托管运营地方政府建设的敬老院，乡镇卫生院与敬老院实现“一体化”管理，或者由乡镇卫生院直接新建养老机构以实现医养结合。属于“两院一体”模式。乡镇卫生院利用敬老院的资源除照顾好“五保老人”外，还接纳一部分社会养老人员。该模式将医疗与养老资源融为一体，形成以医促养、以养助医的运营态势。

第五节　医养结合机构存在的问题

2022 年 8 月 30 日，全国人民代表大会常务委员会专题调研组在《关于实施积极应对人口老龄化国家战略、推动老龄事业高质量发展情况的调研报告》中指出：受多种因素影响，如养老机构设立和运行的医疗单元成本高，医护人员就职意愿不强，绝大多数养老机构没有能力提供医疗服务；根据医保报销规定，在养老床位上实施的医疗服务不能纳入医保，养老床位和医疗床位难以相互转化；医院等医疗机构因投入高、效益低、政策限制等原因，缺乏开展养老服务的积极性。以上多种原因导致当前医养结合机构数量不足，特别是康复医院、护理院等严重不足。如广西现有 1000 多家养老机构，兼具养老和医疗资质的 143 家，占比 13%，设立医院、医务室、卫生室的 75 家，占比不到 7%，纳入医保定点的养老机构仅 24 家，占比 2. 2%。

在这些问题的背后，存在着以下原因：

一、缺乏理论指导

医养结合机构组建的指导理论来自于之前的医养结合概念的定义。

之前对医养结合概念的定义是养老资源和医疗资源相结合，或养老机构与医疗机构的有机结合，称之为医养结合。

所以，医养结合机构是养老和医疗两种资源相结合后的产物。一种情况是先有养老资源，一个养老机构或者康养大盘，为了提供医疗服务，配备一个医疗机构，即所谓的养办医；另一种情况是先有医疗资源，已经是大型医院或一个小型医疗机构，为了实现养老服务，转型为医养结合机构，配备一定的养老资源，即所谓的医办养。

两种资源如何结合？最简单的机械 1+1 模式还是相互融合？以谁为主？以什么理论或标准来指导、规划医养结合机构内医和养的目的和资源配置？以什么标准来规范“医办养”和“养办医”之间的区别？

由于缺乏系统的医养结合理论指导，导致的结果就是两种资源相结合时，谁优势大则以谁为主，谁带来的经济效益高，则以谁为主，发展谁。

如果长期以这种状态存在，显然不妥。

二、定位不明确

在人文伦理共识基础上，医养结合机构应该围绕着医养结合的目的来优化配置养老资源和医疗资源而不是其他因素。

之前医养结合的宏观目的是为了应对日益严峻的人口老龄化问题，实现老有所养和老有所医。实现这个目标，需要要素分析和目标细化。

“有病治病，无病养老”，这个提法不易提倡和宣传，从心理暗示方面考虑，容易引起以疾病为中心来安排生活，美其名曰以健康为中心，显然有些不妥。而且该提法的导向性存在歧义，暗示治病要治好，要达到无病状态。实际上，人到了老年，慢病会伴随终生，医疗是为了让老人与慢病和平相处，以生活为中心，享受生活而非治愈疾病。

之前没有系统的医养结合理论，所以没有给出医养结合目的的具体而又科学的答案。

三、管理和资源支持

多部门管理，缺乏协同性。归口混乱是目前“医养结合”型养老机构面临的又一个突出问题。由于医养结合型养老服务是一项涉及多部门的民生项目，在日常运行中，同时面对卫生、民政、人社等多个部门的管理是正常的。

关键在于缺乏医养结合理论来对多部门进行统一认识和思想；由于制度原因、行业差异、行政划分和财务分割等因素，上述部门在介入医养结合型养老机构的“齐抓共管”中，出台和执行政策时出于各自对医养结合的理解，容易造成政策不统一、扶持政策落实难等问题，难以实现政策协同、政策合力。这种由“多头管理”而产生的问题制约了医养结合机构（服务）的健康发展。

四、养办医的困难

详见本书第七章第四节。

五、医办养的困难

详见本书第六章第五节。

第十章　老年人医养结合与长期护理保险制度的关系

第一节　长期护理保险制度的定义与服务内容

1. 长期护理概念的定义：WHO 在 2000 年将长期护理（Long Term Care，LTC）定义为由护理人员进行照护，包括家人、朋友等非专业人士和注册护士等医疗专业人士，使生活不能完全自理的人仍可按照其自身意愿获得较高水平的生活质量，尽可能维持个人独立、自主等人格尊严。美国健康保险学会也对长期护理给出了明确定义："在一个比较长的时期内，持续地为患有慢性疾病，如早老性痴呆等认知障碍或处于伤残状态下，即功能性损伤的人提供的护理。它包括医疗服务、社会服务、居家服务、运送服务或其他支持性的服务。"这两个定义都强调长期护理的目的是对患慢性疾病或丧失日常生活能力的人进行修复和修补，并不是指治愈疾病或保全生命。

赵曼、韩丽（2015）认为，长期护理通常是指老年人长期护理，周期通常较长，一般可长达半年、数年甚至十年以上，护理费用高昂。

2. 长期护理的服务内容：集医疗护理、生活护理、居家护理、运送护理或其他支持性的护理为一体。

第二节　世界长期护理保险的诞生和发展

为了缓解老人享受长期护理服务的经济压力，长护险孕育而生。长护险是为生活不能自理需要长期护理的人群提供经济补贴而设立的健康保险。20 世纪 70 年代，美国率先开始推广长期护理商业保险，法国之后效仿实施。但有些国家以社会保险的形式开展，德国在 1995 年向全社会强制执行长护险，覆盖率高达 90%。以色列、荷兰等国家也相继实施。在亚洲，作为最先进入老龄化社会的日本，于 1997 年制定《介护保险法》，2000 年建立介照护保障制度（Japanese Nursing Care Insurance System），以“基于社区”为前提，以“整合型护理模式”为基础，将护理医疗资源与社区资源相互联动，以应对老年人多样化的需求和复杂的疾病特征。韩国于 2008 年在全国范围内推行长护险。

第三节　中国长期护理保险制度试点工作简述

一、发展经历

为了积极应对人口老龄化，妥善解决失能人员长期护理保障问题，我国于 2016 年起启动长期护理保险（Long Term Care Insurance，LTCI，以下简称“长护险”）制度试点，据国家医保局最新公布的数据，截至 2022 年 3 月底，长期护理保险制度试点覆盖 49 个城市和 1.45 亿人，累计有 172 万人享受此待遇。

纵观国内外机构与学者观点，赵曼、韩丽（2015）认为，长期护理保险是对因年老、慢性疾病等导致生活部分或完全不能自理的老年人的护理费用进行的一种补偿。另外，长期护理险（被称为社保“第六险”），主要是为被保险人在丧失日常生活能力、年老患病或身故时，侧重于提供护理保障和经济补偿的制度安排。

据了解，目前青岛、成都、南通、呼和浩特等试点城市已将城乡居民纳入制度覆盖范围，如此促进了养老行业的发展，减轻了个人和家庭的负担。在长护险的试点城市如上海和广州，已经出现了可以供其他城市借鉴的创新社区养老服务模式。

2016 年我国出台的《关于开展长期护理保险制度试点的指导意见》（人社厅发〔2016〕80 号）（以下简称《指导意见》）中建议长护险原则上覆盖基本医疗保险。实施过程中各试点城市覆盖人群有所不同，分为城镇职工、城镇居民和全覆盖三种类型。其中上海规定 60 岁及以上城乡居民可以参保。当参保人被评定为失能等级时，即能申请享受长护险待遇。北京市海淀区实施商业长护险，规定 18 周岁以上可自愿参保，但给付条件十分严格，年满 65 岁且连续缴费满 15 年，已接受超过 6 个月的治疗，相关医疗机构开具失能证明的老年人才能享受保险服务。2016 年 6 月，人社部选择青岛、承德等 15 个试点城市和 2 个重点联系省份开展长期护理保险制度试点，标志着我国长期护理保险制度正式进入试点阶段。自 2016 年试点开展以来，各地政府或医疗保障局以办法、细则等形式颁布出台一系列配套政策。这些政策文件涉及参保范围、资金筹集、待遇给付等多个方面，为地方长期护理保险试点实践提供了依据，逐步探索独立筹资、独立运行的制度框架体系，重点解决重度失能人员基本生活照料和医疗护理所需费用。

2020年5月，国家医疗保障局又下发了《关于扩大长期护理保险制度试点的指导意见》（医保发〔2020〕37号），首次明确长护险将设计成独立险种，新增14个试点城市，并对社会力量参与长护险经办、发挥商业保险功能作出重要指示，提出要推动建立、健全满足群众多元需求的多层次长期护理保障制度。

长期护理保险制度经过五年左右的试点，目前《指导意见》中的试点地区均已建立较为成熟、稳定的长期护理保险制度。

二、试点现状

通过首批15个试点地区作为研究对象，围绕参保范围、筹资机制、给付机制、失能评估、服务人员及监管等政策，分析总结中国长期护理保险制度试点发展的现状。

1. 参保范围。

目前，15个试点地区的参保范围主要分为两类：一类是城镇职工基本医疗保险和城乡居民基本医疗保险的参保人员（以下简称“职工医保参保人员、居民医保参保人员”），如青岛、石河子等8个城市；另一类是职工医保参保人员，如承德、安庆等6个城市。上海市划定的参保范围较为特殊，为60周岁及以上居民医保参保人员与职工医保参保人员。

2. 筹资机制。

稳定、多元化的筹资渠道是长期护理保险制度运行的可靠保障。试点初期，15个地区全部采取从医疗保险基金划转部分运行资金的方式，迅速扩大长期护理保险的覆盖面，以确保制度的落地与推进。在试点结束后，多数地区通过探索实行多元筹资方式，逐步强化个人、用人单位、政府以及社会的筹资责任。筹资方式与筹资标准是筹资机制的基础与核心。从年筹资标准来看，15个试点城市的长期护理保险制度主要采取比例筹资、定额筹资、混合筹资三种筹资方式。采取比例筹资方式的试点地区中，筹资标准大部分以职工上年度工资总额、基本医疗保险缴费基数或上年度居民人均可支配收入为缴费基数，筹资比例大部分在0.3%~0.5%之间。采取定额筹资方式的试点城市中，由于每个城市的经济发展水平与老龄化程度不同，筹资标准也存在较大差异，筹资标准每人每年30元到150元不等。采取混合筹资方式的试点城市中，长春与青岛的筹资标准较为接近，而石河子侧重按人头确定财政补贴资金的方式，明确了政府财政为主要筹资责任方。

3. 给付机制。

15个试点地区均已将重度失能人员作为重点保障对象。南通、苏州、广州将给付对象扩大到了中度失能人员；苏州、南通、宁波、上饶、青岛、广州 6 个地区将满足条件的失智人员也纳入了给付对象范围。此外，上海市在失能、失智评定标准之外，还附加了 60 周岁及以上的年龄限制条件。为了合理控制长期护理保险费用支出，15 个试点地区均对给付限额做出了明确规定。从给付限额来看，目前主要有日限额、周限额和月限额三种形式。除上饶、成都、石河子和上海外，大部分试点地区规定了每日最高给付额。实行月给付限额的上饶、成都、石河子主要按照护理服务机构的不同，适度调整月给付限额。在上海、广州长期护理服务市场化程度较高的地区，通过逐步缩小居家护理服务与机构护理的给付差距，开始引导受益者接受居家护理服务。同时，在试点实践过程中，长期护理保险的给付水平受到当地经济发展水平的影响，发达地区的长期护理保险给付水平明显高于其他地区。上海、青岛等试点地区将给付水平提高到了 70%~90%，承德、成都、石河子等试点地区则在 70%~75%，而齐齐哈尔、安庆、上饶等试点地区的给付水平控制在 70%以下。

4. 失能评估、评级现状。

15 个试点城市的失能鉴定工作主要由商业保险公司、第三方专业评估机构、医护专家团队和劳动能力鉴定机构开展。

失能评估是为了了解长护险申请人的疾病严重程度和自理能力损失程度，为护理服务分级提供依据。为了准确评估失能等级，居家护理评估工具（Resident Assessment Instrument for Home Care，RAIHC）诞生了，2013 年由 Morris 等将此工具进行了改良，改良后的居家护理质量指标（InterRAI home care qualityindicators，HCQIs）包括功能指标、临床指标、社会指标及使用指标 4 个部分。日本学者研制了生理机能、自理能力、认知能力、精神和行为障碍、社会生活、2 周内特别医疗服务行为的 6 个维度、7 个级别的评定工具。韩国学者通过构建 52 项条目的残疾指数评估问卷以及结构化的身心状况问卷，对申请人及其主要照顾者进行访谈，并将结果提交至长期照护等级审核委员会，对老年人进行等级认证，确定福利服务范围，但这一程序忽略了对医疗保健需求的评估仍需改进。美国、日本等国家通过不断改革，将护理分级细化，增加等级数及评估频率，使服务更加贴近申请人的实际需求，同时建立弹性机制应对潜在风险。我国目前尚未形成失能评估、评级统一规范。长护险评估机构多采用日常生活能力评定量表，低于 40 分属于重度失能。上海市制定了《上海市老年照护统一需求评估标准（试行）》，将评估内容分为自理能力和疾病状况 2 个维度，通过计算机运算评为 6 个等级。《成都市成人失能综合评估基数规范》建立了 4 个一级指标（基本生活自理能力、精神、感知觉和社会支持）以及 18 个二级指标，将长护险申请人评定为 3 个失能等级，给予相应等级的护理。试行的评估工具评估内容较为全面，但护理等级较少，不同等级间申请人失能程度跨度较大，因此护理服务无针对性。此外，评估人员的专业能力存在个体差异，不利于评级的公平公正。申请人往往走访多家评级机构，要求重新评级，延长了申请周期和评级效率。再者，老年人身体状况不稳定，容易因突发事件造成生活活动能力的下降，在现有的评估机制下，无法便捷处理突发的等级变化。因此评估、评级程序不具有时效性和动态性，对护理工作未能起到指导性作用，对护理服务质量造成消极影响。

5. 长护险从业人员现状。

从事长期护理人员的专业能力是影响护理服务质量的重要因素之一。

第一，长期护理服务主要是护理员在从业护士的指导下开展。现有长护险从业护士普遍年龄偏高，学历偏低，职业素养不高，专业技能缺失。社区养老护理员不仅不能满足老年人需求也无法提供高质量护理服务。

第二，长期护理从业护理人员普遍缺乏对老年群体的评估能力。由于老年人受多种疾病的影响，表现出的症状也往往不典型，且容易因突发事件造成活动能力的下降，若护理人员无法及时正确评估，会给老年人带来潜在风险。亦有护理人员过度照护，忽视失能老人的自我能动性，同样影响其生活质量。

第三，跨专业合作能力在长期照护中起着重要的作用。当前护理人员过度专业化（即只能提供某一专科护理，对多种疾病的护理难以胜任），然而参保人的疾病状况复杂，从业护理人员如何做好协调工作决定着患者能否及时得到治疗。当前各部门合作交流少，护理人员沟通合作能力不足，许多护理项目无法进行。促进护理医疗团队间相互合作将有效提高居家护理、社区护理质量，真正做到医养结合。

6. 长护险护理服务项目现状。

对 9 个已发布的长护险服务项目清单比较发现，长护险的服务项目可大致分为 5 个板块，分别为生活照护、医疗照护、预防性照护、康复护理和心理护理。我国居家护理需求度高，种类多样化，不同人群需求存在差异。已有的服务项目中，部分内容可行性不足、局限性大，如上海长护险服务项目中的经外周静脉置入中心静脉导管维护，对环境和护理人员资质要求均较高，在居家护理中受到局限，暂无解决方案。

三、长期护理保险制度试点中的问题

1. 参保覆盖范围较窄。

整理各地试点政策发现，多数试点城市的参保覆盖范围均存在仅限于市直或市区范围内的职工医保参保人群，农村地区涉及较少。这种以城镇职工为主要保障对象的长期护理保险制度的结果，可能是职工医保参保人员既能享受优越的医疗保险待遇，又能享受到护理服务，得到的保障越来越多。而居民医保参保人员（尤其是农村居民）的医疗保险待遇本就远低于城镇职工，加之在长期护理保险制度试点中政策的边缘化，进一步加剧了现行社会保险待遇的不公平性。

2. 筹资机制不合理。

在中国社会保险缴费率过高，政策引导各地区调整和降低社会保险整体缴费水平，以及《指导意见》允许各地因地制宜探索发展的背景下，15 个试点地区的长期护理保险制度筹资机制在筹资渠道、筹资方式、年筹资标准与水平方面各具地方特色。而且存在筹资过度依赖基本医保统筹基金、未实现独立筹资、筹资模式定位不清等问题。随着人口老龄化进程的加快，长期护理保险的费用支出将不断上涨，而现行的筹资机制会导致基本医疗保险基金负担过重，严重影响长期护理保险制度的稳定性和可持续性。

3. 给付标准参差不齐。

根据基金平衡的原理，给付机制主要受筹资机制的影响。由于试点地区筹资机制各具地方特色，加之地区间经济发展水平存在差距，中国长期护理保险制度试点地区政策给付机制参差不齐。而且存在给付对象范围不统一、资格认定审查程序不严格、给付等级划分不清晰等问题，既不利于长期护理保险服务成本的控制，也有损社会公平。

4. 失能评估管理机制尚未健全。

由于《指导意见》并未明确规定失能评估鉴定机构和管理方法，试点地区开展的失能评估鉴定机构差异较大。经历了五年的探索，15 个试点地区在失能等级评估工具、失能等级划分标准、评估机构的选择等方面都存在较大的差异性，在受益者资格认定、失能等级审核等过程中引发了不少争议。同时，失能评估队伍整体不足也限制了各地失能鉴定机构的评估能力，这在一定程度上阻碍了我国长期护理保险的全民化。

中国长期护理保险制度发展建议自 2016 年《指导意见》出台以来，我国政府统一推动了长期护理保险的试点工作。长期护理保险制度较快地落地推进，但因制度处于试点阶段，发展经验不足，各地实施情况不可避免地呈现千差万别的发展态势。随之造成了中国长期护理保险制度的“碎片化”状况，以及地区间保障效果的不一致甚至不公平。

相比国外动辄数十年的长期护理服务体系，长护险在我国尚属于新生事物，制度的完善不可能一蹴而就。

5. 护理服务过程中的监管问题。

监管制度设计包括三方面问题：一是未对服务提供方即服务机构及护理员的有效规制；二是监管机构的监管及执法权力未作出明确定义与说明；三是制度缺失使护理机构对护理员的管理权力悬空。因此，亟待出台长护险的服务细则，对违规行为的预警、正式违规、处罚等内容做出明确定义。2020 年 4 月 13 日，上海市人民政府发布《上海市基本医疗保险监督管理办法》（沪府令 31 号）并于同年 6 月 1 日起正式施行。在该法规中，政府规定了参与长护险的服务机构及其工作人员，以及个人违规时的处罚。这在全国层面上亦属于创举，踏出了长护险监管“有法可依”的第一步。上海市在前述已经出台的服务相关政策的基础上，应制定更为细致具体的规则进行补充，以方便监管部门开展工作。如出台明确长护险服务监管细则，将长护险违规行为的认定标准、预警范围、制定处罚裁量基准，如责任免除、钱款讨回、停止新增老人、罚款等内容进行严格规定。通过上海市层面具体细则的立法，指导所有区统一行动，从而真正使《上海市基本医疗保险监督管理办法》赋予的法律责任落到实处，让监管部门真正拥有监管抓手，落实长护险服务环节的监管责任。

在信息化监管上积极引入视频监控、RFID 电子标签等新技术。尤其对于长护险居家护理而言，其隐蔽性强的特点更突出了信息化监管技术的重要地位。从服务出勤、服务内容、服务时长以及服务流程分析入手，尝试攻克居家监管的技术难点。一方面，针对长护险居家服务内容真实有效性难以确认的难点，通过开发自动化视频实时监控技术来使其得到充分解决，开发实时视频监控技术来实现有效监管。针对 GPS 定位签到不准确、服务时长真实性难以确保的问题，引入 RFID 电子标签技术为基础的智能签到系统，该技术可以有效实现对服务人员的精确定位，同时 RFID 电子标签实时数据传输技术还可以实现护理员的智能签到、测算护理员距离信号发射点的距离，保证服务时长。

第四节　老年人医养结合与长期护理保险的关系

长期护理是护理人员对日常生活不能自理的人进行的长期照护。显然，在全生命周期生活能力发展理论中，老年期活力阶段的长者没有长期护理的需求，过渡阶段和失能阶段的长者已经离不开长期护理的保障。

在人社部出台的《关于开展长期护理保险制度试点的指导意见》（人社厅发〔2016〕80 号）中明确提出：“长期护理保险制度以长期处于失能状态的参保人群为保障对象，重点解决重度失能人员基本生活照料和与基本生活密切相关的医疗护理等所需费用。”由此可见，长期护理保险的重点保障人群是对长期医养结合照护有需求的人群，长期护理保险是对医养结合服务的经济补偿部分或支持，长期护理保险既包含生活照料所需费用，也包含医疗护理所需费用，也就是说，长期护理保险既保障了老年人医的部分费用，也保障了老年人养的部分费用。

在我国长期护理保险政策的地方试点工作中，笔者以济南市和青岛市长期医疗护理保险政策为例加以说明。

一、济南市长期护理保险

济南市职工长期医疗护理保险的基本原则是坚持以人为本，以基层医疗机构和老年护理机构为主要依托，着力解决因年老、疾病、伤残等导致人身某些功能全部或部分丧失，生活无法自理人员的护理问题。2018 年，济南市人社局发布《济南市职工长期医疗护理保险实施办法》（表 10–1），为保障对象提供的服务形式有三种：医疗专护、医疗院护和居家医疗护理。

济南市长期护理保险政策是倾向医疗服务的，其出发点是着重解决医养结合中医的部分。在实际的运用当中，由于医疗护理不到位或医务人员可能受限，实际上更偏向于生活照护。

表 10–1　济南市职工长期医疗护理保险实施办法

项目	内容
待遇条件	1. 定点医护机构为参保人提供基本生活照料及与基本生活密切相关的医疗护理服务有三种形式，分别是： （1）医疗专护（以下称“专护”），是指定点医护机构为入住本机构的参保人提供以安宁疗护为主的医疗护理服务。 （2）机构医疗护理（以下称“院护”），是指定点医护机构为入住本机构的的参保人提供基本生活照料及相关医疗护理服务。 （3）居家医疗护理（以下称“家护”），是指定点医护机构为居家的参保人提供上门照护或社区日间集中照护等基本生活照料及相关医疗护理服务。 2. 因疾病、伤残等原因长年卧床已达或预期达 6 个月，生活不能自理，病情基本稳定的参保人（享受工伤保险支付生活护理费待遇或享受残疾人保障、军人伤残抚恤、精神疾病防治等国家法律规定范围的护理项目和费用待遇或第三方已支付护理待遇的除外），可按下列规定申请专护、院护或家护服务 （1）申请专护的，《日常生活能力评定量表》（表 10–2）（以下称《评定量表》）评定分数≤50 分，需要长期住院治疗，且应符合以下条件之一： ①患终末期恶性肿瘤的（呈恶病质状态）。 ②因病情需长期保留气管套管、胆道等外引流管、造瘘管、深静脉置管等管道（不包括鼻饲管及导尿管），需定期对创面进行处理的。 ③因神经系统疾病或外伤等原因导致昏迷、全身瘫痪或截瘫，且双下肢肌力或单侧上下肢肌力均为 0 级，生活完全不能自理需要住院医疗护理的。

续表

项目	内容
待遇条件	(2) 申请院护及家护的,《评定量表》评定分数≤55 分,且应符合以下条件之一: ①达到专护申请标准的。 ②需长期保留鼻饲管、尿管的。 ③患骨折长期不愈合,合并其他慢性疾病的。 ④患有严重不可逆性疾病导致失能或半失能,需要长期护理的。 3. 社会保险部门探索建立护理保险需求认定和等级评定标准体系,根据护理保险运行情况调整完善失能评定办法、评定标准,逐步增加对失智、精神类疾病的评定
服务内容	1. 参保人通过评定后,定点医护机构应及时与参保人(或家属)协商制定护理服务方案,服务方案至少包含以下内容: (1) 专护应根据参保人病情确定医疗护理服务内容;院护及家护从《济南市职工护理保险服务项目》(表 10-3)中选择参保人所需要、适合开展的服务项目,并明确服务频次、服务时间等内容; (2) 根据服务项目内容并结合参保人意愿,选择服务人员类型,包括:执业医师、护士、护理员等。 参保人须由执业医师、护士、护理员共同管理,定点医护机构应根据病人病情和需要合理安排相应人员提供服务。家护服务人员每次服务时应按规定填写巡诊记录。 2. 定点医护机构应当根据参保人病情和实际需求,提供日常生活照料和与基本生活密切相关的医疗护理等服务。社会保险经办机构根据护理保险运行情况适时调整完善《济南市职工护理保险服务项目》。 定点医护机构在提供护理服务时对病情发生重大变化的参保人应及时处理,必要时协助转诊;对终末期参保人进行临终关怀,通过照护和对症处理,减轻病痛,维护生命尊严
费用结算	1. 护理保险费用按护理服务的形式、定点医护机构的级别等实行差别化的结算标准及结算办法。 2. 专护实行“定额包干”的结算办法,每床日总费用包干标准为: 一级综合医疗机构、护理院、专科医院 220 元,二级及以上综合医疗机构 260 元。由社会保险经办机构与定点医护机构按月结算,定点医护机构统筹使用。 专护的支付范围为基本医疗保险药品目录、诊疗项目目录、医疗服务设施范围及《济南市职工护理保险服务项目》。 3. 院护实行“定额包干”的结算办法,每床日总费用包干标准为 70 元。由社会保险经办机构与定点医护机构按月结算,定点医护机构统筹使用。院护的支付范围为《济南市职工护理保险服务项目》。 4. 家护实行按项目付费和按小时付费相结合的结算办法,日均支付限额为 60 元。按小时付费的结算标准为 60 元/小时,每天最高支付时长为 4 小时。按项目付费的项目内容及支付标准由社会保险经办机构与定点医护机构协商谈判确定。超出支付范围、服务时间、每小时结算标准或支付限额的费用护理保险资金不予支付。 家护的支付范围为《济南市职工护理保险服务项目》。 5. 护理保险费用结算标准由社会保险行政部门根据护理保险运行情况适时调整;逐步探索按护理服务项目付费、按床日付费等复合结算办法。 6. 参保人在享受专护期间,不再重复享受住院、门诊规定病种、普通门诊统筹等应由职工基本医疗保险统筹基金支付的待遇;在享受院护、家护待遇期间,可同时享受门诊规定病种、普通门诊统筹待遇。 7. 参保人职工医保个人账户余额可以用于支付参保人护理费用中应由个人负担的费用。 8. 定点医护机构应按规定及时上传参保人在护理期间所有费用明细。 参保人需中断、更换定点医护机构或结束护理服务的,定点医护机构应及时办理撤床及结算手续

续表

项目	内容
机构标准	1. 一级以上基本医疗保险定点医疗机构可申请成为专护定点医护机构，同时应符合以下条件： 专护床位数不少于 20 张，至少配备 2 名第一执业地点在本机构的执业医师，其中 1 名具有副主任医师或以上职称；配备 2 名执业护士。副主任或以上职称执业医师与床位数配备比例不低于 1∶60；执业医师与床位数配备比例不低于 1∶20；执业护士与床位数配备比例不低于 1∶10。配备与日常照护相适应的护理人员。 2. 具有住院功能的基本医疗保险定点医疗机构、具有医疗资质的养老机构可申请成为院护定点医护机构，同时应符合以下条件：第一，医护型床位数不少于 20 张（具有医疗资质的养老机构医护型床位数不少于核定床位数的 20%），至少配备 2 名第一执业地点在本机构的执业医师，其中 1 名为专职执业医师且具有主治医师或以上职称。第二，执业医师与床位数配备比例不低于 1∶20。医师执业范围应为全科、内科、中医科或康复科；至少配备 1 名主管护师或以上职称的执业护士，护士与床位数配备比例不低于 1∶10，护理员与床位数配备比例不低于 1∶5。 无医疗资质的养老机构、残疾人托养机构等，可按照就近原则选择一家职工基本医疗保险定点医疗机构建立医养联合体，签订医养合作协议，在人员、设施等方面实现功能融合、资源共享。社会保险经办机构对医养联合体的人员、设备、规模等进行评估后可确认为定点医护机构。 3. 基本医疗保险定点社区卫生服务机构可申请成为家护定点医护机构，同时应符合以下条件：至少配备 2 名第一执业地点在本机构的执业医师，医师执业范围应为全科、内科、中医科或康复科；至少配备 3 名执业护士、1 名护理员。其中，至少有 1 名护士具有主管护师或以上职称。医护人员与服务人数配备比例不低于 1∶10。 鼓励具备护理能力的护理站承担家护业务。 4. 定点医护机构应符合基本医疗保险定点及护理保险定点条件。定点医护机构应当根据人员、设备等情况以及承办能力，合理安排和承担护理保险业务。专护定点医护机构符合条件后可承担院护、家护业务；院护定点医护机构以提供院护服务为主，符合条件后才可承担专护、家护业务；具备医疗资质的养老机构符合条件后可承担家护业务。管理规范、社会信誉好的托养机构、日间照料中心、家政公司与定点医护机构组成联合体可承担与服务能力相适应的护理保险业务。 5. 具备上述条件的机构，可向社会保险经办机构提出医护机构定点申请，社会保险经办机构对其进行评估，符合条件的签订服务协议并向社会公布。社会保险经办机构对定点医护机构实行动态管理，社会保险行政部门根据护理保险运行情况逐步调整完善定点医护机构标准和条件，促进健康产业和护理保险服务市场的发展，培育引导一批服务质量好、服务能力强的医养康护型服务机构

表 10-2　日常生活能力评定量表

<table>
<tr><td colspan="5">定点医护机构（公章）：　测评医师签名：　测评护士签名：　测评时间：　年　月</td></tr>
<tr><td>患者姓名</td><td></td><td>身份证号</td><td colspan="2"></td></tr>
<tr><td>病情描述及诊断</td><td colspan="4"></td></tr>
<tr><td rowspan="2">项目</td><td rowspan="2">评定标准</td><td colspan="3">评分</td></tr>
<tr><td>分值</td><td>初评得分</td><td>复评得分</td></tr>
<tr><td rowspan="3">1. 进食</td><td>需极大帮助或完全依赖他人</td><td>0</td><td rowspan="3"></td><td rowspan="3"></td></tr>
<tr><td>需部分帮助（下述某个步骤需要一定帮助）</td><td>5</td></tr>
<tr><td>使用合适的餐具将食物由容器送到口中，可独立把持餐具、咀嚼、吞咽</td><td>10</td></tr>
<tr><td rowspan="3">2. 洗澡</td><td>完全依赖他人</td><td>0</td><td rowspan="3"></td><td rowspan="3"></td></tr>
<tr><td>在洗澡过程中需他人部分帮助</td><td>3</td></tr>
<tr><td>准备好洗澡水后，可自己独立完成洗澡</td><td>5</td></tr>
<tr><td rowspan="3">3. 梳洗修饰</td><td>完全依赖他人</td><td>0</td><td rowspan="3"></td><td rowspan="3"></td></tr>
<tr><td>需他人部分帮助完成</td><td>3</td></tr>
<tr><td>可独立完成洗脸、刷牙、梳头、刮脸等日常梳洗</td><td>5</td></tr>
<tr><td rowspan="3">4. 穿衣</td><td>需极大帮助完成或完全依赖他人</td><td>0</td><td rowspan="3"></td><td rowspan="3"></td></tr>
<tr><td>需部分帮助（能自己穿或脱，但需他人帮助整理衣物、系扣子、拉拉链、系鞋带等）</td><td>5</td></tr>
<tr><td>可独立完成穿/脱衣服、系扣子、拉拉链、穿/脱鞋袜、系鞋带等</td><td>10</td></tr>
<tr><td rowspan="3">5. 控制大便</td><td>昏迷或失禁</td><td>0</td><td rowspan="3"></td><td rowspan="3"></td></tr>
<tr><td>偶尔失禁（每周<1 次）</td><td>5</td></tr>
<tr><td>能控制</td><td>10</td></tr>
<tr><td rowspan="3">6. 控制小便</td><td>失禁或昏迷或需他人导尿</td><td>0</td><td rowspan="3"></td><td rowspan="3"></td></tr>
<tr><td>偶尔失禁（<1 次/24 小时；>1 次/周）</td><td>5</td></tr>
<tr><td>能控制</td><td>10</td></tr>
<tr><td rowspan="3">7. 如厕</td><td>需极大帮助或完全依赖他人</td><td>0</td><td rowspan="3"></td><td rowspan="3"></td></tr>
<tr><td>需部分帮助（他人搀扶、他人帮助冲水或整理衣裤）</td><td>5</td></tr>
<tr><td>可独立完成包括擦净、整理衣裤、冲水等如厕过程</td><td>10</td></tr>
<tr><td rowspan="4">8. 床椅转移</td><td>完全依赖他人</td><td>0</td><td rowspan="4"></td><td rowspan="4"></td></tr>
<tr><td>需极大帮助（较大程度依赖他人搀扶和帮助）</td><td>5</td></tr>
<tr><td>需部分帮助（需他人搀扶或使用拐杖）</td><td>10</td></tr>
<tr><td>可独立完成</td><td>15</td></tr>
</table>

续表

<table>
<tr><td colspan="6">定点医护机构（公章）：　测评医师签名：　测评护士签名：　测评时间：　年　月</td></tr>
<tr><td>患者姓名</td><td></td><td>身份证号</td><td colspan="3"></td></tr>
<tr><td>病情描述及诊断</td><td colspan="5"></td></tr>
<tr><td rowspan="2">项目</td><td rowspan="2">评定标准</td><td colspan="3">评分</td></tr>
<tr><td>分值</td><td>初评得分</td><td>复评得分</td></tr>
<tr><td rowspan="4">9. 行走</td><td>完全依赖他人</td><td>0</td><td rowspan="4"></td><td rowspan="4"></td></tr>
<tr><td>需极大帮助（较大程度上依赖他人搀扶，或坐在轮椅上自行在平地上移动）</td><td>5</td></tr>
<tr><td>需部分帮助（他人搀扶、或使用拐杖、助行器等辅助工具）</td><td>10</td></tr>
<tr><td>可独立在平地行走 45 米</td><td>15</td></tr>
<tr><td rowspan="3">10. 上、下楼梯</td><td>需极大帮助或完全依赖他人</td><td>0</td><td rowspan="3"></td><td rowspan="3"></td></tr>
<tr><td>需部分帮助（需扶楼梯、他人搀扶或使用拐杖等）</td><td>5</td></tr>
<tr><td>可独立上、下楼</td><td>10</td></tr>
<tr><td colspan="2">合计</td><td>100</td><td></td><td></td></tr>
<tr><td>复核意见</td><td>同意□ 不同意□　复核时间　年　月　日</td><td colspan="3">复核人员签名：</td></tr>
</table>

注：此量表满分为 100 分。得分≥60 分表示有轻度功能障碍，能独立完成部分日常活动，需要一定帮助；59~41 分表示有中度功能障碍，需要极大的帮助才能完成日常活动；≤40 分表示有重度功能障碍，多数日常活动不能完成或需他人照料。

表 10-3　济南市职工护理保险服务项目

类别	服务项目
基础护理项目	1. 开塞露/直肠栓剂给药　2. 鼻饲　3. 药物喂服　4. 物理降温　5. 生命体征　6. 吸氧　7. 灌肠　8. 导尿　9. 血糖监测　10. 压疮伤口换药　11. 静脉血标本采集　12. 肌肉注射　13. 皮下注射　14. 造口护理　15. 经外周静脉置入中心静脉导管（PICC）维护　16. 鼻饲管置管　17. 心电图　18. 膀胱冲洗　19. 吸痰护理　20. 床位费　21. 诊查费
照护项目	1. 头面部清洁、梳理　2. 洗发　3. 指/趾甲护理　4. 手、足部清洁　5. 温水擦浴　6. 沐浴　7. 协助进食/水　8. 口腔护理　9. 协助更衣　10. 整理床单位　11. 排泄护理　12. 失禁护理　13. 床上使用便器　14. 人工取便术　15. 晨间护理　16. 晚间护理　17. 会阴护理　18. 药物管理　19. 协助翻身扣背排痰　20. 协助床上移动　21. 借助器具移动　22. 皮肤外用药涂擦　23. 安全护理　24. 生活自理能力训练　25. 压疮预防护理　26. 留置尿管的护理　27. 人工肛门便袋护理

二、青岛市长期护理保险政策

青岛市长期护理保险对老年参保患者试行医疗专护管理。

青岛市建立了长期医疗护理保险制度，将残疾、半失能和失能等需要长期护理的参保老年人医疗费和护理费纳入护理保险基金支付范围。护理保险费主要通过调整基本医疗保险统筹基金和个人账户基金比例的方式筹集，财政给予一定补助，用人单位和个人不另行缴费。参保人经评估达到半失能和失能标准并需医疗护理后方可享受护理保险待遇。

目前主要有三种护理方式：一是入住定点护理机构接受长期医疗护理；二是居家接受医疗护理；三是入住二、三级定点医院接受医疗专护。

护理方式不同，护理保险基金支付和个人负担各有不同。同时，保险经办机构与定点护理机构之间实行“定额包干结算，超支不补”的费用控制管理办法。

青岛市的养老模式有助于优化配置医疗卫生资源，减轻医保基金的支付压力以及老年人及其家庭的经济负担和护理压力，推动医院、社区、患者和医保多方共赢。

三、长期护理保险在老年人医养结合工作中的作用

1. 从我国长期护理保险试点的发展现状来看，长期护理保险政策提供的服务就是老年人需要的医养结合服务。

长期护理保险的设计原则、目的、方法、实施内容等方面涉及保障对象的医疗护理和生活照护两个方面的经济保障。在参保范围、筹资机制、给付机制、失能评估、服务人员及监管等内容上也是围绕着医的医疗护理和养的生活照护来设计的。因此，长期护理保险就是医养结合的一部分。

2. 从服务的人群上来说，活力阶段长者不符合长期护理保险待遇的申办条件，因此，长期护理保险对于活力阶段的老年人是没有的。这个结果与本书医养结合理论中关于活力阶段长者的描述相一致：活力阶段的长者具备自养和养他人的能力，日常的生活状态是独立的养和独立的医。如果所患疾病需要住院治疗，则首选综合性医院或老年病专科医院，接受医院提供的医疗服务和家属、护工提供的养护服务。该医养结合服务的目的是为了结束医养结合服务，回归家庭和社会，而不是接受长期的医养结合服务。

对于过渡阶段的老年人来说，每个地方的标准不一样，是严格控制的，重点针对失能阶段的老年人。长期护理保险更倾向于居家失能的老年人。

3. 从地点上来说，长期护理保险提供的医养结合服务覆盖了医院、养老机构、

居家社区三个地点。发生在机构时，以经济补偿和减轻保障对象的负担为主。机构原本就有医养结合服务能力，此时解决的是谁付钱的问题。长期护理保险发生在家庭时，对于居家的老年人来说既是经济补偿，又能直接支付实施医疗护理措施的医护人员和生活照护人员的费用。

第三篇

全生命周期养能力发展与医养结合理论指导下的医养结合规划

一、指导理论概述

（一）全生命周期生活（养）能力发展理论。本书采用人的综合生活（养）能力水平作为尺度，将人的一生分成三期九阶段，建立涵盖全生命周期的能够反映个体养能力水平的分群标准。其中老年期分为活力阶段、过渡阶段和失能阶段，三个阶段分别对应着三种养能力状态：自养+养他人；部分自养+部分被养；被养。这为如何开展医养结合，如何合理分配医、养资源提供了理论依据。

（二）全生命周期医养结合理论。系统阐述了人、医、养三者之间的关系，医养结合概念的定义以及医养结合工作中的六要素，厘清了六个要素之间的相互关系。

二、理论指导实践

医养结合理论来自于过去和现在的实践总结，反过来理论再来指导实践。

一是从老年人三个阶段的医养结合目的出发，来规划、确定医养结合的内容和实施地点，再根据内容和实施地点来决定医和养的资源配置。

二是医养结合的地点已经明确，如家庭、养老机构和医院之间三选一，随之医养结合的目的、时间也明确了，根据已知的这些条件要素，再来配置养老服务资源和医疗资源就是比较简单的事情。

三是……以此类推。

从而形成在全生命周期医养结合理论指导下有序的医养结合实践，终结目前摸着石头过河的探索阶段，进入到理论指导下的有序实践。

理论清晰，方向正确，路径清晰，虽远犹近，事半功倍。

第十一章　老年期三个阶段的医养结合规划

第一节　活力阶段的医养结合规划

规划依据：全生命周期医养结合与医养独立理论及其6个构成要素。

已知的要素：医养结合的客体是活力阶段长者。

老年人活力阶段的界定及生活（养）能力状态详见本书第三章《全生命周期养能力发展理论》第五节。

老年人活力阶段医养结合的特点详见本书第四章《全生命周期医养结合与医养独立理论》第七节《老年期医养结合概述》。

一、确定目的要素

老年人活力阶段医养结合的目的是为了结束医养结合，回归到独立的养和独立的医。

老年期活力阶段医养结合的目的同生长期三个阶段、成年期三个阶段的医养结合目的相同。

二、确定人文伦理共识和地点要素

活力阶段的老年人是人生当中的黄金阶段，雅称乐享阶段。生活状态是“四有、三选择、两必须”（详见本书第三章第五节）。老有所为，老有所乐，老有所学，旅居养老，抱团养老，文化养老，森林康养等养老、养生方式大部分都发生在这个阶段。黑龙江打造“夏季养老在龙江”品牌，吸引国内外200多万候鸟老人在黑龙江旅居养老。广西、海南旅居老人更多。全国各地老年大学更是人员爆棚、一座难求。

日常的生活活动中，活力阶段的老人在生活能力水平即养能力（自养+养他人）水平并不弱于成年人多少。日常养生、养老和保健养护、锻炼的多数选择在家、社区、风景点等地点。比较肯定的一点是，活力长者中没有人希望住在医院或养老机构。这个阶段的生活分别为独立的养和独立的医，医疗可以自行选择去质量和效率最高的医疗机构。

“尽管我今年已经68岁了，但是身体很好，并且每天还有许多的工作要做，算是‘医养结合’的服务对象吗?”原广东民政厅副巡视员、广东老龄产业研究院院长王先胜拿自己做了个例子，他介绍道，“医养结合”的对象，应该是需要一定照护的中度、重度失能失智的老人，而并非是像他这样的“活力老人”。他认为，“医养”和“康养”的概念不同，“康养”针对的是健康的“活力老人”，在市场调节的基础上进行健康保健、康复治疗等；而“医养”则属于公共服务范畴，也是政府需要进行考虑的。①

如果在活力阶段发生疾病或意外事件，如心脑血管栓塞、跌倒骨折等需要住院治疗，则开始一段时间的医院医养结合。这往往是由活力阶段转向过渡阶段、失能阶段的开始，需要长者、家属、医疗机构多方重视，积极治疗，目的是让老年人尽量保持在活力阶段。此外，活力阶段老年人的身体机能、肌肉储备下降不明显，社会参与度高，具有自养和养他人的能力，治疗和康复的效果比较好，生活能力恢复到自养水平的可能性最高。

无论是医疗服务还是生活服务的规划，都必须注意连续性和整合性。

按照疾病发生、发展的时间轴，由近及远地为活力阶段患者选择医养结合地点：第一步选择医疗为主的医疗机构（在疾病的急性期、亚急性期）；第二步选择康复为主的接续性医疗机构（在疾病的亚急性期、恢复期）；第三步选择医养结合型养老机构（在疾病的稳定期或后遗症期）。

经过以上1~3次医养结合服务后，最终转归为以下两种状态：

第一种状态，疾病痊愈或好转、稳定，生活（养）能力基本恢复，恢复到能够自养或以上水平，回归家庭，回归到独立的养、独立的医状态，继续享受活力阶段的老年生活，享受老有所为、老有所乐、老有所学的乐趣，本轮医养结合服务结束。

第二种状态，身体机能恢复不理想，留下了难以恢复的后遗症，比如肢体运动障碍、语言障碍、吞咽障碍等症状，经过康复评估和医疗评估后身体恢复的可能性很低，则进入老年期过渡阶段或失能阶段，从此开始长期的居家社区或养老机构医养结合服务。

---

① 广州日报官方账号2021-10-21，大城市，大养老②| 医办养、养办医，各机构探索“医养结合”出路。

选择医养结合地点（医院、居家社区、养老机构）的因素主要是医养结合目的、疾病严重程度和分期、距离家庭的远近、医院或养老机构的水平、医保定点及家庭支付能力这几项。

抛开医保报销这个条件，医养结合的目的主要决定医养结合的地点，反之亦然。

三、确定内容、时间要素

人文伦理共识和医疗目的决定地点，地点决定医养结合内容及时间（见表11-1）。

表 11-1 老年人活力阶段医养结合规划

医养结合目的	地点	医的内容	养的内容	时间
结束医养结合，回归到独立的养，独立的医。	治疗为主的医疗机构：综合性医院，老年病医院	根据病情，医疗措施由医生决定方案，护士执行医疗护理，医技执行相关检查。目标是治疗后回归家庭或转入接续性医疗机构和医养结合型养老机构	生理、心理、社会三层面的内容。 又称生活护理、住院陪护。家属负责陪护或聘请临时护工	亚急性期、恢复期。时间有限制
	康复为主的接续性医疗机构：康复医院、康复中心	根据病情和机体恢复规律，由康复医生决定康复方案。目标：生活能力自理后回归家庭	医疗康复的环境而非生活的环境，但和医院的环境相比已经有所改善，家属负责养或聘请临时护工	疾病恢复期、时间比较长。时间有限制
	以养为主的医养结合机构：护理院、内设医疗机构的养老机构	康复理疗，慢病管理、健康管理。目标是生活能力自理后回归家庭，如不能，则转变成长期的养老机构医养结合	提供环境更友善、更适合滋养老年人的生活场所。养的内容主要由养老机构提供	疾病恢复期、稳定期。时间没有限制
	居家社区	独立的医为主：门诊复查、康复、体检等活力阶段的老人没有必要接受上门的医疗服务	养的状态是“自养+养他人”，独立的养为主，但是其能力处于下降通道中。家人、家政或保姆提供协助。最亲情、温馨、惬意、自由的地方是家庭	时间没有限制

四、确定医养结合服务的主体要素

活力阶段老人的日常状态是独立的养和独立的医，偶尔发生的医养结合主要发生在综合性医疗机构和接续性医疗机构中，医的提供者包括执业医师、康复治疗师、执业护士及其他医技人员；养的措施主要有家庭成员轮班，及医院内的临时护理人员和医院内的医护人员共同完成。

第二节　过渡阶段的医养结合规划

过渡阶段是由活力阶段退化延伸或快速发展而来。

从老年期活力阶段发展到老年期过渡阶段的两种形式：

第一种形式是自然老化，老人就是老了，机体衰老加长期慢病积累，7 项生活能力缓慢下降，自然而然地进入到过渡阶段。第二种形式可能是由于一场大病或者一次意外事故，比如脑卒中致偏瘫或全瘫；跌倒、骨折或一次手术后需要限制活动数天，导致生活能力直线式、坠崖式下降，经过治疗、康复以后再也恢复不到老年期活力阶段的状态，直接快速进入到老年期过渡阶段甚至失能阶段。

老年期过渡阶段的界定及特点详见本书第三章第五节的相关内容。

规划依据：全生命周期医养结合与医养独立理论，6 个要素为工作抓手。

已知的要素：医养结合的客体是过渡阶段长者。

一、确定目的和时间要素

自过渡阶段开始，老年人的医养结合目的和时间发生了改变：

过渡阶段老年人医养结合的目的，主观愿望上还是希望结束医养结合，回归到独立的养和独立的医，但是客观上已经不可能实现。医养结合服务自该阶段开始，基本上成为一个长期、持续存在的工作。具体原因详见本书第四章第七节和第五章第四节。

居家社区、养老机构的医养结合目的不再以结束医养结合为目的，而是为保障老年人存活品质为目的。品质包含生命的长度和丰度。养为主，内容、水平无上限；医为保障手段，内容、水平有上限；医养结合长期存在，直到生命之火熄灭。

医院医养结合的目的仍然是以结束医院医养结合为目的。当慢病急性发作或出现其他急性疾病时，被动来到医院，开始一段时间的医院医养结合服务，以医为主，医疗服务内容、水平无上限。养为支撑和保障，经过积极干预治疗后，病情稳定、好转，治愈某些可以治愈的疾病，然后回归原来的居家社区、养老机构继续以往的医养结合服务，本次医院医养结合结束。

二、确定人文伦理共识和医养结合地点要素

过渡阶段的老人又称为社区人，意思是活动范围已经限制在了社区范围之内，自身的行动能力已经不太适合在更大范围的社会上行动，活动范围大大缩小。有一部分老人的生活能力已经有两三项或更多项受到限制，轮椅和助行器基本成为了标配，活动范围缩小到日常的生活地点，如家庭或养老机构。

日常的生活活动中，独立的养和独立的医不再经济，质量也不再高，而且危险性加大。长期、持续的医养结合服务日益重要。

老年人日常身体状况稳定情况下，常见的医养结合服务地点分别是居家社区、养老机构这两个地方。

过渡阶段居家社区医养结合，又称家庭医养结合。老人居住在自己熟悉的家庭之内，其专业医疗服务，如常见病的经验性诊治，慢病管理，药事管理等医疗方面的措施由上门的医生、护士来提供。养的三层次内容包括生活护理，精神和娱乐陪伴，由家人、家政、保姆、亲属、朋友、社区志愿者等提供。

过渡阶段养老机构医养结合是指包括医养结合机构、护理中心、护理院、养老院、老年公寓、福利中心等所有能够提供医疗服务和生活服务的机构设施。

如果在过渡阶段发生慢病急性发作或突发其他疾病，如心脑血管栓塞、跌倒骨折，需要入住医疗条件更好的综合医院时，则又开始一段时间的以医疗为主的医院医养结合服务。

遵循连续性、整合性的原则，按照疾病发生、发展的时间轴，由近及远排列：

第一步选医疗为主的医疗机构（在疾病的急性期、亚急性期）。第二步选康复为主的接续性医疗机构或科室（在疾病的亚急性期、恢复期）。第三步回归原来的养老机构或居家社区（在疾病稳定期或后遗症期）。

选择医养结合地点（医院、居家社区、养老机构）的因素主要是人文伦理认知、医养结合目的、疾病严重程度和分期、距离家庭的远近、医院或养老机构的水平、医保定点及家庭支付能力这几项主要因素。地点又决定医养结合的内容和时间。

抛开医保报销这个条件，医养结合的目的主要决定医养结合的地方，反之亦然。

三、确定内容要素

表 11-2　老年人过渡阶段医养结合规划

医养结合目的	地点	医的内容	养的内容	时间
医院医养结合目的是医为主，养为保障。诊断、治疗急性发作的疾病。稳定、好转甚至治愈某些可以治愈的疾病，然后回归家庭或养老机构继续长期的医养结合	治疗为主的医疗机构：综合性医院，老年病医院	根据病情，医疗措施由医生决定方案，护士执行医疗护理，医技执行相关检查	生理、心理、社会三层面的内容。又称生活护理、住院陪护。家属负责陪护或聘请临时护工	急性期、亚急性期。时间有限制
	接续性医疗机构：康复为主的科室、医疗机构：康复医院、康复中心	根据病情和机体恢复规律，由康复医生决定康复方案	医疗康复的环境而非生活的环境，但相比医院的环境已经有所改善，家属负责养或聘请临时护工	亚急性期、恢复期。时间比较长，时间有限制
居家社区以及养老机构医养结合：养为主，医为保障手段	居家社区以及养老机构：医养结合机构、护理院、内设医疗机构的养老机构	提供医疗护理，以维持功能、防止肌肉挛缩为主的康复，慢病管理和常见病的经验性、保守性诊治，院前急救，健康教育安宁疗护等	处于“部分自养+部分他养”向“完全他养”退化过程中。延缓退化，保持功能也是养的主要内容。用进废退，养的三层次内容需要互相促进，才是高质量养的表现。提供环境更友善，更适合滋养老年期的生活场所	疾病稳定期或后遗症期。时间没有限制

四、确定服务主体要素

详见表 11-2。

第三节　失能阶段的医养结合规划

失能阶段是由过渡阶段延伸而来，或者由活力阶段直接发展而来。

老年人过渡阶段发展到失能阶段的两种形式：

第一种形式是自然老化，即生理机能老化，老人就是老了，身体衰老加长期慢病积累，7 项生活能力缓慢下降，自然而然地进入到失能阶段。这是最理想的一种方式。自然老化、缓慢老去是老人之福，儿孙之福，是积极老龄观、健康老龄化的最佳体现。

第二种形式，可能由于一场大病或者一次意外事故，比如脑卒中致偏瘫或全瘫，跌倒、骨折或一次手术后需要限制活动数天，导致肌肉萎缩、身体衰弱、活动能力丧失，生活能力直线式、坠崖式下降，经过康复治疗以后再也恢复不到老年期活力阶段或过渡阶段的状态，直接快速进入到老年期失能阶段。

当老年人的生活能力 7 项指标评估符合失能标准时，则进入了失能阶段。

失能阶段的界定及特点详见本书第三章第五节的相关内容。

规划依据：全生命周期医养结合与医养独立理论，6 个要素为规划工具。

已知的要素：医养结合的服务客体是失能阶段长者。

一、确定目的和时间要素

1. 失能阶段居家社区、养老机构医养结合的目的不再以结束医养结合为目的，而以保障生命存活品质为目的，品质既包括生命长度又包含生命质量。养为主，内容、水平无上限；医为保障手段，医的内容、水平有上限，让老人与疾病和平共存；时间方面，居家社区、养老机构医养结合长期存在，直到生命之火熄灭。

2. 失能阶段医院医养结合的目的仍然是以结束医院医养结合为目的。当慢病急性发作或出现其他急性疾病时，转诊到医院，开始一段时间的医院医养结合服务。以医为主，内容、水平无上限，养为支撑和保障。经过积极干预治疗后，稳定、好转、治愈某些可以治愈的疾病，然后回归原来的居家社区、养老机构继续以往的医养结合服务。时间方面，医院医养结合时间有限制。

二、确定人文伦理共识和医养结合地点要素

失能阶段老年人处于生命的末期阶段，机体功能持续丧失，生活（养）能力持续丧失，处于被养状态。对养的需求也以基本的生理、心理需求为主，比如翻身叩背、喂饭、更换纸尿裤、清洁梳洗，陪伴、心灵交流、安慰等。

老人身体状况稳定情况下，医养结合服务地点主要是居家社区、养老机构这两个地方。

居家社区是养的根基和最好的地方，在养的便利性、及时性、亲情陪伴等方面都是水平最高的地方。养老机构是家庭养老的社会化延续，养的水平和质量与家庭相比各有特色。综合评估，养老机构的养护专业化水平最高。

居家社区医养结合，又称家庭医养结合。老人居住在自己熟悉的家庭之内，其专业医疗服务，如常见病的经验性诊治，慢病管理，药事管理等医疗方面的措施由上门的医生护士来提供。其养的内容包括生活护理，精神和娱乐陪伴，由家人、家政、保姆、亲属、朋友、社区志愿者等提供。

如果在失能阶段发生慢病急性发作或发生其他疾病，如心脑血管栓塞，跌倒骨折，需要入住医疗服务为主的医院，则开始一段时间医院医养结合服务。按照疾病发生、发展的时间轴，由近及远排列。

第一步选医疗为主的医疗机构（在疾病的急性期、亚急性期）。第二步回归原来的养老机构或居家社区（在疾病的恢复期、稳定期）。一般情况下，不再入住接续性医疗机构。

表 11-3　老年人三阶段医养结合地点

老年期	医养结合服务地点
活力阶段	医院、接续性医疗机构
过渡阶段	居家社区、养老机构，医院、接续性医疗机构
失能阶段	居家社区、养老机构、医院

三、确定内容要素

（一）居家社区、养老机构医养结合

1. 高质量的养。

失能阶段，生命周期的末期阶段。老年人的 7 项生活能力部分或全部丧失，日常生活已经完全离不开他人的照护。

高质量的第一层次的养（生活护理）才可以提供安详、有尊严的生活状态，才可以有效地减轻、减少失能阶段老人的各种并发症，如压疮、坠积性肺炎、营养不良、骨折等。

高质量的第二层次养、第三层次养才可以有效慰藉失能老人的心灵，才可以帮助老人圆满人生，无憾仙逝。

第三方提供的高质量养才能使家属放心，才能解放家属的生产力，才能解决一人失能、全家失衡的状态。

医和养的知识相互融合，医和养的措施相互交叉，不能截然分开，才能提供高质量的医和养。日常医养结合工作当中，两者很难截然分开，许多医疗护理措施来源于生活护理而又高于生活护理，许多医疗护理措施又可以被护理员、医养结合照护师、医疗护理员所掌握。

2. 长期、有限制的专业医疗服务。

身体状况稳定期间，失能老人需要慢病管理、预防慢病急性发作，需要支持治疗和长期医疗护理，减轻痛苦，预防疾病并发症，预防和减少其他感染性疾病的发生概率，需要长期体适能锻炼和被动运动来维持肢体功能状态，避免肢体挛缩、肌肉萎缩。需要安宁疗护，有尊严地走向往生。

（二）医院医养结合

当慢病急性发作或患其他急重症时，送往医疗为主的综合医院，接受短期以医为主，养为支撑保障的医院医养结合服务。医疗措施的目的，不再以治愈疾病为目标，而是病情稳定后回归家庭、养老机构继续以养为主的医养结合服务。

表 11-4 老年人失能阶段医养结合规划

医养结合目的	地点	医的内容	养的内容	时间
居家社区、养老机构：保障生命品质为目的，疾病与长者和平共存	居家社区、医养结合机构、护理院、内设医疗机构的养老机构	长期、有限制、居住点的医为保障支撑手段，如慢病管理和常见病的经验性、保守性诊治，医疗护理，以维持功能、防止肌肉挛缩为主的康复、院前急救、安宁疗护	高质量的养护为主。处于“部分他养”向“完全他养”退化过程中。延缓退化，保持部分功能也是养的主要内容。用进废退，养的三层次内容，需要互相促进。提供环境更友善，更适合滋养失能阶段的生活场所	时间没有限制，直到生命之火熄灭。
医院：结束医院医养结合为目的	综合性医院、老年病专科医院、老年病科室	处理慢病急性发作或其他急重症。医疗措施由医生决定方案，护士执行医疗护理，医技执行相关检查。积极干预，措施手段无上限，以疾病稳定后结束医院医养结合为目标	医院环境中，生活护理又称住院陪护，系统性、高品质的养不是主要追求。家属负责陪护或聘请临时护工	疾病急性期、亚急性期。时间有限制

四、确定服务主体要素

详见表 11-4 老年人失能阶段医养结合规划。

第十二章　医疗机构中的老年人医养结合规划

第一节　医疗机构医养结合规划

医疗机构医养结合规划依据：全生命周期医养结合理论，6要素为规划工具。

一、确定医疗机构医养结合和医养独立的定义

医疗机构医养结合的定义：患者在院治疗的时间段内，医疗服务和生活服务同时或先后落位于同一位病人（包括但不限于老人）。

医疗机构医养独立的定义：发生在医疗机构内但不符合医疗机构医养结合定义的医疗服务，称之为独立的医。

按照定义，在医疗机构内，独立的医疗服务或/和医养结合服务一直存在，即人们常说的门诊治疗和住院治疗。

医疗服务，在医院内由专业医务人员提供专业的医疗服务。

生活服务，主要由家属、朋友、护工提供，医务人员负责指导和辅助。

二、确定医疗机构医养结合的6个要素

（一）确定地点要素

地点要素是明确的、已知的。虽然医疗机构的种类繁多（详见本书第六章第一节），但能够提供老年人住院床位的医疗机构只有综合性医院、老年病专科医院、中医医院、中西医结合医院、康复医院、社区医院等几家医疗机构。只有具备住院床位的医疗机构才具有提供老年人生活照护的必要，配备必要的设施设备和人员。

不具备老年人住院床位的医院，只能为包括老年人在内的患者提供短暂的门诊医疗服务，结束后即离开医院，谓之独立的医。比如社区卫生服务中心、社区卫生服务站、中医诊所、口腔诊所等提供的医疗服务。

部分医院可以派出医生、护士、康复人员等医务人员，就近上门为老年人提供医

疗服务，应该归到居家社区医养结合范围。

护理院的情况比较特殊。护理院在登记注册和管理方面属于医疗机构，以下是卫健委医政管理部门对护理院的说明：护理院是为患者提供长期医疗护理、康复促进、临终关怀等服务的医疗机构，是医疗服务体系的重要组成部分。为加强护理院的建设，适应我国经济社会的发展，满足人民群众的健康需求，当时的卫生部对1994年发布的护理院基本标准进行了修订，形成了《护理院基本标准（2011版）》，沿用至今。大力发展护理院是深化医药卫生体制改革，进一步完善医疗服务体系的重要内容，是适应我国人口老龄化进程的必然要求，是提高医疗卫生服务连续性、协调性和整体性的重要措施。护理院的建设与发展对于合理分流大医院需要长期医疗护理的患者，缓解群众“住院难、护理难”问题，提高医疗卫生资源利用效率，应对人口老龄化带来的挑战具有重要意义。

在实际运营中，护理院活成了“在医疗机构中最懂养老，在养老机构中最懂医疗”的医养结合机构。如笔者所在的济南绿地幸福家护理院的情况是：护理院有84位老人，其中90%以上都有医疗方面的需求。真正能够自理的老人几乎没有，大部分都是失能失智的老人，在大厅内摆放着几张麻将桌，但能够坐到麻将桌前打麻将的老人不会超过两桌。护理院服务的老人主要以生活照护为主，如失能的老人需要喂饭、洗澡等生活护理，而有的老人由于失智会经常走失，也会被送到养老院进行照护。如果身体状况不错，生活自理能力强，一般也不会来到这里的。护理院内共有护理员30多名，后勤餐饮等其他工作人员10多名，同时有医生护士进行一天三次的查房和24小时值班，遇到特殊情况时可以及时进行处理解决。对于一些需要特别照护或是刚刚出院的老人，采取一小时一次生命体征的检测，或采取血压、心率、呼吸等生命指征等进行实时监控。家属需“奔波拿药、送药”，如果能够申请下来医保，护理院就可以自己开一些常规的治疗慢性病的药物，老人的家属也少一些奔波。

由于老年人长时间住护理院，生活照料同样重要，而且多数养老机构内设的护理院，多数没有医保资质，可能只有长期护理保险基金支持，所以越来越多的护理院床位与养老床位共用，收费模式也和养老机构基本相同。根据社会现实定位和参考近十年来的护理院发展情况，本书将护理院划分到医养结合机构一类。

（二）确定目的

医院医养结合的目的是为了结束医院医养结合。

医院医养结合服务的客体包含了老年期三阶段的所有老年人。只要符合住院治疗的指征，医院不能选择或拒绝老年患者入院治疗。

结束医院医养结合的老年患者或转移到接续性医疗机构继续康复或回归居家社区

或养老机构。

老年患者结束医院医养结合后的转归与入院前的生活能力状态密切相关，分为三种情况：

1. 入院前的状态是老年期活力阶段。

如果在活力阶段发生疾病，需要住院治疗，则开始一段时间的医院医养结合。医院医养结合的目的是结束医院医养结合，回归家庭和社会；或者转入接续性医疗机构，继续治疗、康复一段时间后再回归家庭和社会。

遵循连续性、整合性原则，按照疾病发生、发展的时间轴，由近及远地规划选择：第一步选择合适的医疗机构，医院为主，尽快治愈、好转、稳定出院；第二步选择康复为主的接续性医疗机构，如康复医院为主；第三步选择医养结合型养老机构。

经过以上三次（也可能只需要一次或两次）医养结合服务后，最终转归有两种状态：

第一种状态，疾病痊愈或好转、稳定，生活能力基本恢复，恢复到能够自养或以上水平，回归家庭，回归到独立的养和独立的医，本轮医养结合工作结束；第二种状态，身体机能恢复不理想，伴有某些生活能力不足或丧失，进入老年期过渡阶段或失能阶段，从此进入长期的医养结合服务。

2. 入院前的状态已经处于老年期过渡阶段。

医院医养结合的目的还是结束医院医养结合。

过渡阶段发生慢病急性发作或发生其他疾病需要入住医院，即开始一段时间的医院医养结合工作，疾病稳定后根据机体功能恢复潜力评估、生活能力评估、长者意愿和家属意愿来决定出院后的老人是进入接续性医疗机构继续功能康复一段时间，还是直接回归原来居住的家庭或是养老机构。

按照疾病发生、发展的时间轴，由近及远排列：第一步选合适的医疗机构，医院为主，疾病痊愈或稳定好转后出院；第二步选康复为主的接续性医疗机构，以康复医院（中心）为主。是否进入接续性医疗机构康复，需要结合入院前已经存在的生活能力状态，判断身体功能恢复的可能性后再决定；第三步回归医养结合型养老机构或居家社区医养结合病床。

3. 入院前的状态已经处于老年期失能阶段。

医院医养结合的目的还是结束医院医养结合。

慢病急性发作或其他急重症时，送往医疗为主的医院，接受短期以医为主、养为支撑的医院医养结合服务。医疗措施的目的，不再以治愈原疾病为目标，因为即使治愈仍然是失能状态，而是病情稳定后回归居家社区或养老机构继续以养为主的医养结合服务。

该阶段已无需再进入接续性医疗机构继续康复治疗。

（三）确定医院医养结合的人文伦理认识

综合性医院、老年病专科医院、康复医院是高度社会化分工、专业化分工的产物。临床学科的高度分化和医疗人员的专科化、专业化使得多种人才在医院内汇聚，各种专业化医疗设备如 X 光机、心电图仪、B 型超声诊断仪、CT 机、核磁共振仪、大型康复等设备集中在医院，人才和机器设备必须相互配合才能发挥最大效应。所以，医院追求的是高精尖技术人员聚集，医疗技术水平越高越好，医疗设备越多、越高级、越先进越好，住院天数越短越好，医院的使命和效率使然。老年患者只有来到医院才能享受最好的医疗技术和医疗服务。居家和养老机构内的医疗服务限于客观条件，其范围和水平肯定受到限制。

相对应的是，医院内的养是为了配合医的工作展开的，而且服务主要由家属和护工提供（详见本书第六章第三节内容），患者在医院内的衣、食、住、行、吃、喝、拉、撒、睡、心理情绪和社会活动等都会因为医院的环境而作出妥协让步。

医院内养的内容、质量、水平和效率可能是最低的地方。

总之，在住院期间的这个特定时间段内，医在保卫和干预生命，养在支撑生命，医为主，养为辅，主从关系明显、清晰。

（四）确定人物

1. 服务主体。

专业医疗措施由医院内取得执业证的医生、护士、技师等提供。

养护措施主要由老年人家属、朋友、护工、护理员、保姆等提供，甚少的特殊时期也可能由医院里的专业医护人员来实施。

2. 服务客体。

慢病急性发作或发生其他急性疾病需要入住医院治疗的活力阶段、过渡阶段、失能阶段的长者。

（五）确定内容

医疗机构的宗旨是向全生命周期的公众提供医养结合服务或独立的医疗服务（详见本书第四章第三节）。医是（干预生命的）手段，需要的时候才出手。

医养结合服务包含医的服务和养的服务。

1. 医和养的优先安排原则。

医的服务和养的服务都好，这样的超级医疗机构不符合社会分工的原则，几乎不存在。

医的服务和养的服务都不好，这样的医疗机构一定会被客户所淘汰，会被监管部门所淘汰。

医的服务和养的服务只需一强一弱就能很好存在，这样的医疗机构最多见。

医院所提供的医养结合服务内容恰恰是医强养弱。是医为主、养为辅的医养结合服务内容。甚至养的内容被医院所忽略，全部交由家属或第三方来负责。

在医院住院时发生的医养结合也只能以医为主，养为辅，才能物尽其用，人尽其用，才能符合医务人员、老人和家属的意愿，才能符合社会化分工的原则。

医院内医的内容按照类别分为检查、检验、诊断、治疗、康复、护理等，按照科室又分为内科诊疗、外科诊疗、中医诊疗、康复医疗、妇科诊疗等。医疗机构医的内容分类非常的多且细致。根据病情，医疗措施由医生决定方案，护士负责医疗护理，医技执行相关检查，多方合作配合完成。

医疗机构内的养，主要是为支持、配合医疗措施而展开，主要满足养的第一层次部分要求，满足基本生理需求，维持、支撑生命的存在，第一层次的运动、娱乐都无法满足，养的第二层次、第三层次更难实现。

2. 医与养的追求限度。

医疗机构医养结合对医疗服务的内容和技术追求有下限无上限，极具弹性，在符合医学伦理的前提条件下，越先进越好。对养的追求有上限无下限，外包或完全由家属负责。

（六）确定时间

时间上，医院医养结合服务是短暂、可预期的。医院管理中有住院时间考核项目是合理的。医院级别越高，住院时间应该越短。这是必须且合理的，否则医院老年床位总是不够用。

一些患慢性病的老年人为了获得较好的医护服务，节省费用开支，长期住在医保定点的大医院，其主要目的是养病而不是诊治，相当于把医院当成了养老院。这些大医院老病号的“压床患者”，造成了医院的医疗资源浪费。院方也希望通过医养结合，将“压床患者”分流到接续性医疗机构或者养老机构，以此提高床位周转率以及医院的经济效益和社会效益。

（七）确定其他要素

1. 医保支持。

现行的医疗机构有健全的医疗保险体系。在老年患者住院期间，医的部分由医疗保险按照老年患者社保类型进行不同程度的报销。

2. 医养结合服务监管。

（1）医的监管：医疗机构由卫生监管部门负责。

（2）养的监管：医院内养的提供者多为家属本人以及家属雇的临时护工，家属是主要监督和管理人员。护工也有其自身的组织。医院的医务人员起到业务指导和部分监督作用。

第二节　问题解答

本节对本书第六章第五节进行回答：医办养，隔层“纱”。

一、第一层纱：缺乏系统、完整、清晰的医养结合理论，缺乏顶层设计即缺乏设计工具

医养结合属于我国原创性概念。作为新生事物，老年人医养结合实践仍处于试点探索阶段，既往未形成系统性的概念定义及理论体系实属正常，对加强医养结合理论研究和构建的呼吁经常见于各种学术期刊和书籍，比如在《中国老龄化社会20年——成就·挑战与展望》一书中就有大篇幅关于老龄理论的命题需要去完成。

全生命周期医养结合理论体系的构建成功，深化了医务工作者对医养结合工作的认识：医养结合行为自古至今有之，历史悠长，存在着养和医的相互依存和转化的历史脉络。在当代社会，医养结合服务更是存在于每一个人的全生命周期过程中。医养结合概念和服务适用于全生命周期的各年龄段的所有人，不应专门属于老年人。老年人的医养结合服务是整个全生命周期医养结合服务中的一部分，只是较生长期、成年期的医养结合工作存在着部分特殊性，但是其6个要素和底层逻辑是一致的。这6个要素加支付手段，构成了医养结合工作顶层设计的工具和具体工作中的抓手。

“横看成岭侧成峰，远近高低各不同。不识庐山真面目，只缘身在此山中。”既往，确实存在一部分医务人员不理解、不了解医养结合，坚持认为“医就是医，养就是养，医养结合是伪命题”，部分原因就是在“山”中时间太久了。现在，把这个问题放到医和养的历史长河上看，放到医和养的本质、本源和作用上来看，一切的疑惑都迎刃而解。

二、第二层纱：医疗机构办理养老机构备案注册困难

如果医疗机构原床位提供以医为主的医养结合服务，则原来的老年住院病区和床位无须注册。

如果在医疗机构院内或者院外另建一处养老机构，则需按照养老机构设置的要求进行备案注册。

三、第三层纱：增加生活娱乐活动场地和设施，增加生活护理队伍建设和管理，安全，餐饮、消防的适老化改造

有所为，有所不为，确定主业方向。

如果医疗机构整体转型或部分床位转型为以养为主的医养结合型养老机构，比如护理院，老人需长期居住，则需要增加这些设施。

如果还是保持原来的住院病房床位性质，追求医疗服务为主，则需要提高医疗技术，缩短住院天数，无须增加生活娱乐等设施。

四、第四层纱：养老床位比医疗床位经济效益低

这可能是客观存在、社会分工的问题。

五、第五层纱：国家政策与支持

依照医养结合理论的观点，老年人的医养结合服务地点主要有三处：医院、居家社区和养老机构。这三处的老年医养结合服务如何实现、如何选择，医养如何搭配、如何支持，在本书第三篇都作了基于医养结合理论指导下的规划。理论来源于实践，同时又指导实践。相信今后老年人医养结合服务工作在前期试点摸索的基础上更有方向，多部门配合更有效率，相信国家、地方的政策和支持以后会更明确、更精准、力度更大。

第十三章　养老机构中的医养结合规划

第一节　养老机构医养结合规划

养老机构医养结合规划依据：全生命周期医养结合与医养独立理论。

一、确定养老机构内医养结合的定义及内涵

养老机构医养结合定义：在养老机构居住期间，医疗服务和生活服务，在养老机构这个地点，同时或先后落位于同一位老人。

养老机构，是家庭（居家）养老的社会化延续，是老人一生中的第三个家（第一个是原生态家庭，第二个是老人自己的家或子女的家），多数情况下也是最后一个家。养老机构设立的初心是家，而不是医疗机构。当前，在养老机构和居家养老也需要专业医务人员参与，提供老人需要的居住点专业医疗服务，于是提出开展医养结合型养老服务，既提供养老生活服务，又提供专业医疗服务。当养老机构双证俱全的时候，又称作医养结合机构。

养老生活服务，由养老机构 24 小时提供。

专业医疗服务，是将专业医疗措施和专业医疗护理投送到长者居住的养老机构里。实现方式有以下几种：养老机构与医疗机构毗邻而建；医疗机构托管养老机构设置的医疗机构；两院一体，集中照护模式；签约巡诊模式；养老机构设置医疗机构，医养一体即医养结合机构模式。

2022 年 7 月 21 日，国家卫健委等十一部门联合印发《关于进一步推进医养结合发展的指导意见》（以下简称《指导意见》），《指导意见》提出，鼓励医疗卫生机构依法、依规在养老服务机构设立医疗服务站点，提供嵌入式医疗卫生服务。推动医疗卫生机构将上门医疗服务向养老机构拓展，为符合条件的入住养老机构的老年人提供家庭病床、上门巡诊等服务。

二、确定养老机构医养结合的6个要素

（一）确定地点要素

是已知的、明确的。包括养老机构、医养结合机构、护理院等。

（二）确定人物要素

1. 服务客体。

养老机构医养结合服务的对象是过渡阶段、失能阶段的老年人。

服务对象不包括活力阶段的长者。因为活力阶段的长者，一是几乎都居家养老养生或旅居养老，没有人愿意也没有必要在这个阶段就早早住到养老机构。二是活力阶段长者有生活（养）能力，有时间到医疗机构享受质量和效率更高的医疗服务，没有必要接受效率和水平不如医院的养老机构医疗服务。活力老人可以自行到自己选择的医疗机构接受独立的医疗服务，或者到医疗机构住院，接受短期的医院医养结合服务（详见本书第十一章第一节）。

2. 服务主体。

养老生活服务人员包括养老机构里的所有工作人员，包括但不限于护理员、社工师、厨师、营养师、卫生员、志愿者、非专业和专业医务工作者等，共同协作配合完成养老生活服务。

专业医务人员包括执业医生、护士、技师等，共同完成专业的医疗服务。非专业（非特许）医疗服务人员包括医疗护理员，医养结合照护师、艾灸师、推拿师、拔罐技师等，他们提供非专业的医疗服务，这些服务也列入养的范围。

（三）确定养老机构医养结合的人文伦理共识

养老机构设立的初心是家庭（居家）养老的延续和社会化，养老机构提升整个社会的养老专业水平和效率，解放家庭成员的生产力，同时解决无子女或子女无能力提供赡养服务的问题。它的基因和社会化分工决定了在养和医的定位上更倾斜和偏重养的工作，养的硬件设施也比较多，对养的追求有下限无上限，养的效率也比较高。

养老机构内的长者几乎都是过渡阶段和失能阶段的老年人。患有多种慢性病，普遍带病生存，行动能力和社会参与能力不足，为了方便及时、节省社会资源，为了增强老年人获得感和满意度，需要在养老机构内实现部分专业医疗服务。

养老机构设立的初心、房间和环境建设、人员配备和设备特点决定了所提供的专业医疗服务范围、深度和效率比医院水平低，这是社会分工使然。在养老机构居住的长者以过渡阶段、失能阶段老年人为主，平均年龄在80岁以上。医养结合内容和范

围应该围绕这些老年人疾病恢复期、稳定期的长期生活照护、身体功能康复和维持、医疗护理、慢性疾病的日常管理、安宁疗护等展开。如果出现慢病急性发作或其他养老机构内的医疗措施不能处理的情况时，养老机构应该像居家社区养老一样及时通过120急救系统将老人转送至综合性医院等医疗机构救治（安宁疗护除外）。养老机构内提供的医疗服务不能取代医院的医疗服务，但是能够取代一部分基础性、常规性，经验性的医疗服务，两者应该有层次之分，与卫生系统里的分级诊疗相似。

养老机构内的专业医疗服务既有下限也有上限。与此相对应的是，医疗机构内的医疗服务有下限无上限。

因此，养老机构内的医疗服务与医院内的医疗服务不同，养老机构内的医养结合服务与医疗机构内的医养结合服务更不同，此医养结合非彼医养结合。此医非彼医，此养非彼养！这应该成为大众和所有从业人员的人文伦理共识。

（四）确定养老机构和居家社区医养结合的内容要素

医院、养老机构、居家社区（家庭），在这三个医养结合服务地点当中，养老机构和居家社区的医养结合是相似的，内容基本一致，可以把养老机构和居家社区医养结合内容放在一起来讨论。

养老机构、居家社区提供的医养结合内容包含医、养两方面。首先要明确养老机构内医与养的定位问题；其次是养老机构内医与养的边界如何厘清。

1. 明确医与养的定位。

医和养是两个元素，定位是决定医和养谁是主业。主业是追求无上限，力争最好，非主业的追求是适当，够用即可。这样有四种排列组合：

第一种：养的服务和医的服务都是主业，都追求最好，这样的超级机构不符合社会分工的原则，几乎不存在。

第二种：养的服务和医的服务都不是主业，这样的机构一定会被客户所淘汰，会被监管部门所取缔。

第三种：养老机构和居家社区所提供的医养结合服务内容是养强医弱，即养的内容为主，追求养的高境界、无上限，养是主要矛盾，医是次要矛盾。医的内容为辅，适可而止，有上限。

第四种：医疗机构尤其是综合性大医院所提供的医养结合服务内容是医强养弱，追求医疗技术的高境界，无上限，追求治愈后出院，结束医院内医养结合，回归到就医之前的地方。医是主要矛盾，养是次要矛盾。养的内容，适可而止，有上限。

2. 厘清医和养的边界问题。

养是生命存在的根本，也是生命的乐趣和价值所在，须臾不能断。

医是社会化分工的产物，是专业的人做的专业的事，相对来说比较容易界定。界定了医，医和养的边界自然清楚。

医的内容分为专业（特许）医疗服务和非专业医疗服务（详见本书第四章第三节）。

专业医疗服务包括医生负责的专业医疗措施和护士负责的专业医疗护理。

由于养老机构和居家社区环境的限制，医疗服务的对象又全部是过渡阶段和失能阶段的老年人，基于排除疾病的急性期的治疗，能够开展的专业医疗项目有一定限制。

医生负责的专业医疗措施：依笔者的经验估计有二十几项。

护士负责的专业医疗护理：依笔者的经验估计有二十几项。

非专业医疗服务属于养的范围内，列在生活服务项目下。

当然，范围和深度需要多方面的专家一起商谈决定。当前，无论是长护险制度试点，还是医养结合机构服务指南，均已经对医疗措施范围做出了一个大概的框定，但尚不够明确，也缺乏其他政策的跟进，亟须破题。

3. 资质和监管问题。

第一步，厘清养老机构和居家社区医养结合中的医和养的边界，是做好资质和监管的前提。

第二步，可以参照陆军航空兵的管理思路来制定相应的规则。把医比作空军，把养比作陆军，“陆军航空兵”则是医养结合型养老机构，包括医养结合机构、护理院、居家社区小微机构、一体双院的农村养老院等。现在，“陆军航空兵”的作战目的、目标、时间、地点等 6 个要素已经明确，资质和监管措施等上层建筑的工作调整也应该加快，从而改变目前两者规则简单相加、削足适履的探索阶段。

解决了前面三个问题，医保报销、财政补贴也将有据可依。

（五）确定目的要素

第一个目的是为过渡阶段、失能阶段长者提供高质量的三层次养的服务。

第二个目的是为过渡阶段、失能阶段长者提供长期专业医疗服务；做好慢病日常管理，不以治愈疾病为目的，而是带病生存无痛苦，维持残存功能为目的；缓解老年人去医院难，就医难的问题；处理日常多发病、常见病、并发症还有安宁疗护。

养老机构医养结合的目的不是为了结束医养结合，而是让慢病与老年人和平相处，为了提升、维持老年人的生活质量。

（六）确定时间要素

养老机构医养结合服务将伴随过渡阶段、失能阶段长者的余生。

第二节　问题解答

对本书第七章第四节进行回答。

一、养办医，隔层山

1. 第一层山：缺乏医养结合理论指导，方向不明，路径不清，内容不详，不知如何开始和结束，总结成两个字：迷茫；总结成三个字：不清晰。

全生命周期医养结合与医养独立理论体系的构建成功，为养老从业人员如何开展医养结合提供了理论指导，加深了对医和养的本质、本源认识。认识到医养结合行为自古至今有之，历史悠长，存在着养和医的相互依存和转化的历史脉络。在当代社会，医养结合服务更是存在于每一个人的全生命周期过程中。医养结合概念和服务适用于全生命周期的各年龄段的所有人，不再专属于老年人特有。老年人的医养结合服务是全生命周期医养结合服务中的一部分，只是较生长期、成年期的医养结合存在着部分特殊性。

充分理解全生命周期医养结合概念的定义，以 6 个要素为工作抓手，实现养老机构医养结合之路，则了然于胸。

2. 第二层山：养老机构办理医疗机构执业许可证困难的问题。

经过近十年的简政放权，审批手续已经简化。可能是因为《医疗机构执业许可证》的发放，需要符合相应的硬件（场地、设备）和软件（医务人员配比）标准。显然有些硬件和软件的标准制定时，没有充分考虑到养老院和居家社区开展的医疗服务的实际情况（患者人群、疾病谱、治疗特点等），而是根据社会人群特点的需要来制定的标准，实际应用中有些不太合适，难度大了些。

需要在医养结合理论指导下，综合分析 6 个要素和费用支付条件，制定出与养老机构、居家社区开展的专业医疗服务相匹配的一系列软硬件标准。

3. 第三层山：多头管理，缺乏实际落地的配套政策。

2022 年 7 月 21 日，国家卫生健康委、国家发展改革委等 11 个部门联合印发《关于进一步推进医养结合发展的指导意见》（以下简称《指导意见》），这是自 2015 年 11 月以来印发的第三份《指导意见》。每份《指导意见》都需要九到十几个部委或厅局会签并在以后的工作中相互协作和分工才能完成。由此可见，医养结合是一件复杂的民生大事，基层养老机构会面临许多困难。

困难形式之一：

当民政部门出台政策、涉及医疗的时候，往往这样描述：要符合、遵守、达到……标准、规定。

当卫健委部门出台政策、涉及养老服务的时候，往往这样描述：要符合、遵守、达到……标准、规定。

当涉及医保方面时，往往这样描述：要符合、遵守、达到……标准、规定、给予……

看上去似乎都没有问题，只是要符合相关的标准和要求。可问题是，如果两套体系的各方面条件都能够满足对方要求的话，当养老机构能够满足医院级别的硬件和人员配备时，它将不是原来的养老机构适当改造和适当人员配备了，而是一个超级的“医疗机构+养老机构”综合体。比任何一个单纯的医疗机构和养老机构都要强大和独立，是一个综合性的完美体。但是，这显然不符合社会化分工的原则，也是不可能实现的，经济上也兜不住，也没有必要。举例来说，当空军和陆军结合在一起形成陆军航空兵的时候，不可能是原陆军和原空军的标准相加，彼此都不作出改变。为了完成新兵种的任务，只能在某些地方和某些内容方面，双方作出调整、妥协或加强，并互相学习对方的知识，将两者的优势结合并充分发挥出来，去完成某些特定的任务。要做到这些调整并取得效果，一定会在陆军航空兵的作战理论指导下，制定出适合陆军航空兵的标准、规定、条例。

可采取的解决办法：相关部门、行业都来掌握养的元理论（全生命周期养能力发展理论）和医养结合与医养独立理论，有一个统一的理论指导，统一的话语体系，同一个分析问题、解决问题的框架体系和工具，在顶层设计、配套政策制定和执行的时候，其协同效率、执行效率都会大大提高。

困难形式之二：

笔者熟悉的一个养老机构，自从开展医疗服务以后，前 5 年几乎年年被罚款处理，非常苦闷。后来经过与监督部门的深入沟通以后，找出彼此的越位和错位以后，才把这个问题解决。

出现多头管理的主要原因是由于医养结合是一个新生事物，是一种新型模式的养老服务，属于一种制度上的创新，又涉及多个相关部门，养老服务的监管方为民政部门，医疗服务的监管方为卫生部门，医保报销由社保部门负责。工作的效率和质量取决于各地政府、民政、卫健、社保各部门之间的探索和磨合。在管理、监督执法过程中习惯使用顺手的老标准，一旦缺乏对新生事物的敏感性、包容性和鼓励态度，很容易出现越位、缺位、错位等问题，无意中会带来压制。

可采取的解决办法：在生活（养）能力发展理论和医养结合与医养独立理论指

导下，参考“陆军航空兵”的管理模式，制定出医养结合型养老机构的管理条例。

4. 第四层山：医养结合人才缺乏，尤其是专业医务人员缺乏。（详见本书第十六章）

5. 第五层山：长期护理保险和医保的支持。

开展养老机构和居家社区医疗服务，至少需要得到长期护理险或者医保支付两者其中之一的支持。如果两者都没有，结局只能是人走楼空。只能采取比邻而建或者是签约巡诊、转诊方式，实现形式上的医养结合。

各种政策文件中常见的描述是“鼓励将符合条件的养老机构内设医疗卫生机构纳入医保定点管理”。这个“条件”没有说明是山顶的条件还是山腰的条件，是“空军”的条件还是“陆军航空兵”的条件。

由于医保管理部门有对养老机构不合理使用医保资金的担心，对医和养界限未定和支付范围不清的无奈，由此带来医保支付的困难和不支持，也带来对老人的不公平、对医养结合型养老机构及医疗人员的不公平。（详见本书第九章、第十七章）

二、养老机构与医疗机构签约巡诊模式，合作不通畅，落地难，形式大于实质

这是个老问题，影响因素很多，至少有两点难于解决：

1. 巡诊作为常规工作，有了一定密度，才能对老人形成持续帮助，才是持续的医养结合。但是，两个法人单位怎样解决人员安排和薪资负担就是第一个难题。当然还有其他问题。

2. 巡诊不规律或间隔时间太长，对老人慢病管理意义不大，每次巡诊可能只是起到一个指导、筛选的作用，看看哪些老人达到了住院的标准，建议去医院治疗，开始一段时间的医院医养结合工作。

笔者的建议是，按照医养结合与医养独立理论所阐述的分工，各方做好各自的擅长工作和特许工作（指专业医疗项目）：专业医疗机构做好医院内的医养结合工作，养老机构做好养老机构内的医养结合，社区居家做好居家医养结合，形成层次，有序转院。有序是依据疾病的轻重缓急，生活（养）能力恢复潜力，以及医养结合持续时间而决定是采取医院医养结合、养老机构医养结合还是居家社区医养结合。原则有了，但是另一个管理问题又出现了：谁来评估和决定这种“有序的原则”。正如理论物理学家所说：“给我一个支点，我能撬动地球。”而工程师则说：“先生，没有您需要的杠杆，我们造不出来。”所以，从管理的角度、实施落地的角度，应该采取简洁、明确、但并不完美的方式：首先规定养老机构、居家社区所特许的专业医疗措施和专

业医疗护理项目，除此之外，其他医疗项目都由医院（医疗机构）处理，采用医院医养结合或者独立的医来解决。需要明确的是，养老机构医养结合和居家社区医养结合不是为了全部取代医院医养结合，不是为了满足老人所有的医疗需求，而是为了取代部分医院医养结合，减少过渡阶段、失能阶段老人的医院医养结合和医院独立医疗措施的次数和持续时间，即让医护人员多跑路，让过渡阶段、失能阶段的老年人少跑路，让这些老人享受更多养的三层次内容，保持和提升生活品质。达到此目的，则实现了多方共赢。

第十四章　居家社区医养结合规划

第一节　居家社区医养结合规划

居家社区医养结合规划依据：全生命周期养能力发展与医养结合理论。

一、确定居家社区医养结合的内涵

居家社区医养结合定义：在特定的时间段内，医疗服务和生活服务，在老人所住的家庭这个地点，同时或先后落位于同一位老人。

居家社区，指长者居住在社区中的家庭，点出了医养结合的地点。

居家医疗服务，是将专业医疗服务投送到长者居住的家庭里。

居家生活服务，一般由家庭成员提供，社区力量为补充。

二、确定居家社区医养结合当中的 6 个要素

（一）确定地点要素

地点要素是已知的、明确的。是老人居住的家庭卧室、客厅等地点。

（二）确定人物要素

1. 服务客体。

居家社区医养结合服务的对象是过渡阶段、失能阶段的老年人（详见本书第十一章第二节、第三节）。不包含活力阶段的老人。因为活力阶段的长者可以自行到自己选择的医疗机构接受独立的医疗服务，或者到医疗机构住院接受短期的医院医养结合服务。活力阶段长者有能力、有时间到医疗机构享受质量和效率更高的医疗服务，没有必要既浪费医疗人力资源又接受效率和水平不如医院的居家医疗服务（详见本书第十一章第一节）。

2. 服务主体：指提供居家社区医养结合服务的工作人员。

（1）专业医护人员提供专业医疗服务。主要来源于各种类型医疗机构、医养结

合机构的医师、护士、康复治疗专业技术人员及药学专业技术人员；长护险家护业务中的医务人员；社区护理中心、护理站的医务人员。

（2）家属、保姆、上门服务的社会养护人员提供非专业的医疗服务和生活服务。

（三）确定居家医养结合的人文伦理要素

1. 对居家生活服务的人文伦理共识。

原生态家庭是一个人在来到这个世界上的第一个家，是人的一生中最眷恋、最熟悉、最放松的地方；成年后又组建成以自己为核心的新家庭；到了老年，居住在自己家里或者居住在孩子的家里生活，都称为居家生活或居家养老。老年人在家庭中与子女在一起会得到更多的心理满足、心灵呵护、精神慰藉。家庭是老年人养生、养老的最好场所。

2. 对居家医疗服务的人文伦理共识。

依据全生命周期生活（养）能力发展理论，居家生活的老人可以分为三个养能力阶段，三种养的状态。

活力阶段的长者可以自行到自己选择的医疗机构接受独立的医疗服务，或者到医院住院，接受短期的医院医养结合服务。活力阶段的长者和成年期的成人一样，没有必要接受内容、范围、深度、水平和效率都不如医院的居家上门医疗服务，既造成医疗人力浪费，又得不到更好的医疗服务。

只有过渡阶段、失能阶段的老年人才需要送上门的医疗服务，才需要居家社区医养结合服务。医的措施是由医护人员携带便携式设备上门提供医疗服务，医疗的内容、范围、深度、水平和效率受到限制。

居家社区医养结合，养的效率和养的水平是最高的，医的效率和医疗条件水平应该是比较低的。

（四）确定居家社区医养结合的内容要素

居家社区医养结合服务的内容包含医、养两方面，医疗服务和生活服务两部分。

居家社区医养结合工作的重点、难点之一是：医与养的边界须厘清。

1. 医和养的内容边界厘清思路。

养是生命存在的根本，是生命的核心。养是生命存在的乐趣和价值所在，是基础性工作。

养的内容包含三层（详见本书第一章），单单只拿餐饮这一项，养的特点已经是千人千口、万人万味、家家户户各不同。总体上说，养的内容不容易设立标准，虽然基本生活照料还是可以划定范围，制定准则、指南和标准。

医是社会化高度分工的产物，是保卫和干预生命长度和质量的手段，是专业的人做的专业的事，相对来说比较容易界定。

两事相较取其易，界定了医而且是专业的医，其他内容归养，医和养的界限也就清楚了。

专业医疗服务内容界定的原则：

一是医疗服务的内容分为专业（特许）医疗服务和非专业（非特许）医疗服务（详见本书第四章第三节）。专业医疗服务分为医生负责的专业医疗措施和护士负责的专业医疗护理。非专业医疗服务内容属于养的范围，列在生活服务项目下。

二是专业医疗措施和专业医疗护理项目必须在医院医保支付目录或长护险支持和支付目录中选择，这样才能体现出公平性，对老年患者公平，对医养结合型养老机制公平，才能有效分流、节省医保资源。其他生活服务（含非专业医疗服务）费用由个人和长护险支付。这是非常重要的原则之一。

2. 确定居家社区专业医疗的内容。

国家卫健委层面的指导文件有：国家卫生健康委办公厅发布《关于加强老年人居家医疗服务工作的通知》（国卫办医发〔2020〕24 号），主要聚焦老年人居家医疗服务迫切需求，分别从开展居家医疗服务要素，规范居家医疗服务行为，加强居家医疗服务管理，加大支持保障力度，组织实施等方面提出要求。鼓励各级各类医疗机构要按照分级诊疗的要求，结合功能定位和实际情况，依法合规、有序规范地为群众，重点是为老年人提供居家医疗服务，保障医疗质量和患者安全。

《护理服务项目建议清单（试行）》（国卫医发〔2019〕48 号）。主要包括生活护理、医疗护理与康复、精神慰藉和中医护理。

笔者的观点是医生负责的专业医疗措施和护士负责的专业医疗护理均可以从以下两个指导文件的内容中细分出来或与医疗保障等多部门共同另行制定。同样的医疗服务项目（限定的 20 余项），在医院能报销，一定要努力做到在居家社区和养老机构一样能够报销。医保不能报销的项目，或列入养的项目或列入基本公共卫生服务项目。

（五）确定居家社区医养结合的目的要素

居家社区医养结合的目的与养老机构医养结合的目的是相同的，是满足过渡阶段、失能阶段长者的长期的、常见的、基本的、有限制的医疗需求和无限制的生活照料需求，支持其居家养老，解决老年人无论大小病、急慢病、日常医疗护理都要去大医院处理的问题，解放家属劳动力；减少大医院压床，节省医保费用；提高老人及其家人的生活质量，让老人享受更多亲情的陪伴，感受家庭的温暖，安详幸福地走完人生最后一程。

居家社区医养结合，绝不是为了替代医院医养结合。它是医院医养结合的补充，应该是疾病分级诊疗体系中重要的一环。居家社区医疗服务的项目和内容一定要有严格的限定。超出限定范围之外，归属医院医养结合。现在对居家社区医疗服务的期望值过高，反而限制了居家社区的医养结合服务的落地，增加了风险。

（六）居家社区医养结合的时间

长期的、不间断的，直到生命之火熄灭。

第二节　问题回答

对本书第八章第五节的回答。

1. 缺乏系统、完整的医养结合理论指导，缺乏医养结合的要素分析，医和养的界限不清。

这个问题在本章第一节已经作了回答。

2. 医保支持有限，只有原则性的支持但是没有具体措施来激励社会力量参与到居家社区医疗服务中，没有形成可持续性的长期机制。

3. 签约公立医疗机构提供医疗服务的积极性不足，“有签约、无服务”的问题突出。

这两个问题一并回答：

在居家社区医养结合中，公立医疗机构医护团队提供的专业医疗服务可以由医保支付（家庭病床和项目支付），但是没有积极性或精力不足。非公立医疗机构医护团队提供的居家专业医疗服务不可以医保报销，包括养老机构在内的医护人员给予养老机构内老人的专业医疗服务也很少能报销，提供居家社区医疗服务更不能报销。

造成这种问题的原因大概有两个：一是之前“医的边界”和“养的边界”没有厘清，医保部门无法给予支持，只有交给公立医疗机构来解决，即交给签约家庭医生来解决；二是一旦放开医保报销资格，套保的空间加大，管理困难，出于担心不予支持。

但是此问题不解决，众多鼓励社会力量参与居家社区和养老机构医养结合的努力，终将事倍功半。对社会力量开展医养结合不公平，对住在居家和养老机构的老人也不公平。

解决这个难题的思路如下（详见本书第十四章第一节）：

（1）厘清医和养的边界。确切地说，只要界定清楚专业医疗服务的内容或服务项目，医和养的边界问题就解决了。

由医生负责的专业医疗范围：依笔者的经验有二十几项。

由护士负责的专业医疗护理：依笔者的经验估计有二十几项。

居家社区和养老机构提供的专业医疗服务是有限的，超出范围应该及时转往医院治疗，有所为有所不为才能秩序井然，才是对老人的负责，对医务人员的负责，居家社区和养老机构的医养结合工作的推进才会更顺利。

（2）这些经过界定的专业医疗服务项目，各类性质的医疗机构医护人员均可操作，执行统一的医保或长护险支持政策，从而调动各方积极性。

如青岛市长期护理保险还引入移动医疗护理 APP 系统，并与人社局一体化信息平台进行数据对接，在服务提供过程中，便捷地进行家护、院护、专护、巡护等护理服务类型的灵活结转。仔细检视这三四十项专业医疗服务项目，套保的空间已经很窄，再加上现代化的监控手段，可将套保的风险降到极低。同时通过轨迹追溯、面部识别等技术手段，委托方得以实现对代理方服务过程的动态监控，极大地提升了服务供给的效能。

（3）根据已界定的医疗服务项目，有针对性地配备和培训居家社区和养老机构医护人员，可以有效减轻现在的高配带来的负担，减少浪费，提高效益。

4. 居家社区医养结合痛点：养老服务面临人才短缺，缺量更缺质。

从宏观上来解决这个问题（详见本书第十六章）。从微观上分析，这些都是很具体的问题，只能根据具体情况，具体分析，具体解决，比如主要的因素有薪酬福利、团队氛围等，对年轻员工来说还有职业发展。但是有一点比较明确，新毕业的学生不太适合从事居家社区医养结合服务。

附件 1

居家医疗服务参考项目（试行）（国卫办医发〔2020〕24 号）

一、诊疗服务类

（一）健康评估

1. 常规评估

2. 认知功能评估

3. 脑卒中评估

4. 心血管风险评估

5. 心肺功能评估

6. 肌力评估

7. 跌倒风险评估

8. 营养评估

9. 心理评估

10. 疼痛评估

（二）体格检查

1. 一般查体

2. 常规 B 超

3. 心电图

4. 血糖测定

（三）药物治疗

1. 开具常见病的用药处方

2. 调整慢性病的用药处方

（四）诊疗操作

包括拆线、换药（小）等，具体项目由各省（区、市）卫生健康行政部门根据实际情况确定。

二、医疗护理类

（一）基础护理

1. 清洁与舒适护理

2. 皮肤护理

3. 生命体征监测

4. 物理降温

5. 氧气吸入

6. 雾化吸入

7. 吸痰

8. 气管切开护理

9. 管饲

10. 更换胃管

11. 皮下注射（需要皮试的针剂除外）

12. 肌肉注射（需要皮试的针剂除外）

13. 外周静脉留置针维护

14. 血糖监测

15. 静脉采血
16. 标本采集
17. 更换尿管
18. 膀胱冲洗
19. 灌肠
20. 肛管排气
21. 直肠给药
22. 引流管护理

（二）专项护理

1. 腹膜透析护理
2. 伤口护理
3. 造口护理

（三）康复护理

1. 协助选择、使用辅助器具指导
2. 翻身训练指导
3. 坐起训练指导
4. 站立训练指导
5. 行走训练指导
6. 平衡训练指导
7. 肢体训练指导
8. 呼吸功能训练指导
9. 吞咽功能训练指导
10. 失禁功能训练指导
11. 认知训练指导
12. 言语训练指导

（四）心理护理

1. 心理评估
2. 心理支持
3. 心理沟通和疏导

三、康复治疗类

（一）康复评定

1. 日常生活活动能力评定

2. 肌力和肌张力评定

3. 关节活动度评定

4. 徒手平衡功能评定

5. 协调功能评定

6. 步态分析与步行功能评定

7. 感知认知评定

8. 感觉功能评定

9. 构音障碍评定

10. 吞咽功能障碍评定

11. 失语症评定

12. 脊髓损伤评定

13. 心肺功能评定

（二）康复治疗

1. 运动疗法

(1) 神经发育疗法

(2) 运动再学习疗法

(3) 强制性运动疗法

(4) 运动想象疗法

(5) 平衡与协调功能训练

(6) 关节松动训练

(7) 关节活动度训练

(8) 步行训练

(9) 肌力与耐力训练

(10) 牵伸技术训练

(11) 有氧运动训练

(12) 呼吸训练

(13) 轮椅操作训练

2. 作业疗法

(1) 日常生活活动能力训练

(2) 感知、认知功能训练

(3) 手功能训练

3. 物理因子治疗

(1) 低频电疗法

(2) 中频电疗法

(3) 超声波疗法

(4) 冷疗法

(5) 温热疗法

(6) 紫外线疗法

4. 言语疗法

(1) 失语症训练

(2) 构音障碍训练

(3) 吞咽功能障碍训练

(三) 康复指导

1. 日常生活活动能力指导

2. 康复辅助器具（轮椅、助行器、拐杖、手杖等）使用指导

3. 康复知识宣教

四、药学服务类

(一) 用药评估

1. 评估患者疾病、用药种类和服药情况

2. 评估患者药物/食物过敏情况

3. 用药后血压、血糖、肝肾功能指标异常情况是否与用药有关

4. 用药后有无皮炎、水肿和心悸等不适情况

5. 使用多种药物对疾病和身体的影响

6. 停药或减量后，不良反应是否消失或减轻

7. 使用/调整药物后的有效性

(二) 用药指导

1. 指导患者合理、正确用药，告知药品用法、用量注意事项等

2. 指导药品正确储存方法和药品有效期管理

3. 指导患有多种疾病、使用多种药品的患者，合理使用药物

4. 定期监测血压、血糖、肝肾功能等指标，如有异常及时就医

5. 指导监测多重用药、长期用药对身体健康的影响

五、安宁疗护类

(一) 症状控制

1. 疼痛

2. 咳嗽、咳痰

3. 恶心、呕吐

4. 便血

5. 腹胀

6. 水肿

7. 发热

8. 厌食/恶病质

9. 口干

10. 睡眠/觉醒障碍（失眠）

11. 谵妄

（二）舒适照护

1. 居家环境管理

2. 床单位管理

3. 口腔护理

4. 饮食与营养护理

5. 管道护理

6. 皮肤及会阴护理

7. 协助沐浴和床上擦浴

8. 床上洗头

9. 排尿异常的护理

10. 排便异常的护理

11. 体位护理

12. 轮椅与平车使用

13. 遗体护理

（三）心理支持和人文关怀

1. 心理社会评估

2. 医患沟通

3. 帮助患者应对情绪反应

4. 患者和家属心理疏导

5. 死亡教育

6. 患者转介安排与指导

7. 丧葬准备与指导

8. 哀伤辅导

六、中医服务类

（一）中医辨证论治

1. 体质辨识

2. 开具中药处方

3. 调整中药处方

（二）中医技术

1. 刮痧

2. 拔罐（包括留罐、闪罐、走罐、药罐）

3. 艾灸

4. 针刺技术

5. 经穴推拿

6. 穴位贴敷

7. 中药外敷技术

8. 中药熏蒸技术

9. 中药泡洗技术

10. 耳穴贴压技术

11. 中药灌肠

（三）健康指导

1. 中药给药指导

2. 中医情志指导

3. 中医饮食指导

4. 运动指导

包括太极拳、八段锦、五禽戏等。

附件 2

护理服务项目建议清单（试行）（国卫医发〔2019〕48 号）

类别	项目
生活护理类	1. 头面部清洁、梳理（包括洗脸、剃须、梳头等） 2. 头发清洁 3. 口腔清洁（包括刷牙、漱口、清洁义齿等） 4. 手部、足部清洁 5. 指/趾甲护理 6. 会阴清洁 7. 温水擦浴 8. 沐浴 9. 协助进食（水）及指导 10. 协助更衣及指导 11. 协助大小便及指导 12. 失禁照护及指导 13. 整理床单位 14. 协助有效咳嗽 15. 协助床上体位移动 16. 协助使用辅助器具移动 17. 协助使用热水袋等物品保暖 18. 安全防护及指导（包括跌倒、坠床、烫伤、噎食、误吸、窒息、走失等防护及指导） 19. 压力性损伤预防及指导
护理与康复类	1. 生命体征监测 2. 冷疗和热疗 3. 吸氧 4. 无创辅助通气 5. 雾化吸入 6. 吸痰 7. 机械辅助排痰 8. 气管切开护理 9. 鼻饲 10. 留置胃管护理 11. 口服给药 12. 用药指导 13. 标本采集 14. 导尿 15. 留置尿管护理 16. 灌肠 17. 肛管排气 18. 失禁护理 19. 造口护理

续表

类别	项目
护理与康复类	20. 血糖监测 21. 胰岛素皮下注射 22. 静脉留置针护理 23. CVC 维护 24. PICC 维护 25. 输液港护理 26. 局部给药 27. 直肠给药 28. 压力性损伤/伤口护理 29. 留置引流管护理 30. 保护具使用 31. 身体健康评估及评估后教育 32. 健康教育 33. 协助选择、使用辅助器具指导 34. 坐起训练 35. 站立训练 36. 行走训练 37. 平衡训练 38. 肢体训练 39. 呼吸功能训练 40. 失禁功能训练 41. 认知训练 42. 语言训练
心理护理类	1. 心理评估 2. 心理支持 3. 心理沟通和疏导
中医护理类	1. 刮痧 2. 拔罐（包括留罐、闪罐、走罐、药罐） 3. 艾灸 4. 中药泡洗 5. 穴位贴敷 6. 中药外敷 7. 中药给药护理 8. 中医情志护理 9. 中医饮食护理

第十五章　医养结合机构中的医养结合规划

第一节　医养结合机构的属性和服务定位规划

医养结合机构内的医养结合规划依据：全生命周期养能力发展与医养结合理论。

一、医养结合服务与医养结合机构之间的关系

能够提供医养结合服务的不一定是医养结合机构。但医养结合机构设立的初心一定是提供医养结合服务，而且是提供老年人的医养结合服务。

以医院为代表的众多医疗机构提供全生命周期人群的医院医养结合服务。众多的专业医务人员也可以为自己的家人及朋友提供居家医养结合服务。

二、当前医养结合机构的定义

在本书第九章中已经介绍过，医养结合机构属于时代的产物，作为服务实体名称的历史只有6年左右时间。

（一）当前医养结合机构的定义

医养结合机构是指兼具医疗卫生资质和养老服务能力的医疗机构或养老机构。(《医养结合机构管理指南（试行)》国卫办老龄发〔2020〕15号)。

这个定义言简意赅，内涵丰富。一句话共33个字，5个关键词占用了26个字：医养结合机构、医疗卫生资质、养老服务能力、医疗机构、养老机构。医养结合机构的标志是双证俱全，缺一不可。

类似于陆军和空军结合，双军种组成了一个新兵种，名称是陆军航空兵，但是隶属和编制仍是原来的陆军或者空军，只不过原陆军增加部分空军的人员和设备；原空军增加部分陆军人员及设备。陆军发陆军的执照，空军发空军的执照，发双证，但不是单一的陆军航空兵证件。管理也是两套体系。

（二）医养结合机构组建方式

一是医疗机构增加养老服务能力。类似于专业医务团队（空军），增加了一支护理团队（陆军）来提供养老服务。如果是以原来的空军为主，实质上还是医疗机构。如果以新增加的陆军为主，则转型变成医养结合型养老机构。其实在原来的医疗机构（空军）内，一直存在包括养老服务在内的全龄患者的生活服务，只是生活服务的人员是由临时护工、医疗护理员、家属来负责实施，与专业医务团队关系不大，患者住院期间带陪护是约定俗成的事，也是很正常的一件事情。因为习以为常，所以大家日常都没有什么感觉，这就是常说的医是医，养是养，各负其责。现在，增加了一支为老年人提供生活服务的护理团队，相当于变成了老年人住院时的无家属陪护的医疗机构。

二是养老机构增加医疗服务，类似于护理团队（陆军），增加了一支医疗团队（空军）来提供专业医疗服务。如果是以原来的陆军为主，本质上还是养老机构。如果以新增加的空军为主，则转型变成医疗机构，转型成空军系列。其实在原来的养老机构（陆军）内，只存在养老服务而没有医疗服务。现在，由于多种原因（详见本书第五章第四节），养老机构既需要能够提供生活服务又能够提供医疗服务，所以需要配备适当的医疗团队（飞行员、地勤）和医疗设备（直升机或运输机），获得医疗卫生资质，转型为医养结合机构。虽然养老机构转型为医养结合机构，但本质上仍然是养老机构，仍属于陆军，如同陆军航空兵属于陆军编制一样。

三、对当前医养结合机构（属性）定义的深度分析和规划

当前医养结合机构定义中有 5 个关键词：医养结合机构、医疗卫生资质、养老服务能力、医疗机构、养老机构。其中，医疗卫生资质代表着专业医疗服务内容，养老服务能力代表着生活服务内容。

因此，当前医养结合机构的定义可以深度细化为：**医养结合机构是既能够提供专业医疗服务又能够提供养老生活服务的医疗机构或养老机构**。

在此基础上，笔者继续对医养结合机构定义进行深化：一是对提供的服务内容进行定位，使用“无限制”和“有限制”两个限定词来对服务内容进行定位。“无限制”代表着主业，主攻方向，追求高标准。“有限制”代表着非主业，达到适可而止即可。二是把医疗机构或养老机构具体化，只能选其一。

如此，出现了 8 条定义陈述：

1. 医养结合机构是既能够提供无限制养老生活服务又能够提供无限制专业医疗

服务的医疗机构。

不符合社会化分工原则。主观逻辑上不能这样定位，客观上也不存在这样的医疗机构。

2. 医养结合机构是既能够提供无限制养老生活服务又能够提供无限制专业医疗服务的养老机构。

不符合社会化分工原则。主观上不能这样定位，客观上也不存在这样的养老机构。

3. 医养结合机构是既能够提供无限制养老生活服务又能够提供有限制专业医疗服务的养老机构。

主业追求符合大众共识和逻辑，可以选择使用。从人文伦理认识上，养老机构应该是提供无限制的生活服务，医疗机构应该是提供无限制的医疗服务。

4. 医养结合机构是既能够提供无限制养老生活服务又能够提供有限制专业医疗服务的医疗机构。

名称和主业追求不太符合大众共识，使用无限制养老生活服务加有限制医疗服务来定位医疗机构，不太符合公众认知。主观定位上，可能没有医疗机构喜欢这样的表述。虽然，客观实际上可能存在。

5. 医养结合机构是既能够提供有限制养老生活服务又能够提供有限制专业医疗服务的医疗机构。

两方面受限制，没有主业，没有追求，没有特色，也不符合社会化分工原则，没有医疗机构愿意这样做。

6. 医养结合机构是既能够提供有限制养老生活服务又能够提供有限制医疗服务的养老机构。

两方面受限制，没有主业，没有追求，没有特色，也不符合社会化分工原则，没有养老机构愿意这样做。

7. 医养结合机构是既能够提供有限制养老生活服务又能够提供无限制医疗服务的养老机构。

名称和主业追求不符合大众共识和逻辑，不能选择使用。

8. 医养结合机构是既能够提供有限制养老生活服务又能够提供无限制医疗服务的医疗机构。

这是当前真实的医疗机构（医院）状态，它们正在提供包括老年人在内的所有人这种模式的医院医养结合服务。事实上，绝大多数中型（含中型）以上、经营尚可的医院不会去办理养老资质备案，做到双证俱全。只有极少数小型医院或业务量较少的医院可能转型为康复医院、护理院等接续性医疗机构，从初心和基因上来讲还是医疗机构。

通过对当前医养结合机构定义（属性）的深化和具体化，发现只有第三个定义最适合。所以本书给出的医养结合机构的定义是：

医养结合机构是既能够提供无限制养老生活服务又能够提供有限制专业医疗服务的养老机构。这个定义是对当前医养结合机构定义的内容定位方面的深化和具体化，不是否定现有的定义，也不是另起炉灶，医养结合机构仍然需要双证俱全。但是它明确了医养结合机构的单一属性，明确了医养结合机构的工作重点和方向，没有了模糊和想象的余地和空间。

深化后的新定义符合《医养结合机构服务指南（试行）》（国卫办老龄发〔2019〕24号）《医养结合机构管理指南（试行）》（国卫办老龄发〔2020〕15号）的原则和要求。

深化后的新定义为下一步精准化、精细化管理医养结合机构提供了思路。

四、确定医养结合机构医养结合的6个要素

（一）确定地点要素

是已知的、明确的医养结合机构。

（二）确定人物要素

1. 服务客体。

医养结合机构服务的对象是过渡阶段、失能阶段的老年人。不包含活力阶段的老年人。因为活力阶段的长者几乎都居家养老养生，可以自行到自己选择的医疗机构接受独立的医疗服务，或者到医疗机构住院，接受短期的医院医养结合服务。活力阶段长者有能力、有时间到医疗机构享受质量和效率更高的医疗服务，没有必要接受效率和水平不如医院的医养结合机构医疗服务（详见本书第十一章第一节）。

2. 服务主体。

生活服务人员包括医养结合机构里的所有工作人员，包括但不限于护理员、社工师、厨师、营养师、卫生员、志愿者、专业医务工作者等，共同协作配合完成生活服务。

专业医务人员包括执业医生、护士、技师等，完成专业的医疗服务。

非专业（非特许）医疗服务人员包括医疗护理员，医养结合照护师，艾灸师，推拿师，拔罐技师等。

（三）确定医养结合机构的人文伦理共识要素

医养结合机构服务于过渡阶段和失能阶段的老年人。患有多种慢性病，普遍带病生存，行动能力和社会参与能力不足，为了方便及时，为了节省社会资源，为了增强老年人获得感和满意度，需要在医养结合养老机构内实现部分医疗服务。

医养结合机构是既能够提供无限制生活服务又能够提供有限制专业医疗服务的养老机构。

医养结合机构内的医疗服务既有下限也有上限。与此相对应的是：医疗机构内的医疗服务有下限无上限。

医养结合机构内的医疗服务与医院内的医疗服务不同；医养结合机构内的医养结合服务与医疗机构内的医养结合服务更不同，此医养结合非彼医养结合。此医非彼医，此养非彼养！应该成为大众和从业人员所有人的人文伦理共识。

（四）确定医养结合机构的服务内容要素

医养结合机构的服务内容包括有限制的医和无限制的养。

如何厘清医与养的边界？答案是通过确定医的广度和深度来实现。

医的内容分为专业（特许）医疗服务和非专业医疗服务（详见本书第四章第三节）。

专业医疗服务又分为医生负责的专业医疗措施和护士负责的专业医疗护理。

医生负责的专业医疗措施：依笔者的经验估计有二十几项。

护士负责的专业医疗护理：依笔者的经验估计有二十几项。

非专业医疗服务属于养的范围内，列在生活服务项目下。

以上原则确定以后，医和养的边界自然分开。未来的医保支付和生活服务费用更明确，监管更容易。

（五）确定目的要素

第一个目的是为过渡阶段、失能阶段长者提供高质量的三层次养的服务。

第二个目的是为过渡阶段、失能阶段长者提供长期有限制的医疗服务；做好慢病日常管理，不以治愈疾病为目的，而是带病生存无痛苦，维持残存功能为目的；处理日常多发病、常见病、并发症还有安宁疗护。

医养结合机构医养结合的目的不是为了结束医养结合，而是让慢病与老年人和平相处，为了提升、保障和维持老年人的生活质量。

（六）确定时间要素

医养结合机构医养结合服务将伴随过渡阶段和失能阶段长者的余生。

第二节　问题解答

对本书第九章第五节的回答。

一、理论指导

医养结合的理论指导是“全生命周期养能力发展与医养结合理论”。医养结合工作的抓手是“医养结合 6 要素”。

二、定位清晰明确

1. 规划后的医养结合机构定义更明确，更具有指导意义。

在当前医养结合机构的定义基础上，深化医和养的内容定位，以及对医养结合机构是称呼医疗机构还是养老机构的分析后，本书给出的医养结合机构定义是：医养结合机构是既能够提供无限制养老生活服务又能够提供有限制专业医疗服务的养老机构。

2. 医养结合机构在医养结合养老服务体系中的地点定位更加明确。

医养结合养老服务体系中，做好三个地点的医养结合服务已经可以满足老年人三阶段所需。其连续性、接续性、成本效益均已考虑。

第一个地点是医疗机构，即提供无限制专业医疗服务和有限制生活服务的医院医养结合（详见本书第六章、第十二章内容）。

第二个地点是提供无限制生活服务和有限制专业医疗服务的医养结合机构、护理院、养老机构等。

第三个地点是提供无限制生活服务和有限制专业医疗服务的居家社区。

举例来说明这三个地点的医养结合服务特点：

医疗机构地点是专业医务人员（空军）的主场，提供无限制的医疗服务和有限制的养老生活服务。医疗服务范围广（全生命周期的所有人），治疗目标多（疾病种类多），点少（医疗机构数量少）面大（面积大设备多），时间短（住院天数），不留客。养老生活服务主要由医院护工和家属来提供。空军（医疗服务）是主要矛盾，陆军（养老生活服务）是次要矛盾。

居家社区和养老机构这两个地点，是生活服务人员（陆军）的主场，提供无限制的养老生活服务和有限制的专业医疗服务。专业医疗服务需要专业医务人员（空军）来完成，医疗服务受众范围窄（过渡阶段和失能阶段长者），治疗目标少（常见病、慢病的保守治疗和管理、医疗护理和康复、安宁疗护），点多（居家和养老机构）面小（居室小设备少）。虽然每次治疗时间短，但需要经常不间断，最好随叫随到。所以，居家社区需要嵌入式小微医疗机构或社区医养结合机构，到老人居住点5分钟至15分钟的距离。养老机构里面长者多，需要配置适当的医务人员提供不间断的医疗服务。

在居家社区和养老机构这两个地点，陆军（养老生活服务）是主要矛盾，空军（医疗服务）是次要矛盾。

三、管理和资源支持更明确、精准和精细化

规划后的医养结合机构定义清晰，属性清晰，医和养工作重心清晰。还可以参照“陆军航空兵”的管理思路来制定相应的规则。把医比作空军，把养比作陆军，“陆军航空兵”则是医养结合型养老机构，包括医养结合机构、护理院、居家社区小微机构、农村养老院等。现在，“陆军航空兵”的作战目的、时间、地点等6个要素已经明确。因此，以后对医养结合机构的管理和资源支持等上层建筑的工作调整也会加快，更有针对性，从而改变目前削足适履的探索阶段。

第十六章　医养结合的人力分析和规划

第一节　医养结合的人力分析

医养结合服务属于劳动密集型行业，人力是最重要的关键资源。

医养结合所需人力分类：

一是专业医疗服务所需的专业医护人员：医生、护士、康复师、药剂师等。

二是养老生活服务所需的照护人员：养老护理员、医疗护理员、医养照护师、营养师、健康管理师、艾灸推拿按摩师、心理咨询师、老年社会工作者、护工、美容美发师、保姆、家属、朋友、志愿者等。

医养结合地点不同，所配备的人力资源亦不同。

第二节　医养结合人力规划

一、医院医养结合

工作地点在医院、接续性医疗机构。

（一）专业医疗服务所需的专业医护人员

医院内所有专业医务人员均可动员和参与，包括但不限于医生、护士、康复师、药剂师。

（二）生活服务所需的照护人员

临时护工、家属、医疗护理员、养老护理员、医养照护师、至少必选其一。

（三）存在问题及解决办法

1. 专业医务人员配备，属于医院科室建设问题，关系医疗水平的高低，医院自有一套解决办法和程序。医院级别越高，对人才的虹吸作用越强。

2. 生活服务人员配备，问题较大（详见本书第六章第三节）。

二、养老机构医养结合

工作地点在养老机构、医养结合机构、护理院、养护院等，采用内设医疗机构的方式实现医养结合。

（一）专业医疗服务所需的专业医护人员

医生、护士、康复医师、药剂师等均缺乏，支持、支付系统亦缺乏，互为因果。

（二）生活服务所需的照护人员

养老护理员、医疗护理员、医养照护师、营养师、健康管理师、艾灸推拿按摩师、心理咨询师、老年社会工作者、护工、美容美发师、家属、朋友、志愿者等等。缺量又缺质。

（三）存在问题及解决办法

1. 确定专业医务人员配备原则。

养老机构内设医疗机构后则成为医养结合机构（详见本书第七章、第九章）。类似于陆军部队配备了直升机、运输机，飞行员和地勤人员后，成为陆军航空兵。游戏规则发生了改变。

但是，养老机构内的专业医疗服务应该既有下限也有上限，应该制定出这个限度的广度和深度（详见本书第十三章），明确专业医疗服务项目，根据明确的专业医疗服务项目按需配备各类资源，包括人力资源。医务人员配备的下限是一名大夫、两名护士和一名后勤保障。后勤保障负责医保和长护险支持。兵马未动，粮草先行，否则，医务人员留不住，老人也不满意，医养结合的意义也不大。

2. 养老生活服务人员的缺乏是共性问题。

三、居家社区医养结合

工作地点是在老年人居住的家庭。采用专业医务人员上门提供专业医疗服务，亲属和社会养老服务人员提供养老生活服务的方式实现医养结合。

（一）专业医疗服务所需的专业医护人员

包括医生、护士、康复医师、药剂师等。

（二）养老生活服务所需的照护人员

养老护理员、老年医疗护理员、医养照护师、营养师、健康管理师、艾灸推拿按摩师、心理咨询师、老年社会工作者、护工、美容美发师、家属、保姆、朋友、志愿者等，主力是家属、保姆、家庭养老护理员。

（三）存在问题及解决办法

1. 确定专业医务人员配备原则。

居家社区的专业医疗服务应该既有下限也有上限，应该制定出限度的广度和深度，按明确的医疗服务项目配备专业医务人员（详见本书第十四章）。

医务人员配备下限是一名大夫、数名护士和一名后勤保障。后勤保障负责医保和长护险支持的报销事宜。

2. 养老生活服务人员的缺乏是共性问题。

第三节　人力缺乏问题和解决办法

数据显示，我国失能（失能阶段）、半失能（过渡阶段）老年人约有4000万人。其中大部分选择居家社区医养结合服务，一部分选择养老机构医养结合，一部分选择医院医养结合。需要大量医养结合护理人才，对照护人员的需求超过1300万人，但目前仅有相关人员50多万人。

目前存在的问题及解决办法：

1. 养老服务人才总量不足，人员缺口大，老龄事业和老龄产业各方面人才普遍缺乏，养老服务人员、医养照护人员的缺乏问题尤为突出。由于工作时间长、责任大，社会认同低、薪酬待遇低、职业发展空间有限等，导致养老服务行业吸引力不足，人员招不来、留不住，严重制约了养老服务供给，特别是具有医养结合技能的长期护理服务人员十分紧缺。全国持证养老护理员仅30万人，与庞大的失能失智老年人群体相比，缺口至少有780多万人。

提量，增量的办法：《养老护理员国家职业技能标准（2019年版）》已经放宽入职条件，拓宽职业空间，缩短晋级时间。相关职业资格认证制度也已经做了调整，降低了门槛（详见本书第一章第一节）。

在养老服务人才提供上，应该坚持长短期结合。短期内最有效的措施是支持、鼓励退休的医生、护士到居住地附近的医养结合型养老机构、居家社区小微机构继续服务，一解燃眉之急。主管部门和用人单位在经济上给予补贴。在管理措施方面，医师证、护士证等证件的注册也在退休后由医院转移到居住地的医养结合机构，增加双方接触和沟通，积极鼓励退休医务人员为居住地的老年人和社区小微机构、养老机构发挥余热。长期措施还是鼓励高等院校增设健康和养老服务与管理相关专业和课程等措施，夯实可持续发展的基础。

2. 专业水平低。从业人员文化程度较低、专业性和职业性较弱，大部分养老机构只能聘用年龄较大的下岗工人或农村进城务工人员作为护理员。从业者多为“4050”人员，有的甚至在60岁以上，本身就是老年人。现有护理人员“半路出家”居多，“一高三低”的标签——年龄偏高，学历低、素质低、待遇低。缺少养老服务技能培训和职业标准，缺少鼓励专业人才从事养老服务的优惠政策和保障机制。养老服务人才技能与老年人的实际需求相比有较大差距。

量和质是矛盾统一体，应该辩证的看待，当务之急还是数量不足。

提质、提效的措施：2022年7月国家卫健委发布的《关于进一步推进医养结合发展的指导意见》提出了加强人才培训、引导医务人员从事医养结合服务、壮大失能照护服务队伍三项重点任务。这是推动人才队伍提量提质的一揽子措施，有望吸引更多人才参与到医养结合服务中。

3. 养老服务职业的社会认同度不高，薪资待遇低，责任大，职业发展空间有限。突出表现在各高校和职业院校培养的涉老专业人才流失率和养老机构年轻人才离职率都很高，一方面面临就业压力，另一方面又不愿意从事养老服务。

当前，我国院校毕业的养老护理人才逐年增加，但最后能坚持两年以上的年轻人不多。虽然学科的发展是一个漫长的过程，人才的培养也不是一朝一夕，但由于这些原因，导致现在招生都困难。比如，前些年的专业名称是“老年服务与管理专业”，现在学校更喜欢使用“健康服务与管理专业”。人员招不来、留不住，严重制约了养老服务人员的年轻化、专业化供给。

解决路径一：增加补贴，提高社会声誉。

近年来，各地加大政策支持力度，鼓励实行入职补贴、工龄补贴等政策解决养老护理员待遇不高、上升通道不畅、离职率高等问题。2020年北京出台《北京市养老服务人才培养培训实施办法》，扶持力度很大：对专职从事养老服务工作的，入职满一年后分三年发放奖励，标准为本科以上6万元，专科（高职）5万元，中职4万元，对一线工作的养老护理员，每人每月最高补贴1500元。上海把优秀养老护理员作为人才给予落户待遇。各地都有相应的鼓励政策，只是效果不一。

解决路径二：提升社会认可度和职业认可度。

当前的养老服务人员的境况与早期护士的传统形象相似（详见本书第一章第八节中有关护士的内容），认为是伺候人的辛苦活，没有太多的技术含量。提升护理人员公众形象、荣誉感、提高薪资待遇、提升社会地位非常重要，比如继续教育、职称晋升、薪资与职称同步，再比如护士有护士节，医生有医师节，那么养老从业人员也可以有一个属于自己的节日，比如护理节。前有车，后有辙，有例可循，稳步推进，逐步提升社会认可度和职业认可度。

解决路径三：职业生涯规划

第一，职务升迁规划：帮助从业人员规划个人职业发展路径，安身立命之路早规划，有利于队伍稳定。

第二，职称升迁通道规划：理顺护工、护理员、医疗护理员、养老护理员、医养照护师这几个职业称呼的关系，建立升迁梯度和秩序。建立以技术技能价值激励为导向的薪酬分配体系，旨在拓宽养老护理人才的职业发展前景，助力社会地位的提升。

以上几个职业介绍详见本书第一章《养》的人力资源部分。有些职业比如养老护理员已经纳入《国家职业分类大典》目录。有些职业比如医养照护师目前尚未纳入《国家职业分类大典》目录。

通过职业教育、职称晋升、薪酬制度、继续教育制度建设，提升技术含量，提升医养结合从业人员的职业认同感和社会地位。

4. 成立行业协会。养老服务从业人员人数众多，问题多多，需要一个类似中华护理学会的行业组织来牵头解决目前存在的各种问题。

第十七章　医养结合的支付分析和规划

第一节　医养结合的支付关键点分析

老年人医养结合也是对资源的一种优化配置方式。一是通过为老年人提供居家社区和养老机构医养结合服务，解决居家社区和养老机构老年人医疗服务缺乏的实际困难，减少老年人从居住地到医院之间的频繁移动。二是通过养老机构和居家社区的医养结合，让许多长期在医院住院的老年人离开医院，减轻对医院病床的压力，节约大量的专业医务人员、医院陪护人员和家属的人力物力和医保资金。三是降低养老机构的空置率。老年人医养结合服务做好了是一个多赢的局面。

能否实现多赢的局面，其中关键一点在于合理支付，完善支付制度和标准。

一、医养结合服务的支付责任方有四个

1. 老年人及其家属：主要负责养老生活服务费用。
2. 医疗保险支付制度：主要负责专业医疗服务费用。
3. 长期照护保险制度：支付部分专业医疗服务费用+部分养老生活服务费用。
4. 政府托底或其他：承担特殊群体养老费用和养老产业、事业的补助。

二、破解老年人医养结合支付难题的关键点有三个

1. 明确医养结合支付的三个地点：医院、养老机构、居家社区。当前，医养结合支付难点主要是在居家社区和养老机构。

2. 明确界定医和养的边界。

主要是指养老机构、居家社区医养结合服务中的医、养边界。养老机构和居家社区医养结合支付要落地，医和养的边界和范围必然要具体化、清晰化，重点是清晰界定专业的医，更具体来说是医疗保险制度能够支付的医疗项目和内容。这样居家社区和养老机构医养结合的支付才能和医院医养结合支付形成衔接，老人和养老机构才能

获得公平、同等的待遇，老年人才能安心在养老机构和居家社区生活，才能减少去医院的频次。

3. 明确划分医养结合服务节点。

无论是在医院、养老机构还是居家社区，养老服务都是基础性工作，是连续性的工作，须臾断不得，不存在服务节点问题，只存在与养护地点密切相关的可及性、便利性和质量差异的问题。

无论是在医院、养老机构还是居家社区，专业医疗服务的时间、地点和项目选择都与疾病发生期，即疾病急性期、亚急性期、恢复期、稳定期或后遗症期有关。

划分医疗服务的时间节点和地点选择，实际上是划分医养结合服务在某一个地点上持续的时间，这是医养结合理论中的时间要素已经论述过的问题。

第二节　医养结合的支付规划

一、医院医养结合的支付规划

（一）支付内容和支付方

1. 养老生活服务费用：以老年人及其家属自费方式支付为主。

2. 专业医疗服务费用：按照医疗保险支付制度规定执行，包括大病统筹、安宁疗护等。

（二）问题与解决方案

1. 医和养的边界界定：在医院医养结合中，专业医疗服务是由专业医务人员所把握，医保报销的相关制度和标准也比较完善。在当前三个医养结合地点当中，医院内医和养的边界是最清楚的。当然，医院内可能存在的问题是过度检查和过度治疗的问题，医保费用报销可操作漏洞也可能最多。

医和养的边界界定规划详见本书第十一章至第十五章中医养结合内容要素的说明。

2. 医养结合服务节点划分：前面已经分析透彻，医养结合服务节点划分实际上是医疗服务的节点划分，是指医养结合在某一个实施地点的持续时间。

医院医养结合的目的是以疾病的治愈、好转或稳定后回归家庭和社会为目的。医院医养结合服务于老年期三阶段的所有老年人，综合性医院负责疾病发生期的急性期、亚急性期，接续性医疗机构负责疾病发生期的亚急性期、恢复期，应当制定明确的治疗目的和时间期限。避免老年病患者在医院多个科室轮番住院或多家医院轮流住院。有一部分老年人选择以长期在医院“压床”的方式来替代养老机构和居家社区提供的医养结合服务。这种“病房”式的养老模式一方面会给医疗资源造成巨大的压力和浪费，另一方面也带来了医养结合型养老机构的床位浪费和居家社区医养结合服务的落地困难。

医养结合服务节点划分详见本书第十一章至第十五章有关时间要素的内容。

二、养老机构、居家社区医养结合工作中的医保支付

(一) 支付内容和支付方

1. 养老生活服务费用：以老年人及其家属自费方式支付为主。长期照护保险制度支付部分费用。

2. 专业医疗服务费用：在规定的有限制的专业医疗服务项目范围内，按照医疗保险支付制度规定执行，包括安宁疗护，报销标准至少与医院相同，甚至有所增加，起到一个引导作用。长期照护保险基金也支付部分专业医疗服务费用。

(二) 问题与解决方案

1. 医和养的边界界定：在养老机构、居家社区医养结合管理办法中，制定与养老机构、居家社区相匹配的专业医疗服务项目及标准，即有限制的专业医疗服务项目。有限制的专业医疗服务项目之外属于养的范围。

医和养的边界界定规划详见本书第十一章至第十五章医养结合服务内容要素的说明。

2. 医养服务节点划分：前面第一节已经分析透彻，医养结合服务节点划分实际上是医疗服务的节点划分，是指医养结合服务在某一个实施地点的持续时间。

医养结合服务节点划分详见本书第十一章至第十五章有关时间要素的说明。

(三) 提升医养结合支付问题的人文伦理共识

在医养结合支付费用问题上，有必要建立一体化的协同管理体系，打通卫生、养老服务和社会保障等政策通道，整合各职能部门的行政资源，探寻跨部门沟通与协作的机制，促进养老机构和居家社区医养结合的发展。

基本医疗保险资金只能用于支付符合基本医疗保障范围的疾病诊治、医疗护理、医疗康复、安宁疗护等专业医疗卫生服务费用，不得用于支付生活照护等养老服务费用，这是最基本的共识。加强基金监管，避免“养、套、保”现象。“养、套、保”是医养结合服务模式产生的一种新型问题，往往以医患合作的形式出现，具体表现为医养结合服务机构为参保老年人无门槛提供住院诊疗服务，将参保老年人的生活护理费用改为医疗护理费用，为参保老年人提供与所患疾病无关的医疗保险药品，或者用

医疗保险基金为老年人提供营养液、中医调理等保健产品，导致医疗资源浪费、医疗保险基金损失。

但也不能因噎废食。下面这篇文章是2018年一位全国人大代表来调研时，应要求笔者提供的书面资料。

关于推进医保在养老机构实施落地的两点认识

——从养老机构视角看医保资金的使用

随着我国老龄化的快速发展，“医养结合”这一新的养老模式已经受到了社会各界的关注。“医养结合”的方式虽然得到了社会上的广泛认可，但是在实施过程中，仍然存在着许多困难，其中最大的难点就是医保资金在养老机构难以实现真正的落地，导致“医养结合”这一模式难以完善和发展。原因有多种，其中认识问题是解决问题的前决条件。

认识问题之一：医保资金是粥少僧多，应该优先保证医院使用。其实居家和住在养老机构的老人不能在养老机构看病取药康复，那她（他）一定会去医院看病、复查、取药、康复，带来的结果就是老人不满意（行动不方便），家属不省心（请假陪老人看病、取药），医院的优质资源被占用，拉升药占比，形成恶性循环（少开多次，多做检查，甚至找各种理由和关系，长期住在医院），而养老机构内的医疗资源成为摆设，医养结合落实不下去，成为医养结合型养老机构的负担。其实，住在机构中的长者，多数老人身患2~3种老年慢性病，他们主要的需求是慢病管理和急病后的身体功能康复。与医院中的各项常规和特殊检查、化验、治疗等相比，在养老机构中使用的医保费用远远低于医院。在这方面，我们颐养中心有太多例子，老人住医院十几天的费用比在养老院一年多的费用都高，看一下明细，检查项目居多。我们认为医保落地养老机构，是在为医保资金省钱。

认识问题之二：担心和顾虑养老机构套用医保资金。之前和当前，确实有许多医院在利益的驱使下，把医保资金当成了“唐僧肉”，采取多种手法进行套现骗取，侵害参保人的全体利益。在医院中，比较常见的套取医保基金的方法主要有虚增医疗费用套取医保基金、虚假住院套取医保基金、空床住院套取医保基金、利用特殊病种卡套取医保基金、串换项目套取医保基金、违规收费套取医保基金这几种套取方法，而且往往存在于重病患者的治疗当中。

但是在养老机构当中，医疗设备简单，主动干预性的医疗活动几乎没有，长者的医疗需求主要集中在慢病管理、药物控制、康复和临终关怀方面，套取医保资金的项目选择、操作手法、手段少之又少。所以套取医保资金的主要风险绝对不在养老机构内。另外为了预防和避免潜在的风险，相关部门应该加强监管，比如，设定每月使用医保卡的最高上限，慢病种类，规定严厉的违规处罚等。不应因为担心而不为。

综合分析，医疗资源融入养老服务的“医养结合”模式，能够提升老人的健康水平和幸福满足感，节省大量的社会照料成本和医疗开支，是促进养老产业发展的有效途径。因此，从医药经济学、社会学两个角度出发，应尽快将医保落实在养老机构并延伸到居家养老服务当中，这对于养老产业的健康顺利发展是非常必须的。

鲁商福瑞达国际颐养中心　张建军等

2018 年 5 月 26 日星期六

附录一　老年人医养结合政策法规体系建设简介

——近十年来我国老年人医养结合发展轨迹和政策法规体系建设

一、酝酿萌芽阶段

自 2011 年开始，关于医养结合已经有了相关政策的萌芽。

2011 年 12 月，国务院办公厅印发了《社会养老服务体系建设规划（2011—2015 年）》，提出机构养老要具备为老年人提供突发性疾病和其他紧急情况的应急处置救援服务能力，鼓励老年养护机构中内设医疗机构，并提出重点推进医护型养老社会建设。紧接着，国务院办公厅又印发了《社区服务体系建设规划（2011—2015 年）》，指出开展面向全体社区居民的包含医疗卫生在内的服务项目，满足老年人、残疾人等社会全体的服务需求，开展老年人保健服务。

2011 年出台的这两个政策尽管还未明确提出医养结合这一概念，但是在政策内容中已经开始对满足老年人康复护理的需求予以重视。此时，作为社会养老服务体系建设的起步阶段，满足老年人康复护理需求和开展紧急救援工作被视为机构养老的服务功能之一，其目的是建立与人口老龄化进程相适应、与经济社会发展水平相协调的社会养老服务体系，实现“老有所养”的战略目标和“优先发展社会养老服务”的要求。这两个政策的发文机关都是国务院，其他政府部门还没有开展医养结合的相关工作，但是可以看出，有关医疗和养老相融合的理念已经处于萌芽阶段，相关工作已在酝酿之中。

2011 年 3 月 21 日，卫生部印发《护理院基本标准（2011 版）》（卫医政发〔2011〕21 号）的通知：护理院是为患者提供长期医疗护理、康复促进、临终关怀等服务的医疗机构，是医疗服务体系的重要组成部分。为加强护理院的建设，适应我国经济社会的发展，满足人民群众的健康需求，我部组织对 1994 年发布的护理院基本标准进行了修订，形成了《护理院基本标准（2011 版）》。现印发给你们，请遵照执行，并提出以下要求：大力发展护理院是深化医药卫生体制改革，进一步完善医疗服务体系的重要内容，是适应我国人口老龄化进程的必然要求，是提高医疗卫生服务连续性、协调性和整体性的重要措施。护理院的建设与发展对于合理分流大医院需要长期医疗护理的患者，缓解群众“看病难”问题，提高医疗卫生资源利用效率，应对人口老龄化带来的挑战具有重要意义。地方各级卫生行政部门要统一思想，提高认识，积极采取有效措施，加大政策支持力度，推动护理院的建设和发展。

二、起步探索阶段

普遍认为，2013 年是中国养老事业和产业开始的元年，也是医养结合工作开始的元年，以当年国务院国发〔2013〕35 号文、国发〔2013〕40 号文为标志，党中央、国务院、有关部委及地方政府相继出台了许多有关养老服务、养老服务与医疗服务合作及医养结合的政策措施，并不断进行创新深化改革，大力支持和发展了医养结合养老服务。

（一）背景

截至 2013 年，我国社会养老服务体系初步建立，老龄事业发展取得显著成效，但也暴露出我国养老服务和产品的供给还不够充足等问题。同时，新一轮医药卫生体制改革也取得了阶段性成效，在全民医保、基本医疗卫生制度等方面为人民群众提供了明显实惠。针对上述阶段性特点，我国于 2013 年 9 月分别提出应加快发展养老服务业和广泛动员社会力量、多措并举发展健康服务业的要求。

（二）主要政策

2013 年

1. 2013 年 9 月，国务院发布《关于加快发展养老服务业的若干意见》（国发〔2013〕35 号）。

正式将“积极推进医疗卫生与养老服务相结合”作为养老服务业发展的六大主要任务之一。针对医养结合明确了探索医疗和养老融合发展的形式，医疗卫生机构应当针对老年人开展的服务内容，健全医疗保险机制和医保报销制度，以及养老机构内应重点引进的人员等问题。这一政策也被称为我国养老服务业发展史上的里程碑式文件，是我国医养结合政策制定的指导性政策，也是医养结合政策的原点。

首次正式推出推动医养结合发展，鼓励医疗机构与养老机构积极合作，推动医养融合发展。各地要促进医疗卫生资源进入养老机构、社区和居民家庭。卫生管理部门要支持有条件的养老机构设置医疗机构。医疗机构要积极支持和发展养老服务，有条件的二级以上综合医院应当开设老年病科，增加老年病床数量，做好老年慢病防治和康复护理。要探索医疗机构与养老机构合作新模式，医疗机构、社区卫生服务机构应当为老年人建立健康档案，建立社区医院与老年人家庭医疗契约服务关系，开展上门诊视、健康查体、保健咨询等服务，加快推进面向养老机构的远程医疗服务试点。医疗机构应当为老年人就医提供优先、优惠服务。

2. 2013 年 9 月，国务院印发《关于促进健康服务业发展的若干意见》（国发〔2013〕40 号）。

提出“加快发展健康养老服务，推进医疗机构与养老机构等加强合作，提高社区为老年人提供日常护理、慢性病管理、中医保健等医疗服务的能力。”

提出应在养老服务中充分融入健康理念，加强医疗卫生服务支撑。建立、健全医疗机构与养老机构之间的业务协作机制，鼓励开通养老机构与医疗机构的预约就诊绿色通道，协同做好老年人慢性病管理和康复护理。增强医疗机构为老年人提供便捷、优先、优惠医疗服务的能力。推动二级以上医院与老年病医院、老年护理院、康复疗养机构等之间的转诊与合作。各地要统筹医疗服务与养老服务资源，合理布局养老机构与老年病医院、老年护理院、康复疗养机构等，形成规模适宜、功能互补、安全便捷的健康养老服务网络。

（三）政策内容分析

随着我国社会养老服务体系的逐步建立，以及医疗卫生体制改革取得的成效，医疗卫生和养老服务相结合已经成为一个正式的命题，并形成指导性意见。此后，有关医养结合政策的出台也大多以 2013 年这两个文件为指导。可以说，从提出鼓励养老机构中设置医疗机构，到正式提出将医疗卫生服务与养老服务相结合、推进医疗机构与养老机构的合作，我国医养结合工作已经更进了一步。在这一阶段，尽管仍然未明确使用医养结合这一概念，但是已经开始探索建立医疗与养老融合发展的形式，有关医养结合的政策已经处于起步阶段。

2013 年医养结合思路开始形成，提出将医疗卫生与养老服务相结合。

三、发展落实阶段

（一）背景

随着老龄化程度的进一步加深，老年人的医疗卫生服务和养老服务需求叠加的趋势更加明显，且对于健康服务和养老服务的需求更加多层次、多样化。这与有限的医疗卫生和养老资源以及彼此相对独立的服务体系形成了矛盾。但与此同时，随着社会经济的发展，互联网、云计算等技术的发展也为新形式的医疗服务和养老服务提供了基础。鼓励多元投资，加快市场培育，创新服务模式，提升中医药对国民经济和社会发展的贡献率，也为医养结合工作的开展带来了一定的机遇。

（二）主要政策

2014 年

1. 2014 年国家发展改革委联合民政部、财政部等 9 个部门共同发布的《关于加快推进健康与养老服务工程建设的通知》（发改投资〔2014〕2091 号）。

正式出现了医养结合的表述，指出养老服务体系包括社区老年人日间照料中心、老年养护院、养老院和医养结合服务设施、农村养老服务设施 4 类项目。

养老服务体系主要任务包括：为老年人提供膳食供应、个人照顾、保健康复、娱乐和交通接送等日间服务的社区老年人日间照料中心；主要为失能、半失能老人提供生活照料、健康护理、康复娱乐等服务的老年养护院等专业养老服务设施；具备餐饮、清洁卫生、文化娱乐等服务的养老院和医养结合服务设施；以及为农村老年人提供养老服务的农村养老服务设施建设。

将医养结合界定为养老服务工程的一部分，各项政策措施需以老年人的健康为核心。

2. 养老机构医务室、护理站设置标准发布。

2014 年 10 月，国家卫生计生委办公厅印发《养老机构医务室基本标准（试行）》和《养老机构护理站基本标准（试行）》（国卫办医发〔2014〕57 号）的通知。指导养老机构做好机构内医务室、护理站的建设、运营和管理，促进医养结合。

《养老机构医务室基本标准（试行）》	**《养老机构护理站基本标准（试行）》**
一、人员 （一）至少有 1 名取得执业医师资格，经注册后在医疗、保健机构中执业满 5 年，身体健康的临床类别执业医师或中医类别执业医师。执业医师人数≥2 人的，至少应含有 1 名中医类别执业医师。 （二）至少有 1 名注册护士，养老机构床位达到 100 张以上时，每增加 100 张床位，至少增加 1 名注册护士。护理员按需配备。 （三）其他药学、医技人员按需配备。 二、房屋 （一）整体设计应满足无障碍设计要求。 （二）建筑面积不少于 40 平方米。 （三）至少设有诊室、治疗室、处置室。 （四）每室独立且符合卫生学布局及流程。其中，治疗室、处置室的使用面积均不少于 10 平方米；如设观察室，其使用面积不少于 15 平方米；如设康复室，应增加相应建筑面积（增加的建筑面积不少于 50 平方米）。	一、人员 （一）至少有 2 名具有护士以上职称的注册护士，其中有 1 名具有主管护师以上职称。养老机构床位达到 100 张以上时每增加 100 张床位，至少增加 1 名注册护士。 （二）至少有 1 名康复治疗人员。 （三）按工作需求配备护理员，注册护士与护理员之比为 1∶2.5。 二、房屋 （一）整体设计应当满足无障碍设计要求。 （二）建筑面积不少于 30 平方米。 （三）至少设有治疗室、处置室。每室独立且符合卫生学布局及流程。 （四）应当设医疗废物存放点，与治疗区域隔开。

2015 年

3. 2015 年 2 月，民政部等十部委共同发布《关于鼓励民间资本参与养老服务业发展的实施意见》（民发〔2015〕33 号）。

鼓励民间资本参与养老服务业发展，在相关机构的政策支持、医保支付、人员待遇、人才培养等方面提出要求，并指出促进医疗卫生资源进入社区和居民家庭。

第一，支持有条件的养老机构内设医疗机构或与医疗卫生机构签订协议，为老年人提供优质便捷的医疗卫生服务。各级卫生、计生行政部门要对养老机构设立医务室、护理站等医疗机构给予大力支持，积极提供便利；按规定进行设置审批和执业登记。

第二，养老机构内设医疗机构符合职工基本医疗保险、城镇居民基本医疗保险和新型农村合作医疗定点医疗机构条件的，要按规定申请纳入定点范围。在定点医疗机构发生的符合规定的医疗康复项目费用，可按规定纳入基本医疗保险支付范围。

第三，扶持和发展护理型养老机构建设。对民间资本投资举办的护理型养老机构，在财政补贴等政策上要予以倾斜。

第四，要将养老机构内设医疗机构及其医护人员纳入卫生、计生行政部门统一指导，在资格认定、职称评定、技术准入和推荐评优等方面，与其他医疗机构同等对待。

第五，强调将医疗资源推进居家、社区和机构养老中。

4. 2015 年 3 月国务院办公厅印发《关于印发全国医疗卫生服务体系规划纲要（2015—2020 年）的通知》（国办发〔2015〕14 号）。

正式明确了“医养结合”的概念，并以专门的篇幅对推进医疗机构与养老机构的合作、发展社区健康养老服务方面提出了要求。在此前文件的基础上增加了统筹医疗服务与养老服务资源、研究制定专项规划、形成健康养老服务网络，推动开展远程服务和移动医疗、健康延伸服务等要求。

推进医疗机构与养老机构等加强合作。推动中医药使用与养老结合，充分发挥中医药“治未病”和养生保健优势。建立、健全医疗机构与养老机构之间的业务协作机制，鼓励开通养老机构与医疗机构的预约就诊绿色通道，协同做好老年人慢性病管理和康复护理。增强医疗机构为老年人提供便捷、优先优惠医疗服务的能力。支持有条件的医疗机构设置养老床位。推动二级以上医院与老年病医院、老年护理院、康复疗养机构、养老机构内设医疗机构等之间的转诊与合作。在养老服务中充分融入健康理念，加强医疗卫生服务支撑。支持有条件的养老机构设置医疗机构。统筹医疗服务与养老服务资源，合理布局养老机构与老年病医院、老年护理院、康复疗养机构等，研究制订老年康复、护理服务体系专项规划，形成规模适宜、功能互补、安全便捷的健康养老服务网络。

5. 2015 年 5 月 7 日，国务院办公厅《关于印发中医药健康服务发展规划（2015—2020 年）的通知》（国办发〔2015〕32 号）。

发展中医药特色养老机构。鼓励新建以中医药健康养老为主的护理院、疗养院。有条件的养老机构设置以老年病、慢性病防治为主的中医诊室。推动中医医院与老年护理院、康复疗养机构等开展合作。

促进中医药与养老服务结合。二级以上中医医院开设老年病科，增加老年病床数量，开展老年病、慢性病防治和康复护理，为老年人就医提供优先、优惠服务。支持养老机构开展融合中医特色健康管理的老年人养生保健、医疗、康复、护理服务。有条件的中医医院开展社区和居家中医药健康养老服务，为老年人建立健康档案，建立医疗契约服务关系，开展上门诊视、健康查体、保健咨询等服务。

6. 2015 年 11 月 18 日，国务院办公厅转发卫生计生委等九部委《关于推进医疗卫生与养老服务相结合的指导意见》（国办发〔2015〕84 号）。

明确了以下五方面重点任务：

一是建立、健全医疗卫生机构与养老机构合作机制。鼓励养老机构与周边的医疗卫生机构开展多种形式的协议合作。通过建设医疗养老联合体等多种方式，为老年人提供一体化的健康和养老服务。

二是支持养老机构开展医疗服务。养老机构可根据服务需求和自身能力，按相关规定申请开办医疗机构，提高养老机构提供基本医疗服务的能力。

三是推动医疗卫生服务延伸至社区、家庭。推进基层医疗卫生机构和医务人员与社区、居家养老结合，与老年人家庭建立签约服务关系，为老年人提供连续性的健康管理服务和医疗服务。

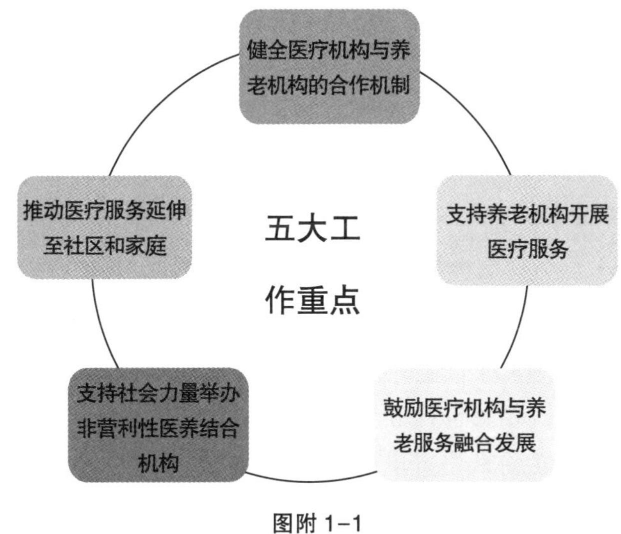

图附 1-1

四是鼓励社会力量兴办医养结合机构。在制定医疗卫生和养老相关规划时，要给社会力量举办医养结合机构留出空间，鼓励有条件的地方提供一站式便捷服务。

五是鼓励医疗卫生机构与养老服务融合发展。统筹医疗卫生与养老服务资源布局，提高综合医院为老年患者服务的能力，提高基层医疗卫生机构康复、护理床位占比，全面落实老年医疗服务优待政策。

2016 年

7. 2016 年 4 月 8 日，民政部、卫生计生委《关于做好医养结合服务机构许可工作的通知》（民发〔2016〕52 号）（以下简称《通知》），要求：

第一，做好医养结合服务机构许可政策宣讲工作。各地民政、卫生计生部门应当将法律、法规、规章规定的设立养老机构、医疗机构有关行政许可的事项、依据、条件、数量、程序、期限以及需要提交的全部材料的目录和申请书示范文本等，在办事服务窗口及政务网站公开。申办人要求对材料内容予以说明、解释的，各地民政、卫生计生部门应当说明、解释，并提供准确、可及的服务。

第二，做好医养结合服务机构筹建指导工作。申办人拟举办医养结合服务机构的，民政、卫生计生部门应当在接到申请后，按照首接责任制原则，及时根据各自职责办理审批，不得将彼此审批事项互为审批前置条件，不得互相推诿。各地民政、卫生计生部门应当根据申办人的需要和条件，在设立条件、提交材料、建设标准、服务规范等方面，为医养结合机构申办人提供咨询和指导，减少繁文缛节，提高办事效率。省级民政部门、卫生计生部门可以制定统一的筹建指导书，方便申请人到相关部门办理相关行政许可手续。

第三，支持医疗机构设立养老机构。医疗机构面向老年人开展集中居住和照料服务的，应当按照《养老机构设立许可办法》规定，申请养老机构设立许可，民政部门予以优先受理。符合设立条件的，自受理设立申请后 10 个工作日内颁发养老机构设立许可证。对于无内设养老机构，但具有养老服务需求的医疗机构，民政部门应当指导其与养老机构建立协作机制，开展一体化的健康和养老服务。基层医疗机构和二级医院内设养老机构符合条件的，享受养老机构相关建设补贴、运营补贴和其他政策扶持。

第四，支持养老机构设立医疗机构。卫生计生部门应当将养老机构设立老年病医院、康复医院、护理院、中医医院、临终关怀等医疗机构纳入区域卫生规划，优先予以审核审批，并加大政策支持和技术指导力度。养老机构内设医疗机构为门诊部、诊所、医务室、护理站的，养老机构应当向当地县级卫生计生部门申请设置和执业登记。卫生计生部门应当在受理设置申请后 10 个工作日内给予是否同意设置的批复。对于不具备条件设置医疗机构的养老机构，卫生计生部门应当指导其与周边医疗机构签订合作协议，建立绿色通道，优先提供巡诊义诊、接诊转诊、康复指导、远程医疗等服务，或者托管其内设医务室，选派医护人员开展医疗服务。养老机构内设医疗机构，属于社会办医范畴的，按照《关于促进社会办医加快发展的若干政策措施》（国办发〔2015〕45号）等相关规定，享受政策扶持。

《通知》要求，申办人拟举办医养结合服务机构的，民政、卫生计生部门应当在接到申请后，按照首接责任制原则，及时根据各自职责办理审批，不得将彼此审批事项互为审批前置条件，不得互相推诿。《通知》指出，支持医疗机构设立养老机构，支持养老机构设立医疗机构。《通知》要求，各地民政、卫生计生部门高度重视做好医养结合服务机构许可工作，加强沟通、密切配合，打造"无障碍"审批环境。

值得注意的是，该《通知》中使用了"医养结合服务机构"这个名词。但是没有对"医养结合服务机构"进行界定和解释。

8. 2016年4月7日，《医养结合重点任务分工方案》（国卫办家庭函〔2016〕353号），共计36项，明确分工到具体司局（任务主体涉及民政部、发改委、卫计委等多部委及下属司），未来医养结合将逐步落地。

表附1-1 医养结合重点任务分工方案

序号	工作任务	负责单位
1	鼓励养老机构与周边的医疗卫生机构开展多种形式的协议合作，建立、健全协作机制，本着互利互惠原则，明确双方责任义务	民政部牵头，卫生计生委、中医药管理局配合
2	医疗卫生机构为养老机构开通预约就诊绿色通道，为入住老年人提供医疗巡诊、健康管理、保健咨询、预约就诊、急诊急救、中医养生保健等服务，确保入住老年人能够得到及时有效的医疗救治	卫生计生委、中医药管理局牵头，民政部配合
3	养老机构内设的具备条件的医疗机构可作为医院（含中医医院）收治老年人的后期康复护理场所	民政部、卫生计生委、中医药管理局分别负责
4	鼓励二级以上综合医院（含中医医院，下同）与养老机构开展对口支援、合作共建。通过建设医疗养老联合体等多种方式，整合医疗、康复、养老和护理资源，为老年人提供治疗期住院、康复期护理、稳定期生活照料以及临终关怀一体化的健康和养老服务	卫生计生委、中医药局、民政部分别负责
5	养老机构可根据服务需求和自身能力，按相关规定申请开办老年病医院、康复医院、护理院、中医医院、临终关怀机构等，也可内设医务室或护理站，提高养老机构提供基本医疗服务的能力。卫生计生行政部门和中医药管理部门要加大政策规划支持和技术指导力度	民政部、卫生计生委、中医药管理局分别负责

续表

序号	工作任务	负责单位
6	养老机构设置的医疗机构，符合条件的可按规定纳入基本医疗保险定点范围	人力资源和社会保障部、卫生计生委牵头，民政部配合
7	鼓励执业医师到养老机构设置的医疗机构多点执业，支持有相关专业特长的医师及专业人员在养老机构规范开展疾病预防、营养、中医调理养生等非诊疗行为的健康服务	卫生计生委、中医药管理局牵头，民政部配合
8	发挥卫生计生系统服务网络优势，结合基本公共卫生服务的开展为老年人建立健康档案，并为 65 岁以上老年人提供健康管理服务，到 2020 年 65 岁以上老年人健康管理率达到 70% 以上	卫生计生委、中医药管理局分别负责
9	鼓励为社区高龄、重病、失能、部分失能以及计划生育特殊家庭等行动不便或确有困难的老年人，提供定期体检、上门巡诊、家庭病床、社区护理、健康管理等基本服务。推进基层医疗卫生机构和医护人员与社区、居家养老结合，与老年人家庭建立签约服务关系，为老年人提供连续性的健康管理服务和医疗服务	卫生计生委、中医药管理局分别负责
10	提高基层医疗卫生机构为居家老年人提供上门服务的能力，规范为居家老年人提供的医疗和护理服务项目，符合规定的医疗费用纳入医保支付范围	卫生计生委、人力资源和社会保障部、中医药管理局分别负责
11	在制定医疗卫生和养老相关规划时，要给社会力量举办医养结合机构留出空间。按照“非禁即入”原则，凡符合规划条件和准入资质的，不得以任何理由加以限制	民政部、卫生计生委牵头，发展改革委、国土资源部、住房和城乡建设部、中医药管理局配合
12	整合审批环节，明确并缩短审批时限，鼓励有条件的地方提供一站式便捷服务。通过特许经营、公建民营、民办公助等模式，支持社会力量举办非营利性医养结合机构	卫生计生委、民政部、中医药管理局牵头，发展改革委、财政部、国土资源部、住房和城乡建设部配合
13	支持企业围绕老年人的预防保健、医疗卫生、康复护理、生活照料、精神慰藉等方面需求，积极开发安全有效的食品药品、康复辅具、日常照护、文化娱乐等老年人用品用具和服务产品	发展改革委、工信部、科技部、卫生计生委、民政部、食药监总局、中医药管理局分别负责
14	统筹医疗卫生与养老服务资源布局，重点加强老年病医院、康复医院、护理院、临终关怀机构建设，公立医院资源丰富的地区可积极稳妥地将部分公立医院转为康复、老年护理等接续性医疗机构	民政部、卫生计生委、中医药管理局牵头，发展改革委、财政部、国土资源部、住房和城乡建设部配合
15	有条件的二级以上综合医院要开设老年病科，做好老年慢性病防治和康复护理相关工作	卫生计生委、中医药管理局分别负责
16	提高基层医疗卫生机构康复、护理床位占比，鼓励其根据服务需求增设老年养护、临终关怀病床	卫生计生委、中医药管理局分别负责

续表

序号	工作任务	负责单位
17	全面落实老年医疗服务优待政策，医疗卫生机构要为老年人，特别是高龄、重病、失能及部分失能老年人提供挂号、就诊、转诊、取药、收费、综合诊疗等就医便利服务。鼓励各级医疗卫生机构和医务工作志愿者定期为老年人开展义诊	卫生计生委、中医药管理局分别负责
18	有条件的医疗卫生机构可以通过多种形式、依法依规开展养老服务	卫生计生委、民政部、中医药管理局分别负责
19	充分发挥中医药（含民族医药，下同）的预防保健特色优势，大力开发中医药与养老服务相结合的系列服务产品	中医药管理局、科技部牵头，民政部配合
20	对于符合条件的医养结合机构，按规定落实好相关支持政策。拓宽市场化融资渠道，探索政府与社会资本合作（PPP）的投融资模式。鼓励和引导各类金融机构创新金融产品和服务方式，加大金融对医养结合领域的支持力度。有条件的地方可通过由金融和产业资本共同筹资的健康产业投资基金支持医养结合发展	财政部、卫生计生委、银监会、国家开发银行分别负责
21	用于社会福利事业的彩票公益金要适当支持开展医养结合服务	财政部、民政部分别负责
22	积极推进政府购买基本健康养老服务，逐步扩大购买服务范围，完善购买服务内容，各类经营主体平等参与	财政部、发展改革委、民政部、卫生计生委分别负责
23	要在土地利用总体规划和城乡规划中统筹考虑医养结合机构发展需要，做好用地规划布局。对于非营利性医养结合机构，可采取划拨方式，优先保障用地；对于营利性医养结合机构，应当以租赁、出让等有偿方式保障用地，养老机构设置医疗机构时，可将在项目中配套建设医疗服务设施相关要求作为土地出让条件，并明确不得分割转让。依法需招标拍卖挂牌出让土地的，应当采取招标拍卖挂牌出让方式	国土资源部、住房和城乡建设部分别负责
24	继续做好老年人照护服务工作。进一步开发包括长期商业护理保险在内的多种老年护理保险产品，鼓励有条件的地方探索建立长期护理保险制度，积极探索多元保险筹资模式，保障老年人长期护理服务需求。鼓励老年人投保长期护理保险产品	人力资源和社会保障部牵头，财政部、民政部、卫生计生委、保监会配合
25	建立、健全长期照护项目内涵、服务标准以及质量评价等行业规范和体制机制，探索建立从居家、社区到专业机构等比较健全的专业照护服务提供体系	人力资源和社会保障部、卫生计生委、民政部分别负责
26	落实好将偏瘫肢体综合训练、认知知觉功能康复训练、日常生活能力评定等医疗康复项目纳入基本医疗保障范围的政策，为失能、部分失能老年人治疗性康复提供相应保障	人力资源和社会保障部、卫生计生委分别负责
27	做好职称评定、专业技术培训和继续医学教育等方面的制度衔接，对养老机构和医疗卫生机构中的医务人员同等对待。完善薪酬、职称评定等激励机制，鼓励医护人员到医养结合机构执业	卫生计生委、人力资源和社会保障部、民政部分别负责

续表

序号	工作任务	负责单位
28	建立医疗卫生机构与医养结合机构人员进修轮训机制，促进人才有序流动。将老年医学、康复、护理人才作为急需紧缺人才纳入卫生计生人员培训规划	卫生计生委、民政部、中医药管理局分别负责
29	加强专业技能培训，大力推进养老护理员等职业技能鉴定工作	民政部、卫生计生委、人力资源和社会保障部分别负责
30	支持高等院校和中等职业学校增设相关专业课程，加快培养老年医学、康复、护理、营养、心理和社会工作等方面专业人才	教育部、卫生计生委、中医药管理局分别负责
31	充分依托社区各类服务和信息网络平台，实现基层医疗卫生机构与社区养老服务机构的无缝对接。积极开展养老服务和社区服务信息惠民试点，利用老年人基本信息档案、电子健康档案、电子病历等，推动社区养老服务信息平台与区域人口健康信息平台对接，整合信息资源，实现信息共享，为开展医养结合服务提供信息和技术支撑	工信部、民政部、卫生计生委牵头，发展改革委、人力资源和社会保障部、全国老龄办、中医药管理局配合
32	组织医疗机构开展面向养老机构的远程医疗服务。鼓励各地探索开展基于互联网的医养结合服务新模式，提高服务的便捷性和针对性	发展改革委、工信部、民政部、卫生计生委、中医药管理局分别负责
33	国家选择有条件、有代表性的地区组织开展医养结合试点，规划建设一批特色鲜明、示范性强的医养结合试点项目	卫生计生委、民政部牵头，财政部、发展改革委、人力资源和社会保障部、工信部、中医药管理局配合
34	做好入住医养结合机构和接受居家医养服务老年人的合法权益保障工作	全国老龄办负责
35	要建立以落实医养结合政策情况、医养结合服务覆盖率、医疗卫生机构和养老机构无缝对接程度、老年人护理服务质量、老年人满意度等为主要指标的考核评估体系，加强绩效考核。加强对医养结合工作的督查，定期通报地方工作进展，确保各项政策措施落到实处	卫生计生委、民政部牵头，发展改革委、财政部、人力资源和社会保障部、国土资源部、住房和城乡建设部、全国老龄办、中医药管理局配合
36	医养结合工作的宣传、政策解读等工作	卫生计生委、民政部、新闻出版广电总局、中医药管理局分别负责

9. 民政部、卫生计生委《关于确定第一批国家级医养结合试点单位的通知》（国卫办家庭函〔2016〕644 号）。6 月第一批 50 个市（区），含海淀、东城区。确定北京市东城区等 50 个市（区）作为第一批国家级医养结合试点单位。通知要求各试点单位要结合实际，统筹各方资源，全面落实医养结合工作重点任务；要在各省级卫生计生部门和民政部门的指导下，制订年度工作计划，建立部门协作、经费保障和人员

保障机制，加强管理，确保试点取得积极进展，收到良好社会效果。同时指出各省（区、市）要积极探索地方医养结合的不同模式，并积极协调解决存在的困难和问题，2016 年年底前每省份至少启动一个省级试点，积累经验、逐步推开。国家卫生计生委和民政部将会同相关部门适时组织督导调研。9 月第二批 40 个市（区），含朝阳区。

10.《人力资源和社会保障部办公厅关于开展长期护理保险制度试点的指导意见》（人社厅发〔2016〕80 号）。

协同推进长期护理服务体系建设和发展。积极推进长期护理服务体系建设，引导社会力量、社会组织参与长期护理服务，积极鼓励和支持长期护理服务机构和平台建设，促进长期护理服务产业发展。充分利用促进就业创业扶持政策和资金，鼓励各类人员到长期护理服务领域就业创业，对其中符合条件的，按规定落实相关补贴政策。加强护理服务从业人员队伍建设，加大护理服务从业人员职业培训力度，按规定落实职业培训补贴政策。逐步探索建立长期护理专业人才培养机制。充分运用费用支付政策对护理需求和服务供给资源配置的调节作用，引导保障对象优先利用居家和社区护理服务，鼓励机构服务向社区和家庭延伸。鼓励护理保障对象的亲属、邻居和社会志愿者提供护理服务。

11. 民政部、国家发改委《民政事业发展第十三个五年规划》（以下简称《规划》）（民发〔2016〕107 号）。

对医养结合发展，《规划》提出，统筹医疗卫生与养老服务资源布局，支持养老机构开展医疗服务。重点发展医养结合型养老机构，增加养护型、医护型养老床位，提高养老服务有效供给。到 2020 年每千名老年人口拥有养老床位数达到 35～40 张，其中护理型床位比例不低于 30%。

12. 2016 年 7 月 21 日原国家卫生计生委《医疗机构设置规划指导原则（2016—2020 年）》（国卫医发〔2016〕38 号）。

依据《规划》设置医疗机构，坚持统筹兼顾、协调发展，严格调控公立医院总体规模和单体规模，规范引导社会力量举办医疗机构，加强信息化建设，逐步构建以国家医学中心和区域医疗中心为引领，以省级医疗中心为支撑，市、县级医院为骨干，基层医疗卫生机构为基础，公立医院为主体、社会办医为补充，与国民经济和社会发展水平相适应，与健康需求相匹配，体系完整、分工明确、功能互补、密切协作的整合型医疗卫生服务体系和分级诊疗就医格局。

第一，完善城乡医疗服务体系。明确各级各类医疗机构诊疗服务功能定位。完善以社区卫生服务机构为基础的新型城市医疗卫生服务体系，建立城市医院与社区卫生服务机构的分工协作机制；进一步健全以县级医院为龙头，乡镇卫生院和村卫生室为基础的农村医疗服务网络；促使城市各级各类医院、社区卫生服务机构、县级医院、乡镇卫生院、村卫生室层次清晰，结构合理，功能到位，利于发挥整体效能，构建有序的分级诊疗模式。

第二，发展慢性病医疗机构。积极支持康复医院、护理院（以下统称慢性病医疗机构）发展，鼓励医疗资源丰富地区的部分二级医院转型为慢性病医疗机构。落实各级各类医疗机构急慢病诊疗服务功能，在医院、基层医疗卫生机构和慢性病医疗机构之间建立起科学合理的分工协作机制，完善治疗—康复—长期护理服务链，为患者提供连续性诊疗服务。

第三，建立、健全医疗急救网络。设区的市设立一个急救中心。因地域或者交通原因，设区的市院前医疗急救网络未覆盖的县（县级市），可以依托县级医院或者独立设置一个县级急救中心。以急救中心（站）为主体，与承担院前医疗急救与突发事件紧急救援任务的网络医院组成院前医疗急救网络，按照就近、安全、迅速、有效的原则设立，统一规划、统一设置、统一管理。县级公立医院设置重症医学科，不具备条件的县级公立医院设置重症监护病房，形成院前急救、急诊、重症监护的有效衔接。

第四，鼓励社会办医。加快推进社会办医成规模、上水平发展，将社会办医纳入相关规划，按照一定比例为社会办医预留床位和大型设备等资源配置空间。在符合规划总量和结构的前提下，取消对社会办医疗机构数量和地点的限制。优先设置审批社会力量举办的非营利性、资源稀缺的专科医疗机构。鼓励具有中高级职称的执业医师举办私人诊所，探索成立医师工作室（站）。

第五，推进医疗卫生和养老服务相结合。提高医院为老年患者服务的能力，有条件的二级以上综合医院开设老年病科，做好老年病诊疗相关工作。提高基层医疗卫生机构康复、护理床位占比，鼓励其根据服务需求增设老年养护、临终关怀病床。

第六，推进区域医疗资源共享。加强信息化建设，整合区域内现有医疗资源，推进同级医疗机构检查检验结果互认。二级及以上医院现有检查检验、消毒供应中心等资源，向基层医疗卫生机构和慢性病机构开放。探索设置独立的区域医学检验机构、病理诊断机构、医学影像检查机构、消毒供应机构和血液净化机构，逐步实现区域医疗资源共享。

第七，建立中医、中西医结合、民族医医疗服务体系。充分发挥中医药（民族医药）在疾病预防控制、应对突发公共卫生事件、医疗服务中的作用，加强中医临床研究基地和中医院建设，促进中医药继承和创新。

13. 2016 年 10 月 25 日中共中央、国务院印发了《“健康中国 2030” 规划纲要》，并发出通知，要求各地区各部门结合实际认真贯彻落实。在第十章第二节“促进健康老龄化”中两次提到“医养结合”。

推进老年医疗卫生服务体系建设，推动医疗卫生服务延伸至社区、家庭。健全医疗卫生机构与养老机构合作机制，支持养老机构开展医疗服务。推进中医药与养老融合发展，推动医养结合，为老年人提供治疗期住院、康复期护理、稳定期生活照料、安宁疗护一体化的健康和养老服务，促进慢性病全程防治管理服务同居家、社区、机构养老紧密结合。鼓励社会力量兴办医养结合机构。加强老年常见病、慢性病的健康指导和综合干预，强化老年人健康管理。推动开展老年心理健康与关怀服务，加强阿尔茨海默症等的有效干预。推动居家老人长期照护服务发展，全面建立经济困难的高龄、失能老人补贴制度，建立多层次长期护理保障制度。进一步完善政策，使老年人能够更便捷地获得基本药物。

2017 年

医疗健康管理机构改革年，又是医养结合政策加速落地年。

14. 2017 年 2 月，国务院办公厅印发《中国防治慢性病中长期规划（2017—2025 年）》（国办发〔2017〕12 号），将慢性病全程防治管理服务与居家、社区、机构养老相结合，提出促进医养融合发展，强调促进慢性病全程防治管理服务与机构养老紧密结合，要深入养老机构，开展老年保健、老年康复护理，维护和促进老年人功能健康。机构养老康复服务能力建设是积极应对老龄化的重要环节，也是未来我国老龄事业发展的方向。与一般养老机构相比，医养结合服务对象重点面向患有慢性病、易复发病和大病恢复期、残障以及绝症晚期的老年人，为他们提供养老和医疗服务。

15. 2017 年 1 月 9 日，国务院印发了关于《“十三五” 深化医药卫生体制改革规划》的通知（国发〔2016〕78 号），其中明确提到支持社会力量兴办医养结合机构，并且到 2020 年基本建立符合国情的医养结合体制机制和政策法规体系。

16. 2017 年 1 月 10 日，《国务院关于印发“十三五” 卫生与健康规划的通知》（国发〔2016〕77 号），其中关于健康老龄化，提到“老年人健康管理，老年心理健康与心理关怀，医养结合试点示范，长期护理保险试点”。

17. 2017 年 1 月 25 日，《国务院关于印发国家人口发展规划（2016—2030 年）》（国发〔2016〕87 号）的通知，针对人口老龄化程度不断加深的趋势，加快完善以居家为基础、社区为依托、机构为补充、医养结合的养老服务体系，增加养老服务和产品供给。

18. 2017 年 3 月 1 日，《国务院关于印发“十三五” 推进基本公共服务均等化规划的通知》（国发〔2017〕9号）指出，要提高城乡社区卫生服务机构为老年人提供医疗保健服务的能力，加快社区居家养老信息网络和服务能力建设，推进医养结合发展。

19. 2017年3月，国家卫生计生委等13个部门联合印发了《“十三五”健康老龄化规划》（国卫家庭发〔2017〕12号）。

20. 2017年3月，国务院印发了《关于落实〈政府工作报告〉重点工作部门分工的意见》（国发〔2017〕22号），推动服务业模式创新和跨界融合，发展医养结合等新兴消费，并明确了落实部门。

21. 2017年3月6日，《国务院关于印发“十三五”国家老龄事业发展和养老体系建设规划的通知》（国发〔2017〕13号）提到，到2020年，居家为基础、社区为依托、机构为补充、医养相结合的养老服务体系要更加健全。同时，完善医养结合机制，统筹落实好医养结合优惠扶持政策，深入开展医养结合试点，鼓励社会力量举办以中医药健康养老为主的护理院、疗养院，建设一批具备中医药特色的医养结合示范基地。此外，支持养老机构开展医疗服务，鼓励执业医师到养老机构设置的医疗机构多点执业，支持有相关专业特长的医师及专业人员在养老机构开展疾病预防、营养、中医养生等非诊疗性健康服务等。

22. 2017年4月，国务院办公厅印发《关于推进医疗联合体建设和发展的指导意见》（国办发〔2017〕32号），指出为患者提供一体化、便利化的疾病诊疗—康复—长期护理连续性服务。

23. 2017年4月18日，国务院批转《国家发展改革委关于2017年深化经济体制改革重点工作意见的通知》（国发〔2017〕27号），文中提到，全面放开养老服务市场，推进老龄事业发展和养老体系建设，建立以居家为基础、社区为依托、机构为补充、医养结合的多层次养老服务体系，提高养老服务质量。

24. 2017年5月5日，国务院办公厅印发《深化医药卫生体制改革2017年重点工作任务的通知》（国办发〔2017〕37号），要求继续推动国家级医养结合试点工作，推进社区居家层面医养结合。启动中医药健康养老工作。推动健康和相关行业融合发展，推进健康医疗旅游示范基地建设。并明确牵头和负责单位。

25. 2017年5月23日，《国务院办公厅关于支持社会力量提供多层次多样化医疗服务的意见》（国办发〔2017〕44号），提出促进医疗与养老融合，支持社会办医疗机构为老年人家庭提供签约医疗服务，建立、健全与养老机构合作机制，兴办医养结合机构。

26. 2017年6月16日，《国务院办公厅关于制定和实施老年人照顾服务项目的意见》(国办发〔2017〕52 号)，指出要加大推进医养结合力度，鼓励医疗卫生机构与养老服务融合发展，逐步建立完善医疗卫生机构与养老机构的业务合作机制，倡导社会力量兴办医养结合机构，鼓励有条件的医院为社区失能老年人设立家庭病床，建立巡诊制度。

27. 2017 年 6 月，国务院印发《国民营养计划（2017—2030 年)》(国办发〔2017〕60 号)，提出要出台老年人群的营养膳食供餐规范，指导医院、社区食堂、医养结合机构、养老机构营养配餐。建立老年人群营养健康管理与照护制度。推进多部门协作机制，实现营养工作与医养结合服务内容的有效衔接。2017 年 10 月，国家卫生计生委《康复医疗中心基本标准》《护理中心基本标准》发布，鼓励社会力量举办康复医疗中心、护理中心。

28. 2017 年 11 月，国家卫生计生委办公厅印发《“十三五”健康老龄化规划重点任务分工的通知》(国卫办家庭函〔2017〕1082 号)，对加强医疗卫生服务体系中服务老年人的功能建设，以及大力发展医养结合服务等任务提出了目标。对建立、健全医疗卫生机构与养老机构合作机制，研究出台老年人健康分级标准，建设综合性医养结合服务机构示范基地和社区示范基地，建设医养结合监测平台并开展监测和评估工作，探索建立中医药特色的医养结合机构等方面提出要求。

29. 2017 年 11 月，国家卫生计生委办公厅印发《关于养老机构内部设置医疗机构取消行政审批实行备案管理的通知》(国卫办医发〔2017〕38 号)，推进医疗领域放管服改革，对部分养老机构内设医疗机构取消行政审批，实行备案管理。

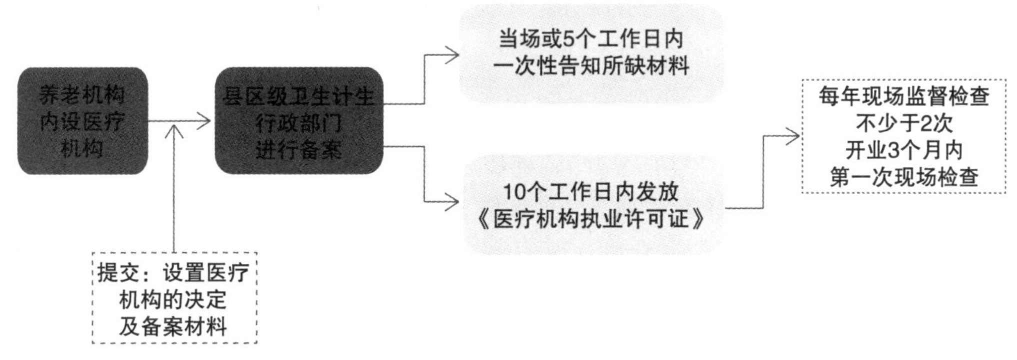

图附 1-2　备案流程图

养老机构内设诊所、卫生室、医务室、护理站实行备案制。取消养老机构内设医疗机构的行政审批，简化相关流程，实现医养结合的快速推进（见图附 1-2)。

2017 年，国家层面负责医养结合的专门机构成立。国家机构改革专门成立国家卫生健康委员会，应对人口老龄化，统筹养老产业政策和制度建设，加快老龄事业和产业发展。将国家卫生和计划生育委员会、国务院深化医药卫生体制改革领导小组办公室、全国老龄工作委员会办公室的职责，工业和信息化部的牵头《烟草控制框架公约》履约工作职责，国家安全生产监督管理总局的职业安全健康监督管理职责整合，组建国家卫生健康委员会，作为国务院组成部门。其主要工作职责如下：拟订国民健康政策，协调推进深化医药卫生体制改革，组织制定国家基本药物制度，监督管理公共卫生、医疗服务和卫生应急，负责计划生育管理和服务工作，拟订应对人口老龄化、医养结合政策措施等。承担全国老龄工作委员会日常工作，代管中国老龄协会，管理国家中医药管理局。

2018 年

30. 2018 年 1 月，国家卫生计生委、国家中医药管理局印发《进一步改善医疗服务行动计划（2018—2020 年）》（国卫医发〔2017〕73 号），指出有条件的医疗机构可以为合作的养老机构提供内设医疗机构服务指导，提高医养结合护理服务水平。

31. 2018 年 3 月 27 日，国家卫生健康委员会正式挂牌成立，全国老龄工作委员会的日常工作交由国家卫健委承担，并设立了老龄健康司，建立完善老年健康服务体系是国家卫健委的新增职责之一。

32. 2018 年 8 月 26 日，国务院办公厅《关于印发深化医药卫生体制改革 2018 年下半年重点工作任务的通知》（国办发〔2018〕83 号），提出制定医养结合机构服务和管理指南。

2019 年

33. 2019 年 4 月 16 日，《国务院办公厅关于推进养老服务发展的意见》（国办发〔2019〕5 号）中第十八条明确提出，提升“医养结合”服务能力。

促进现有医疗卫生机构和养老机构合作，发挥互补优势，简化医养结合机构设立流程，实行“一个窗口”办理；对养老机构内设诊所、卫生所（室）、医务室、护理站，取消行政审批，实行备案管理；开展区域卫生规划时要为养老机构举办或内设医疗机构留出空间；医疗保障部门要根据养老机构举办和内设医疗机构特点，将符合条件的按规定纳入医保协议管理范围，完善协议管理规定，依法严格监管；具备法人资格的医疗机构可通过变更登记事项或经营范围开展养老服务；促进农村、社区的“医养结合”，推进基层医疗卫生机构和医务人员与老年人家庭建立签约服务关系，建立村医参与健康养老服务激励机制；有条件的地区可支持家庭医生出诊为老年人服务；鼓励医护人员到“医养结合”机构执业，并在职称评定等方面享受同等待遇。

34. 2019 年 5 月 17 日，《关于做好医养结合机构审批登记工作的通知》（国卫办老龄发〔2019〕17 号）中首次明确的对医养结合机构做了如下定义：

医养结合机构是指同时具备医疗卫生资质和养老服务能力的医疗卫生机构或养老机构。明确支持养老机构设立医疗机构：养老机构申请内部设置诊所、卫生所（室）、医务室、护理站的，取消行政审批，实行备案管理。申办人应当向所在地的县级卫生健康行政部门备案。支持医疗机构设立养老机构：具备法人资格的医疗机构申请设立养老机构的，不需另行设立新的法人，不需另行法人登记。支持新建“医养结合”机构：对于申办人提出申请新举办“医养结合”机构的，即同时提出申请举办医疗机构和养老机构，需根据医疗卫生机构和养老机构的类型、性质、规模向卫生健康、民政或市场监督管理部门提交申请。实现“前台综合受理、后台分类审批、综合窗口出件”。

35. 2019 年 7 月 15 日，《国务院关于实施健康中国行动的意见》（国发〔2019〕13 号），要求健全老年健康服务体系，完善居家和社区养老政策，推进医养结合，探索长期护理保险制度，打造老年宜居环境，实现健康老龄化。

36. 2019 年 9 月 11 日，国务院总理李克强主持召开国务院常务会议，又一次具体部署，进一步深入推进“医养结合”发展，更好满足老年人健康和养老需求。会议确定了深入推进“医养结合”发展的措施：

一是简化审批。养老机构举办二级及以下医疗机构的，设置审批与执业登记“两证合一”。医疗机构利用现有资源提供养老服务的，其建设、消防等条件，可依据医疗机构已具备的资质直接备案。

二是通过完善价格机制、取消不合理审批、实行“一窗办理”等，鼓励社会力量举办“医养结合”机构。

三是鼓励养老机构与医疗、康复、护理等机构合作，支持上门服务，大规模培养养老护理等人才。

四是落实对“医养结合”机构的税费、用地等优惠政策。符合基本医保范围的医疗服务费用由基本医保基金支付。鼓励有条件的地方按规定增加纳入基本医保支付范围的医疗康复项目。

五是发展医养保险，增加老年人可选择的商业保险品种，加快推进长期护理保险试点。

37. 2019 年 10 月，卫健委等 12 部门联合发布《关于深入推进医养结合发展的若干意见》（国卫老龄发〔2019〕60 号）。

党中央、国务院高度重视医养结合工作，党的十九大报告明确提出“推进医养结合”，今年政府工作报告要求“改革完善医养结合政策”。自 2015 年国办转发原卫生计生委等部门《关于推进医疗卫生与养老服务相结合的指导意见》（以下简称《意见》）以来，国家卫生健康委员会会同民政部等有关部门扎实推进医养结合，政策体系不断完善，服务能力不断提升，人民群众获得感不断增强。但仍存在医疗卫生与养老服务需进一步衔接、医养结合服务质量有待提高、相关支持政策措施需进一步完善等问题。为贯彻落实党中央、国务院决策部署，深入推进医养结合发展，国家卫生健康委员会牵头研究起草了《意见》。

《意见》着眼近年来各方反映较多的制约医养结合发展的堵点、难点问题，坚持问题导向，提出了五个方面的政策措施。

一是强化医疗卫生与养老服务衔接。制定医养签约服务规范，鼓励养老机构与周边的医疗卫生机构开展多种形式的签约合作。改扩建一批社区（乡镇）医养结合服务设施，城区新建社区卫生服务机构可内部建设社区医养结合服务设施，有条件的基层医疗卫生机构可设置康复、护理病床和养老床位。

二是推进“放管服”改革。要求各地简化医养结合机构审批登记，优化流程和环境，涉及同层级相关行政部门的，实行“一个窗口”办理。鼓励社会力量举办医养结合机构，支持社会办大型医养结合机构走集团化、连锁化发展道路。鼓励保险公司、信托投资公司等金融机构作为投资主体举办医养结合机构。卫生健康部门和民政部门要加强行业监管。

三是加大政府支持力度。税费优惠方面，经认定为非营利组织的社会办医养结合机构，按规定享受房产税、城镇土地使用税优惠政策。投入支持方面，各地要加大向社会办医养结合机构购买基本医疗卫生和基本养老等服务的力度，各级用于社会福利事业的彩票公益金要适当支持开展医养结合服务。土地供应方面，要保障医养结合机构建设发展用地。对使用社区综合服务设施开展医养结合服务的，予以无偿或低偿使用，符合规划用途的农村集体建设用地可依法用于医养结合机构建设。金融支持方面，鼓励金融机构根据医养结合特点，创新金融产品和金融服务，拓展多元化投融资渠道。

四是优化保障政策。研究出台上门医疗卫生服务的内容、标准、规范，完善上门医疗服务收费政策，为开展上门服务提供保障。加大医保支持和监管力度，厘清“医”“养”支付边界，基本医保只能用于支付符合基本医疗保障范围的医疗卫生服务费用。大力发展医养保险，针对老年人风险特征和需求特点，开发专属产品，增加老年人可选择的商业保险品种。

五是加强队伍建设。设立一批医养结合培训基地，要求各地分级分类对相关人员进行培训。支持医务人员到医养结合机构执业，明确提出医养结合机构中的医务人员享有与其他医疗卫生机构同等的职称评定、专业技术人员继续教育等待遇。

38. 2019年11月21日中共中央、国务院印发《国家积极应对人口老龄化中长期规划》（以下简称《规划》）。

《规划》中提出“健全以居家为基础、社区为依托、机构充分发展、医养有机结合的多层次养老服务体系”。具体措施有：推进医养有机结合；深化医养结合，持续改善老年人健康养老服务；鼓励医疗卫生机构、养老机构以多种形式开展合作，提供多样化、多层次的医养结合服务；养老机构内部设置诊所、卫生所（室）、医务室、护理站，取消行政审批，实行备案管理；对养老机构设置的医疗机构，符合条件的按规定纳入基本医疗保险定点范围；根据医保基金水平，积极探索将符合条件的家庭病床、安宁疗护等医疗费用纳入基本医疗保险支付范围。

39. 2019年11月1日，经国务院同意，国家卫生健康委、国家发展改革委、教育部、民政部、财政部、人力资源和社会保障部、国家医保局、国家中医药局等8部门联合印发《关于建立完善老年健康服务体系的指导意见》（国卫老龄发〔2019〕61号）。

这是我国第一个关于老年健康服务体系的指导性文件，对加强我国老年健康服务体系建设，提高老年人健康水平，推动实现健康老龄化具有重要的里程碑意义。

40. 2019年12月26日，卫生健康委办公厅、民政部办公厅、中医药局办公室联合发布《医养结合机构服务指南（试行）》（国卫办老龄发〔2019〕24号）明确了医养结合机构的基本要求、服务内容与要求、服务流程与要求。

2020年

41. 2020年7月8日，国务院公报2020年第31号《卫生健康委关于全面推进社区医院建设工作的通知》（国卫基层发〔2020〕12号）。文件要求：一是提高门诊常见病、多发病的诊疗、护理、康复等服务，鼓励结合群众需求建设特色科室，有条件的可设立心理咨询门诊。二是加强住院病房建设，合理设置床位，主要以老年、康复、护理、安宁疗护床位为主，鼓励有条件的设置内科、外科、妇科、儿科等床位，并结合实际开设家庭病床。文件要求基层医疗卫生机构建成社区医院后，仍然承担基本医疗服务和基本公共卫生服务，其防治结合的功能定位和公益性质不变，已有的财政补偿水平和优惠政策不降低。

42. 2020年7月23日，国务院办公厅《关于印发深化医药卫生体制改革2020年下半年重点工作任务的通知》（国办发〔2020〕25号），提出要制定医养结合机构管理指南，实施社区医养结合能力提升工程。

43. 2020年9月1日，民政部第66号令颁布《养老机构管理办法》，自2020年11月1日起施行。新版取代2013年颁布的《养老机构管理办法》。其中有两条规定涉及到医疗方面的内容：

第四条　养老机构应当按照建筑、消防、食品安全、医疗卫生、特种设备等法律、法规和强制性标准开展服务活动。

第十九条　养老机构应当为老年人建立健康档案，开展日常保健知识宣传，做好疾病预防工作。养老机构在老年人突发危重疾病时，应当及时转送医疗机构救治并通知其紧急联系人。

养老机构可以通过设立医疗机构或者采取与周边医疗机构合作的方式，为老年人提供医疗服务。养老机构设立医疗机构的，应当按照医疗机构管理相关法律、法规进行管理。

44. 2020年12月29日，国家卫生健康委办公厅发布《关于加强老年人居家医疗服务工作的通知》（国卫办医发〔2020〕24号）。主要聚焦老年人居家医疗服务迫切需求，分别从开展居家医疗服务要素，规范居家医疗服务行为，加强居家医疗服务管理，加大支持保障力度，组织实施等方面提出要求。鼓励各级各类医疗机构要按照分级诊疗的要求，结合功能定位和实际情况，依法合规、有序规范地为群众重点是老年人提供居家医疗服务，保障医疗质量和患者安全。

45. 2020年9月27日，国家卫生健康委办公厅、民政部办公厅、国家中医药管理局办公室联合发布《医养结合机构管理指南（试行）》（国卫办老龄发〔2020〕15号）。

2021年

46. 2021年3月5日，第十三届全国人民代表大会第四次会议通过的政府工作报告中出现“促进医养康养相结合，稳步推进长期护理保险制度试点；发展普惠型养老服务和互助性养老；发展婴幼儿照护服务；发展社区养老、托幼、用餐、保洁等多样化服务，加强配套设施和无障碍设施建设，实施更优惠政策，让社区生活更加便利。”

47. 2021年9月27日，《国务院关于印发中国妇女发展纲要和中国儿童发展纲要的通知》（国发〔2021〕16号）则提到：除了要保障妇女享有基本养老服务外，还要加快建设居家社区机构相协调、医养康养相结合的养老服务体系，大力发展普惠型养老服务。

48. 2021年11月18日中共中央、国务院印发了《关于加强新时代老龄工作的意见》。其中关于完善老年人健康支撑体系的意见措施如下：

第一，提高老年人健康服务和管理水平。在城乡社区加强老年健康知识宣传和教育，提升老年人健康素养。做好国家基本公共卫生服务项目中的老年人健康管理和中医药健康管理服务。加强老年人群重点慢性病的早期筛查、干预及分类指导，开展老年口腔健康、老年营养改善、老年痴呆防治和心理关爱行动。提高失能、重病、高龄、低收入等老年人家庭医生签约服务覆盖率，提高服务质量。扩大医联体提供家庭病床、上门巡诊等居家医疗服务的范围，可按规定报销相关医疗费用，并按成本收取上门服务费。积极发挥基层医疗卫生机构为老年人提供优质中医药服务的作用。加强国家老年医学中心建设，布局若干区域老年医疗中心。加强综合性医院老年医学科建设，2025 年二级及以上综合性医院设立老年医学科的比例达到 60%以上。通过新建、改扩建、转型发展，加强老年医院、康复医院、护理院（中心、站）以及优抚医院建设，建立医疗、康复、护理双向转诊机制。加快建设老年友善医疗机构，方便老年人看病就医。

第二，加强失能老年人长期照护服务和保障。完善从专业机构到社区、家庭的长期照护服务模式。按照实施国家基本公共卫生服务项目的有关要求，开展失能老年人健康评估与健康服务。依托护理院（中心、站）、社区卫生服务中心、乡镇卫生院等医疗卫生机构以及具备服务能力的养老服务机构，为失能老年人提供长期照护服务。发展“互联网+照护服务”，积极发展家庭养老床位和护理型养老床位，方便失能老年人照护。稳步扩大安宁疗护试点。稳妥推进长期护理保险制度试点，指导地方重点围绕进一步明确参保和保障范围、持续健全多元筹资机制、完善科学合理的待遇政策、健全待遇支付等相关标准及管理办法、创新管理和服务机制等方面，加大探索力度，完善现有试点，积极探索建立适合我国国情的长期护理保险制度。

第三，深入推进医养结合。卫生健康部门与民政部门要建立医养结合工作沟通协调机制。鼓励医疗卫生机构与养老机构开展协议合作，进一步整合优化基层医疗卫生和养老资源，提供医疗救治、康复护理、生活照料等服务。支持医疗资源丰富地区的二级及以下医疗机构转型，开展康复、护理以及医养结合服务。鼓励基层积极探索相关机构养老床位和医疗床位按需规范转换机制。根据服务老年人的特点，合理核定养老机构举办的医疗机构医保限额。2025 年年底前，每个县（市、区、旗）有一所以上具有医养结合功能的县级特困人员供养服务机构。符合条件的失能老年人家庭成员参加照护知识等相关职业技能培训的，按规定给予职业培训补贴。创建一批医养结合示范项目。

49. 国家卫生健康委（全国老龄办）会同国家中医药管理局联合印发《关于全面加强老年健康服务工作的通知》（国卫老龄发〔2021〕45 号）（以下简称《通知》）。

《通知》提出，到 2025 年，85%以上的综合性医院、康复医院、护理院和基层医疗卫生机构成为老年友善医疗机构；三级中医医院设置康复科比例达到 85%。积极发挥城乡社区基层医疗卫生机构为老年人提供优质规范中医药服务的作用，推进社区和居家中医药健康服务，促进优质中医药资源向社区、家庭延伸；65 岁及以上老年人中医药健康管理率达到75%以上。鼓励中医医师加入老年医学科工作团队和家庭医生签约团队。

《通知》的主要内容包括：

一是增强老年健康服务意识。强调各级卫生健康、中医药部门要增强为老服务意识，全面提升老年健康服务水平，促进健康老龄化。

二是做好老年健康服务。包括加强老年人健康教育，做实老年人基本公共卫生服务；加强老年人功能维护，开展老年人心理健康服务，做好老年人家庭医生签约服务，提高老年医疗多病共治能力；加强老年人居家医疗服务；加强老年人用药保障；加强老年友善医疗服务，大力发展老年护理、康复服务；加强失能老年人健康照护服务，加快发展安宁疗护服务；加强老年中医药健康服务，做好老年人传染病防控等14项具体内容。

三是强化老年健康服务的组织保障。包括加强组织领导、加强政策保障、加强科技支撑、加强队伍建设。

2022年

50. 2022年1月12日国家卫生健康委《医疗机构设置规划指导原则（2021—2025年）》（以下简称《指导原则》）（国卫医发〔2022〕3号）。

文件在“总体要求”中提到要“积极发展接续性医疗机构”和“深化医养结合”要求。接续性医疗机构主要包括康复医院、护理院、护理站等，在进一步发展接续性医疗机构的同时，《指导原则》鼓励医疗资源丰富地区的部分二级医院转型为接续性医疗机构，加大区域内服务协同，以扩大康复、护理、安宁疗护等接续性服务的供给。

深化医养结合的要求包括加强二级及以上综合医院设置老年医学科，鼓励有条件的二级及以上中医医院设置老年病科，引导部分一、二级公立医疗机构转型为长期护理机构。探索社区卫生服务机构、乡镇卫生院建设社区（乡镇）医养结合服务设施，养老机构周边医院开设老年医学科，开展多种形式的医养结合服务，做好老年病诊疗相关工作。

51. 2022年1月17日国家卫生健康委（全国老龄办）会同国家中医药管理局联合印发《关于全面加强老年健康服务工作的通知》（以下简称《通知》）（国卫老龄发〔2021〕45号）。

在《通知》中，做实老年人基本公共卫生服务的项目中出现两次“医养结合”：落实国家基本公共卫生服务老年人健康管理项目，提供生活方式和健康状况评估、体格检查、辅助检查和健康指导服务，到2025年，65岁及以上老年人城乡社区规范健康管理服务率达到65%以上。利用多种渠道动态更新和完善老年人健康档案内容，包括个人基本信息、健康体检信息、重点人群健康管理记录和其他医疗卫生服务记录，推动健康档案的务实应用。各地结合实际开展老年健康与医养结合服务项目，重点为失能老年人提供健康评估和健康服务，为居家老年人提供医养结合服务，有条件的地方要逐步扩大服务覆盖范围。

52. 2022年2月21日，国务院关于印发《"十四五"国家老龄事业发展和养老服务体系规划》（国发〔2021〕35号），明确提出支持社会力量建设专业化、规模化、医养结合能力突出的养老机构，推动其在长期照护服务标准规范完善、专业人才培养储备等方面发挥示范引领作用。推动养老机构与周边医疗卫生机构开展签约合作，做实合作机制和内容。到2025年，养老机构普遍具备医养结合能力。落实医师区域注册制度，鼓励医务人员到医养结合机构执业。

同时，文件还鼓励大型或主要接收失能老年人的养老机构内部设置医疗卫生机构，将养老机构内设医疗卫生机构纳入医联体管理，根据服务老年人的特点，合理核定养老机构举办的医疗机构医保限额。健全医养结合标准规范体系等。

53. 2022年3月1日，国家卫健委等15部门联合印发《"十四五"健康老龄化规划》（以下简称《规划》）（国卫老龄发〔2022〕4号）。

《规划》的主要内容：

第一，规划背景。总结"十三五"时期促进健康老龄化的主要成就，分析"十四五"时期面临的形势和挑战，阐述"十四五"时期促进健康老龄化的发展机遇。

第二，总体要求。明确"十四五"期间促进健康老龄化的指导思想、基本原则和发展目标。明确到2025年，老年健康服务资源配置更加合理，综合连续、覆盖城乡的老年健康服务体系基本建立，老年健康保障制度更加健全，老年人健康生活的社会环境更加友善，老年人健康需求得到更好满足，老年人健康水平不断提升，健康预期寿命不断延长。《规划》提出七项工作指标。

第三，主要任务。《规划》提出九项任务，一是强化健康教育，提高老年人主动健康能力；二是完善身心健康并重的预防保健服务体系；三是以连续性服务为重点，提升老年医疗服务水平；四是健全居家、社区、机构相协调的失能老年人照护服务体系；五是深入推进医养结合发展；六是发展中医药老年健康服务；七是加强老年健康服务机构建设；八是提升老年健康服务能力；九是促进健康老龄化的科技和产业发展。

第四，保障措施。包括加强组织领导、加大投入力度、完善保障体系、强化督导考核等。

54. 2022年3月23日，国家卫生健康委联合其他八部委联合下发《关于开展社区医养结合能力提升行动的通知》（国卫老龄函〔2022〕53号）。

55. 2022年4月27日，国家卫生健康委印发《医养结合示范项目工作方案》（国卫老龄发〔2022〕14号）。

为贯彻落实党中央、国务院关于医养结合工作的决策部署，引导鼓励各地深入推进医养结合发展，更好满足老年人健康养老服务需求，根据《国务院办公厅转发卫生计生委等部门关于推进医疗卫生与养老服务相结合指导意见的通知》（国办发〔2015〕84号），以及国家卫生健康委、国家发展改革委、民政部等部门《关于深入推进医养结合发展的若干意见》（国卫老龄发〔2019〕60号），国家卫生健康委牵头组织开展医养结合示范项目创建工作，工作方案见表附1-2：

表附1-2

工作任务	工作内容
创建目标	通过创建全国医养结合示范省（区、市）、示范县（市、区）和示范机构，总结推广好的经验和做法，发挥辐射带动作用，引导鼓励各地深入推进医养结合工作，建立完善医养结合政策体系，吸引更多社会力量积极参与医养结合，不断提高医养结合服务能力和水平，更好满足老年人健康养老服务需求
创建范围	（一）全国医养结合示范省（区、市）。条件成熟、工作基础好的省份可根据实际，以省（区、市）人民政府名义向国家卫生健康委申请创建全国医养结合示范省（区、市）。示范省（区、市）创建活动无固定周期。 （二）全国医养结合示范县（市、区）。各地条件成熟、工作基础好的县、县级市、市辖区可按程序申报创建。示范县（市、区）创建活动每2年开展一次，每次创建示范县（市、区）约100个，2030年完成创建工作。 （三）全国医养结合示范机构。具备医疗卫生机构资质，并已进行养老机构备案的医疗机构或养老机构。示范机构创建活动每2年开展一次，每次创建示范机构约100个（含中医药特色的医养结合示范机构），2030年完成创建工作
创建标准	（一）全国医养结合示范省（区、市）和全国医养结合示范县（市、区） 1. 党政重视，部门协同。制定本级贯彻落实《国务院办公厅转发卫生计生委等部门关于推进医疗卫生与养老服务相结合指导意见的通知》和国家卫生健康委等部门《关于深入推进医养结合发展的若干意见》的实施意见或工作方案，将医养结合工作作为改善民生的重要内容纳入当地经济社会发展规划，纳入深化医药卫生体制改革和促进养老服务发展的总体部署。本级建立党委政府统筹、卫生健康部门牵头、相关部门配合、全社会参与的医养结合工作机制，各部门分工明确，责任到位。 2. 政策支持，推动有力。制定、落实医养结合费用减免、投融资、用地、审批登记等有关政策措施。本级地方政府用于社会福利事业的彩票公益金适当支持开展医养结合服务。结合本地实际，完善医保管理措施，制定出台人员培养培训、信息化等相关支持性措施。鼓励社会力量兴办医养结合机构，通过特许经营、公建民营或民办公助等多种模式支持社会力量参与医养结合，为老年人提供多层次、多样化的健康养老服务。社会办医养结合机构能够承接当地公共卫生、基本医疗和基本养老等服务

续表

工作任务	工作内容
创建标准	3. 固本强基，优化提升。以医养签约合作、医疗机构开展养老服务、养老机构依法依规开展医疗卫生服务、医疗卫生服务延伸至社区和家庭等多种模式发展医养结合服务。落实国家基本公共卫生服务老年人健康管理、老年健康与医养结合服务项目及家庭医生签约服务、家庭病床服务等有关要求，推广中医药适宜技术产品和服务，增强社区中医药医养结合服务能力，充分发挥中医药在健康养老中的优势和作用。有条件的医疗卫生机构能够按照相关规范、标准为居家老年人提供上门医疗卫生服务。推进农村地区医养结合，有条件的地区实现乡镇卫生院与敬老院、村卫生室与农村幸福院统筹规划、毗邻建设，基本满足农村老年人健康养老服务需求。二级及以上综合性医院开设老年医学科的比例超过全国平均水平，本地区所有养老机构能够以不同形式为入住老年人提供医疗卫生服务，医疗卫生机构普遍建立老年人挂号、就医绿色通道。 4. 注重管理，强化监督。制定、落实医养结合相关规范性文件及标准等。定期对医养结合机构服务质量进行检查评估，指导医养结合机构严格执行相关规章制度、诊疗规范和技术规程，对于发现的问题及时跟踪、督促整改。医养结合数据准确并能有效指导实际工作。 5. 完善支撑，加强保障。实施、落实医师区域注册制度，医养结合机构的医务人员与其他医疗卫生机构同样参加职称评定及继续教育。出台具体政策，鼓励医务人员到医养结合机构执业，建立医养结合机构医务人员进修轮训机制。运用互联网等技术开展医疗、养老服务，能够为老年人提供针对性、便捷性的医养结合服务。培育和支持助老志愿服务，开展面向医养结合机构的志愿服务。 6. 群众认可，评价良好。医养结合服务得到当地老年人的普遍认可，5 年内无医疗质量安全和涉老等重大负面事件。医养结合工作得到上级主管部门和相关部门的肯定，媒体正面评价较多。 （二）全国医养结合示范机构运营满 5 年及以上，近 2 年入住率达到实际运营床位的 60%及以上，能为入住老年人提供适宜的预防期保健、患病期治疗、康复期护理、稳定期生活照料以及临终期安宁疗护一体化的医养结合服务，入住失能、失智老年人占比超过 50%。在满足以上条件的基础上，优先推荐以下机构：对老年人开展健康和需求综合评估，建立老年人电子健康档案，医疗和养老服务提供者共享评估结果。针对老年人可能出现的身体机能下降（如体力下降、认知障碍、抑郁症状等）、老年综合征（如尿失禁、跌倒风险等）开展积极干预，预防或减缓失能失智。为居家养老的老年人家庭成员等非正式照护者提供心理干预、培训和支持。注重发挥中医药特色和优势，为老年人提供中医体质辨识、养生保健等健康养老服务。利用信息化手段提升医养结合服务质量和效率。 1. 环境设施好。按照机构类别，服务场地的建筑设计符合相关医疗机构建筑设计规范及《老年人照料设施建筑设计标准》《建筑设计防火规范》《无障碍设计规范》等国家相关标准要求。配备满足服务需求的医疗和养老设施设备，定期进行维护和保养，确保设备安全使用。 2. 人员队伍好。按照机构类别、规模和服务需求等配备相应的管理、专业技术、服务和后勤人员，人员配备数量应当符合国家有关要求，所有人员均须按照国家相关法律、法规持证上岗或经相关专业培训合格后方可上岗并组织定期考核。管理人员应当具备相关管理经验。各类专业技术人员应当建立专业技术档案

续表

工作任务	工作内容
创建标准	3. 内部管理好。遵循《医疗机构管理条例》《养老机构服务质量基本规范》等相关制度，建立与医养结合服务相配套的管理体系，加强服务管理、人员管理、财务管理、环境及设施设备管理、安全生产管理和后勤管理等；医疗机构还需加强医疗管理、护理管理、药事管理、院感管理、医疗文书管理等。 4. 服务质量好。了解老年人健康状况，为老年人制订有针对性的个人服务计划，提供专业、安全、规范的医疗卫生服务和养老服务，根据机构职责和服务需求，提供健康教育、健康管理、疾病诊治、康复护理、生活照料、膳食服务、清洁卫生服务、洗涤服务、文化娱乐、心理精神支持、安宁疗护等服务，做到慢病有管理、急病早发现、小病能处理、大病易转诊。公开服务项目和收费标准，建立投诉反馈机制，及时改进服务质量。 5. 服务效果好。遵守国家相关法律法规和政策，5 年内未发生重大安全生产事故、重大医疗事故和违法违纪案件。机构运营现状良好，具有可持续发展的潜力。建立服务质量外部监督评价制度，产生良好社会效益，并能够对其他医养结合服务机构起到辐射和带动效应。开展第三方社会化满意度评价，入住老年人及家属满意度调查结果在 95%及以上
工作流程	（一）全国医养结合示范省（区、市） 1. 申请创建。条件成熟、工作基础好的省（区、市）可根据实际，以省（区、市）人民政府名义向国家卫生健康委申请创建全国医养结合示范省（附本省（区、市）创建活动方案，包括工作进展、下一步创建工作计划等）。 2. 支持指导。国家卫生健康委负责具体支持和指导工作推动有力、示范性强的省（区、市）创建医养结合示范省（区、市）。 3. 评估验收。创建期满后，国家卫生健康委对申报的省（区、市）组织开展评估验收，达到标准的，确定为“全国医养结合示范省（区、市）”。 4. 动态管理。对正在创建和已命名示范省（区、市）的省份进行动态管理，若发生重大不良社会影响事件、违法案件或医养结合相关政策执行不力、服务水平明显下降、老年人权益受到侵害等工作服务严重滑坡的情况，按程序及时终止其创建工作或取消示范省（区、市）命名，且 3 年内不得再次申请创建示范省（区、市）。 （二）全国医养结合示范县（市、区）和示范机构 1. 自评申报。各申报单位依据工作标准逐项进行对照自查，符合条件的，可填写申报表，逐级报送至省级卫生健康委。 2. 初审推荐。各省（区、市）和新疆生产建设兵团卫生健康委可细化工作标准，完善评估体系，对申报单位进行严格初审，确定拟推荐名单，书面报送至国家卫生健康委。 3. 评估验收。国家卫生健康委对推荐单位组织开展评估验收。 4. 公示命名。根据评估验收情况，确定候选示范县（市、区）和示范机构名单，在国家卫生健康委网站进行公示。对公示后无异议的，由国家卫生健康委确定为“全国医养结合示范县（市、区）”和“全国医养结合示范机构”，并予以公布。 5. 动态管理。对示范县（市、区）和示范机构进行动态管理，若发生重大不良社会影响事件、违法案件或医养结合相关政策执行不力、服务水平明显下降、老年人权益受到侵害等工作服务严重滑坡的情况，按程序及时取消示范县（市、区）或示范机构命名，且 3 年内不得再次申请创建示范县（市、区）和示范机构

56. 2022年7月21日，国家卫生健康委印发《关于进一步推进医养结合发展的指导意见》（以下简称《指导意见》）（国卫老龄发（2022）25号），《指导意见》解读问答如下：

（1）《指导意见》出台的背景是什么？

党中央、国务院高度重视医养结合工作。党的十九大报告明确要求，推进医养结合，加快老龄事业和产业发展。习近平总书记2021年5月在中共中央政治局会议上指示，要加快建设居家社区机构相协调、医养康养相结合的养老服务体系和健康支撑体系。2021年10月对老龄工作作出重要指示，强调加快健全社会保障体系、养老服务体系、健康支撑体系。李克强总理多次就医养结合工作做出重要批示。孙春兰副总理多次部署推进医养结合工作。近年来，医养结合工作取得积极进展，但在政策支持、服务供给、队伍建设等方面仍存在一些难点堵点问题。为深入贯彻党中央、国务院决策部署，认真落实全国老龄工作会议精神，国家卫生健康委会同相关部门研究起草了《指导意见》，推动各地破解难点堵点问题，促进医养结合发展。

（2）如何发展居家社区医养结合服务？

聚焦提高老年人居家和社区医疗服务可及性，《指导意见》提出积极提供居家医疗服务、增强社区医养结合服务能力等两项措施。支持有条件的医疗卫生机构为居家失能（含失智，下同）、慢性病、高龄、残疾等行动不便或确有困难的老年人提供家庭病床、上门巡诊等居家医疗服务。实施社区医养结合能力提升行动，有条件的社区卫生服务机构、乡镇卫生院或社区养老服务机构、特困人员供养服务机构（敬老院）利用现有资源，内部改扩建一批社区（乡镇）医养结合服务设施，重点为失能、慢性病、高龄、残疾等行动不便或确有困难的老年人提供医养结合服务。推进中医药进家庭、进社区、进机构。

（3）如何支持医疗卫生机构开展医养结合服务？

《指导意见》提出，鼓励医疗卫生机构依法依规在养老服务机构设立医疗服务站点，提供嵌入式医疗卫生服务。推动医疗卫生机构将上门医疗服务向养老机构拓展，为符合条件的入住养老机构的老年人提供家庭病床、上门巡诊等服务。各地要优化医疗资源布局，通过新建、改扩建、转型发展等方式，加强康复医院、护理院（中心、站）和安宁疗护机构建设，支持老年医学科和安宁疗护科发展，支持医疗资源丰富地区的二级及以下医疗卫生机构转型，开展康复、护理以及医养结合服务。推动建设老年友善医疗卫生机构，方便老年人看病就医。同时，公立医疗卫生机构开展居家医疗服务、医养结合签约服务，以及医疗资源富余的二级及以下公立医疗卫生机构利用现有床位开展养老服务，要严格执行相关规范，收入纳入医疗卫生机构收入统一管理。

（4）加强医疗养老资源共享有哪些举措？

聚焦统筹利用医疗、养老等服务资源，优化服务衔接，《指导意见》提出，各地要推动社区医疗卫生、养老服务、扶残助残等公共服务设施统筹布局、资源共享。推进社区卫生服务机构与社区养老服务机构、社区康复站，乡镇卫生院与特困人员供养服务机构（敬老院），村卫生室与农村幸福院、残疾人照护机构统筹规划、毗邻建设，采取多种有效方式，实现资源共享、服务衔接。将养老机构内设的医疗卫生机构纳入医疗联合体管理，与医疗联合体内的牵头医院、康复医院、护理院（中心、站）等建立双向转诊机制，提供一体化、连续性服务，实现医疗、康复、护理、养老服务资源的高效协同。鼓励基层积极探索相关机构养老床位和医疗床位按需规范转换机制。

（5）完善了哪些方面的支持政策？

针对医养结合机构建设和运营面临的实际困难，《指导意见》提出完善价格政策、加大保险支持、盘活土地资源、落实财税优惠等四项措施。公立医疗卫生机构为老年人等人群提供上门医疗服务，采取“医药服务价格上门服务费”的方式收费。提供的医疗服务、药品和医用耗材，适用本医疗卫生机构执行的医药价格政策。上门服务费可由公立医疗卫生机构综合考虑服务半径、人力成本、交通成本、供求关系等因素自主确定。及时将符合条件的养老机构内设医疗卫生机构纳入医保定点管理。合理确定养老机构内设医疗卫生机构医保总额控制指标。鼓励有条件的地方向提供医养结合服务的定点医疗卫生机构预付部分医保资金。优先保障接收失能老年人的医养结合项目用地需求。允许和鼓励农村集体建设用地用于医养结合项目建设。

（6）如何加强人员队伍建设？

聚焦扩大服务队伍，提高医务人员从事医养结合服务积极性，《指导意见》提出加强人才培养培训、引导医务人员从事医养结合服务、壮大失能照护服务队伍等三项措施。加快推进医疗卫生与养老服务紧缺人才培养，鼓励普通高校、职业院校增设健康和养老相关专业和课程，扩大招生规模。大力开展医养结合领域培训，发挥有关职业技能等级证书作用。基层卫生健康人才招聘、使用和培养等要向提供医养结合服务的医疗卫生机构倾斜。根据公立医疗卫生机构开展医养结合服务情况，合理核定绩效工资总量。公立医疗卫生机构在内部绩效分配时，对完成居家医疗服务、医养结合签约等服务较好的医务人员给予适当倾斜。通过开展应急救助和照护技能培训等方式，提高失能老年人家庭照护者的照护能力和水平。加强对护理失能老年人为主的医疗护理员、养老护理员的培训。

（7）加强行业监管有哪些要求？

聚焦落实行业监管责任，《指导意见》明确，将医养结合服务纳入医疗卫生行业、养老服务行业综合监管和质量工作考核内容，将养老机构内设医疗卫生机构纳入医疗卫生机构“双随机、一公开”监督抽查范围，将医疗卫生机构开展养老服务纳入养老机构“双随机、一公开”监督抽查范围，引导相关机构持续优化医养结合服务。各相关部门要强化信息共享，健全各司其职、各负其责、相互配合、齐抓共管的协同监管机制，着力推动解决影响服务质量安全的突出问题。

（8）如何推动各项政策措施落实到位？

《指导意见》要求，各地区各有关部门要加强组织领导，将推进医养结合发展纳入经济社会发展规划和国民健康、医疗卫生服务体系、老龄事业发展和养老服务体系等相关规划。建立完善多部门协同推进机制，动员社会力量广泛参与，以养老服务为基础，以医疗卫生服务为支撑，推动医养有机衔接，完善和落实各项政策措施。国家卫生健康委会同民政部等部门加强对各地破除医养结合难点堵点问题的督促指导。加强政策培训和宣传引导，组织实施医养结合示范项目，及时总结推广典型经验，推动医养结合高质量发展。

附录二　全生命周期医养结合理论视角下解读《关于进一步推进医养结合发展的指导意见》

为了推进医养结合工作进展，国家卫健委、民政部等多部委联合先后发布了三个意见性文件，分别是2015年11月18日，国务院办公厅转发卫生计生委等九部委《关于推进医疗卫生与养老服务相结合的指导意见》（国办发〔2015〕84号）；2019年10月，国家卫生健康委、民政部等十二部委联合发布《关于深入推进医养结合发展的若干意见》（国卫老龄发〔2019〕60号）；2022年7月21日，国家卫健委、民政部等十一部委第三次联合下发《关于进一步推进医养结合发展的指导意见》（国卫老龄发〔2022〕25号）。

这三个文件（以下简称《意见》）发布的“背景及重点要解决的问题”详见本书“附录一”。

解读背景：

对公共政策的酝酿、制定、理解、讨论和执行，需要有共同的语境，最好在概念、定义、行为的基本内涵和外延上达成一致，否则很难达成共识并形成清晰的工作思路。目前在医养结合公共政策的研究和讨论中，正是缺乏医养结合与医养独立理论来提供共同的话语体系和语境。

在此背景下，本书提供了两套理论体系来解决这个“共识”问题。

一是全人全生命周期养能力发展理论，它是研究包括老年人在内的所有人养问题的元理论，可能是国内外第一个按照生活（养）能力进行全生命周期划分的理论，形成一个研究养问题的理论框架和话语体系。用它做框架，可以研究婴幼儿阶段的抚养问题，可以研究学龄阶段的能力培养问题，可以研究中青年的养生和保健问题，可以研究老年人的康养、医养等养老问题。

二是全人全生命周期医养结合理论。它是在全生命周期养能力发展理论的框架和话语体系上融入医（疗）的元素构建完成，以清晰的医养结合概念为指引，以医养结合六要素为抓手来落实医养结合的实践问题，提供全面、具体、科学的理论指导。

两套理论的的要点是：

1. 全生命周期养能力发展理论，采用养能力水平作为尺度，将人的一生分成3期9阶段。建立了涵盖全生命周期的以个体养能力为标志的人群分群标准。老年期被分为活力阶段，过渡阶段和失能阶段。

2. 老年人的三阶段分别对应着三种养能力状态：活力阶段是“自养+养他人”；过渡阶段是“部分自养+部分被养”；失能阶段是“被养”。为合理分配医、养资源提供了分析架构和理论依据。

3. 全生命周期医养结合理论系统阐述了人、医、养三者之间的关系，理清楚了许多有关医和养的模糊概念和认识；赋予了全生命周期“医养结合”与“医养独立”明确、清晰的定义。

既往，人们对医养结合概念的普遍认识为：“医养结合”是指将医疗卫生资源与养老服务资源相结合，实现社会资源最优化配置。笔者认为这个描述是实现“老年人医养结合”的手段之一，不是老年人“医养结合”概念的定义，更不是全人全生命周期“医养结合”概念的定义。到本书出版为止，在某种程度上讲，医养结合还只是囿于老年人范围内的一个理念、一个目标，医养结合概念的定义是缺位的。《全生命周期养能力发展与医养结合理论》填补了这个空白。当然，还需要广泛讨论、商榷。

4. 在医养结合实践层面上，《全生命周期养能力发展与医养结合理论》总结出医养结合工作中存在着六个要素。医养结合工作中的难点堵点主要存在于六个要素之中，厘清六个要素以及它们之间的相互关系，相当于掌握了开锁的钥匙。政策引导、财政支持、人才建设和理念普及都可以围绕这六个要素而展开。

以上四个要点也是解读《意见》的主要工具。如果政策层、监管层、操作层在统一的理论框架、话语体系和语境下，理解、落实下面的《意见》会更容易、更协调、更具体、更接地气、更有效率。

《意见》原文（第一部分）：

关于进一步推进医养结合发展的指导意见

国卫老龄发〔2022〕25号

各省、自治区、直辖市人民政府，国务院各部委、各直属机构：

推进医养结合是优化老年健康和养老服务供给的重要举措，是积极应对人口老龄化、增强老年人获得感和满意度的重要途径。近年来，医养结合政策不断完善，取得积极进展，但在政策支持、服务能力、人才建设等方面仍存在一些难点堵点问题。各地各相关部门要坚持以习近平新时代中国特色社会主义思想为指导，认真贯彻落实党中央、国务院决策部署，进一步完善政策措施，着力破解难点堵点问题，促进医养结合发展，不断满足老年人健康和养老服务需求。经国务院同意，现提出以下意见：

一、发展居家社区医养结合服务

（一）积极提供居家医疗服务。各地要结合实际建立完善居家医疗服务规范、技术指南和工作流程，明确相关政策，支持有条件的医疗卫生机构为居家失能（含失智，下同）、慢性病、高龄、残疾等行动不便或确有困难的老年人提供家庭病床、上门巡诊等居家医疗服务。推进“互联网+医疗健康”“互联网+护理服务”，创新方式为有需求的老年人提供便利的居家医疗服务。（国家卫生健康委、工业和信息化部、国家中医药局、国家疾控局等按职责分工负责，地方各级人民政府负责落实。以下均需地方各级人民政府落实，不再列出）

（二）增强社区医养结合服务能力。实施社区医养结合能力提升行动，有条件的社区卫生服务机构、乡镇卫生院或社区养老服务机构、特困人员供养服务机构（敬老院）利用现有资源，内部改扩建一批社区（乡镇）医养结合服务设施，重点为失能、慢性病、高龄、残疾等行动不便或确有困难的老年人提供医养结合服务。扎实做好基本公共卫生服务，积极推进老年健康与医养结合服务项目实施，加强老年病预防和早期干预。发挥中医药和中西医结合在养生保健、慢性病防治等方面的优势，推动中医药进家庭、进社区、进机构。有条件的地方可按照知情、同意、自愿的原则，为老年人免费接种流感、肺炎等疫苗。在做实老年人家庭医生签约服务的基础上，稳步提高失能、慢性病、高龄、残疾等行动不便或确有困难的老年人家庭医生签约服务覆盖率。（国家卫生健康委、国家发展改革委、民政部、财政部、自然资源部、住房城乡建设部、国家中医药局、国家疾控局、中国残联等按职责分工负责）

解读：

1. “积极提供居家医疗服务。”是将专业医疗措施投送到长者居住的家庭里，即长者居住点，这是发展居家社区医养结合服务的难点和堵点。当前居家社区医养结合的现状及存在的困难详见本书第八章。在全生命周期养能力发展与医养结合理论指导下，“居家社区中的老年人医养结合规划”详见本书第十四章。如何完成以下要求：“各地要结合实际建立完善居家医疗服务规范、技术指南和工作流程，明确相关政策，支持有条件的医疗卫生机构为居家失能（含失智，下同）、慢性病、高龄、残疾等行动不便或确有困难的老年人提供家庭病床、上门巡诊等居家医疗服务。”所需的理论指导、工作抓手就在医养结合理论 6 个要素里面。

2. “为居家失能（含失智，下同）、慢性病、高龄、残疾等行动不便或确有困难的老年人提供家庭病床、上门巡诊等居家医疗服务。”这是医养结合工作中的六要素之一：服务客体人群定位的问题。全生命周期养能力发展理论和医养结合理论为全社会提供了一个共同语境：依据养能力评估为标准，建立起全生命周期人口的分群方法，其中老年人可以划分为活力阶段、过渡阶段、失能阶段，按照该理论，无需按照列举的方式加以范围划分，如失能（含失智）、慢性病、高龄、残疾等来划分老年人群体，因为这些都是因，生活能力（养能力）才是果，原因可以有许多种，但结果（状态）只有一个。

活力阶段的老人（有或无慢性病）都属于可以自由行动的社会人，可以自行选择就近的社区卫生服务机构、乡镇卫生院接受独立的医疗服务或医院医养结合服务，享受便利的在地服务；也可以自行选择较远的大型、高级别综合医院、老年病专科医院接受独立的医疗服务或医院医养结合，享受更高水平的医疗服务。如何选择取决于活力老人和家属的意愿，也取决于病情缓急及严重程度，政策（分级诊疗办法）引导也非常重要。积极老龄观、健康老龄化、老有所为、老有所乐的行动和成果也主要发生在活力阶段。

只有过渡阶段、失能阶段的老年人才需要居家社区医养结合服务：专业医务人员提供上门的专业医疗服务，家属、家政、护理员提供定时上门或持续在家生活服务，两者合作配合，共同完成居家社区医养结合服务。

3. “增强社区医养结合服务能力。”是以社区为区域单位，建设好、准备好能把专业医疗服务即医疗措施投送到长者居住点的人力、物力和服务平台。这是加强供给侧服务能力建设的问题。难点和堵点在于建设什么样的社区小微医疗机构或/和如何激发已有的存量医疗（机构）资源？配备什么样的软件、硬件、机制（市场为主还是公办基层医疗机构为主）和医疗支付手段，才能增强医疗服务投送能力，将医疗服务投送到过渡阶段、失能阶段老人的家庭住处，为这些行动不便或确有困难的老年人提供医养结合服务。这个问题涉及到多部门联合协同作战，更需要共同的医养结合理论体系和语境来统一思想和行动。

《意见》原文（第二部分）：

二、推动机构深入开展医养结合服务

（三）支持医疗卫生机构开展医养结合服务。鼓励医疗卫生机构依法依规在养老服务机构设立医疗服务站点，提供嵌入式医疗卫生服务。推动医疗卫生机构将上门医疗服务向养老机构拓展，为符合条件的入住养老机构的老年人提供家庭病床、上门巡诊等服务。各地要优化医疗资源布局，通过新建、改扩建、转型发展等方式，加强康复医院、护理院（中心、站）和安宁疗护机构建设，支持老年医学科和安宁疗护科发展，支持医疗资源丰富地区的二级及以下医疗卫生机构转型，开展康复、护理以及医养结合服务。推动建设老年友善医疗卫生机构，方便老年人看病就医。公立医疗卫生机构开展居家医疗服务、医养结合签约服务，以及医疗资源富余的二级及以下公立医疗卫生机构利用现有床位开展养老服务，要严格执行相关规范，收入纳入医疗卫生机构收入统一管理。（国家卫生健康委、国家发展改革委、民政部、国家中医药局等按职责分工负责）

（四）各地要在摸清失能等老年人底数的基础上，结合入住需求和意愿，采取差异化补助等多种措施，推动养老机构改造增加护理型床位和设施，支持社会力量建设专业化、规模化、医养结合能力突出的养老机构，主要接收需要长期照护的失能老年人。各地要指导支持养老机构、医疗卫生机构开展签约合作，为养老机构提供预约就诊绿色通道、上门巡诊等服务，做实合作机制和内容，提高医养结合签约服务质量。鼓励大型或主要接收失能老年人的养老机构内部设置医疗卫生机构，支持内设医疗卫生机构加强能力建设，提升诊疗服务质量。（民政部、国家发展改革委、国家卫生健康委、国家中医药局、国家疾控局等按职责分工负责）

解读：

2015 年和 2019 年发布的《意见》主要推动养老机构内设医疗机构以及开展医养结合服务。2022 年发布的《意见》重点推动医疗机构开展医养结合服务。

在统一的医养结合理论架构下解读以下两者的特点：

医办养，隔层纱。纱是什么？如何破纱？医办养有什么特色？为什么没有遍地开花、结果？下一步怎么走？详见本书第六章、第十二章。

养办医，隔层“山”。“山”是什么？如何平山和爬山？养办医有什么特色？为什么步履艰难？下一步怎么走？详见本书第七章、第十三章。

《意见》原文（第三部分）：

三、优化服务衔接

（五）加强医疗养老资源共享。各地要推动社区医疗卫生、养老服务、扶残助残等公共服务设施统筹布局、资源共享。推进社区卫生服务机构与社区养老服务机构、社区康复站，乡镇卫生院与特困人员供养服务机构（敬老院），村卫生室与农村幸福院、残疾人照护机构统筹规划、毗邻建设，采取多种有效方式，实现资源共享、服务衔接。将养老机构内设的医疗卫生机构纳入医疗联合体管理，与医疗联合体内的牵头医院、康复医院、护理院（中心、站）等建立双向转诊机制，提供一体化、连续性服务，实现医疗、康复、护理、养老服务资源的高效协同。鼓励基层积极探索相关机构养老床位和医疗床位按需规范转换机制。（国家发展改革委、民政部、自然资源部、

住房城乡建设部、国家卫生健康委、国家医保局、国家中医药局、中国残联等按职责分工负责）

解读：

老年人的生活（养）能力退化是一个连续性的过程，养能力的变化也是一个连续性的过程，睁眼起床多件事，吃喝拉撒和洗睡、柴米油盐酱醋茶及其他，日日重复，不存在明显的服务节点，只存在服务地点的变化。而专业医疗服务存在明显的节点，因为疾病从发病到治愈或稳定需要经历急性期、亚急性期、恢复期、稳定期、痊愈或后遗症期。因而，医疗服务的节点就是医养结合服务的节点，对老年人来说全部节点至少包括医院医养结合、接续性医疗机构医养结合、养老机构医养结合或居家社区医养结合等节点。衔接的原则、共识，节点把握等详见本书第十一章。

《意见》原文（第四部分）：

（六）积极发挥信息化作用。依托全民健康信息平台和“金民工程”，建设全国老龄健康信息管理系统、全国养老服务信息系统，全面掌握老年人健康和养老状况，分级分类开展相关服务。实施智慧健康养老产业发展行动，发展健康管理类、养老监护类、康复辅助器具类、中医数字化智能产品及家庭服务机器人等产品，满足老年人健康和养老需求。（国家卫生健康委、工业和信息化部、民政部、国家中医药局等按职责分工负责）

四、完善支持政策

（七）完善价格政策。公立医疗卫生机构为老年人等人群提供上门医疗服务，采取“医药服务价格+上门服务费”的方式收费。提供的医疗服务、药品和医用耗材，适用本医疗卫生机构执行的医药价格政策。上门服务费可由公立医疗卫生机构综合考虑服务半径、人力成本、交通成本、供求关系等因素自主确定。已通过家庭医生签约、长期护理保险等提供经费保障的服务项目，不得重复收费。公立医疗卫生机构开展养老服务，收入单独核算或单列备查账管理，收费标准要综合考虑服务成本、供求关系、群众承受能力等因素，原则上由价格主管部门核定后执行，具备招标条件的，鼓励通过招标方式确定。（国家发展改革委、国家卫生健康委、民政部、市场监管总局、国家医保局等按职责分工负责）

（八）加大保险支持。及时将符合条件的养老机构内设医疗卫生机构纳入医保定点管理。根据医养结合特点，合理确定养老机构内设医疗卫生机构医保总额控制指标，探索对安宁疗护、医疗康复等需要长期住院治疗且日均费用较稳定的疾病实行按床日付费，鼓励有条件的地方向提供医养结合服务的定点医疗卫生机构预付部分医保资金。按程序将符合条件的治疗性医疗服务项目纳入医保支付范围，足额支付符合规定的基本医保费用。稳步推进长期护理保险制度试点，适应失能老年人基本护理保障需求。鼓励商业保险将老年人预防保健、健康管理、康复、护理等纳入保障范围。(国家医保局、国家卫生健康委、民政部、财政部、银保监会、国家中医药局等按职责分工负责)

（九）盘活土地资源。医疗卫生用地、社会福利用地可用于建设医养结合项目。允许盘活利用城镇现有空闲商业用房、厂房、校舍、办公用房、培训设施及其他设施提供医养结合服务，并适用过渡期政策，五年内继续按原用途和权利类型使用土地。完善土地支持政策，优先保障接收失能老年人的医养结合项目用地需求。允许和鼓励农村集体建设用地用于医养结合项目建设。(自然资源部、住房和城乡建设部、农业农村部、国家发展改革委、国家卫生健康委、民政部等按职责分工负责)

（十）落实财税优惠。有条件的地方可通过相关产业投资基金支持医养结合发展。落实有关税收优惠政策，支持社会力量提供多层次、多样化医养结合服务。通过政府购买服务等方式，统一开展老年人能力综合评估，支持符合条件的医疗卫生机构为老年人提供基本公共卫生、家庭医生签约等服务，支持符合条件的养老机构为老年人提供基本养老、家庭养老床位签约等服务。(财政部、人民银行、税务总局、银保监会、国家卫生健康委、民政部、国家医保局、国家疾控局等按职责分工负责)

解读：涉及部门越多，对公共政策的理解、讨论和执行，越需要有共同的语境，必须在概念、定义、行为的基本内涵和外延上达成一致，否则很难达成共识并形成清晰的工作思路。

其中“（八）加大保险支持”里面的医保支持是一个大问题，是医养结合工作的难点堵点问题之一。如何破题？详见本书第十七章。

《意见》原文（第五部分）：

五、多渠道引才育才

（十一）加强人才培养培训。加快推进医疗卫生与养老服务紧缺人才培养，将老年医学、护理、康复、全科等医学人才，养老护理员、养老院院长、老年社会工作者等养老服务与管理人才纳入相关培养项目。鼓励普通高校、职业院校增设健康和养老相关专业和课程，扩大招生规模，适应行业需求。大力开展医养结合领域培训，发挥有关职业技能等级证书作用，进一步拓宽院校培养与机构培训相结合的人才培养培训路径。鼓励为相关院校教师实践和学生实习提供医养结合服务岗位。(教育部、人力资源和社会保障部、国家卫生健康委、民政部、国家中医药局等按职责分工负责)

（十二）引导医务人员从事医养结合服务。基层卫生健康人才招聘、使用和培养等要向提供医养结合服务的医疗卫生机构倾斜。根据公立医疗卫生机构开展医养结合服务情况，合理核定绩效工资总量。公立医疗卫生机构在内部绩效分配时，对完成居家医疗服务、医养结合签约等服务较好的医务人员给予适当倾斜。支持医务人员特别是退休返聘且临床经验丰富的护士到提供医养结合服务的医疗卫生机构执业，以及到提供医养结合服务的养老服务机构开展服务。鼓励退休医务人员到提供医养结合服务的医疗卫生机构和养老服务机构开展志愿服务。（国家卫生健康委、人力资源和社会保障部、教育部、财政部、民政部等按职责分工负责）

（十三）壮大失能照护服务队伍。通过开展应急救助和照护技能培训等方式，提高失能老年人家庭照护者的照护能力和水平。加强对以护理失能老年人为主的医疗护理员、养老护理员的培训。鼓励志愿服务人员为照护居家失能老年人的家属提供喘息服务。（人力资源社会保障部、国家卫生健康委、民政部、国家中医药管理局、应急部、共青团中央等按职责分工负责）

解读：

医养结合理论六要素中最重要的一个元素是人，而且医养结合是劳动力密集型行业。解决思路详见本书第十六章。

《意见》原文（第六部分）：

六、强化服务监管

（十四）加强行业监管。将医养结合服务纳入医疗卫生行业、养老服务行业综合监管和质量工作考核内容，将养老机构内设医疗卫生机构纳入医疗卫生机构“双随机、一公开”监督抽查范围，将医疗卫生机构开展养老服务纳入养老机构“双随机、一公开”监督抽查范围，引导相关机构持续优化医养结合服务。各相关部门要强化信息共享，健全各司其职、各负其责、相互配合、齐抓共管的协同监管机制，着力推动解决影响服务质量安全的突出问题。（国家卫生健康委、民政部、市场监管总局、国家疾控局等按职责分工负责）

（十五）落实传染病防控和安全生产责任。养老机构内设医疗卫生机构要严格执行传染病防控和医疗机构感染防控各项要求，妥善安排对内和对外服务，坚决防范疾病传播。医疗卫生机构提供养老服务的场所要与医疗服务区域实行分区管理，做到物理隔离、独立设置。本地区发生重大传染病疫情期间，医疗卫生机构提供养老服务的场所要根据疫情形势配备专职医务人员及其他必要工作人员，非紧急必须情况不与医疗服务区域交叉使用设施设备、物资等，确需使用的，要严格落实防控措施。有关部门要加强监督指导，推动责任落实，坚决防范疫情风险。各地要督促提供医养结合服务的相关机构严格落实安全生产和消防安全主体责任，及时消除安全隐患，维护老年人生命安全和合法权益。严禁利用易燃可燃彩钢板材料搭建有人员活动的场所。对不

具备安全生产和消防安全条件、存在重大安全隐患的，依法依规予以处理。（各相关部门按职责分工负责）

各地区各有关部门要加强组织领导，将推进医养结合发展纳入经济社会发展规划和国民健康、医疗卫生服务体系、老龄事业发展和养老服务体系等相关规划。建立完善多部门协同推进机制，动员社会力量广泛参与，以养老服务为基础，以医疗卫生服务为支撑，推动医养有机衔接，完善和落实各项政策措施。国家卫生健康委会同民政部等部门加强对各地破除医养结合难点堵点问题的督促指导。加强政策培训和宣传引导，组织实施医养结合示范项目，及时总结推广典型经验，推动医养结合高质量发展。

国家卫生健康委　国家发展改革委
教育部　民政部
财政部　人力资源社会保障部
自然资源部　住房城乡建设部
应急部　市场监管总局
国家医保局
2022 年 7 月 18 日

解读：涉及部门越多，对公共政策的理解、讨论和执行，越需要有共同的语境和架构，需要在概念、定义、行为的基本内涵和外延上达成一致，否则很难达成共识并形成清晰的监管思路。达不成共识，则会出现管理错位和管理失位并存现象，进而影响制度建设，影响医养结合工作的发展落位。比如在医养结合六个要素内容中，医院医养结合的六要素与居家社区医养结合和养老机构医养结合的六要素就差异很大，可以说，此医养结合非彼医养结合，此医非彼医，此养非彼养。如何把这种差异体现在制度、监管工作中，需要多部门达成共识。再以医养结合机构为例，在如何认识医养结合机构性质、定位、服务内容和监督管理等方面，到目前为止，各部门并未达成完全一致。是按养老机构管理？医疗机构管理？还是按医养结合机构管理？按医养结合机构管理时，是不是把养老机构管理制度和医疗机构管理制度的条文搬过来相叠加就可以？各方围绕着医养结合机构的目的、管理如何清晰定位，如何调整监管措施就成为创新之举还是削足适履的选择题。

再比如，老年人的医养结合和未成年人、成年人的医养结合在地点方面相比较：相同点是都存在医院医养结合，不同点是老年人医养结合的地点多了一个养老机构和一个居家社区，这一个地点要素的变化随之带来其他五个要素的变化。中国人常说因地制宜，用到这里，则是要为养老机构和居家社区这两个地方的医养结合工作量身定制，这个量身定制，即医养结合中六要素和支付办法的调整，使之适合这两个地点发生的长期、适度、高性价比的医养结合服务。详见本书第十三章、第十四章、第十五章、第十七章。

具有中国特色的医养结合养老服务已经摸索实践了八九年，厚积薄发，理论建设和实践落地应该也是水到渠成，到了破题的时候了。

附录三　解读养生、康养、医养、养老、医养康养相结合等热词

第一节　养生、康养、养老、养护、养育、疗养等概念的解释

一、养生与康养

从社会学和营养学角度来解释养生与康养。

（一）养生

养生是采用多种方式来滋养生命。

（二）康养

康养是采用健康的多种方式来滋养生命。

康养是采用健康的方式来养生或者说康养是健康方式的养生。

康养是采用多种符合健康的生活方式来滋养生命，让生命机体维持身心健康。

康养是采用多种科学的滋养方式来使生命机体保持身心健康。

（三）养生与康养之间的关系

养生和康养可以视为同义词。但是，词性有点区别。

养生这个词比较中性和内卷，多少有点自我和消极的感觉，比如形容一名球员积极性、拼搏不足，则说是踢（打）的“养生球”。康养这个概念比较积极和外向，所以当前大家也都更愿意使用康养这个词。

（四）康养（养生）的目的

从社会行为学、营养学、心理学等多角度看，康养是一系列的人类行为活动集合，它的目的是维护人类生命机体在全生命周期过程中的身心健康，提高生命质量。身心健康维度包括了“健康—亚健康—病患临床”等状态。生命质量包含三个维度：一是生命长度，二是生命丰度（厚度），三是生命自由度。而康养行为覆盖了“成长期—成年期—老年期”的人生全过程，康养是全生命周期的康养。内容上包含对

“身、心、社”的全面养护，不仅致力于生命长度，更关注生命质量。康养应该致力于让人维持良好的健康状态，增强生命活动自由度。

在生命周期的不同阶段，康养行为的目的内容也不完全相同：在成长期内，康养的重点是养育、健康、成长和增长包括养能力在内的各种能力；在成年期内，康养（养生）以健康促进为主，来保障生命个体历经芳华，开花、结果和贡献；在老年期内，康养（养生）以健康维持、以生活（养）能力维持在自理水平以上为主，以老有所为、老有所乐为目的。

在本书第一章，论述了（康）养的三层次内容，将三层次的（康）养内容做好、协调好，互为因果，就是最好的康养。

二、医养、疗养、养护、养老等概念

（一）医养

医养即医养结合，这个概念出现的时间比较晚，只有十余年的历史。但是，“医养结合”概念未被提出并不等于“医养结合”行为以前也不存在，实际上“医养结合”行为自古就存在，时间久远。中医提倡的“三分医七分养”就是这个道理。现代医学也是从原始社会“养”“医”不分的混沌之中，随着社会的进步，由于社会化分工才单独分离出来，形成了一套不断完善的理论、技术和运作体系。

我国在 1999 年进入了老龄化社会，中国的养老人和学者通过了解老年人身体活动能力和疾病状况的特性后，为了更好地服务于老年人，在世界范围内首次提出了具有中国特色的一个概念——“医养结合”，并努力探索医养结合养老模式。医养结合这个概念（理念）提出后，从上到下，从下及上，质疑的声音和赞同的声音一直都存在，但是实践摸索一直没有停止，而且取得了许多宝贵的实践经验。但是对于医养结合理论的研究和建设一直比较滞后，缺乏理论创新和构建。本书尝试对全生命周期“医养结合”概念给出比较完整的解释和界定，创立了“全生命周期医养结合理论体系”。

根据全生命周期医养结合理论的观点，“医养结合”行为具有特定的时间、地点和受众人群限定。比如特定的时间段是指在全生命周期的成长期全过程、成年期全过程和老年期的第一阶段过程中，生命机体处于“病患临床”状态时才开始触发“医养结合”，触发后“医养结合”行为一般持续时间也比较短暂和可预期，病患解除或好转后“医养结合”服务终止个体回归持续的、独立的“养”和偶发的、独立的“医”。只有老年期第二段、第三段时才开始特殊的而且长期的“医养结合”服务。

（二）疗养

这个概念历史悠久。清代蒲松龄《聊斋志异·蹇偿债》中："驹与雄马同枥，龁折胫骨……谓公曰：'乞以驹付小人，朝夕疗养，需以岁月。'"邹韬奋《萍踪寄语》九一："此外还有一个特别膳食，是预备病人疗养用的，菜单由医生依病人特殊情形审定的。"

"疗养"是与"医养"最相近的一个概念。"疗养"是以治疗慢性疾病、休养、养护、康复为目的的医疗和生活调理相结合的综合活动。疗养类型分为健康疗养、慢性病疗养、老年病疗养、骨伤、职业病疗养、亚健康疗养等，大多疗养旅游区有各自的特点和疗养适应症。疗养一般以疗养院为主要依托形式。疗养院一般处于海滨、矿泉、湖泊风景区，根据自然条件开展水疗、泥疗、森林浴、日光浴等，还应用多种疗养措施如理疗、体疗、疗养营养和疗养心理等综合作用，以提高疗养效果。疗养院强调优美宜人的自然环境及良好的社会环境，医护人员热情的服务态度、合理的作息制度和有益的文娱活动，使疗养人员处于良好的身心健康状态。

（三）养老

老年人主动选择或被动接受的滋养生命的生活方式和服务内容。根据目前的标准规定，生命个体超过 60 岁即进入养老生活期。过了 60 岁这个时间点，她或他主动或被动选择的生活方式，均被打上了养老这个烙印，比如说生命个体 60 岁之前的养生（康养）行为，过了 60 岁就归入了养老行为这个大类。这期间生命个体选择的生活行为和选择他人提供的各种服务都属于养老生活的概念范畴。关于养老方式，不完全统计就包括以下数种：

1. 家庭养老，即老年人选择居住在家中延续以往家庭的生活、养生、康养模式和习惯，接受的养老生活服务主要由具有血缘关系的家庭成员提供。

2. 居家养老，即居家社区养老，老年人选择居住在家中延续以往的生活、养生、康养模式和习惯，接受的养老生活服务主要由社会第三方来提供。该模式适合子女无暇照顾，有一定自理能力且不愿意离开原有熟悉环境的老年人。

3. 机构养老，即老人居住在专门的养老机构中接受医养和康养的生活模式。主要有：养老院、护理院、临终关怀机构。

4. 其他养老模式：互助养老、以房养老、旅游养老、候鸟式养老、异地养老、乡村田园养老等。

（四）养护

这是一个复合词汇，仍然是"养"的意思。在古代，尤其是甲骨文时代，惜字如金，常用一个字来表达很多意思，而到了现代社会，汉字多用复合词，所以养护还是养的意思。拆分开看，包含了养和护理的内容。这个词比较中性，既可用于植物也可以用于动物，比如养护草地，养护森林，养护小动物。相同的意思用于人类的时候多用其他词汇来代替，用于成长期的孩童使用抚养、养育等词汇，用于老年期的老年人时使用赡养、照护来代替。

总之，康养与医养、疗养、养护、养老这几个概念相比，康养是一个更具包容性、更宽泛、更积极的概念。医养、疗养、养护、养老被包含在了康养这个大概念里边，它们是康养这个大概念里的具体组成部分。这些概念之间你中有我，我中有你，有时候可以互相替代。

第二节　医养结合与医养康养相结合的关系

近两年来又出现了一个新的提法，那就是医养康养相结合。2021 年 3 月 5 日，第十三届全国人民代表大会第四次会议通过的政府工作报告中提出“促进医养康养相结合，稳步推进长期护理保险制度试点。发展普惠型养老服务和互助性养老。发展婴幼儿照护服务。发展社区养老、托幼、用餐、保洁等多样化服务，加强配套设施和无障碍设施建设，实施更优惠政策，让社区生活更加便利”。

这是本书对医养康养相结合提法的解读：医养康养相结合 = 医养结合+康养（养生）（独立的养+独立的医）。

这个新提法的意义有以下两点：

第一，重点强调健康管理，把关注点放在了促进健康、维持健康方面。强调强化健康的生活方式，延长老人的无病生存状态或健康生存时间，少长病、晚长病，这些与党和政府提倡的积极老龄观、健康老龄化的要求一脉相承。

第二，医养康养相结合覆盖整个老年期的老人，但重点更突出、更明确。

根据全生命周期养能力发展理论的分类，老年人第一阶段活力老人的生活目标是老有所为、老有所乐、老有所学，这个阶段主要需要的是康养，即独立的养和独立的医，而不是医养结合。在这个阶段，老人是能够自己自主的去各种类型的医院寻求医生的建议、检查和处方，然后回到家康养或到疗养胜地进行康养、调理，也可以自行去医疗机构进行康复治疗。“医”和“养”绝大多数时间是分离的，只有病情达到了需要住院治疗的程度才开始医养结合，而且是以医疗机构为主作为医养结合的地点，经过治疗，生理机能恢复，生活自理，回归家庭和社会，一个特定时间阶段的医养结合服务结束，又开启了一个新阶段的康养养老生活。

随着年龄增加，到了老年期第二阶段——过渡阶段，老年人的身体机能和活力恢复能力降低很多，一次意外事故或者一次慢性病急性发作后，虽然经过综合医院或相关专科医院的以医为主的“医养结合”综合治疗，病后身体功能也会出现两个方向的转归。一是好的转归，经过治疗，生理机能恢复，生活自理，回归家庭和社会，一段发生在医院里面的“医养结合”服务结束，再开始新的康养养老生活周期；二是不理想的转归，经过治疗，生理机能和功能恢复不理想，生活不能自理，但生命体征稳定，进入了老年期的第三阶段——失能阶段。需要转回家庭或养老机构进行长期的以养为主的“医养结合”服务，一段长期的养护照顾，一段长期的对症医疗措施处理。这个时期的医养结合服务目的是让老人老有所靠，老有所医，老有所尊，老有所安，老有所终。

附录四 “人都送到医院了，为啥还得请护工?”

“看着姥姥两条胳膊上青一块紫一块，我们全家人都很愤怒。”2021 年 12 月 21 日，北京市民肖华（化名）的姥姥强烈要求出院。到家之后，老人告诉家人，自己在医院被护工虐待了，所以才拒绝继续在该医院接受治疗。

肖华告诉《法治日报》记者，她姥姥 12 月 17 日送到北京一家三甲医院进行急救。急救结束后，老人留院观察。原本家人是不准备找护工的，但医院不允许家属陪护，说是疫情防控的需要，并称医院有合作的护工可以提供陪护服务。

“护工可凶了，嫌我胖，帮我翻身时特别用力，还使劲儿打我。”老人说。肖华赶紧拍下视频和照片，找院方交涉，院方表示经过调查后会给个说法。12 月 30 日，医院给了护工所属公司的电话号码，让她直接和对方联系。

“没想到护工会这么对待病人!”肖华说，“护工的工作为什么医院不能承担，为什么护士不能承担?”

这不仅是肖华心中的疑惑，也是很多人的心声。

据了解，我国护工群体最早出现于 20 世纪 90 年代初期，成因复杂，既有经济社会快速发展、医疗护理资源短缺，无法满足群众需求的因素；也有父母生病住院，而很多独生子女无暇照顾的现实困境；还有当时医疗行业改革市场化导向的契机，导致“护工大军”逐渐形成。

随着护工群体的快速发展壮大，入职门槛低、专业素养差、乱收费，甚至虐待病人等问题相伴而生，备受社会诟病。

近日，多位接受记者采访的患者及家属、专家学者呼吁，借助医疗改革契机，扩大护士队伍、配足力量，新设助理护士岗位来承担病人的生活护理工作，将护工取而代之，以此提升护理的专业化、职业化水平，进一步满足人们对护理服务的需求。

“孩子赚的钱还不够请护工的”

今年 30 多岁的北京市民林女士在一家事业单位工作。近年来，她有过多次请护工的经历，不管是自己生孩子住院，还是父母家人生病住院。虽然护工的存在解决了她的大难题，但在她看来，请护工实属无奈之举。

2017年的时候，林女士的婆婆做心脏微创手术，医院要求家属陪护，可考虑到自己和丈夫白天都要上班，还得照顾孩子，实在没有精力陪护，于是在一款专业App上聘请了一名护工，每天的费用为220元。

2021年2月，林女士住院生二胎，出于疫情防控需要，所在医院规定家属不能进入病房，但给每个病房配备了一名护工，负责产妇和新生儿的基础护理工作，每天的护工费为300元。住院7天，林女士医疗费报销后自付4400多元，护工费支出2100元。

因剖宫产失血800毫升，林女士生完孩子后身体非常虚弱。护工24小时在病房，扶她上厕所、为孩子更换纸尿裤、协助喂奶等，工作比较尽心。交谈中，林女士得知，医院配备的护工并非医院职工，而是一家跟医院合作的公司派驻的人员。

“护士不就是护理人员吗？这些活为什么护士不干，却要让外来的护工干？这不是给患者家庭额外增加经济负担嘛。”林女士说，当时一名护工负责一个病房，照顾2至3名产妇及其婴儿，也就是说，一个病房每天的护工费用支出为600元或900元，“这笔钱完全够增加一两名护士了”。

采访中，很多人都有过与林女士相似的经历，也表达了与林女士一致的看法。

“护工费真是一笔不菲的支出，要不是我们姐弟4人分摊，压力就太大了。”39岁的上海市民张强（化名）如是说。

他回忆道，2020年年初，母亲患重病住院。一开始，在亲属陪护和护工之间，他和3个姐姐选择了前者，大家轮流陪护。后来新冠肺炎疫情暴发，医院加强了病房管理，加上3个姐姐住得远来回不便，陪护母亲的重任就落到了张强一个人身上。

对张强来说，照顾母亲本是分内之事，但工作、家庭、陪护连轴转，让他实在“吃不消”。后来一家人商量，请了一名护工24小时陪护，每天300元护工费，一个月9000元。

记者以需要请护工为由，咨询了北京、上海、广州、成都等地多家提供护工服务的家政公司得知，一对一的护工费用基本在每天200元至300元之间，一些重病患者的陪护费用更高。

2021年夏天，天津市蓟州区居民王中华（化名）因心脏病发作到天津一家三甲医院住院。因心疼两个儿子工作忙、家庭负担重，王中华主动提出不要孩子陪护。可两个儿子担心母亲没人陪护不方便、出意外，经商量，还是给母亲请了一名护工。

听说护工费每天240元，住院10天就要2400元，王中华心疼地直念叨：“太贵了，孩子赚的钱还不够请护工的。”

如果有家人生病住院一个月，按照每天240元计算，仅护工费一个月就要7200元。

记者查阅资料发现，天津市2020年度职工平均工资每月为6777元，而在天津市蓟州区，很多普通工薪家庭职工的月收入也就三四千元。也就是说，在天津，普通职工仅凭个人工资收入是负担不起护工费的。

“每天200元，7天1400元，加上200多元饭钱，共支出1600多元。”近日，河北保定市民郑刚（化名）在母亲康复出院后，算了一笔账，母亲生病住院7天，医药费走医保报销后自付2000多元，而护工费支出达1600多元。

郑刚的母亲今年89岁，患有冠心病、高血压、糖尿病等多种疾病，住院治疗是家常便饭，请护工也成为常态化选择。“没办法。医院跟我说，要么家属照顾老人，要么请护工，我每天要照料女儿家的起居生活，接送外孙上、下学，再说我这岁数，也没体力、精力去熬夜照顾老母亲。”郑刚说，对于他这种普通家庭而言，护工费支出无疑是一项沉重的负担。

对此，安徽省宿州市埇桥区居民马朝云（化名）也深有体会。2021年10月中旬，他骑电动车不小心摔伤，腿骨骨折。办理住院时院方明确表示，病人住院期间需要有人陪护，如果亲属无法陪护，就得请护工，护工费自理。

经人介绍，马朝云加入了一个护工微信群，从中得知护工收费起步价为一天240元，根据病人的年龄、自理能力等情况，还需要增加相应费用，此外还要承担护工每天的伙食费。

最终，马朝云请了一名护工，每天费用为260元，包括240元护工费和20元伙食费。住院17天，他共计支出护工费用4420元。“我一个月都挣不到4420元。”马朝云对记者说，没想到住院还有护工费这么一大笔支出，老百姓常说生不起病、住不起院，别说医疗费了，长时间住院，连护工费都付不起。

确实，对于有病人需要长期住院的家庭来说，护工费支出负担之重，感受尤为深切。

2020年下半年，北京市民王淑芬（化名）的父亲因为膀胱癌、脑梗入住北京一家三甲医院，并通过医院请了一名24小时护工，该护工负责病房两位病人的生活护理，每位病人每月需要支付护工费6000元。

王淑芬的父亲在医院住了10个多月后，于2021年6月不幸去世。其间，除了医药费外，她先后支付了6万多元护工费。“每次付钱时我都在想，为什么要额外请护工？把病人送到医院以后，护理工作难道不应该由医院来负责吗?”王淑芬说。

“只要会照顾人就可以上岗”

让王中华尤为不满的是：“花了那么多钱，护工的服务却不咋样。”

她告诉记者，一开始，特别是她儿子在场时，护工表现得很有耐心、很勤快，给自己喂饭、换衣服，搀扶自己上厕所，服务挺周到；然而没过几天，护工就开始表现出不耐烦，常常是一副爱答不理的样子，饭也不喂了。在自己反复提出要求后，护工烦了还随手打她两下。

这并非个例。采访中，多位患者和家属向记者吐槽护工的专业素养和职业操守问题。

北京市民苏溪（化名）前段时间在北京某三甲医院陪护母亲时，多次看到护工不经同意便擅自吃病人的食物。有一次，病房里一位老人的子女送来了水果和营养品。等子女一走，护工就打开包装袋，靠在折叠床上自顾自地吃了起来，完全不避讳病人和旁人。

更让苏溪难以接受的是，有的护工还虐待病人。苏溪母亲对面的病床上住着一位刚截肢的老人，待麻药的劲儿过去后，老人感到疼痛并哭喊起来。护工见状立刻训斥道："哭什么哭，谁做完手术不疼呀。再哭，就不管你了。"老人赶忙止住哭声。此后，老人多次被护工训斥。

种种场景，让苏溪坚定了"再苦再累也得自己陪护母亲，坚决不找护工"的决心。

病人喊了几次都不理、一有事就嫌麻烦数落病人；给不想吃饭的病人喂饭时，强行撬开病人的嘴巴，用汤勺硬塞进去……在广东做过多年护工的湖南邵阳人谢女士，非常看不惯一些同行的所作所为，最终选择了转行。

当然，态度恶劣、行为不良的护工可能只是少数。采访中，也有多位患者及家属表示，自己遇到的护工很有责任心，脏活累活抢着干，给了病人很多慰藉，解决了家属的后顾之忧。

与此相比，护工护理能力不足则是一个更具有普遍性的问题。

在天津某三甲医院从事十余年护士工作的宋佳明（化名）告诉记者，很多护工缺乏专业护理知识，比如病人术后翻身是有严格要求的，不能随便翻身，有的护工不懂，病人提出要求就给翻身，这可能会造成伤口破裂，严重的还要进行二次手术。

"护工经常接触病人的血液、分泌物、排泄物等，相对容易被各种病原微生物感染，是传染病的高危人群，但他们普遍对医院感染及其危害性缺乏认识，增加了院内交叉感染的风险。"宋佳明说。

据了解，护工群体之所以护理能力不足、专业素养差，与其入职门槛低、培训不规范等有很大的关系。

记者以求职者身份走进北京、天津的多家家政公司，并拨打网上护工招聘电话了解到，各家对护工的招聘条件都设置得很宽泛，不限学历、无需相关经验，年龄最好是四五十岁，吃苦耐劳、手脚麻利即可。

“带上身份证、交300元管理费就行了。签完合同就分配活，月薪保底3000元，好的话一个月能赚六七千元。”一家政公司负责人对记者如是说。

当记者提出自己“没有经过护理培训，不知能否胜任这项工作”的担忧时，该家政公司负责人随即表示，“不需要培训，只要会照顾人就可以直接上岗。”

记者随机联系采访了10多位护工，其中从未接受过任何护理培训的有3人，有的人昨天还在工地打工，今天就转行做护工了。

一位护工告诉记者，她所在的家政公司对外介绍最近刚入职的一位同事时，称其“去年曾在××医院工作，今年又去过××医院，护理经验非常丰富”，但实际上这位同事以前一直在老家带孩子。

据称接受过培训的护工，很多培训也仅仅是走过场。

有护工说，上岗前家政公司对其进行了培训，培训形式是自己看视频讲座；还有护工说，家政公司发了本有关护理的书让她看，就算是培训了。

多位业内人士指出，护理工作看似简单，但在特殊场所服务特殊群体，实际上对专业性的要求很高。就拿铺床来说，有很多注意事项，比如病房内有病人进餐时要停止铺床；中单（产褥垫、隔尿垫）尽量不与病人皮肤接触；麻醉未醒的病人应去枕平卧并使头偏向一侧，枕头横立于床头，防止病人因躁动撞伤头部等。

“如果没有经过系统专业的学习和培训，开展护理工作是存在很大风险隐患的。”宋佳明坦言。

此外，据公开报道，护工市场还存在退费难、出现纠纷解决难、无序竞争等一系列问题。

“太累了，我们真的忙不过来”

采访中，多位患者及家属提出，希望护士能承担起病人的生活护理工作，减轻患者住院给家庭带来的负担；哪怕一定要额外支付生活护理这笔费用，也希望将这笔钱交给医院，由医院的工作人员开展生活护理，这样更专业也更让人放心。

实际上，按照原卫生部2010年印发的《关于加强医院临床护理工作的通知》要求，护士应当按照《护士条例》和《护士守则》的规定，全面履行义务，完成临床护理工作，包括密切观察患者的生命体征和病情变化；正确实施治疗、用药和护理措施，并观察、了解患者的反应；对不能自理的患者提供生活护理和帮助等。

在现实中，记者采访了解到，除传染病病房等一些特殊病房，病人的生活护理由护士承担外，其他病房的病人需要生活护理的，都由亲属或护工承担。有的医院与第三方机构合作，由第三方机构提供有偿的生活护理服务；有的医院没有相关合作，家属得自己找护工，护工来源有护工服务公司、家政公司以及单干的护工。

那么，到底为何护士无法承接住院病人的生活护理服务呢？采访中，记者听到最多的一句话就是：护士太少了。

“太累了，我们真的忙不过来。”宋佳明直言不讳。

2021年11月17日下午见到宋佳明时，值了个夜班的她刚睡醒不久。“一晚上，又忙又累，感觉身体特别疲乏。”宋佳明说，当晚她所在科室的住院病人有近40人，而值班护士只有2位，她值主夜班，为病人测血压、血糖，输液、发药，一轮下来2个多小时就过去了。

“当晚新接收了6个病人，都要走接收程序；有的病人刚做了手术，需要定时查看身体情况；有的病人突然心脏感觉不舒服，要赶紧通知医生……”宋佳明说，忙都忙不过来，根本无暇顾及其他。

每个月上10个至11个夜班，这样的工作节奏，宋佳明已持续多年。事实上，她所在的整个科室都是如此——科室有病床53张，每年收治需要动手术的病人上千人，而护士加上护士长才12人。根据国家卫生健康主管部门的要求，床护比（医院病房床位与病房护士之比）不得少于1：0.4，“这么算来，我们科室护士缺口超过9人”。

对此，在北京一家三甲医院同样从事了10余年护士工作的李静（化名）也深有感触。她回忆说，原来自己在ICU当护士，病人多、护士少，她经常是先上一个大班（24小时），下班后不能直接回家，要在科室专门腾出的一间宿舍里休息几小时，再接着上一个小班（8小时），才能下班回家。

“这么多年都没有增加护士数量，相反有不少护士因为工作太繁重而调离临床一线，甚至离职。”李静说，后来她也转岗到了医院的另一个科室。

而与此形成强烈反差的是，在一些患者及家属眼中，护士除了输液、分药、测量体温，啥也不干。林女士说，在她住院期间，病房里就很少见到护士的身影，似乎除了输液、量体温，其他事情都与其无关。“到底是护士数量不足，还是护士根本就不愿意承担病人的生活护理工作？”

多位受访专家指出，护士数量不足确实是我国护工产生的重要原因之一。20世纪90年代，由于我国经济社会发展、群众生活水平及需求不断提高，加之独生子女增多，医院后勤社会化发展、人力资源短缺等综合因素，导致了护工的产生并逐渐形成“护工大军”。

中国社会科学院健康业发展研究中心副主任陈秋霖说：“20世纪90年代，随着社会经济发展，医疗护理资源落后于服务需求，当时医疗行业市场化导向的改革，也给了护工发展的空间。”

“护工的产生与我国医疗机构的快速发展密切相关，改革开放后，医院处于急速发展阶段，床护比严重不足。”在北京大学第三医院工作的李若男说。

据公开数据，近年来，虽然我国注册护士数量不断增加，2020年底已达到470多万人，每千人口拥有注册护士数近3.4人，但仍然不及欧盟、美国和日本的标准。欧盟制定的每千人口注册护士数基本标准为8人以上，美国、日本分别为9.8人和11.49人，世界上大多数国家的护士占总人口的比重约为5‰。此前有媒体报道称，我国目前尚缺数百万名护士。

在国家卫生健康委干部培训中心（党校）副主任（副校长）张光鹏看来，护士队伍没有得到充分补充的原因，和我国对医院的投入与补偿机制有关。公立医院作为公益性事业单位，在财政投入不足的情况下面临着自收自支的现实尴尬，绝大部分费用支出依靠医院提供医疗服务自筹。

“在医院管理中，部分传统的观念是医生挣钱、护士不挣钱，再加上护理服务价格一直很低，近年来虽然有所调整，但仍无法弥补护士的人力成本，因此医院难以投入更多经费招聘更多护士。”张光鹏解释说。

“护理资源不足并不是理由”

“护理资源不足并不是护工存在的理由，这是逻辑上的错误。”北京某高校一位不愿具名的业内专家接受记者采访时说，医院放任第三方提供的护工存在，由患者及家属买单，相当于医院转嫁了自身负担、护理责任和风险，正确的做法应该是想办法补足护理资源，取消护工。

实际上，原卫生部2010年印发的《关于加强医院临床护理工作的通知》已明确提出，“逐步解决依赖患者家属或者家属自聘护工承担患者生活护理的问题，减轻患者的家庭负担”。

就补足护理资源、取消护工之路径，多位专家学者积极建言献策。

李若男介绍，在一些发达国家，对应我国护工的是“护士助手”“助理护士”等，多是由医院直接聘用，属于医院员工，接受医院直接管理，同时设置较为严格的职业准入门槛，形成了较为科学的服务分级制度。

“可以考虑探索助理护士教育体系，职业中等专业学校开设护理类（助理护士方向）专业，医院增设助理护士岗位，并承担助理护士后期培训、再教育任务，明确助理护士的职业类别、从业资质、权利义务、工作范畴等。”李若男建议。

北京大学护理学院教授李明子认为，随着医疗改革的深入推进，可以考虑扩大护士的职能范围，建立护士分级使用制度，由注册护士负责病人整体护理，新设“助理护士”负责病人生活护理、取代护工，同时拓宽护士职业发展空间，在注册护士之上增设执业护师等，既满足病人对护理服务的需要，又使护士提升成就感和自我价值。

“我们既不应该让注册护士负责喂饭擦身等生活护理，也不应该由护工负责本应该由护士承担的基础护理。”李明子解释说，可以通过护士分层和分级执业来解决这一问题。

“当下，除了医院对护理队伍重视不够、在护理人力资源上投入不足之外，监管部门对公立医院床护比标准的考核仍缺乏硬性指标，没有对医院形成刚性约束。”李明子指出。

为此，她建议取消护工的同时，要进一步加大政府对医院投入的落实，建立政策引导机制，对医院护理工作设立考核指标，发挥指挥棒作用，引导医院严格依照不同的科室特点、工作量、病人病情等，按照不同的床护比配备相应的护士资源，确保护理队伍稳定。

北京大学医学人文学院教授王岳说，当下护工从业人员数量庞大，从建立一套系统的医疗辅助人员制度的角度出发，可以从中遴选出一批优秀人员，推动向助理护士方向发展。同时，将护士进行分级，根据不同服务内容赋予不同级别的护士相应权限，比如高级执业护师可以拥有部分处方权，助理护士则负责生活护理和帮助。

在张光鹏看来，取消护工是加强护士队伍建设的应有之义，也符合我国医疗改革的总体趋势。根据国家医改方案，政府对公立医院的投入责任，包括基本建设、大型设备购置、学科建设等6项。6项保障都到位了，公立医院自然就有更多的经费、空间用于护士的聘任和发展，提高包括护士在内的广大医务人员的待遇。

对此，国家卫生健康主管部门也在积极行动。2020年8月，国家卫生健康委印发的《关于进一步加强医疗机构护理工作的通知》要求，医疗机构要建立护士人力资源配置和弹性调配制度，保障临床护理需求；要根据临床科室特点、患者病情轻重和临床护理工作量，按照责任制整体护理的工作模式配置数量适宜、结构合理的护士；二级及以上医院全院病区护士与实际开放床位比不低于0.5∶1，重症监护病房护士与实际开放床位比不低于2.5∶1。

2021年9月4日，国家卫生健康委体制改革司负责人透露，根据公立医院高质量发展试点任务，我国将逐步提高人员支出占业务支出的比例，到“十四五”期末力争达到45%左右，“十五五”期末力争达到60%左右。“这将对医院有一个明确的引导甚至约束，将医院开支向医务人员倾斜，补足护理人力资源在内的卫生人力资源短板，为护士建立稳定的薪酬体系。”张光鹏分析说。

“健康国策2050”学术平台总编辑梁嘉琳从短期、中短期、长期出发提出三个阶段的方案建议：

从短期来看，以公共卫生应急体系建设特别是医院感染控制能力建设为契机，将医院护工纳入院感体系统一管理，实施“从入职到离职”“从入院到出院”“从医辅到照护”的闭环管理。

从中短期来看，对于低床护比医院的护理力量不足问题，可以逐步从家政公司零散供给“蓝领”护工，升级为医院向专业化的医疗后勤服务公司购买护理服务。借鉴药品管理法的“双罚制”，对护工在医疗质量、患者安全等方面的违法违规行为，既追究护工本人责任，又追究医院后勤外包公司法定代表人、实际控制人责任。

从长期来看，可以设置5年至10年人才培养过渡期，将新型护理员的专业要求从家政学，转为医学院校、高职院校在专业共建、人才委培模式下的初级医疗护理学。基于新型护理员的供给水平、能力模型，分阶段向新型护理员开放医疗辅助人员的职业权限，最终将其融入责任医师团队予以管理。

法治日报全媒体记者：陈　磊　韩丹东　　见习记者：张守坤

栏目主编：张　武　本文作者：法治日报　　文字编辑：宋　慧

发布时间：2022-01-07 07：08 星期五　　来源：法治日报——法治网

网友跟帖（节选）

生活在三线小城市的网友“yzlukcv”曾请过一个24小时护工，以照顾生病后昏迷不醒的亲属。该护工为熟人介绍，费用每天200元且包伙食。

“中年人的无奈，上有老下有小，工作不敢丢，怕丢了工作这个年纪再找工作找不到。我一个月的工资都不够付护工费的。”“yzlukcv”在评论中介绍了自己请护工的经历，直言“无奈又心酸”，疾呼“支持医院增加助理护士”。

网友“豆and琪”深有同感。最近，她母亲住院，请了1个月的护工，花费近8000元。“我1个月到手的工资还没有这么多，但是我也不可能不上班啊。”其吐槽说，她母亲对此也有颇多抱怨，因为在他们那个年代住院根本不需要家人在医院陪护，更不需要花钱请护工。

网友“honey”称：“护工哪里贵？唯有××医院，那家伙标价一天280元，但实际上一天500元，就这个价位爱用不用，还好我爸爸就住了5天，要不然我就破产了。”网友“龙猫森林”则评论称：“护工费贵，护工素质差，病人得不到好的护理。”

网友“云端”称：“护工是一种畸形存在，病人在医院，医疗护理工作应该由医院完成，生活护理是康复的重要组成部分，让没有任何医学知识和技能的人做，是不专业的。护工如果代表医院，医院应该负责培训、付工资。”

“护士缺，但有的医院不愿意招，因为招多了分钱就少了。医院不愿意负责，什么都推给护工。”网友“r08a7qk”在评论中说道。

网友“0xw894m”说：“医保的涵盖内容并不包括护理的支出，如果使用医院护士收取护理费，又显得不合理，而雇佣外包护工，看起来顺理成章。但是费用一定要降低，特别是一人护理多人，再收好几百元一天，实在不合理。”

“期待国家出台强制性政策，设立助理护士岗位，减轻患者负担。”网友“光合作用的怡然夏日”呼吁。

附录五　山东省老年人居家医疗服务试点工作方案

（2021-07-05）

为贯彻落实国家卫生健康委办公厅《关于加强老年人居家医疗服务工作的通知》（国卫办医发〔2020〕24号）要求，进一步增加老年人居家医疗服务供给，精准对接老年人群多样化、差异化的迫切医疗服务需求，特制定本试点工作方案。

一、试点范围

确定在济南市、青岛市、威海市和济宁市曲阜市、泰安市泰山区、烟台市芝罘区、福山区开展老年居家医疗服务工作试点，积极探索创新，积累有益经验，推广可复制的典型经验和模式，以点带面，发挥示范引领作用。

二、主要内容

居家医疗服务是指医疗机构医务人员按照有关要求为特定人群，重点是老年患者提供诊疗服务、医疗护理、康复治疗、药学服务、安宁疗护、中医服务等上门医疗服务。

（一）服务对象

重点对有居家医疗服务需求且行动不便的高龄或失能老年人，慢性病、疾病康复期或终末期、出院后仍需医疗服务的老年患者等提供相关医疗服务。各试点市卫生健康（中医药）行政部门可结合实际和老年人群健康特点，按照突出重点人群、保障医疗安全、防控执业风险的原则，确定本地区居家医疗服务的优先和重点服务对象。

（二）服务主体

1. 医疗机构。

已执业登记取得《医疗机构执业许可证》，具有与所开展居家医疗服务相应的诊疗科目并已具备家庭病床、巡诊等服务方式的医疗机构，重点是二级及以下医院、基层医疗卫生机构等。

2. 医务人员。

符合条件的医疗机构按照有关规定派出在本机构注册或执业的医师、护士、康复治疗专业技术人员及药学专业技术人员等医务人员上门提供居家医疗服务。上述人员应当经所在医疗机构同意方可提供居家医疗服务。其中，医师应当具备与所提供居家医疗服务相符合的执业类别和执业范围，同时至少具备 3 年独立临床工作经验；护士应当至少具备 5 年以上临床护理工作经验和护师及以上技术职称；康复治疗专业技术人员应当至少具备 3 年以上临床康复治疗工作经验和技师及以上技术职称；药学专业技术人员应当取得药师及以上技术职称。

（三）服务内容

居家医疗服务主要包括适宜居家提供的诊疗服务、医疗护理、康复治疗、药学服务、安宁疗护、中医服务等医疗服务（见附件）。各试点市卫生健康（中医药）行政部门应当结合实际，组织制定本地区居家医疗服务项目。原则上，以需求量大、医疗风险低、适宜居家操作实施的技术和服务项目为宜。

（四）服务方式

医疗机构可以通过家庭病床、上门巡诊、家庭医生签约等方式提供居家医疗服务。要努力创新居家医疗服务方式，可通过医联体、“互联网+医疗健康”、远程医疗等将医疗机构内医疗服务延伸至居家，亦可结合全省“互联网+护理服务”试点工作同步探索、相互衔接，不断丰富“互联网+医疗健康”服务内容。

（五）服务价格

各医疗机构开展居家医疗服务的收费，要按照各试点市医保局、市卫生健康委医疗服务项目价格政策执行。其中，对于医护人员上门服务费，由提供服务的医疗机构自主定价。属于基本公共卫生服务的项目，按项目专项补助标准给予财政保障。

三、工作要求

（一）规范服务行为

1. 开展首诊和评估。

原则上，医疗机构在提供居家医疗服务前应对申请者进行首诊，结合本单位医疗服务能力，对其疾病情况、身心状况、健康需求等进行全面评估。经评估认为可以提供居家医疗服务的，可派出本机构具备相应资质和技术能力的医务人员提供相关医疗服务。提供家庭病床、家庭医生签约服务的，按照有关规定开展。

2. 完善服务规范流程。

各试点市卫生健康（中医药）行政部门和开展居家医疗服务的医疗机构要按照

有关要求和国家印发的有关疾病诊疗、医疗护理、康复治疗、药学服务、安宁疗护等实践指南和技术规范，结合实际建立完善居家医疗服务规范、技术指南和工作流程等。

3. 加强医务人员培训。

要加强对提供居家医疗服务医务人员的培训，注重管理制度、服务规范流程、专业知识和技能等培训。结合工作实际需要，定期组织开展培训，不断提高医务人员居家医疗服务能力。

4. 遵守法律、法规和规章制度。

医务人员在提供居家医疗服务的过程中，应当严格遵守有关法律、法规、部门规章、职业道德、服务规范指南和技术操作标准，规范服务行为，切实保障医疗质量和安全。服务过程中产生的数据资料应当留痕，可查询、可追溯，满足行业监管需求。

（二）加强服务管理

1. 健全管理制度。

各试点市卫生健康（中医药）行政部门和开展居家医疗服务的医疗机构要按照要求制定并落实居家医疗服务的各项管理制度。如诊疗服务管理制度、护理管理制度、医疗质量安全管理制度、医疗风险防范制度、医学文书书写管理制度、医疗废物处置制度、医疗纠纷和风险防范制度，突发应急处置预案等。

2. 明确相关责任。

开展居家医疗服务的医疗机构应当与服务对象签订协议，并在协议中告知患者服务内容、形式、流程、双方责任和权利以及可能出现的风险等，签订知情同意书。建立、健全居家医疗服务纠纷投诉处理机制，指定专门管理部门负责调查核实纠纷情况，妥善处理纠纷，保障护患双方合法权益。

3. 积极防控风险。

各试点市卫生健康（中医药）行政部门和开展居家医疗服务的医疗机构要采取有效措施积极防控和有效应对风险。如对服务对象进行认真评估，对其身份信息、病历资料、家庭签约协议、健康档案等资料进行核验；提供居家医疗服务时，要求应有具备完全民事行为能力的患者家属或看护人员在场。对提供居家医疗服务的医务人员加强培训，并对其资质、服务范围和项目内容提出要求；对居家医疗服务项目的适宜性进行评估，严格项目范围；为医务人员提供手机 APP 定位追踪系统，配置工作记录仪，配备一键报警、延时预警等装置；鼓励购买医疗责任险、人身意外伤害险等，切实保障医患双方安全。

（三）加大支持保障

1. 增加居家医疗服务供给。

各试点市卫生健康（中医药）行政部门要结合实际采取有效措施加快发展居家医疗服务。根据区域内老年人迫切居家医疗服务需求，统筹区域医疗资源，合理引导医疗机构增加居家医疗服务供给。医疗机构要按照分级诊疗的要求，结合功能定位和实际情况，依法合规、有序规范地为群众提供居家医疗服务，保障医疗质量和患者安全。鼓励有条件的医疗机构通过上门巡诊和家庭病床等方式，积极开展居家医疗服务。支持护理院、护理中心、康复医院、康复医疗中心、安宁疗护中心等将医疗服务由医疗机构内延伸至居家。充分发挥基层医疗机构在提供居家医疗服务方面的优势，结合家庭病床、家庭医生签约服务等多种方式，为老年人提供个性化、多层次的居家医疗服务。

2. 提供居家医疗服务便利。

各试点市卫生健康（中医药）行政部门要积极协调有关部门为发展居家医疗服务创造有利条件。要依法依规及时为开展居家医疗服务的医疗机构进行服务方式的变更登记。要及时向社会公布辖区内符合条件开展居家医疗服务的医疗机构名单，便于群众正确选择医疗机构提供相关服务。鼓励有条件的医疗机构，研究探索为慢性病老年患者开具的出院医嘱和康复指导建议中，明确其出院后常用的居家医疗服务项目和频次等，方便居家老年患者，切实增强群众获得感、幸福感。

3. 加强信息化技术支撑。

各试点市要充分借助云计算、大数据、物联网、智慧医疗、移动互联网等信息化技术，创新居家医疗服务模式，优化服务流程，实现服务行为全程追踪，为发展居家医疗服务提供技术支撑，实现“信息多跑路、患者少跑腿”。可依托全民健康信息平台加强区域医疗服务信息监管，逐步将居家医疗服务信息纳入统一监管平台，对辖区内开展居家医疗服务的人员、行为、评价等情况进行监管。

四、组织实施

（一）加强组织领导

各试点市卫生健康（中医药）行政部门要加强组织领导，统筹协调推进，完善配套政策，结合实际制定具体实施方案并推动落实落细，并加强居家医疗服务全程监督管理和指导，适时向社会公布工作开展情况。各医疗机构按照实施方案，完善组织架构和相关工作制度，完成医务人员的岗前培训，及时对工作开展情况进行总结和评估。

（二）加强质量监管

各试点市卫生健康（中医药）行政部门要按照属地化管理原则加强居家医疗服务质量和医务人员行为监管。将居家医疗服务纳入医疗服务质量监管体系中，加大对居家医疗服务的检查指导力度，健全专项检查和第三方评估等工作机制。畅通投诉、评议渠道，接受社会监督，维护群众健康权益。要按照法律、法规有关规定公开区域内提供居家医疗服务相关医疗机构、人员处罚等信息，并纳入全国信用信息共享平台。

（三）加强宣传引导

各试点市要重视和加强开展老年人居家医疗服务工作的宣传，加大医疗机构医务人员的政策和业务培训，凝聚共识，提升服务能力。要加强老年人居家医疗服务政策解读，合理引导群众预期。注重宣传典型经验，为推动老年人居家医疗服务快速发展营造良好的社会氛围。根据情况逐渐扩大服务医疗机构数量及服务项目范围。

附件

居家医疗服务参考项目（试行）

一、诊疗服务类

（一）健康评估

1. 常规评估

2. 认知功能评估

3. 脑卒中评估

4. 心血管风险评估

5. 心肺功能评估

6. 肌力评估

7. 跌倒风险评估

8. 营养评估

9. 心理评估

10. 疼痛评估

（二）体格检查

1. 一般查体

2. 心电图

3. 血糖测定

（三）药物治疗

1. 开具常见病的用药处方

2. 调整慢性病的用药处方

（四）诊疗操作

包括拆线、换药（小）等，具体项目由各省（区、市）卫生健康行政部门根据实际情况确定

二、医疗护理类

（一）基础护理

1. 清洁与舒适护理

2. 皮肤护理

3. 生命体征监测

4. 物理降温

5. 氧气吸入

6. 雾化吸入

7. 吸痰

8. 气管切开护理

9. 管饲

10. 更换胃管

11. 皮下注射（需要皮试的针剂除外）

12. 肌肉注射（需要皮试的针剂除外）

13. 外周静脉留置针维护

14. 血糖监测

15. 静脉采血

16. 标本采集

17. 更换尿管

18. 膀胱冲洗

19. 灌肠

20. 肛管排气

21. 直肠给药

22. 引流管护理

（二）专项护理

1. 伤口护理

2. 造口护理

（三）康复护理

1. 协助选择、使用辅助器具指导

2. 翻身训练指导

3. 坐起训练指导

4. 站立训练指导

5. 行走训练指导

6. 平衡训练指导

7. 肢体训练指导

8. 呼吸功能训练指导

9. 吞咽功能训练指导

10. 失禁功能训练指导

11. 认知训练指导

12. 言语训练指导

三、康复治疗类

（一）康复评定

1. 日常生活活动能力评定

2. 肌力和肌张力评定

3. 关节活动度评定

4. 徒手平衡功能评定

5. 协调功能评定

6. 步态分析与步行功能评定

（二）康复治疗

1. 平衡与协调功能训练

2. 关节松动训练

3. 关节活动度训练

4. 步行训练

5. 轮椅操作训练

（三）康复指导

1. 日常生活活动能力指导

2. 康复辅助器具（轮椅、助行器、拐杖、手杖等）使用指导

3. 康复知识宣教

四、药学服务类

（一）用药评估

1. 评估患者疾病、用药种类和服药情况

2. 评估患者药物/食物过敏情况

3. 用药后血压、血糖、肝肾功能指标异常情况是否与用药有关

4. 用药后有无皮炎、水肿和心悸等不适情况

5. 使用多种药物对疾病和身体的影响

6. 停药或减量后，不良反应是否消失或减轻

7. 使用/调整药物后的有效性

（二）用药指导

1. 指导患者合理、正确用药，告知药品用法用量注意事项等

2. 指导药品正确储存方法和药品效期管理

3. 指导患有多种疾病、使用多种药品的患者，合理使用药物

4. 定期监测血压、血糖、肝肾功能等指标，如有异常及时就医

5. 指导监测多重用药、长期用药对身体健康的影响

五、安宁疗护类

（一）症状控制

1. 疼痛

2. 咳嗽、咳痰

3. 恶心、呕吐

4. 便血

5. 腹胀

6. 水肿

7. 发热

8. 厌食/恶病质

9. 口干

10. 睡眠/觉醒障碍（失眠）

11. 谵妄

（二）舒适照护

1. 居家环境管理

2. 床单位管理

3. 口腔护理

4. 饮食与营养护理

5. 管道护理

6. 皮肤及会阴护理

7. 协助沐浴和床上擦浴

8. 床上洗头

9. 排尿异常的护理

10. 排便异常的护理

11. 体位护理

12. 轮椅与平车使用

13. 遗体护理

（三）心理支持和人文关怀

1. 心理社会评估

2. 医患沟通

3. 帮助患者应对情绪反应

4. 患者和家属心理疏导

5. 死亡教育

6. 患者转介安排与指导

7. 丧葬准备与指导

8. 哀伤辅导

六、中医服务类

（一）中医辨证论治

1. 体质辨识

2. 开具中药处方

3. 调整中药处方

（二）中医技术

1. 刮痧

2. 拔罐（包括留罐、闪罐、走罐、药罐）

3. 艾灸

4. 针刺技术

5. 经穴推拿

6. 穴位贴敷

7. 中药外敷技术

8. 中药熏蒸技术

9. 中药泡洗技术

10. 耳穴贴压技术

11. 中药灌肠

（三）健康指导

1. 中药给药指导

2. 中医情志指导

3. 中医饮食指导

4. 运动指导

包括太极拳、八段锦、五禽戏等

参考文献

[1] 邬沧萍，姜向群. “健康老龄化”战略刍议 [J]. 中国社会科学，1996 (5).

[2] 耿爱生，杨文娴. 我国老年保障研究中的“健康老龄化”研究趋向及其价值 [J]. 社会保障研究，2014 (2).

[3] 耿爱生. 养老模式的变革取向：医养结合及其实现 [J]. 贵州社会科学，2015 (9).

[4] 刘宏，高松，王俊. 养老模式对健康的影响 [J]. 经济研究，2011 (4).

[5] 王德文. 高龄老人日常生活自理能力及其影响因素 [J]. 中国人口科学，2004 (增刊).

[6] 吕林，杨建辉，吕牧轩. 不同养老模式对老年人心理健康状况影响调查分析 [J]. 中国老年杂志，2011 (11).

[7] 段小刚. 影响老年人养老模式选择的因素分析——基于天津市城区调研数据 Logit 二元选择模型分析的视角 [J]. 天津经济，2012 (10).

[8] 刘红. 中国机构养老需求与供给分析 [J]. 人口与经济，2009 (4).

[9] 郭东，李惠优，李绪贤，官计彬. 医养结合服务老年人的可行性探讨 [J]. 国际医药卫生导报（卫生管理版），2005 (21).

[10] 王赟. 青岛市“医养结合”养老模式探索 [J]. 卫生软科学，2015 (2).

[11] 沈连法. 关于医养结合的思考 [J]. 疾病监测与控制杂志，2015 (6).

[12] 吴玉韶，王莉莉，孔伟，等. 中国养老机构发展研究 [J]. 老龄科学研究，2015 (8).

[13] 袁晓航. “医养结合”机构养老模式创新研究 [D]. 浙江大学硕士论文，2013.

[14] 童立纺，赵庆华，丁福，肖明朝. 医养结合老年长期照护模式的探索与实践 [J]. 护理研究，2015 (4).

[15] 赵艺，马欣婷，曾玉娟. 医养结合型养老模式的运营问题研究 [J]. 管理观察，2014 (24).

[16] 纪娇，王高玲. 协同理念下医养结合养老机构创新模式研究 [J]. 中国社会医

学杂志，2014（6）.
[17] 黄佳豪，孟昉.“医养结合”养老模式的必要性、困境与对策［J］. 中国卫生政策研究（人口与健康），2014（6）.
[18] 刘华. 关于上海推进“医养结合”的思考与建议［J］. 科学发展，2014（5）.
[19] 符美玲，陈登菊，张伟，杨巧. 从长期住院研究谈构建“医养结合”照护体系的必要性［J］. 中国医院，2013（11）.
[20] 王素英，张作森，孙文灿. 医养结合的模式与路径——关于推进医疗卫生与养老服务相结合的调研报告［J］. 社会福利，2013（12）.
[21] 张旭. 医养结合养老模式研究［J］. 赤峰学院学报（汉文哲学社会科学版），2014（3）.
[22] 刘清发，孙瑞玲. 嵌入性视角下的医养结合养老模式初探［J］. 西北人口，2014（6）.
[23] 王德文，谢良地. 社区老年人口养老照护现状及发展对策［M］. 厦门：厦门大学出版社，2013.
[24] 姜向群，刘妮娜，魏蒙. 失能老年人的生活状况和社区照护服务需求研究［J］. 老龄科学研究，2014（7）.
[25] 吴玉韶. 养老服务热中的冷思考［J］. 北京社会科学，2014（1）.
[26] 赵晓芳. 健康老龄化背景下“医养结合”养老服务模式研究［J］. 兰州学刊，2014（9）.
[27] 朱孔来，朱孟斐，孔杨. 加快推动医养结合 建设健康山东研究［M］. 济南：山东大学出版社，2019（1）.
[28] 陈作兵，杨芳. 中国医养结合专家共识［M］. 杭州：浙江大学出版社，2019.
[29] 李志宏. 统筹谋划强化治理积极应对《国家积极应对人口老龄化中长期规划》三大亮点解读［J］. 中国社会工作，2019（35）.
[30] 李志宏. 国家应对人口老龄化战略的理论基础探析［J］. 老龄科学研究，2015（11）.
[31] 李志宏. 养老服务：认识分歧、实践痛点和关键抉择（上）［J］. 老龄科学研究，2020（3）.
[32] 李志宏. 养老服务：认识分歧、实践痛点和关键抉择（中）［J］. 老龄科学研究，2020（5）.
[33] 李志宏. 医养结合：问题缘起、实践偏差与破解之路［J］. 老龄科学研究，2018（12）.

[34] 李志宏. 观察未来我国老龄工作的五大亮点解读 [EB/OL]. http://www.crca.cn/index.php/13-agednews/473-2021-10-26-00-56-42.html.

[35] 中国老龄科学研究中心. 必须清醒地看待医养结合：供需痛点、认识误区和实践偏差 [EB/OL]. https://www.sohu.com/a/397775080_825955.

[36] 李志宏. 应对人口老龄化要做好八个理念转变 [EB/OL]. https://baijiahao.baidu.com/s?id=1683898541627414156&wfr=spider&for=pc.

[37] 杜鹏，刘维林. 中国老龄化社会20年：成就·挑战与展望 [M]. 北京：人民出版社，2021 (1).

[38] 郭丽君，吕本艳. "医养结合"养老服务体系 [M]. 北京：科学出版社，2019 (1).

[39] 叶鹏，石婧，于普林. 老年医学发展简史 [J]. 中华老年医学杂志，2016，35 (5)：5.

[40] 曾尔亢. 我国现代老年医学的兴起、发展和展望 [J]. 老年医学与保健，2001，7 (1)：4.

后　记

十年磨一剑。对于“养能力发展理论”和“医养结合理论”的研究和构思，笔者已经思考了多年，实践了多年，也多次在培训课、座谈会上分享自己的观点。交流过的医疗界人士、养老界人士均认为笔者的观点在理论层面上已经比较完善，对实际工作的指导作用更大，多次鼓励笔者应该写出来与大家分享，扩大影响面，为社会多做一些贡献。但是，限于笔者的理论水平修养和文字水平有限，实务工作又比较忙，故迟迟没有下定决心动笔。直到 2021 年下半年，笔者开始有了些许闲暇时间，注意到基本养老服务制度的系统问题仍在，医养结合理论依然缺位，医养结合实践仍然处于困境之中，如果还是没有理论指导，医养结合的试点探索工作可能还需要很长时间。于是开始动笔创作。

写作之初，难度之大，几度让作者放弃。期间，在朋友们的鼓励、支持下，特别是山东省卫健委穆日升等领导以及山东省老年学与老年医学学会方宏建会长、杨善民秘书长带领的专家小组给予了具体指导和鼓励。同时也有幸阅读到《中国老龄化社会 20 年：成就 · 挑战与展望》（杜鹏主编）一书，李志宏博士在书中提出了许多关于老龄理论和思想研究的命题，列出了许多需要回答的关键性问题，其中有关于老年人问题的元理论研究和医养结合基本理论研究的命题等。对比命题要求和本书的写作目的和提纲，认识到本书提出的“养能力发展理论”和“医养结合与医养独立理论”正是“老年人问题的元理论”“基本养老服务制度”“医养结合基本理论”想要回答和解决的问题，契合了当代老龄社会的要求，增强了作者的写作信心和思路。

由于本书的主要内容是理论构建和在理论指导下的实践规划和操作，突出特点是理论创新和实践相结合，全书一条主线，需要统一架构和统一写作语境。所以，全体参编人员反复沟通协商，对概念、定义、术语和内容反复斟酌和修订，因此本书是集体智慧的结晶。在此，感谢全体参与编写人员的辛勤付出，感谢山东省社会科学院崔树义研究员、国际欧亚科学院凌沛学院士、山东大学哲学与社会发展学院高鉴国教授、程胜利教授给予的学术指导，感谢山东省民政厅养老服务处、山东省卫健委医养健康处、山东省医疗保障局待遇保障处、济南市民政局养老服务处、中国老龄事业发展基金会、山东省医养健康产业协会、山东省养老协会、济南养老服务发展促进会、山东心康医院集团、山东绿地泉美好生活服务集团、鲁商健康发展集团的支持，感谢《老朋友》杂志社的支持，感谢支持本书编写以及为本书写作提出想法、建议和为出版提供帮助的朋友们！

张建军

2023 年 1 月 20 日